高等学校应用型特色规划教材 经管系列

东西方管理思想史

许芳 郑重 秦峰 编著

清华大学出版社
北京

内 容 简 介

在当前全球化的大趋势下,东方管理思想成为国内外管理研究者和实践者共同关注的热点。本书系统地阐述了东西方主流管理思想的理论及其演变与发展趋势,主要内容包括:中国管理思想(易经、道、法、佛、儒、墨、兵各家管理思想),西方管理思想(西方早期管理思想、古典管理思想、行为科学管理思想、现代管理思想、当代管理思想),以及东西方管理思想的融合与发展。例如主要管理思想的历史影响、代表人物及其主要观点、管理思想主要内容、实践应用等,使读者能从总体上把握东西方主流管理思想的理论体系。

本书采用创新编写体例,选择与时俱进的当前案例和饶有趣味的阅读专栏,把系统性、实用性、趣味性、新颖性有机融合,使读者在愉快的学习中开阔思路,旨在培养应用型管理人才。本书可作为高等院校管理类本科生和研究生的专业课教材,也可作为管理类相关学科的教学参考书,以及各类企事业单位管理人员的培训教材和自学参考读物。

本书封面贴有清华大学出版社防伪标签,无标签者不得销售。
版权所有,侵权必究。举报:010-62782989,beiqinquan@tup.tsinghua.edu.cn。

图书在版编目(CIP)数据

东西方管理思想史/许芳,郑重,秦峰编著. —北京:清华大学出版社,2018(2023.1重印)
(高等学校应用型特色规划教材 经管系列)
ISBN 978-7-302-51013-0

Ⅰ. ①东… Ⅱ. ①许… ②郑… ③秦… Ⅲ. ①管理学—思想史—世界—高等学校—教材 Ⅳ. ①C93-091

中国版本图书馆 CIP 数据核字(2018)第 186988 号

责任编辑:温 洁
装帧设计:杨玉兰
责任校对:周剑云
责任印制:朱雨萌

出版发行:清华大学出版社
网　　址:http://www.tup.com.cn, http://www.wqbook.com
地　　址:北京清华大学学研大厦 A 座　　邮　编:100084
社 总 机:010-83470000　　邮　购:010-62786544
投稿与读者服务:010-62776969, c-service@tup.tsinghua.edu.cn
质量反馈:010-62772015, zhiliang@tup.tsinghua.edu.cn
课件下载:http://www.tup.com.cn, 010-62791865

印 装 者:天津鑫丰华印务有限公司
经　　销:全国新华书店
开　　本:185mm×230mm　　印　张:18.5　　字　数:401 千字
版　　次:2018 年 9 月第 1 版　　印　次:2023 年 1 月第 6 次印刷
定　　价:47.00 元

产品编号:068247-02

出版说明

应用型人才是指能够将专业知识和技能应用于所从事的专业岗位的一种专门人才。应用型人才的本质特征是具有专业基本知识和基本技能，即具有明确的职业性、实用性、实践性和高层次性。进一步加强应用型人才的培养，是"十三五"时期我国经济转型升级、迫切需要教育为社会培养输送各类人才和高素质劳动者的关键时期，也是协调高等教育规模速度与培养各类人才服务国家和区域经济社会发展的重要途径。

教育部要求今后需要有相当数量的高校致力于培养应用型人才，以满足市场对应用型人才需求量的不断增加。为了培养高素质应用型人才，必须建立完善的教学计划和高水平的课程体系。在教育部有关精神的指导下，我们组织全国高校的专家教授，努力探求更为合理有效的应用型人才培养方案，并结合当前高等教育的实际情况，编写了这套《高等学校应用型特色规划教材》丛书。

为使教材的编写真正切合应用型人才的培养目标，我社编辑在全国范围内走访了大量高等学校，拜访了众多院校主管教学的领导，以及教学一线的系主任和教师，掌握了各地区各学校所设专业的培养目标和办学特色，并广泛、深入地与用人单位进行交流，明确了用人单位的真正需求。这些工作为本套丛书的准确定位、合理选材、突出特色奠定了坚实的基础。

❖ 教材定位

- 以就业为导向。在应用型人才培养过程中，充分考虑市场需求，因此本套丛书充分体现"就业导向"的基本思路。
- 符合本学科的课程设置要求。以高等教育的培养目标为依据，注重教材的科学性、实用性和通用性。
- 定位明确。准确定位教材在人才培养过程中的地位和作用，正确处理教材的读者层次关系，面向就业，突出应用。
- 合理选材、编排得当。妥善处理传统内容与现代内容的关系，大力补充新知识、新技术、新工艺和新成果。根据本学科的教学基本要求和教学大纲的要求，制订编写大纲(包括编写原则、编写特色、编写内容、编写体例等)，突出重点、难点。
- 建设"立体化"的精品教材体系。提倡教材与电子教案、学习指导、习题解答、课程设计、毕业设计等辅助教学资料配套出版。

❖ 丛书特色

- 围绕应用讲理论，突出实践教学环节及特点，包含丰富的案例，并对案例作详细解析，强调实用性和可操作性。
- ➢ 涉及最新的理论成果和实务案例，充分反映岗位要求，真正体现以就业为导向的培养目标。
- ➢ 国际化与中国特色相结合，符合高等教育日趋国际化的发展趋势，部分教材采用双语形式。
- ➢ 在结构的布局、内容重点的选取、案例习题的设计等方面符合教改目标和教学大纲的要求，把教师的备课、授课、辅导答疑等教学环节有机地结合起来。

✧ 读者定位

本系列教材主要面向普通高等院校和高等职业技术院校，适合应用型、复合型及技术技能型人才培养的高等院校的教学需要。

✧ 关于作者

丛书编委特聘请执教多年且有较高学术造诣和实践经验的教授参与各册教材的编写，其中有相当一部分教材的主要执笔者是精品课程的负责人，本丛书凝聚了他们多年的教学经验和心血。

✧ 互动交流

本丛书的编写及出版过程，贯穿了清华大学出版社一贯严谨、务实、科学的作风。伴随我国教育改革的不断深入，要编写出满足新形势下教学需求的教材，还需要我们不断地努力、探索和实践。我们真诚希望使用本丛书的教师、学生和其他读者提出宝贵的意见和建议，使之更臻成熟。

清华大学出版社

前　言

在当前全球化的大趋势下，东方管理思想成为国内外管理研究者和实践者共同关注的热点。为了帮助读者从总体上把握世界主流管理思想的理论体系，提高理论应用能力，我们编写了这本富有应用型特色的教材，编写特点如下：

(1) 系统性：涵盖东西方主要的管理思想，既有东西方各自的历史纵向发展，又有东西方的横向比较；

(2) 实用性：所选案例多为近年发生的事例，探讨当前管理实践的热点问题。每章后还设置了管理技能训练，注重理论联系实际，与时俱进；

(3) 趣味性：配有饶有趣味的阅读专栏、历史人物图像等，生动活泼，提高阅读兴趣；

(4) 新颖性：根据读者心理特点创新编写体例，每章编写顺序是：学习目标→主要概念→各章内容→趣味专栏→本章小结→思考题→案例分析题→管理技能训练→推荐阅读书目。"专栏"有机地穿插在章节中，以拓宽学生的知识面；"本章小结"以结构图的形式概括各章内容，方便复习与记忆；"管理技能训练"帮助读者提高理论应用能力。

总之，本书的鲜明特色是把系统性、实用性、趣味性、新颖性有机融合，使读者学习愉快，思路开拓，达到培养应用型管理人才的目的。

本书由许芳教授(南京师范大学商学院)负责全书的编写统筹工作，全书12章的具体分工是：许芳教授负责编写第1～6章和第12章，郑重老师(南京师范大学商学院)负责编写第7章和第10～11章，秦峰副教授(金陵科技学院)负责编写第8～9章。我的研究生黄卫、刘敬文、王雨霏参加了收集资料、排版、校对等工作。

本书在编写过程中，作者参阅了大量的国内外图书和文献资料。同时，本书是南京师范大学校级重点立项建设教材，编写工作得到了南京师范大学教务处、清华大学出版社编辑的大力支持，在此一并致谢！限于编者的水平，书中难免有不妥或疏漏之处，敬请广大读者指正。

编　者

目　录

第一章　中国管理思想的产生与发展 ... 1
第一节　中国管理思想的发展历程 ... 1
　一、中国管理思想的萌芽期
　　（300 万年前—前 21 世纪） ... 1
　二、中国管理思想的形成期
　　（公元前 2027 年—前 221 年） ... 4
　三、中国管理思想的发展期
　　（公元前 221 年—1912 年） ... 5
第二节　《易经》的管理思想 ... 8
　一、《易经》管理思想概述 ... 8
　二、《易经》的主要管理思想 ... 10
本章小结 ... 14
习题 ... 14
【推荐阅读书目】 ... 17

第二章　道家的管理思想 ... 18
第一节　道家管理思想概述 ... 18
　一、道家管理思想在历史上的
　　影响 ... 18
　二、道家代表人物及主要观点 ... 21
第二节　老子、庄子的管理思想 ... 23
　一、人性假设：自然人 ... 23
　二、道法自然 ... 23
　三、无为而治 ... 24
　四、包容不争 ... 25
　五、柔性管理 ... 26
　六、绝圣弃智 ... 27
　七、少私寡欲 ... 28
　八、逍遥自由 ... 28
　九、万物齐一 ... 29
本章小结 ... 30
习题 ... 30
【推荐阅读书目】 ... 35

第三章　法家的管理思想 ... 37
第一节　法家管理思想概述 ... 37
　一、法家管理思想在历史上的
　　影响 ... 37
　二、法家代表人物及主要观点 ... 38
第二节　韩非子的管理思想 ... 39
　一、利：好利恶害人性论 ... 39
　二、法：以刑去刑 ... 40
　三、术：重用赏罚 ... 42
　四、势：强权控制 ... 43
　五、变：事异则备变 ... 45
　六、实：重实效 ... 46
本章小结 ... 47
习题 ... 48
【推荐阅读书目与参考文献】 ... 49

第四章　佛家的管理思想 ... 50
第一节　佛家管理思想概述 ... 50
　一、佛家管理思想在历史上的
　　影响 ... 50
　二、佛家代表人物及主要观点 ... 52
第二节　佛家的管理思想 ... 56
　一、人性假设 ... 57
　二、核心价值观 ... 57
　三、工作态度与方法 ... 58

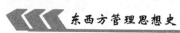

四、计划...58
五、组织...58
六、领导...59
七、协调...59
八、控制...60
本章小结...61
习题...61
【推荐阅读书目】...65

第五章 儒家的管理思想.................................66

第一节 儒家管理思想概述.................................66
一、儒家管理思想在历史上的影响...........................66
二、儒家代表人物及主要观点...............................67
三、儒家与道家的比较.....................................69
第二节 儒家的主要管理思想...............................70
一、人性假设：性本善.....................................70
二、组织秩序结构：人伦纲常...............................71
三、组织核心价值观.......................................72
四、管理沟通：以和为贵...................................75
五、工作方法：中庸之道...................................75
六、管理制度：礼法刑赏并举...............................75
七、管理原则：执经达权...................................76
八、领导的品质...76
九、选拔贤才...77
本章小结...79
习题...79
【推荐阅读书目】...84

第六章 其他家的管理思想.................................85

第一节 兵家的管理思想...................................85
一、兵家管理思想概述.....................................85
二、《孙子兵法》的管理思想...............................87
第二节 墨家的管理思想...................................94

一、墨家管理思想概述.....................................94
二、墨子的主要管理思想...................................97
本章小结..100
习题..101
【推荐阅读书目】..104

第七章 西方早期管理思想................................105

第一节 西方古代管理思想：应天顺欲......................105
一、古巴比伦的管理思想..................................105
二、古埃及的管理思想....................................107
三、古希腊的管理思想....................................109
四、古罗马的管理思想....................................112
第二节 中世纪管理思想：压抑人欲........................115
一、中世纪的社会背景....................................115
二、中世纪的管理实践与管理思想..........................118
第三节 文艺复兴与宗教改革：复苏人欲....................121
一、文艺复兴..121
二、宗教改革..128
本章小结..131
习题..132
【推荐阅读书目】..134

第八章 古典管理思想....................................135

第一节 古典管理思想的历史背景..........................135
一、产业背景..135
二、组织背景..136
三、思想背景..136
第二节 泰勒的科学管理理论..............................138
一、泰勒及其科学管理思想................................138
二、泰勒的追随者及其管理思想............................145
三、科学管理理论评述....................................153

第三节　法约尔的一般行政管理理论.......154
　　一、法约尔简介................................154
　　二、法约尔的管理思想....................155
　　三、法约尔管理思想评述................160

第四节　韦伯的组织理论........................161
　　一、韦伯简介....................................161
　　二、韦伯的管理思想........................162
　　三、韦伯管理思想述评....................163

本章小结..164
习题..164
【推荐阅读书目】......................................167

第九章　行为科学管理理论.......168

第一节　行为科学的萌芽........................168
　　一、闵斯特伯格的工业心理学........168
　　二、福列特的管理思想....................170

第二节　霍桑实验....................................173
　　一、霍桑实验的背景和经过............173
　　二、霍桑实验的结论和影响............175

第三节　行为科学的主要理论................177
　　一、人性假设理论............................177
　　二、激励理论....................................182
　　三、领导理论....................................188

本章小结..203
习题..203
【推荐阅读书目】......................................205

第十章　现代管理理论：现代管理丛林......206

第一节　现代管理理论的历史背景........206
　　一、经济背景....................................206
　　二、技术背景....................................208
　　三、产业背景....................................209
　　四、方法论背景................................210

　　五、认识论背景................................211

第二节　现代管理理论主要学派的管理思想......212
　　一、管理过程学派的管理思想........212
　　二、社会系统学派的管理思想........219
　　三、决策理论学派的管理思想........223
　　四、系统管理学派的管理思想........227
　　五、管理科学学派的管理思想........230
　　六、经验主义学派的管理思想........233
　　七、权变理论学派的管理思想........237

本章小结..240
习题..241
【推荐阅读书目】......................................242

第十一章　当代管理理论.......243

第一节　当代管理理论的历史背景........243
　　一、经济背景：经济全球化............243
　　二、技术背景：信息技术突飞猛进......244
　　三、产业背景：工业经济转型为服务经济......245
　　四、社会背景：跨文化....................246
　　五、方法论背景................................246

第二节　当代管理思想............................248
　　一、概述..248
　　二、迈克尔·波特的竞争战略理论......250
　　三、彼得斯的管理思想....................253
　　四、野中郁次郎的知识管理模型....255
　　五、迈克尔·哈默流程再造理论........257
　　六、艾德加·沙因的组织文化理论......259
　　七、比尔·史密斯的六西格玛理论......261

本章小结..265
习题..266
【推荐阅读书目】......................................268

第十二章　东西方管理思想的融合与发展 269

第一节　东西方人性假设比较 270
一、中国传统的人性假设 270
二、西方的人性假设理论 272
三、中西方人性假设的比较 273

第二节　Z 理论 273
一、日本式管理和美国式管理的比较 274
二、Z 式管理 274

第三节　学习型组织思想 275
一、学习型组织思想产生的背景 275
二、学习型组织的特征 276
三、如何建立学习型组织 278

本章小结 280

习题 280

【推荐阅读书目】 283

第一章

中国管理思想的产生与发展

学习目标：了解中国管理思想产生与发展的三个阶段的主要内容。了解《易经》管理思想在历史上的重要影响；掌握《易经》管理思想的主要观点及对现代管理的启示。

关键概念：禅让(demise) 易经(the Book of Changes) 太极(Tai Chi) 阴阳(Yin and Yang) 八卦(Eight Trigrams) 乾卦(Heaven diagram) 坤卦(Earth diagram) 吉凶(Good or ill luck)

立天之道曰阴与阳，立地之道曰柔与刚，立人之道曰仁与义。

——《易经》

第一节 中国管理思想的发展历程

作为四大文明古国之一，中国社会的管理实践历经五千年，积累了丰富的管理经验，也形成了众多派别的管理思想体系。美国学者克劳德·小乔治(1985)曾说："从《墨子》《孟子》和《周礼》的古代记载中，已看到当时的中国人早已知道组织、计划、指挥和控制的管理原则。"

古代中国人认为，中国处在世界地理的中央，其外就是夷狄所居之邦。"中国者，聪明睿智之所居也，万物财用之所聚也，贤圣之所教也，仁义之所施也，诗书礼乐之所用也，异敏技艺之所试也，远方之所观赴也，蛮夷之所义行也"（《战国策·赵策》）。我国背靠西方几大文明区而面向太平洋，东亚内陆文化圈基本上处于半封闭的大陆性地理环境中。从公元前5000年左右至16世纪，以种植为基础的中国，经济水平和农耕文明长期处于世界领先地位，为中国成为四大文明古国之一提供了条件。中国古代曾经产生震撼世界的物质文明和精神文明，也形成了独具特色的中国古代管理思想。根据历代王朝的统治政策，可将中国古代管理思想的形成和发展历程分为以下3个阶段：萌芽期、形成期、发展期。

一、中国管理思想的萌芽期(300万年前—公元前21世纪)

从古猿到人类漫长的演变过程中，人类由于劳动的出现，需要组织和协调行动，管理也因此而产生。大约在100多万年前至10万年前，中国的元谋人、蓝田人等原始人类过着群居生活，从事狩猎经济，共同劳动，已经具备了指挥与协调的管理职能，出现管理组织的雏形。后来，原始部族转化为血缘家族，进入氏族公社组织时期，出现了自然的劳动分工的管理方式。北京山顶洞人开始的氏族公社是中国人类社会最早出现的组织，经母系氏族和父系氏族两个阶段，到部落集团形成时期，氏族长依靠风俗习惯和权威来进行管理，孕育了最原始的组织管理思想。发展到新石器时代，人类由于经历了三次社会大分工，形成了农业、畜牧业、手工业并存的自然经济和原始的社会管理思想。部落为壮大力量而结成联盟，抵御外侵，从而产生了国家。

远古时期的管理活动有历史记载的传说有盘古创世，女娲补天，后羿射日，大禹治水，巢氏"构木为巢，以避群害"，燧人氏"钻燧取火，以化腥臊"，神农氏"木为耜，揉木为耒，教民耕作"，伏羲氏"结绳而为网罟，以佃以渔"等。《尚书大传》是中国传说时代最早的古史之一，书中记"三皇"为燧人、伏羲、神农，《白虎通》以伏羲、神农、共工为"三皇"，《史记·五帝本纪》以黄帝、颛顼、帝喾、唐尧、虞舜为五帝。在"三皇时代"，实行的是"父死子继、兄终弟及"的血统继位制，国家最高统治者在风姓家族中产生。约4000多年前，中国社会到了五帝时期。尧将部落联盟首领位置传给了德行出众的虞舜而不是自己的儿子。这种让位，历史上称为"禅让"（见图1-1）。这是中国上古五帝所谓"公天下"时代产生部落联盟统治者的制度。在先民早期的管理实践中，出现了管理思想的萌芽，以伏羲、黄帝、尧、舜的管理思想为代表。[①]

图1-1 禅让

1. 伏羲的管理思想

传说太昊伏羲氏亦人类始祖，伏羲氏"结网罟，养牺牲，以充庖厨"（《竹书纪年》），受蜘蛛网启发，曾发明网罟，教民渔猎畜牧(见图1-2)，创造琴瑟礼乐，发明了武器"木兵干戈"，发明了八卦，对中国传统文化影响很大。

太昊元年九月初五，在古宛丘(现河南淮阳)，太昊伏羲氏实现了华夏九大部落首次结盟，结联盟，定一统，成为远古华夏第一位帝王。他和女娲为兄妹，结为夫妻，始生子民。太昊伏羲氏在华夏九州肇始了"制嫁娶，正

图1-2 伏羲教民渔猎

---

① 王忠伟，唐志丹，赵亮. 中国传说时期的管理思想萌芽[J]. 鞍山科技大学学报，2006(4).

姓氏"的伟大实践。他首先自定"风"姓,对天下的庶民百姓,以地形景物、驯养的动物、周围植物或天相变化为氏。太昊伏羲氏还规范"制嫁娶"。据《通志》记载,太昊时规定:"氏同姓不同者,婚姻互通,姓同氏不同,婚姻不可通"。

2. 黄帝的管理思想

黄帝,号轩辕氏,相传黄帝战胜炎帝于阪泉之野。据《易经·系辞》等记载,黄帝发明穿井、制作杵臼、舟船等生产技术,以及制作衣裳、扉履,作甲子干支,占日月,造律历,造医药,大臣仓颉发明了文字,人类社会进入文明时代。(1)黄帝创立国家,开创平原农业。人们由山区迁徙到平原,将山耕农业改变为平原农业。他在征服蚩尤之后,吸取九黎部族先进的农业生产技术,极大地促进了中原农业的发展。在此基础上,黄帝将"迁徙往来无常处"的以血缘为基础的部落结构改变为较稳定的地域型社会结构,成为未来国家的基础。(2)黄帝主张教化与法治思想。黄帝规定了礼法制度:"明上下,等贵贱"、造屋宇、制衣服、营殡葬,通过规范社会秩序调节劳动财富的分配,缓和冲突。"黄帝始……礼文法度,兴事创业"《尚书大传·略》。黄帝促进了华夏族与东夷、苗蛮族的融合,促进了后世多元一体的民族文化格局的形成。

3. 尧的管理思想

帝尧仁德广布,智慧超群,富有而不骄奢,尊贵而不放纵。(1)帝尧勤政爱民,教导百姓按照时令节气的变化来安排劳动生产。分别任命羲氏与和氏管理春播夏作、秋收冬藏,并推演农时,不误节气,使百姓辛勤劳作,安居乐业。(2)帝尧知人善任,整饬和训诫百官,使他们各司其职,克己奉公。帝尧招贤纳士不唯亲,任用了禹、皋陶、契、后稷、伯夷、夔、龙、倕、益、彭祖等10人,但没有明确的分工。据《史记》记载,尧将部落联盟首领位置传给了德行出众的虞舜而不是自己的儿子。

4. 舜的管理思想

虞舜,精通百业,曾在历山种地,雷泽捕鱼,黄河制陶,寿丘务工,负夏贸易。(1)注重德行。舜居住在妫水湾,治家严谨,历山种地,人们互让田界;雷泽捕鱼,人们互让居所;黄河制陶,人们讲究质量。一年之内,舜所居之地聚成村落,两年时间变为城镇,三年之内便成了都市。治内太平,外族归附。(2)举贤惩恶。一方面,舜很擅长举贤任能,他推荐"八恺"主管土地事务,都能克尽职责;任用"八元"在四方布施教典,使父义、母慈、兄友、弟恭、子孝。另一方面,舜惩治恶人,把四个凶恶的家族放逐到偏远地方。(3)任用百官,明确分工。舜命禹治水,后稷担任农官,指导百姓耕种,契担任司徒,推行五常教典,皋陶担任刑官,倕担任工官,益担任虞官,伯夷担任秩宗,夔为典乐官,龙担任纳言,早晚传达舜的政令。这样,舜明确了每个人的职责,且每三年考察一次政绩,经三次考察决定升降。

二、中国管理思想的形成期(公元前 2027 年—前 221 年)[①]

1. 夏朝时期的管理思想

夏王朝是中国历史上第一个国家,原有的氏族会议的民主议事制转向了独裁集权制。管理活动便从原始人的社会公共事务管理发展到了国家管理。夏王朝把解决民食和货物流通放在国家宏观管理的首位,所谓"洪范八政,食货为先",其中尤以《洪范》最为系统地阐述了当时的国家宏观管理思想,提出的"洪范九畴"受到后来周王朝统治者的推崇。

禹作为夏王朝的第一代国君,文武并治,一方面奉行德治,注重以道德、教化、礼仪使诸侯和百姓臣服,以家族与宗族制为纽带,依靠"忠孝"等基本伦理道德来维系社会关系。"天命禹敷土,随山浚川。乃奉执征,降民鉴德。乃自作配飨,民成父母"(《大禹赋》)(见图1-3)。大禹在导九河入海的治水过程中,将治水与治国、敬民、养民、教民相结合。另一方面用军队、监狱、刑罚镇压不服从者。

图 1-3 大禹治水

2. 商朝时期的管理思想

商朝的"国治"思想比夏朝时期更为发展和完备。创立了一套比较完整的国家机构,废除了夏桀时残酷压迫人民的暴政,采用了"宽以治民"的治国政策,并辅以更加明确的法制指导思想。商朝的《汤刑》比《禹刑》也有所发展,其刑法条目已渐趋完备。在夏朝奉"天"罚罪法制观的基础上,更加强调"神"(尤其是祖先神)的作用。因此,夏商两朝都普遍盛行朴素的"天命""鬼神"等宗教迷信思想,使管理思想具有鲜明的"天罚""审判"特色,以习惯法为主,主要包括礼与刑两部分内容。

3. 西周时期的管理思想

西周武王死后,成王即位,著名政治家周公辅政。周公的治国、礼乐等文化遗产对其后世社会影响很大,是孔子及其儒家思想的主要资源。西周时期的"国治"管理思想较之夏商两朝更为全面和深入。周天子拥有比以往朝代更至高无上的权力,"溥天之下,莫非王土,率土之滨,莫非王臣"。

西周继承了夏商时期的天命鬼神思想与宗教神权观念,但强调以德治民,慎用刑罚。"保民""明德"为上,即作为统治者应该深知人民的疾苦,"君子所其无逸,先知稼穑

[①] 吴照云,李晶. 中国古代管理思想的形成轨迹和发展路径[J]. 经济管理,2012(7).

之艰难，乃逸，则知小人之依"(《无逸》)，为政者必须"迪畏天显小民，经德秉哲"才能统治长久。不同于夏商时期依靠习惯法来定罪，西周编定了具有成文法性质的《刑书》，"周有乱政，而作'九刑'"(《左传·昭公六年》)。

礼乐最初的功能是敬神，周公使礼乐规范化、严密化、政治化，使"衣服有制，宫室有度，人徒有数，丧祭器用，皆有等宜"。礼制内容包括冠礼、丧礼、聘礼、飨礼、祭礼、军礼、乡饮酒礼、士相见礼、觐礼、朝礼等等。周公制定的"周礼"是一套礼仪和宗法等级制度，用于协调统治秩序，维系社会等级制度，成为官僚组织与政治制度的基础。

西周灭亡后，周平王迁都洛邑，史称东周，社会进入一个大动荡时代。春秋战国是我国古代由奴隶制过渡到封建社会的大变革时期。随着奴隶主统治的崩溃，原来垄断在贵族手中的文化教育也传播到民间，不同阶层争相提出自己的主张，学派林立，形成管理思想丛林。其中，儒、法、道、墨四家是中国古代管理思想的主体部分。西汉司马谈在《论六家要旨》中提出的儒、墨、道德、法、名、阴阳"六家"学说，强调六家"皆务为治者也"，即各学派的管理理论都是为了治理国家和社会。

随着社会的发展进步，以"礼治""德治"思想为主导的西周国家制度体系逐渐瓦解，以法家所倡导的"法治"与重刑主义为指导的法律制度体系逐渐占据各诸侯国的统治地位。各诸侯国逐渐以"法治"思想为主导，先后进行了变法改革运动。如战国时期李悝在魏国的变法，赵烈侯时公仲连的改革，楚悼王时吴起的变法，韩昭侯时申不害的改革，齐威王时邹忌的改革，秦孝公时商鞅的变法等，推动了法律制度的全面更新。此外，由于春秋战国时期战争频繁，兵家管理思想应时而生，其战略管理思想对后世影响很大。

三、中国管理思想的发展期(公元前221年—1912年)①

秦汉至隋唐时期，是中国封建社会从上升逐渐发展到鼎盛的时期，中国出现人类生产力发展的第一次高峰。秦汉至隋唐时期把先秦管理经验制度化，建立了以专制主义中央集权体制为特征的行政管理思想，通过官制、吏制、科举制、土地制度和赋税制度等使之成为定式，并不断发展完善。这一阶段的管理思想包括秦始皇的集权管理思想、汉高祖无为而治的管理思想、汉武帝有为而治的管理思想、隋文帝的政治管理思想，以及以唐太宗和武则天等为代表的治国管理思想。

虽然秦朝与隋朝这两个王朝存在的时间短，但都是完成了王朝的统一，其典章制度影响后世，汉承秦制、唐承隋制。秦始皇建立了中国历史上第一个统一的中央集权制国家，强化中央对地方的控制，首创了皇帝制度，以三公九卿为代表的中央官制，郡县制等，彻底打破自西周以来的世卿世禄制度。秦始皇采取的集权管理措施包括政治、经济、文化等各方面，奠定中国大一统王朝的统治基础。秦始皇强调"以法治国"，实行极端专制，统制思想言论、加重徭役租税等，使得民穷财尽，导致秦末农民起义。

---

① 吴照云，李晶. 中国古代管理思想的形成轨迹和发展路径[J]. 经济管理，2012(7).

汉初为恢复经济，汉高祖刘邦等采用道家黄老的"无为而治"思想，采取了一系列休养生息的政策。汉武帝在秦朝制定的中央集权统治制度基础上更加完善和制度化，他采取了董仲舒"罢黜百家，独尊儒术"的建议，使儒家学说占据统治地位，形成了以《公羊》学为主，糅合阴阳家、法家、道家等杂家的新式儒学，儒家思想成为两汉管理思想的主流。

三国两晋南北朝时期，战争频繁，社会管理混乱，出现了曹操、诸葛亮等军事家，魏、蜀、吴三国都较注重恢复经济和发展生产，出现以《齐民要术》为代表的农业经营管理专著。玄学兴起，儒学衰退，佛学、道家等管理思想重新多元化发展。随着隋唐的重新统一，形成了儒、道、释三家杂糅的管理思想体系。其代表思想主要有以下内容。

1. 唐太宗李世民的管理思想[①]

(1) 在行政管理方面，改革行政机构。首先，唐太宗简化了行政区划，改天下为十道，每道分领一个州不等，对多余的州县实行省并。同时精简机构，为便于集权，用一些职位不高的人兼宰相之事，削弱了宰相的职能。其次，建立议事制度，集思广益，凡军国大事，中书省各官员都可以本人名义提出主张，与大家讨论，各抒己见，鼓励犯颜直谏，尤以魏征最为突出。唐太宗重视法制，依法行政，组织人修订"贞观唐律"，虽承隋制，亦有改进。

(2) 人才管理方面，"为政之要，唯在得人""政治之术，在于得贤"。他大办学校，大兴科举，大量培养和选拔人才。其次，"设管分职，唯才是与"。"择善任能，救民之要术，推贤进士，奉上之良规。自古哲王，弘风阐化，设管分职，唯才是与"。在用人的问题上，他还提出"用人如器，各取所长"的见解。

(3) 经济管理方面，实施均田制和租庸调法。唐太宗认为"凡事皆须务本。国以人为本，人以衣食为本，凡营衣食，以不失时为本。"他实施的均田法和租庸调法较隋时更为合理，对农业生产起到积极的作用。其次，唐太宗认为统治者不可过分剥削百姓，要爱护百姓，否则就会灭亡。他反对奢侈，提倡节约，吸取教训，认识到"水能载舟，亦能覆舟"的道理，对农民轻徭薄赋，休养生息，经"贞观之治"到"开元之治"，唐代社会发展到了鼎盛时期，中国传统管理思想也得到了充分发展。

宋元时期，封建社会开始逐步走向衰落，为挽救封建统治的危机，统治者主张在不触动封建制度的前提下，自上而下地作某些调整变革。北宋初期范仲淹推行"庆历新政"，提出"荒政管理思想"，即通过向富人提供服务，使饥民获得就业机会，度过荒年，类似于 20 世纪 30 年代后西方经济学中"有目的地扩大消费，以刺激生产并大办公共工程，以增加就业"的理论。北宋中期王安石实行变法改革，提出了改革时弊的各种管理思想。

2. 宋太祖的管理思想[②]

(1) 加强皇权，削减地方长官的权力。州郡一级的地方长官不得兼任州郡以下的职务。

[①] 王忠伟，刘红，陈尔东. 秦汉至隋唐时期管理思想的发展[J]. 鞍山科技大学学报，2006(6).
[②] 王忠伟，王英凯，王德林. 宋元明清时期管理思想的承接[J]. 鞍山科技大学学报，2007(1).

州郡的兵权、财权和司法权统统收归朝廷。长官之外另设通判，以便互相牵制。又将全国分为十五路，每路设管理财政兼监察的"转运使"，管理司法的"提点刑狱"，管理军事的"安抚使"，管理救济及水利的"提举常平"。设四司消除地方官员权力，宋王朝规定，路、州、县三级官员由中央官员兼任，属于临时指派的性质，三年一替。此外，宋太祖在宰相之下另设"参知政事"作为副贰，以分割宰相的军政大权，把晚唐五代临时设置的"枢密使"和"三司"作为常设官员，以分割宰相的财政大权。

(2) 推行并完善科举制度。宋太祖严格考试程序，扩大取士名额，使士大夫之优秀者都能为朝廷效力。宋太祖诏告全国"国家悬科取士，为官择人，既擢举于公朝，宁谢恩于私室？将惩薄俗，宜举明文。今后及第举人不得辄拜知举官子孙弟侄，如违，御史台弹奏……兼不得呼春官为恩门、师门，亦不得自称门生。"为杜绝座主与考生间结成密切的关系，杜绝"恩门""师门"的形成，宋王朝规定，举人经礼部的"省试"之后，必经皇帝亲自主持的"殿试"才算合格，使授官的举人是"天子门生"，而不是考官的门生。

元朝是蒙古族建立的政权，耶律楚材的"以儒治国"思想有利于缓和民族矛盾、巩固政权。到了明清时期，中国封建社会已经进入衰落时期，封建制度的各种矛盾充分暴露。有识之士揭露旧管理制度的腐朽，提出改革传统的新主张。这一时期的管理思想代表人物有：明朝后期张居正，明末清初三大思想家黄宗羲、顾炎武、王夫之，清朝皇帝康熙、雍正。

3. 康熙的管理思想[①]

(1) 经济管理思想。一是调整政策，废除"圈田令"。为解决满洲贵族圈地造成百姓破产、逃亡的问题，康熙于公元 1669 年下令停止圈地。二是免除人头税，实行"摊丁入亩制"。公元 1712 年废除丁税(即人头税)。公元 1716 年，康熙又下令在川粤试点，推行"摊丁入亩制"，即把固定的丁税按地亩的多少分摊下去，合并到地亩税里一体征收。三是招民垦荒，诱以官职。四是实行"更名田"。康熙于公元 1669 年发颁诏令，承认百姓在战乱中接手的庄田"永为世用"，叫作"更名田"，与其他民田同样纳税，免去额外的"易价银两"。五是"利商便民"和取消"海禁"。康熙于公元 1700 年下令将班匠银并入田赋中征收，使工匠摆脱人身控制，又本着"恤商"和"利商便民"的原则，禁止官商强买私人工商业品，不得向商人征收重税和摊派苛捐杂税。公元 1683 年，即收复台湾的那一年，康熙下诏取消"禁海令"，准许商人出海贸易，并设立海关。

(2) 人才管理思想。一是"政治之道，首重人才"。康熙把用人问题看作是治理国家的根本问题，不拘出身，唯才是用。其倡举贤能、优容之人的举措，使清王朝产生三十多位著名的思想家、史学家、经济学家和文学家。二是"才德兼优为佳"。康熙对人才标准的把握非常严格，"国家用人当以德器为本，才艺为末。"对不同的官位都有不同的擢用

[①] 王忠伟，王英凯，王德林. 宋元明清时期管理思想的承接[J]. 鞍山科技大学学报，2007(1).

标准。三是"凡人必试之而后始知"。康熙主张"人难求全责备",对有过失的人,主张功过分明,记功忘过。应方圆互用,体有殊规。

总之,中国古代管理思想是一个由各家理论学派所构成的"管理理论丛林"。中国古代管理思想在经历了"三皇五帝"时代,夏王朝的建立,再跨越商朝、西周后,日益成熟。直到春秋战国时期,各家学派林立,百家争鸣,中国古代管理思想才真正形成。之后,经历了秦朝"崇法轻儒"和汉初"黄老之术"思想的交替,发展到汉武帝时代的融合法家、道家等各家学派的新式儒学。以儒、法、道为主干的中国古代管理思想彼此交替和融合,逐渐定型为"儒学为主、道法相辅",并成为后来历代统治者基本固定的管理模式,在我国古代的国家治理中发挥了极为重要的作用。

第二节 《易经》的管理思想

一、《易经》管理思想概述

(一)《易经》管理思想在历史上的影响[①]

中国早期社会由于生产力低下,科学落后,先民对于自然现象、社会现象等不能做出科学的解释,在长期的实践中提出了沟通人神的预测方法以趋利避害。《易经》就是在这种条件下产生的。传说上古伏羲画八卦,中古周文王演为六十四卦,下古孔子作传解经,也都包含了占筮的需要。

汉代,《易经》在保留原有占筮性质的同时,得到了充分发展。一方面,易学家克服了大衍法的种种局限,创立了比较完备的新筮法。焦延寿作《易林》创立焦氏筮法,其弟子京房创立纳甲法,因而在汉代筮法趋向完备。另一方面,因为《易经》中包含了深刻的人生哲理,逐渐成为安邦治国、修身养性的哲学之书。

魏晋时期,玄学兴起。《易经》《老子》《庄子》并称"三玄",《易经》的文化价值已超越儒、道诸经。

宋明理学,其理、数、气、心、功利五大学派都和《易经》有密切的关系。清代朴学,皆援易成己说,故《易经》有"群经之首,大道之源"之说。

(二)《易经》及主要观点

1. 《易经》的概述

《易经》成书于何时,作于何人,迄今无定论。《汉书·艺文志》提出"人更三圣,世历三古"说:(1)伏羲氏画八卦以"明天道":"古者包牺(伏羲)氏之王天下也,仰则观

[①] 林忠军. 周易概说. 甘肃周易研究中心网站,2009年10月.

像于天，俯则观法于地，观鸟兽之文，与地之宜，近取诸身，远取诸物。于是始作八卦，以通神明之德，以类万物之情。"(《易经·系辞》)(2)文王拘而演周易。周文王姬昌被殷纣王囚禁时，姬昌依据先天八卦演绎后天八卦，进而推演成六十四卦并系以卦辞、爻辞以"卜吉凶"。(3)孔子作十翼以解经，"明万理"。

《易经》由本文的"经"和解说的"传"构成。"经"由六十四个象征符号卦组成，每卦的内容包括卦画、卦名、卦辞、爻题、爻辞。《易经》的整个思想基本上是一套完整的符号体系，这个体系大约形成于商周之际。

古人将《易经》预测学中的易象、易数、易义、易理称为"易之四德"。简单来说，"象"是八卦、六十四卦及其所象征的事物的形象，"数"反映《易经》六十四卦之间数量上的关系，"义"反映《易经》所代表的伦理与道义，"理"是《易经》对事物的规律所做的探讨。

2.《易经》的主要观点

《易经》即《周易》的"周"字，一指普遍，即易道广大，无所不包，周而复始；二指代号，即周朝。"易"象征蜥蜴善于应变，即日月运转，即太极之体。

太极指原始物质，是元气未分状态，"太极谓天地未分之前，元气混而为一"(《周易正义》)。"易有太极，是生两仪。两仪生四象，四象生八卦。"(《易传》)(见图1-4)两仪就是阴阳，指对立统一的事物，相互依赖制约转化。《易经》被称为"群经之首"和"大道之源"，是诸子百家的重要思想源泉。

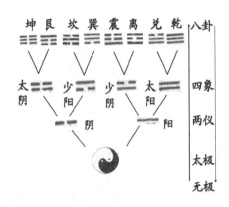

图1-4 阴阳八卦图

《易经》的思想有两大基本内容。

(1) 阴阳理论。阳代表动态，阴代表静态。万物万象的内部同时存在两种相反的属性，即阴和阳，它们互相依存、彼消此长，动态平衡。"立天之道，曰阴曰阳。"(《易传·说卦》)"一阴一阳之谓道"(《易经·系辞上传》)，即宇宙万物都存在着阴阳这种基本矛盾，既对立又统一，互生互换。《易经》的阴阳理论揭示了宇宙万物形成的根本原因及变化发展规律。

(2) 周期演进观。《易经》六十四卦的排序是关于事物发展盛衰周期演变的规律，卦以阳爻、阴爻配合而成，三个爻组成一个卦，象征自然现象和人类社会的运行状态。"生生之谓易"(《易传·系辞上》)，"天下同归而殊图，一致而百虑"(《易经·系辞下》)。宇宙万事万物的生成与发展都存在于生生不息的运动中，不断发展转化、革故鼎新。总之，《易经》熔铸了自强不息、厚德载物的民族精神，催生阴阳相济、物极必反的辩证思维，造就革故鼎新、与时偕行的历史哲学，孕育保合太和、穷变通久的东方智慧。

二、《易经》的主要管理思想

(一)整体联系的生态观

《易经》认为管理环境是动态开放、阴阳并存、持续发展的整体。《易经》强调天地人三者合一而成一个整体，人与天道、地道相应。"有天道焉，有地道焉，兼三才而两之，故也。"(《易经·系辞》)，"与天地合其德，与日月合其明"(《易经·乾》)，强调人要与天地合一，人不是孤立的。

《易经》反映了整体普遍联系的思想。《易经》是一个以太极为起点，以八卦为核心的系统。代表万事万物的卦形纷繁复杂，但其构成要素却是极其简单的"− −"(阴爻)、"—"(阳爻)两个符号。阴爻、阳爻按照不同的次序、位置排列组合，形成不同的结构形式，即卦象，从而代表不同的事物及事物不同的性质和功能。爻变卦变，卦变象变，象变物变。《易经》八卦、六十四卦，每一爻的变化都影响着整体，所谓"牵一爻而动全盘"，事物处在普遍联系之中。

"乾道变化，各正性命。保合太和，乃利贞"(《乾卦·象传》)。即万物因天道之变化而具有各自的禀赋，保持和谐，则万物皆受其利。"阴阳合德而刚柔有体"，"刚柔相推，变在其中。"(《易经·系辞传》)即支配事物发展过程的内在机制是阴与阳的协调配合，阴阳排斥或斗争是达到整体和谐的一种手段。

《易经》整体联系、牵一发而动全身的道理告诉我们：看似无关的事情背后，往往存在着复杂的关联，所以要小心谨慎。与西方文化相比，《易经》强调以人为本的处事方式，中国人在工作中比较在意别人的感受，但人心善变，各有主张，所以中国社会各种关系错综复杂。而西方社会是以事为本的处事方式，人与人之间坦诚相见，注重诚信，关系简单直接，两种方式各有利弊。

(二)对立统一的辩证观

《易经》认为矛盾的对立统一是事物变化发展的原因。《易经》是以对立统一的概念为基础构建起来的体系。太极生两仪，为天地，为阴阳，为男女，为日月，为昼夜。由此产生的万事万物无不两两对立统一。阴阳的特征：(1)阴阳对应：指一个事物的两个方面，即阴阳、动静、上下、左右、表里、现象与本质等；(2)阴阳互根：阴为阳根，阳为阴根，互为依存，互相为用；(3)阴阳消长：阴阳始终处于此消彼长的动态平衡之中；(4)阴阳转化：阴阳在一定条件下发生"质"的变化，各自向其对立面转化。变化的原因是"刚柔相推而生变化"，事物变化的原因不在外部，而在内部对立双方的相互作用。所以，事物都是对立双方的统一体，"一阴一阳之谓道""乾，阳物也。坤，阴物也。阴阳合德而刚柔有体"，对立的双方既相互依存、包含，又相互对立。事物对立统一的双方相互作用、相互转化，这是事物发展的否定之否定的循环往复的规律。①

(三)革故鼎新的发展观

《易经》里蕴含着生生不息的发展观,天地万物总是在不停地变化之中,《乾卦·象传》说"天行健,君子以自强不息。"天体运行,永无已时,故称为"健"。"天行健"是说天的运动永远变动不居,具有坚忍不拔、奋发向上的品性,任何艰难险阻都不能阻挡它的运行。"君子以自强不息",是说君子当效仿"天"这种刚健向上的性格,不畏艰难、发奋努力、锲而不舍。六十四卦是个大循环。"生生之谓易",《易经》本是讲"变易"的书,六十四卦的卦序序列,即含有不断变革、永无止境的义蕴。"革去故,鼎取新"《易传·说卦传》,"穷则变,变则通"(《易传·系辞下传》),"日新之谓盛德"(《易经·系辞下》)包含着革故鼎新的发展理念。

《易经》还说明了量变引起质变的基本思想。"两仪生四象"是指从阳仪和阴仪衍生出来的太阳、少阴、少阳、太阴。阴阳此消彼长,相互转化,根据阴阳的成分多少,分为四种情况。《文言》说:"坤至柔也,而动也刚。"坤为阴,初六爻为阴之始,发展下去微而积渐,以致坚冰,是量变引起质变,这一趋势不依人的意志为转移。

(四)否极泰来的得失观

否极泰来意思是逆境达到极点,就会向顺境转化,指坏运到头了好运就来了。"否之匪人,不利君子贞,大往小来……象曰:天地不交,否""泰,小往大来,吉亨……象曰:天地交,泰"(《周易》),意思是,否卦时正不压邪,天地闭塞,不利于君子坚守正道。泰卦则相反。

"易"就是变,"生生之谓易""变化者,进退之象也""一阖一辟为之变,往来不穷谓之通。"意思是,门窗的一开一闭叫作变化,有往有来而不穷尽叫作贯通。古谚语有"塞翁失马,焉知非福""乐极生悲""因祸得福""祸兮福之所倚,福兮祸之所伏",所以,对待任何事物都要辩证地看,好坏、祸福在一定的条件下是可以相互转化的。

(五)"位中应时"的适应观

《易经》强调适应环境的重要性,提倡"时、位、中、应"的时空管理观。"时"是"时机",指环境变化,六十四卦表示六十四"时";"位"是"场合",即按照自然法则去做事;"中"是"合适",是时和位的配合;"应"是呼应、调整。时机、位置都应当均衡配置。

《易经》强调把握时机的重要性,"得时者昌,失时者亡"(《列子·说符》),"时"往往与信息相联系:(1)无时机时要待机:"潜龙勿用","与时偕行"(《乾文言》),"君

---

① 艾新强.《周易》领导哲学简论[J]. 广西社会主义学院学报,2015,26(4):86-92.

子藏器于身，待时而动"(《易经·系辞下》)，"天地盈虚，与时消息。"(《易经·丰》)。(2)有时机时要用机："化而裁之""推而行之"。(《易经·系辞上》)，"时止则止，时行则行"，只有"动静不失其时"，才可"其道光明"(《易经》)。"几者，动之微，吉之先见者也。君子见几而作，不俟终日"(《易经·系辞下》)。"几"是事物细微的变化，见几而作指发现一点苗头就立刻采取措施。①

(六)重视权谋的规划观

《易经》内容丰富，处处阐明人生哲理：自强不息、厚德载物、待时而动、居安思危、顺天应人，六十四卦就是在六十四种情况下的人生谋略。

例如，《乾卦》是《易经》六十四卦的第一卦，"乾"在我国古代象征着天，象征着阳(见图1-5)。乾卦是开拓者的人生谋略，其六个发展阶段是：

(1) "潜龙勿用"：位卑力微阶段，时机还没有成熟，应该像潜藏的龙一样，不要太露锋芒。

(2) "见龙在田，利见大人"：冒出阶段，龙出现在田野上，有利于见到大人物，发展自己。

(3) "君子终日乾乾，夕惕若厉，无咎"：君子终日自强不息，每晚反省自己，保持警惕，检查失误，才不会有灾难。比尔·盖茨："微软离破产永远只有18个月"。

(4) "或跃在渊，无咎"：审时度势阶段，根据不同时机，龙或腾越九天，或退处在渊，都不会有什么灾难。

(5) "飞龙在天，利见大人"：奋发有为阶段，巨龙高飞上天，有利于见到大人物。职业发展最高点，最好的一爻。

(6) "亢龙有悔"：知进忘退阶段，龙向上飞得太高，就会有后悔的事发生。盛极必衰。

以上6个发展阶段的本质是阳气逐渐上升和消退的过程。《乾卦》象曰："天行健，君子以自强不息。"这样做的结果是，尽管人群中没有首领，但个个刚健有为，实力均衡，这种状态吉祥。

《坤卦》是《易经》第二卦，"坤"象征大地，包容滋生万物(见图1-6)。象曰："坤厚载物，德合无疆"，坤卦的卦辞是"利牝马之贞"，即应当向母马一样，温顺、顺从、执着地追求正道，才能够吉祥。《坤卦》是辅佐者的人生谋略，其六个发展阶段是：

(1) "履霜，坚冰至。"当踩到霜时，应该明白结冰的日子快到了。预示要有高度的警觉性，防微杜渐。

(2) "直、方、大，不习，无不利。"正直，方正，大方，行为不犹豫反复，没有什么不利的。

---

① 王充闾. 生生之谓易：《周易》的三重奥义. 光明日报，2015年09月28日.

图 1-5　乾卦

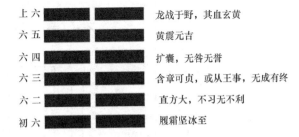

图 1-6　坤卦

(3)"含章可贞，或从王事，无成有终。蕴涵美德。"坚守正道，或效力于君王，虽没有成就却会有好的结局。

(4)"括囊，无咎，无誉。"像扎紧口袋一样收敛，谨言慎行，没有过失，也没有荣誉，能使自己免于灾祸。

(5)"黄裳，元吉。"穿着黄色的衣服，预示大为吉祥。黄代表中庸，协调。做人一定要懂得内在修养、懂得谦虚、中庸，不可什么才华都表露无遗。

(6)"龙战于野，其血玄黄。"阴发展到极盛会与阳(龙)在原野上激烈搏斗，流出黑中有黄的血液。这一阴爻已经到了极点，若与阳抗争会两败俱伤。

以上六个发展阶段的本质是阴气逐渐上升和消退的过程。得此卦者永远坚持正道，才会最为有利，收敛，谨言慎行才无过失，寻找明主等待时机，一旦得势可成就大业，具载舟覆舟之力，没有知遇的机会便一事无成。

(七)预测吉凶的占卜观

《易经》用"占卜"进行预测时机与吉凶。"占"意为观察，"卜"是从火灼龟壳后出现的裂纹形状预测吉凶福祸。"占卜"的功能是对整个环境的发展趋势做出预计和推测，在此基础上进行决策和规划。"占卜"方法主要有龟甲占、蓍草占、看风水、观天象、金钱占、纳甲法等。《易经》卦爻辞中有许多"占断辞"：吉、亨、利、无咎、悔、吝、厉、咎、凶等。

《易经》强调预测的重要性，"吉凶者，言乎其失得也；吉凶者，失得之象也。"(《易经·系辞下》)"其言曲而中，其事肆而隐。因贰以济民行，以明失得之报"(《易经·系辞下》)，《易经》能帮助人们用阴阳判断得失。"夫易，彰往而察来，而微显阐幽，开而当名辨物，正言断辞则备矣。"(《系辞传下·六》)意思是《易经》能够对过去的一切反映得非常明显，并能够用来察知未来的情况，使隐微的事理变得明显，幽隐的情况得以阐发，将各种事物分开而又给它们恰当的名称区别开，判定事物变化趋势的言辞完全具备了。

本 章 小 结

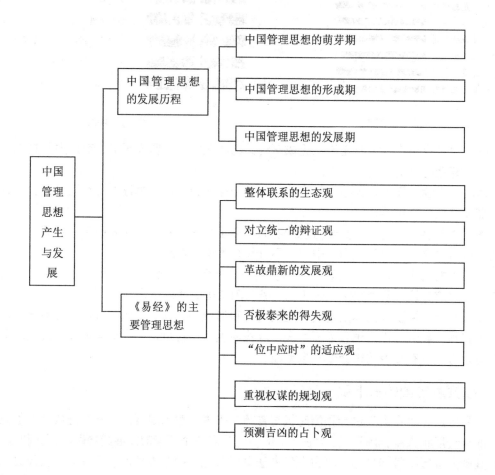

习 题

一、思考题

1. 中国管理思想的三个发展阶段(萌芽期、形成期、发展期)的特点分别是什么？
2. 中国管理思想的发展规律是什么？
3. 《乾卦》和《坤卦》的管理内涵分别是什么？体现了哪些权谋思想？与西方的权变管理理论有何异同？
4. 《易经》的管理思想与创新有何关系？在今天有何应用价值？
5. 《易经》的管理思想与系统管理理论有何异同？

二、案例分析

1. 成功不是未来前进的可靠向导①

华为文化的核心是什么，其实就两点：一个是以客户为中心，一个是以奋斗者为本。这些不是我们独特的文化，是普适的，而且都是从别人那儿学来的，没有什么掌握不了的，只要认真体会，都能做得到的。有人总说华为文化外籍员工听不懂，以客户为中心首先是外国公司推行按客户需求的解决方案，解决方案就是要以客户为中心，做好才能拿到合同。以客户为中心，外籍员工为什么听不懂？以奋斗者为本，换个说法，外籍员工就听懂了。为什么他会多拿钱呢？是因为他多干活了。这就是我们的各尽所能，按劳分配，多劳多得，外籍员工也知道多劳多得，多劳多得不就是以奋斗者为本吗？

华为公司过去的成功，能不能代表未来的成功？不见得。成功不是未来前进的可靠向导。成功也有可能导致我们经验主义，导致我们步入陷阱。历史上有很多成功的公司步入陷阱的，例子很多。时间、空间、管理者的状态都在不断变化，我们不可能刻舟求剑，所以成功是不可能复制的。能不能成功，在于我们要掌握、应用我们的文化和经验，并灵活的去实践，这并不是一件容易的事情。它熬干了多少人的血液和灵魂，多少优秀人才为此付出了多么大的生命代价，不然人类社会怎么会演变到今天。

我们要借鉴过去成功的思维方式，而不是它的工作方法。不是说原来怎么做的，我就怎么做，然后沿着这条路走下去就行了。我们现在很多员工在思想上是比较惰怠的，没有积极思维的。没有认真去研究如何简化它的工作，提高贡献能力。

公司长期推行的管理结构就是一个耗散结构，我们有能量一定要把它耗散掉，通过耗散，使我们自己获得一个新生。因此，我们总是在稳定与不稳定、在平衡与不平衡的时候，交替进行这种变革，从而使公司保持活力。

而且，整个商业生态环境发生了很大的变化，这个时候我们不能不考虑适应，我们必须要以此推动变革。我们在新的时期里面，要改革一切不符合这个组织的结构、流程和考核。我们不仅要以客户为中心，研究合适的产品与服务，而且要面对未来的技术倾向加大投入，对平台核心加强投入，一定要占领战略的制高地。要不惜在芯片、平台软件……，冒较大的风险。在最核心的方面，更要不惜代价，不怕牺牲。我们要从电子技术人才的引进，走向引进一部分基础理论的人才，要有耐心培育他们成熟。也要理解、珍惜一些我们常人难以理解的奇才。总之我们要从技术进步，逐步走向理论突破。

我们要欢迎那些"胸怀大志、一贫如洗"的人进入华为公司。他们将是华为公司一支很强的生力军。我们像双翼的神马，飞驰在草原上，没有什么能阻挡我们前进的步伐，唯有我们内部的惰怠与腐败。

分析：

(1) 为什么任正非说"成功不是未来前进的可靠向导"？

---

① 华为总裁任正非在 2011 年 1 月 17 日公司市场大会上的讲话。

(2) 你认为什么是未来前进的可靠向导？

2. 俞敏洪"眼前利益让我们迷失方向"①

当一个人、一个地区只顾眼前利益的时候，它将最终导致人生和事业的失败。《易经》中有一句话叫"动则得咎"，就是说只要你选择做事情，就会有得失。

在这个世界上，你要理解什么叫得到，什么叫失去，是非常困难的。因为有很多东西需要你一辈子的努力，并不是一天两天就能得到的。你作为一个员工，如果拿的是计时工资，你工作两小时即可拿到两小时的工资。但是生活不是这样的，生活中得到与失去是一个大循环的过程，不是现金交易，而是一辈子的"交易"。比如说，我们两人之间的交情很深，一辈子虽然没有金钱的交往，但是最后你得到了我的信任，我得到了你的信任，我们两人互相之间的信任可能就变成了这个世界上最珍贵的东西。

当然，有时候在生活中我们失去一些东西不一定是坏事。比如说，你失业了，才知道生活有多么艰难。你失恋了，才知道感情的成熟是多么必要。不管怎么样，我们的生活时时处在得与失的选择之中。比如说当你选择快乐的时候，你同时也在选择痛苦。有很多事情是很难两全其美的。《易经》中的"动则得咎"并不是说你动了就会被人指责，它真正的含义是你动了就会犯错误，就会冒险。根据《易经》中的另外一句话，"天行健，君子以自强不息"，动则得咎的解释应该是这样的：选择"动"实际上是要解决人生的困境，解决我们日常的困难。在动的过程中，丰富我们的人生体验，丰富我们的心灵，锻炼我们的意志，最后使我们变成一个有着坚强意志，有着坚定不移个性，对未来有着美好向往的人。所以得到与失去永远是一个钱币的两面，如你得到了钱币的正面，就失去了它的反面；你看到它的反面，不可能同时看到钱币正面，即要用正确的心态辩证地对待生活中的得失。

我有一个向前走的比喻。在我们前面有一瓶水，因为它是好东西，每个人都想得到它。为了能够得到这瓶水，我拼命向前跑，结果在我快要抓住这瓶水之前，水被别人拿走了。但是不能因为别人拿走了这瓶水，我就不向前走了，我一定还要继续向前走。这个时候，我会发现前面还有一篮子鲜花在等着我。当然，我走到鲜花面前时，可能它又被人拿走了。但是这个时候我依然不能绝望，我知道失去了鲜花，但是未来还有别的东西在等着我。我还要继续向前走，也许我心爱的人就在那里等着我。

如果你抱着这样的心态，知道每一次失去的背后有一个更大的目标，有更多的考验，生命中还有太多太多的事情需要你去做，你就不再会为眼前失去的东西感到痛苦了。

分析：

(1) 俞敏洪的观点体现了哪些《易经》的管理思想？

(2) 俞敏洪的观点对你有何启发？

---

① 俞敏洪. 眼前利益让我们迷失方向. 畅享网，2009/6/26

三、管理技能训练

探讨《易经》六十四卦的 SWOT 分析思想，在六十四卦中找出一卦分析其对自己的职业生涯规划有何启示。

【推荐阅读书目】

吴照云. 中国管理思想史. 北京：经济管理出版社，2012

刘筱红. 管理思想史. 北京：科学出版社，2012

方振邦，徐东华. 管理思想史. 北京：中国人民大学出版社，2011

揭筱纹. 管理思想史. 北京：清华大学出版社，2011

姜杰. 管理思想史. 北京：北京大学出版社，2014

葛荃. 中国古代行政管理思想史. 天津：天津人民出版社，2016

南怀瑾. 易经杂说. 上海：复旦大学出版社，2002

张成. 周易管理智慧. 桂林：广西人民出版社，2011

陈明德. 易经与管理. 上海：上海三联书店，2015

马恒君. 周易正宗. 北京：华夏出版社，2014

曾仕强. 易经的奥秘. 西安：陕西师范大学出版社，2009

杨天才. 周易. 北京：中华书局，2016

第二章

道家的管理思想

学习目标：了解道家管理思想在历史上的重要影响；掌握道家管理思想的主要观点及对现代管理的启示；理解道家管理思想与系统管理思想的异同。

关键概念：道(Tao)　道家(Taoism)　道德(Tao and virtue)　道法自然(Taoism Follows Nature)　无为而治(Actionless Governance)　上善若水(As good as water)　治大国若烹小鲜(Ruling a great nation just like cooking a small fish)

治大国，若烹小鲜。

——老子《道德经》

第一节　道家管理思想概述

一、道家管理思想在历史上的影响[①]

道家思想起始于上古时期，以伏羲为远祖、黄帝为始祖、老子为道祖、张陵为教祖，道历已有 4700 多年的历史了。道家奠基人老子《道德经》一书的问世，标志着道家学派的形成。道家思想的主要流派有：老子、庄子、黄老学派。道家是道教形成的基础，道家对中国哲学、文学、科技、艺术、养生、商业、军事等等影响深远。英国汉学家李约瑟也认为："中国文化就像一棵参天大树，而这棵大树的根在道家。"

许多历代帝王非常重视道家。西汉初年汉文帝、汉景帝，唐朝初年的唐太宗、唐玄宗等都以道家思想治国，让人民休养生息。汉武帝时，儒家董仲舒提出了"推明孔氏，罢黜百家"，道家从此遁入民间，而后复兴为魏晋玄学。唐代佛教菩提达摩祖师一派传人六祖慧能吸收了大量道家思想，逐渐形成禅宗思想。宋明程朱理学与禅宗有着紧密联系。

唐朝、宋朝和元朝时期，道教被定为国教，明朝和清朝也很重视道家，道家取代儒学地位成为主流思想。唐玄宗、宋徽宗、朱元璋、康熙等都曾亲自注解过《道德经》。以道治国带来国家强盛，出现"文景之治""贞观之治""开元盛世""洪武之治""康熙盛

[①] 郭向阳. 这五大盛世原来都受到"无为而治"思想的影响. 腾讯道学. 2017-04-24

世"等，以及两宋的经济文化繁荣。具体来说，历史上的以道治国的五大盛世如下：

(一)道法结合的稷下黄老之学

公元前481年田和发动政变，田齐代姜齐。从齐桓公开始，在国都临淄的稷下置学宫，招聚天下贤士。稷下学宫的主流学派是黄(黄帝)老(老子)之学。黄老之学产生于战国，形成于汉初。黄老之学的特点是道、法结合，突出刑德观念，主张恩威并施以巩固政权。同时又兼采阴阳家、儒家、墨家、名家的思想。黄老之学兼容并包，认为"贵清静而民自定"(《史记·曹相国世家》)，主张君主治国"无为而治"(《道德经》第三十七章)，"省苛事，薄赋敛，毋夺民时"。田齐推行的经济政策如减免赋税、因其俗、简其礼、自由工商、便鱼盐之利等，带有明显黄老自由放任的特点，推动了田齐崛起。齐威王用邹忌改革吏治，督奸吏、减吏省员，是为了无扰民、无掠民。

稷下道家依托管仲之名成书《管子》，对富国富民作了深刻的论述，"凡治国之道，必先富民。民富则易治也，民贫则难治也。"即只有富民才能安国，要安国必先富民，二者相辅相成。更进一步，提出只有以农为本，才能富国富民。"凡有地牧民者，务在四时，守在仓廪，国多财则远者来，地辟举则民留处，仓廪实则知礼节，衣食足则知荣辱""农事胜则入粟多，入粟多则国富，国富则安乡重家"。财富根源于劳动和土地："力地而动于时，则国必富矣"。提出了士农工商的分业结构理论。农业是根本，但是不能没有工商业，"农夫不失其时，百工不失其功，商无废利，民无游日，财无砥滞"。提出权衡轻重的宏观管理手段，通过政治权力来控制经济，国家垄断谷币以垄断资源，利用价格政策操纵商品市场。

(二)西汉黄老政治与文景盛世

西汉初年接秦之弊，经济萧条，人口散亡，作业穷困，财政匮乏，社会经济急待恢复和发展。统治者吸取秦亡的教训，主张"反秦之弊，与民休息"。刘邦采用黄老之术治国，推行"什五而税一，量吏禄、度官用，以赋于民"(《汉书·食货志》)的轻徭薄赋政策，使汉初经济得以复苏与发展。自刘邦统一，历经孝惠、高后、文景，其间君臣多好黄老之术，对于刘邦、萧何在汉初所确立的政治法律制度不做大改变，对人民的生产生活做些尽可能少的干预，使之休养生息。

汉初黄老政治的主要内容如下：轻徭薄赋，与民休息；重农抑商，禁止商人们衣丝乘车，并加倍征收他们的赋税，恢复发展生产；提倡以农为本，鼓励农业生产；除秦苛法，约法省刑，禁网疏阔，治民尚清静宽舒，以求百姓安辑；废除关卡和桥梁过路费，开放山泽让人采掘垦殖；向私人全面开放煮盐、冶铁甚至冶铜铸币等领域。这些政策的实施，使汉初社会经济迅速得到复苏与发展。司马迁在《史记·律书》中称赞说："故百姓无内外之徭，得息肩于田亩，天下殷富，粟至十余钱，鸣鸡吠狗，烟火万里，可谓和乐者乎。"

(三)垂拱而治与唐初贞观盛世

垂拱而治是指垂衣拱手，什么都不做就天下大治，其本质"君无为而臣有为"。魏征在《谏太宗十思疏》中说"文武并用，垂拱而治。何必劳神苦思，代百司之职役哉？"唐朝"内用黄老，外示儒术"。在大尊道教的同时，大力倡导道家无为而治的治国术。唐太宗李世民常说"水能载舟、亦能覆舟"，强调要轻徭薄赋。唐太宗曾在《贞观政要》中说，"夫安人宁国，唯在于君。君无为则人乐，君多欲则人苦。"唐太宗在诏令中曾说："天下大定，亦赖无为之功，宜有改张，阐兹玄化"，百官"各当其任，则无为而治矣"。唐朝为抬高唐王的历史地位，尊老子尊道教，推崇以老子《道德经》为宗首的道家学说。唐玄宗把《道德经》列入科举考试，并注释推广《道德经》，以提高治国水平。李唐一朝，注重德治，一边轻徭薄赋，一边垂拱而治，唐初天下大治，边地蛮夷都来归服，开创了"贞观之治"的太平盛世。

(四)明初休养生息政策与仁宣之治

明太祖是中国第一个平民皇帝，深知民苦之源，力推"休养生息"政策，常警告群臣："天下初定，百姓财力匮乏，好比新树不可折枝、小鸟不可拔羽"(《明太祖洪武实录》)。明朝初年，明太祖采取休养生息政策，政府奖励垦荒，又召集流亡农民，开垦荒地，免除三年的劳役和赋税；要各地驻军屯田垦荒，做到粮食自给。他还兴修水利，奖励植棉种麻。明初在吏治上治贪，6次大规模肃贪，实行"剥皮实草"，杀了15万的官，包括驸马、侄儿、宰相，80%官员做不完3年任期。

仁宗效法文景之治改革，废除了古代的宫刑，停止宝船下西洋和皇家的采办珠宝；下令减免赋税，对灾区无偿给予赈济，开放一些山泽供农民渔猎，宽待流民，使生产力得到发展。宣宗继位后继续推行仁宗的与民休养生息政策，任贤纳谏，君臣关系融洽，政治较为清明，经济也稳步发展，出现了著名的"仁宣之治"的盛世局面。

(五)轻税减赋与康乾盛世

清朝初年的与民休养等政策，与道家不扰民、不掠民、无为而治等思想是相吻合的。清世祖(顺治帝)是历史上第四位注释《道德经》的皇帝，他在《御注道德经》注中，称赞道家是"治心治国之道"，说"老子道贯天人，德超品汇，明清静无为之旨。然其切于身心，明于伦物，世固鲜能知之也。"顺治帝提出"明君治吏不治民"的治国理念，下令"宽待流民"。顺治帝还对儒家爱民如子的说教提出质疑，他说："以爱爱民，爱必不周；以事治国，国必不治。清静无为，则民自化矣"。

清军初入关后圈占土地，跑马占田。康熙帝颁令，停止圈地，招徕垦荒，恢复生产。并把一部分明代各地藩王所占田地归还农民垦种，奖励垦荒屯田，实行"开垦荒地之初，免其杂项差役，三年免科，或通计十年，方行起科"等办法，促进农业生产。康熙五十一年(1712年)清廷下诏"滋生人丁，永不加赋"，减轻百姓负担。三年内分省区普免全国钱粮，至于地区性减免钱粮每年都有，康熙朝减免钱粮总计白银1.4亿两。乾隆时，也先后四次普免全国钱粮，累计达白银1.2亿两。康熙帝重农治河，兴修水利。六次南巡，治理黄河、淮河、运河等。

雍正帝最大功绩是整顿吏治，实行养廉银制度，取缔陋规等，取得了圆满成功。雍正帝极度勤政，每天大量批阅奏折，还建立不究形式的密奏制，让地方官给他汇报实情。雍正帝取消人头税，推行按田征收的"摊丁入亩"税制和"火耗归公"制，使田少的农民负担大减，削除贱籍制，打击了残存的蓄奴制，又兴修水利，治理黄河。

综上所述，很多中国历史上的盛世都是有意或无意应用道家管理理论的结果。台湾著名学者南怀瑾在《老子他说》指出：古代历朝在其鼎盛的时期都是"内用黄老，外示儒术"。内在真正实际的领导思想是黄老道家思想，而对外标榜的则是儒家思想。自汉、唐开始，接下来宋、元、明、清的创建时期，都是如此。德国学者马克斯·韦伯的"文化决定论"认为历史和现实充分证明了国家的兴衰取决于文化，而不是制度。他在《儒教与道教》中对道家与历史兴衰的关系做出了解释："就自然经济而言，自给自足的经济观念与'道法自然'的哲学观、伦理观是相得益彰的。事实上，在中国历史上，每当道家(道教)思想被认可的时期(例如唐初)，经济的发展是较好的，社会是丰衣足食。道家重生，不仅体现在看重个体生命，也体现在看重社会整体的生计发展。"韦伯反过来批评儒家、佛家是经济发展的祸害，认为"这或许是因为儒、佛内含的道德禁欲思想抑制了中国自然经济的发展欲望。"

中国历史上有"治世道，乱世佛，由治到乱是儒家"的说法。道家的学说，强调与民休养，无为而治。所谓："我无为而民自化，我好静而民自正，我无事而民自富，我无欲而民自朴。"而乱世之中，佛教盛行，盖因佛教体恤生灵，教人淡化痛苦，甚至于以苦修行以换取来世幸福。而儒家学说的核心是有为进取，信仰治国平天下，"先天下之忧而忧，后天下之乐而乐"。但儒家学说强调集权统治，缺少外部监督改进机制，不重视发展生产，不能与时俱进，有时会阻碍社会的发展。

二、道家代表人物及主要观点

(一)老子

据《史记》记载，老子(约公元前580—前500年)，姓李名耳，字聃。春秋时楚国苦县(今河南)厉乡曲仁里人，曾经做过周朝的"守藏室之史"(管理藏书的史官)，晚年看到周王朝日趋没落，就离开周朝过隐居生活。路经河南灵宝东的函谷关时，应守关官吏尹喜的要求，写下《道德经》，随后离关而去(见图2-1)。

图2-1 尹喜迎老子写《道德经》

《道德经》又名《老子》，共81章5000余言，前37章论"道"，后44章谈"德"，道经是德经的基础。老子的道家学说以"道"为最高哲学范畴，认为"道"是宇宙万物的本原，主张"道法自然"，清静寡欲，无为而治，以雌守雄，刚柔并济，具有朴素的辩证法思想和无神论的倾向。

(二)庄子

庄子(约公元前369—前286年)，姓庄，名周，字子休，宋国蒙人。他是东周战国中期著名的思想家、哲学家和文学家，是继老子之后，战国时期道家学派的代表人物。庄周因崇尚自由而不应楚威王之聘，生平只做过宋国地方的漆园吏。庄子的代表作是《庄子》，被称为《南华真经》，分为《内篇》《外篇》《杂篇》3个部分，名篇有《逍遥游》《齐物论》《养生主》，《庄子·应帝王》主要讲治天下。

庄子继承和发展了老子"道法自然"的观点，认为"道"是无限的，强调事物的自生自化，否认有神的主宰，包含着朴素辩证法。他认为"道"是无界限差别的，主张齐物我、齐是非、齐生死、齐贵贱，幻想一种"天地与我并生，万物与我为一"的主观精神境界，安时处顺，逍遥自得，倒向了宿命论。庄子重视人性的自由与解放，反对当时社会上实行的仁义礼乐等社会道德与政治制度，认为这些都是罪恶与祸害的根源，"仁义"已经成了统治者窃取国家权力的手段。庄子通过寓言来强调"无为"的重要性，主张实行无为而治。

【专栏2-1】无用的用

惠子谓庄子曰："吾有大树，人谓之樗。其大本拥肿而不中绳墨，其小枝卷曲而不中规矩；立之涂，匠者不顾。今子之言，大而无用，众所同去也。"庄子曰："子独不见狸狌乎？卑身而伏，以候敖者；东西跳梁，不辟高下；中于机辟，死于罔罟。今夫斄牛，其大若垂天之云。此能为大矣，而不能执鼠。今子有大树，患其无用，何不树之于无何有之乡、广莫之野？彷徨乎无为其侧，逍遥乎寝卧其下。不夭斤斧，物无害者；无所可用，安所困苦哉！"(《庄子·逍遥游》)

庄子认为，人和树，都因其无用，而得终天年。而人的生命在功利主义的社会，完全被现实的物质利益所束缚，追求有用而不能享有生命的本真。

(三)其他道家人物

伏羲观察八类自然现象创立八卦《易经》，而黄帝把他发展到了六十四卦的《归藏易》，是道家思想来源之一，黄帝是垂拱而治(无为而治)的榜样。《易经·系辞传》云："神农氏没，黄帝、尧、舜氏作，通其变，使民不倦，神而化之，使民宜之。易，穷则变，变则通，通则久。是以自天祐之，吉无不利。黄帝、尧、舜垂衣裳而天下治，盖取诸乾、坤。"道家的其他代表人物还有姜子牙、管仲、鬼谷子、张良、惠施、吕不韦、诸葛亮、刘伯温、列子等。

第二节　老子、庄子的管理思想

一、人性假设：自然人

早在 2500 多年前，老子就提出宇宙的本质是"道"的观点，他说："道生一，一生二，二生三，三生万物"（《道德经》第一章），是"天地之始，万物之母"。"有物混成，先天地生。寂兮寥兮，独立而不改，周行而不殆，可以为天下母。吾不知其名，字之曰道，强为之名曰大"（《道德经》第一章）。这个"道"，是"道可道，非常道"，是"玄之又玄，众妙之门"，"有"和"无"是它的两种形态，"有"和"无"对立统一。

庄子提出"天地与我并生，万物与我为一"（《庄子·齐物论》），即天地万物为一整体，互相关联，一切事物归根到底本质相通。庄子认为，所谓生死不过是一种物质形态的转化而已，是一种不受人左右的客观规律，所谓"生之来不能却，其去不能止"。庄子妻子死时，他鼓盆而歌，曰："人之生，气之聚也。聚则为生，散则为死。"（《庄子·知北游》）

二、道法自然

道家认为：(1)"道"是万事万物的本源与本体，是自然的规律，"人法地，地法天，天法道，道法自然"（《道德经》），"天网恢恢，疏而不失"（《道德经》），即自然规律像网一样无处不在，广大无边，虽然宽松却不会有漏失的。(2)人类应尊重自然规律，"故道大，天大，地大，人亦大。域中有四大，而人居其一焉"（《道德经》），"道之尊，德之贵，夫莫之命而常自然"（《道德经》），即道被尊崇，德被珍贵，是由于"道"顺其自然。(3)拥有"道"就拥有天下民心，"执大象，天下往"（《道德经》）。

中医体现了道法自然的道家思想。相传伏羲发明了针灸，神农尝百草，轩辕黄帝写下人类第一部医学著作《黄帝祝由科》，后人在此基础上增减，形成了后世的《黄帝内经》，形成了中医最基本的思想体系。中医的管理思想是：(1)整体和谐思想：人与自然和谐，天人合一，则能健康；(2)辩证思想：阴阳是事物相互关联对立的两种属性。阴阳交互作用相互依存、制约、转化；(3)循环变化思想：经络是人体运行气血的通道，气在经络内循环变化；(4)系统思想：人是自然系统的一部分，中医将人的五脏看作是五大系统，通过经络系统联系在一起。①

---

① 吴照云. 中国管理思想史[M]. 北京：经济管理出版社，2012.

三、无为而治

道家认为，人类不要违背自然规律，胡作非为，"以辅万物之自然而不敢为"（《道德经》），即辅顺万物的自然本性而不会妄加干预。"治大国，若烹小鲜"（《道德经》）。即治理大国像煎小鱼，不要频繁翻动导致破碎。唐玄宗注："烹小鲜者，不可挠，治大国者不可烦，烦则伤人，挠则鱼烂矣"。宋徽宗注："烹小鲜而数挠之，则溃，治大国而数变法，则惑"。

老子痛恨统治者扰民掠民。"民之饥，以其上食税之多，是以饥。民之难治，以其上之有为，是以难治"（《道德经》），百姓饥饿，是因为政府收税太多，所以饥饿；百姓难治，是因为政府政令繁苛，太有作为了，所以难治。"民不畏威，则大威至"（《道德经》），管理者用苛政暴刑来威慑下属，导致反抗作乱，那么可怕的事情就会发生。"为者败之，执者失之"（《道德经》），逆规律行事，即使以强力、权力作后盾，都将咎由自取。庄子也反对世俗的有为，"无为谋府""无为知主。"（《庄子·应帝王》）

道家认为无为胜过有为，庄子说"帝王无为而天下功"，"无为也，则用天下而有余，有为也，则为天下用而不足，故古之人贵夫无为也"（《庄子·天道》）。老子说"其政闷闷，其民淳淳。其政察察，其民缺缺。"（《道德经》）政策宽厚清明，那么百姓也就淳朴，如果政令苛酷黑暗，那么百姓就会不安。

道家认为圣人是无为的，是最好的管理者。"圣人者，原天地之美，而达万物之理。是故至人无为，大圣不作，观于天地之谓也"（《庄子·知北游》）。"明王之治，功盖天下而似不自己，化贷万物而民弗恃，有莫举名，使物自喜，立乎不测，而游于无有者也。"（《庄子·应帝王》）明主治理天下，功德覆盖天下，好像不归自己，化育万物而人民确不觉得有所依赖，得到功劳不去称举表白，使人各得其所，而自己却站在高深莫测的神妙之境，与虚无之道同游。"是以圣人居无为之事，行不言之教，万物作而弗始也，为而弗志也，成功而弗居也。夫唯弗居，是以弗去。"（《道德经》）因此圣人用无为观点对待世事，用不言的方式施行教化：听任万物自然兴起而不为其创始，有所施为，不加自己的倾向，功成业就而不自居。正由于不居功，就无所谓失去。

"无为"不是无所作为、放任自流，而是依循事物的内在规律去做，有所为有所不为。道家设计了"上无为而下有为"的模式，即管理者在具体事务上放手让被管理者积极有为。"太上，不知有之；其次，亲而誉之；其次，畏之；其次，侮之。信不足焉，有不信焉。悠兮，其贵言。功成、事遂，百姓皆谓：'我自然'"（《道德经》）。"太上"，是指最理想的管理者，使下属各顺其性，各安其生，仅知道有这么一个领导人。次一等管理者，用仁义去治理下属，人人亲近他，赞誉他。再次一等管理者，用刑法威吓下属。最末等管理者，用权术欺骗下属，下属都厌恶他。信用不足的管理者，自然有不信任他的下属，谨慎做到不随意发号施令。等到功业完成，下属会说，是我们自然而然的。

无为的思想在国外也很受重视。美国总统里根在1987年国情咨文中曾引用老子的"治大国若烹小鲜"的话，来阐明施政纲领。里根总统所代表的保守派崇尚无为而治，反对干涉主义，他在第一次总统就职演说中提出的治国理念是："政府不能解决问题，政府就是问题所在。"耗散结构理论创始人普里高津、协同论创始人哈肯、突变理论的创始人托姆，都认为其理论与中国道家朴素的自然组织思想是吻合的。

英国科学史家李约瑟认为"无为"不应翻译成"没有行动"，"无为在最初原始科学的道家思想中，是指'避免反自然的行为'，即避免拂逆事物之天性，凡不合适的事不强而行之，势必失败的事不勉强去做，而应委婉以导之或因势而成之。"美国物理学家卡普拉："西方人常常把道家的'无为'解释为'消极'，这是非常错误的……'无为'不是戒绝活动，而是戒绝某类活动。道家区分了两种活动：与自然和谐的活动和反自然的活动，'无为'是戒绝反自然的活动"。

四、包容不争

老子提出"为而不争"，是无为思想在人际关系上的具体应用。"上善若水。水善利万物而不争，处众人之所恶，故几于道"（《道德经》），即高尚的善像水一样，水处在众人讨厌的低洼处，居下不争，博大宽容，所以最接近于"道"。老子认为，领导要胸怀广阔，包容别人。"圣人执左契，而不责于人"，圣人待人，就好像拿着借据的存根，而不向人索取。"圣人无常心，以百姓心为心。善者吾善之，不善者吾亦善之，德善。信者吾信之，不信者吾亦信之，德信"（《道德经》），即圣人没有固定不变的意志，而是以百姓的意志为意志。不论善良还是不善良的人，我都以善良对待他。这样天下人的品德都善良了。不论诚信还是不诚信的人，我都以诚信对待他，这样天下人的品德都诚信了。老子认为，接受他人的缺点才能成为好的管理者，"受国之诟，是谓社稷主，受国之不详，是谓天下王"（《道德经》）。"天之道，利而不害。圣人之道，为而不争"（《道德经》），即天之道，是让万事万物都得到好处，而不伤害它们。圣人的行为准则，有所作为，但不要争强。

老子认为，"是以圣人为而不恃，功成而不处，其不欲见贤"（《道德经》），即有道的圣人有所作为而不占有，有所成就而不居功，不愿意显示自己的贤能。"功遂，身退，天之道"（《道德经》）。功业完成后，要含藏收敛，功成身退，这是合于自然的道理。"善用人者，为之下。是谓不争之德，是谓用人之力，是谓配天古之极"（《道德经》），即善于用人的人，对人表示谦下。这是不与人争的品德，是运用别人的能力，是符合自然的道理。

老子认为，"是以圣人欲上民，必以言下之；欲先民，必以身后之。是以圣人处上而民不重，处前而民不害，是以天下乐推而不厌，以其不争，故天下莫能与之争"（《道德经》）。圣人想出众，必定要使自己的言谈谦恭；若想管理他们，必定将自身利益退置于众人之后。

因此圣人虽居上，而民不觉其沉重；圣人虽居前，而民不以其为妨碍，天下人乐于拥戴他而不厌烦。因为他谦下不争，因而天下没有与他竞争的。"是以圣人后其身而身先，外其身而身存，非以其无私邪？故能成其私"（《道德经》），因此有道的圣人遇事谦退，反而能在众人之中领先，将自己置之度外，能保全自身生存。这不正是因为他无私吗？所以能成就他的自身。因此，最好的管理者是帮助下属获得成功，而不是与员工争功。

五、柔性管理

在刚柔、强弱、雄雌等矛盾对立中，老子赞的是柔、弱、雌，忌的是刚、强、雄。反复强调的是贵柔、处弱、守雌思想，实质是以柔克刚，以弱胜强，以屈求伸。"守柔曰强"（《道德经》），能秉守柔弱，才算是真正的坚强。"勇于敢则杀，勇于不敢则活。"（《道德经》），"敢"指刚坚；"不敢"指柔弱。勇于表现刚强，就会送命；相反，勇于表现柔弱，则能以柔弱去胜刚强。"弱者道之用"（《道德经》），柔弱是"道"的作用所在，处柔守弱是使事物符合"道"的最好手段，是"自然无为"的主要体现。

老子认为，一切事物无不向其相反的方向变化，老子揭示出诸如高下、有无、祸福、刚柔、强弱、智愚、进退、荣辱等一系列矛盾都是"对立统一"的，相互依存，即"有无相生，难易相成，长短相形，高下相倾，音声相和，前后相随。"他还深刻地认识到矛盾的双方可以相互转化，"祸兮福所倚；福兮祸所伏。孰知其极？其无正邪？正复为奇，善复为妖。"祸是同福而来，福也是祸而来，祸福总是相伴在一起的，它们之间并无明确的标准与界限，正反总是在转换之间的。老子把事物有向相反方向转化的规律概括为"反者道之动"，指出"天下万物生于有，有生于无"，这与佛家的"缘起性空"同一道理。

管理自 20 世纪初进入科学时期以后，其典型特征是"硬"性管理。不管是科学管理所推崇的"胡萝卜+大棒"，还是管理数学模型，它们都是有形的管理。管理手段靠的是制度、纪律、奖惩、组织机构、程序、模型、计算机；管理功能靠的是威慑、利诱、强制、权力、决策优化。对被管理者来说，这样的管理是外加的、强制的；管理者与被管理者之间的关系是指令和服从的关系，是控制和被控制的关系。管理的作风体现出简单、强硬、阳刚之气。二战后日本经济迅速崛起，令世人瞩目，一批学者潜心研究日本管理。1981 年，理查德·帕斯卡尔和安乐尼·阿索斯在《日本企业管理艺术》一书中，用"3S 管理模式"和"7S 管理模式"来概括美、日两国两种不同的企业管理模式。"3S"指的是在企业管理中的策略、结构、制度，作者称之为"硬性管理"。"7S"是在"3S"的基础上，增加了人员、技巧、作风、共同的价值观念，作者称之为"软性管理"。并认为："软性管理"就是企业文化，是"7S"起关键作用的因素，是日本企业管理优于美国的关键所在。企业文化的核心是建立全体员工共同的价值观，使全体员工形成强大的凝聚力。在"硬性管理"下，靠压服、威慑，根本无法建立全体员工的共同价值观。

六、绝圣弃智

道家崇尚自然淳朴，老子的政治理想是"小国寡民"的社会，庄子认为人是自然人，只有摆脱一切社会关系(礼乐仁义、功名利禄)才能完全恢复人的本性。老子说"绝圣弃智，民利百倍；绝仁弃义，民复孝慈；绝巧弃利，盗贼无有"(《道德经》)，即统治者如果能把各种教化、知识教育、道德丢到一边，百姓自然而然地就会具备应有的品德，国家自然而然实现大治。类似的话还有"以智治国，国之贼。以不智治国，国之福"(《道德经》)用智巧心机治理国家，就必然会危害国家，不用智巧心机治理国家，才是国家的幸福。

与儒家相反，道家反对尚贤使能。庄子曰："至治之世，不尚贤，不使能"(《庄子·天地》)，"贤""能"荣辱的差别为人们树立了争夺的目标，不仅破坏了人类无知无欲的自然本性，而且不利于社会的安定。"人常善救人，故无弃人，常善救物，故无弃物"(《道德经》)，不抛弃任何人，做到人尽其才。庄子主张以无知无欲、清静无为和放任天性的方式管理社会，从而得到不治而天下治、无为而无不为的管理效果。

道家反对礼义，认为儒家所提倡的"礼"是忠信不足的产物，而且是祸乱的开端。"夫礼者，忠信之薄，而乱之首"(《道德经》)。"信者，吾信之；不信者，吾亦信之，德信"(《道德经》)，即对于守信的人，我信任他；对不守信的人，我也信任他，这样可得到诚信，从而使人人守信。"夫轻诺必寡信，多易必多难"(《道德经》)，即那些轻易发出诺言的，必定很少兑现而失信，把事情看得太容易，势必遭受很多困难。"信言不美，美言不信。善者不辩，辩者不善。知者不博，博者不知"(《道德经》)，即真实可信的话不漂亮，漂亮的话不真实。善良的人不巧说，巧说的人不善良。有知识者不卖弄，卖弄者不是真有知识。

【专栏2-2】机械与机心

《庄子集释》卷五下〈外篇·天地〉记载，子贡南游于楚，反于晋，过汉阴，见一丈人方将为圃畦，凿隧而入井，抱瓮而出灌，搰搰然用力甚多而见功寡。子贡曰："有械于此，一日浸百畦，用力甚寡而见功多，夫子不欲乎？"为圃者卬而视之曰："奈何？"曰："凿木为机，后重前轻，挈水若抽，数如泆汤，其名为槔。"为圃者忿然作色而笑曰："吾闻之吾师：'有机械者必有机事，有机事者必有机心。'机心存于胸中，则纯白不备；纯白不备，则神生不定；神生不定者，道之所不载也。吾非不知，羞而不为也。"子贡瞒然惭，俯而不对。

译文：子贡到南边的楚国游历，返回晋国，经过汉水的南沿，见一老丈正在菜园里整地开畦，打了一条地道直通到井边，抱着水瓮浇水灌地，吃力地来来往往用力甚多而功效甚少。子贡见了说："如今有一种机械，每天可以浇灌上百个菜畦，用力很少而功效颇多，老先生你不想试试吗？"种菜的老人抬起头来说："应该怎么做呢？"子贡说："用木料加工成机械，后面重而前面轻，提水就像从井中抽水似的，快速犹如沸腾的水向外溢出一样，它的名字就叫作桔槔。"种菜的老人变了脸色讥笑着说："我从我的老师那里听到这样的话，有了机械之类的东西必定会出现机巧之类的事，有了机巧之类的事必定会出现机变之类的心思。机变的心思存留在胸中，那么不曾受到世俗沾染的纯洁空明的心境就不完整齐备；纯洁空明的心境不完备，那么精神就不会专一安定；精神不能专一安定的人，道也就不会充实他的心田。我不是不知道你所说的办法，只不过感到羞辱而不愿那样做呀。"子贡满面羞愧，低下头不能作答。

七、少私寡欲

老子认为，祸起于不知足，"祸莫大于不知足，咎莫大于欲得。故知足之足，常足矣"（《道德经》）。灾祸，没有比不知足更大的了；过失，没有比贪得无厌更大的了。只有知足，才会永远满足的。"甚爱必大费，多藏必厚亡"（《道德经》），过分贪欲和溺爱必然会有大的耗费，过分地敛聚必然会招致过多的损失。

老子提倡"见素抱朴，少私寡欲，绝学无忧"，即保持纯洁朴实的本性，减少私欲杂念，抛弃圣智礼法的浮文，才能免于忧患。所谓寡欲，即对世俗的名利、声色、财货，不要有过分的奢求，嗜欲过重不仅有害于自己的身心健康，而且会使人际关系复杂、冲突，成为社会恶害的根源。

老子还提倡"致虚极，守静笃"（《道德经》），尽力使心灵的虚寂达到极点，使生活清静坚守不变。"不欲以静，天下将自定"（《道德经》），即万事万物清静而没有贪欲之心了，天下便自然而然达到稳定安宁。"我无为，而民自化；我好静，而民自正；我无事，而民自富；我无欲，而民自朴"（《道德经》）。老子提出要"去甚、去奢、去泰"，要以寡欲为行为准则，最终达到"道常无欲乐清静"（《道德经》)的最高境界。

八、逍遥自由

庄子自破名利，反对为名利而操劳奔波。庄子认为"人为物役，心为形使，终身役役而不见其成功、茶然疲役而不知其所归，可不衰邪？"即世人终生奔波于名利而不见有所作用，疲惫不堪而不知自己的归宿，太悲哀了。庄子隐居著述，生活贫困，蔑视功名利禄，终身不仕，"宁游戏于污渎之中自快，无为有国者所羁，终身不仕，以快吾志"（《史记·老子韩非列传》），意思是我宁愿在污浊的小沟渠中游玩而自寻快乐，也不愿被国事所束缚。我愿终身不做官，以畅快我的志向。

【专栏2-3】庄子钓于濮水

庄子钓于濮水，楚王使大夫二人往先焉，曰："愿以境内累矣！"庄子持竿不顾，曰："吾闻楚有神龟，死已三千岁矣，王巾笥而藏之庙堂之上。此龟者，宁其死为留骨而贵，宁其生而曳尾涂中乎？"二大夫余曰："宁生而曳尾涂中。"庄子曰："往矣！吾将曳尾于涂中。"

译文：庄子在濮河钓鱼，楚国国王派两位大夫前去请他做官说："想将国内的事务劳累您啊！"庄子拿着鱼竿没有回头说："我听说楚国有一只神龟，死了已有三千年了，国王用锦缎包好放在竹匣中珍藏在宗庙的堂上。这只神龟宁愿死去留下骨头让人们珍藏？还是活着在烂泥里摇尾巴？"两个大夫说："情愿活着在烂泥里摇尾巴。"庄子说："请回吧！我要在烂泥里摇尾巴。"

《庄子》的首篇《逍遥游》追求一种绝对自由的人生观。庄子认为，即使是借风力飞到九万里高空的大鹏或御风而行的例子，都是"有所待"而不自由的，只有忘却无我的界限，达到无己、无功、无名的境界，无所依凭而游于无穷，才是真正的"逍遥游"。即"至人无己，神人无功，圣人无名"。

九、万物齐一

庄子在《齐物论》中表达了对世俗分别之心的否定和对无差别的自由境界的向往。他认为，世间万物都是浑然一体的、平等的，并且处于不断相互生成和转化过程中。因此，一切事物的本质归根到底都是相同的，没有什么差别，这是"齐物"。例如，人与动物是无差别的，生和死没有绝对的隔绝。

【专栏2-4】 庄周梦蝶

"昔者庄周梦为蝴蝶，栩栩然蝴蝶也，自喻适志与！不知周也。俄然觉，则蘧蘧然周也。不知周之梦为蝴蝶与，蝴蝶之梦为周与？"意思是，庄周某天梦见变成了蝴蝶，翩翩起舞，非常快乐，梦醒了却发现僵卧在床。不知是庄周做梦变成了蝴蝶呢，还是蝴蝶做梦变成了庄周？说明人不可能确切的区分真实与虚幻(见图2-2)。

图2-2 庄周梦蝶

"梦饮酒者，旦而哭泣；梦哭泣者，旦而田猎。方其梦也，不知其梦也。梦之中又占其梦焉，觉而后知其梦也。且有大觉而后知此其大梦也，而愚者自以为觉，窃窃然知之。'君乎！牧乎！'固哉！丘也与女皆梦也，予谓女梦亦梦也。"意思是，梦中饮酒的人，天亮了以后在哭泣。梦中哭泣的人，天亮了以后去畋猎。梦之中又有梦，而且在梦中时并不自知是在做梦。愚笨的人梦醒之后自以为知道是做了一个梦，但却不知他仍然是在一个大梦之中。我和你都是梦，我告诉你我和你都是梦，也是一个梦。

在"齐物"的基础上可以推论，人也没有是非、美丑、善恶、贵贱之分，这是"齐论"。"大道不称，大辩不言，大仁不仁，大廉不嗛，大勇不忮。道昭而不道，言辩而不及,仁常而不成,廉清而不信,勇忮而不成"。

庄子认为,要达到无差别的精神自由之境,就必须超脱世俗观念的束缚,忘掉物我之别,忘掉是非之辩,"存而不论,论而不议,议而不辩"。

本 章 小 结

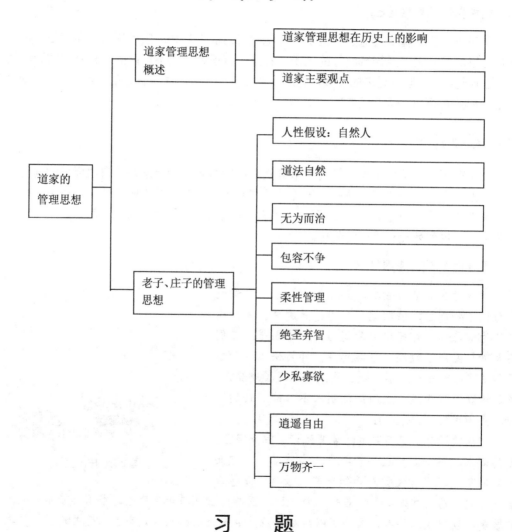

习 题

一、思考题

1. 为什么利用道家思想进行管理能够成就历史上众多的太平盛世?
2. 道家的人性观是什么?在管理中有何应用?

3. 如何理解"道法自然""无为而治"的管理思想？对现代管理有什么启示？
4. 比较道家管理思想与学习型组织思想的异同。

二、案例分析

1. 食品安全问题下周城金泉茶的有机之路

近年来，由于农药残留等原因导致的茶叶及其他食品安全问题引起大众的普遍关注。2014 年以来，受新常态下全球经济大环境、公款消费限制和农药残留隐忧的影响，我国茶叶销售供大于求。在茶行业萧条的大环境下，周城金泉茶却逆市旺销，越来越好卖。"金泉 1 号"白茶卖到 1.6 万元 1 斤，是普通白茶的 10 倍，而且脱销。其成功经验是什么？

几年前，因为白茶珍贵，王春红准备种白茶。但王春红承包的荒山上布满碎石，人们认为这块地种不出茶叶来，所以在王春红承包前已经流标几年了。家里人都不同意他种白茶，人人骂他神经病，但他一旦认定就一定走到底。2008 年，王春红引种安吉白茶。王春红常说"一杯茶进肚就有关生命安全，种茶就种最好的茶，对得起自己的良心，好的东西给出去才会有好东西回来。"他要用有机的方法种白茶。

万事开头难，王春红在当时要开始种有机茶谈何容易，至少要过五关：有机培土、有机除草、有机施肥、有机防寒、有机防虫，每一关都困难重重。例如，王春红探索病虫草害的综合治理方法，总结出防重于治的原则，他从茶园整体生态系统出发，以农业防治为基础，包括以轻修剪控制茶树高度、合理采摘鲜叶、行间深埋茶树落叶、实行春茶后和冬季深翻等，综合运用农业防治、物理防治和生物防治，创造不利于害虫滋生而有利于天敌繁衍的环境条件。增进生物多样性，保持茶园生态平衡。

王春红攻克了防虫问题之后，茶叶品质大大提高。2011 年，周城金泉牌白茶、翠柏、红茶通过了国家农业部北京中绿华夏有机食品认证中心的有机食品认证。近年来，周城金泉牌茶叶在国家级和省级名茶评比中不断获奖，如全国"中茶杯"名优茶评比特等奖和江苏省"陆羽杯"名优茶评比特等奖。2015 年溧阳金泉公司成为江苏省"农产品质量安全追溯管理"示范单位。

2015 年 5 月，第 9 届中国国际有机食品博览会上，国际知名的最严格的德米特(Demeter)有机标准让王春红印象深刻，他想到中国 40%的茶叶市场被英国的立顿茶占据，而中国茶沦为加工茶的原料和低端品牌。茶叶是中国几千年的传统产品，为何由外国人来提供最好的产品？王春红决定按德米特标准生产茶叶。

为了避免外来污染，王春红决定自给自足。对于种养业来说，水污染是个大问题。为了避免化学工业品洗衣粉和沐浴露对水源的污染，王春红自己种皂荚树，用于洗衣洗澡。形成种养结合的食物链循环，种茶、种稻、种草、养鸡鸭鹅，通过它们的废弃物循环利用，形成一个生态健康的生物链，用这种高效、高产、高科技的健康模式生产出安全健康的有机食品。

王春红其人如茶，他常说"杯中茶叶看出生和死，生在山中，死在锅中，活在杯中"。

王春红崇敬孔子、伏羲和神农，他称道孔子教书育人，传授知识和道德；伏羲有智慧，了解自然界，在艰苦条件下指导人们生产；神农牺牲自己尝百草。王春红经常在想"祖先为何把我们遗留下来？我们应该做些什么才对得起祖先？"王春红的父亲是全国劳模，从当村支书到副镇长一直清廉，在当地口碑很好。王春红也颇得家传，乐于助人。

　　王春红认为"专业人做专业事，老老实实地做"，但现在有些人想一夜发大财，嫌农活苦又来钱少，沉不下心做事。为了提高员工的责任心，让员工把公司当成自己的，王春红给员工按业绩分成。公司基本工资不高，但分成高，制茶叶按每斤分成制作费，如果制作出问题则扣钱。王春红常说"好好干，公司是大家的，不是一个人的"。王春红觉得现在政府政策好，想带动当地人致富，他说"现在1亩地只养活0.6个人，如何养活6个人？要用爱心与科技合理利用土地"。他正在探索更好的模式把公司规模扩大，带领大家一起分享土地上的有机食品。王春红说"人生不带来，死不带走，人真正需要的是什么？人真正留下的是什么？""人不是只为自己活，而是为大家活"。

　　王春红的办公室里有一幅匾，其上书"厚德载道"，茶叶包装上也印有"茶之有道，品味人生"，王春红用这些名言激励自己不忘初心，积极利他，永不放弃。王春红还给自己立下座右铭："爱勤善美，和理生活"，即：爱心万物每一天，勤劳付出舍与得；善良感动天地间，美丽过后色与彩；和谐引导成正果，理性安排度众生；生生不息又见春，活在心中代代传。

　　谈到未来公司发展存在的困难，王春红认为在大环境污染如酸雨、灰霾影响下，公司想独善其身谈何容易。如果大环境问题日益严重，茶叶品质也会受到影响。他说"你害土地，土地也会害你"，自然环境危机背后是人心的危机。在2009年清明前后的采茶关键时期，溧阳金泉生态园旁却有人大量刷油漆搞装修，油漆气味污染了茶叶，害得王春红烧了120斤采好的茶叶。食品安全问题背后是人心的问题，要解决食品安全问题，首先要解决人心的问题。

　　分析：

　　(1) 如何理解文中的"茶之有道""厚德载道""爱勤善美、和理生活"？它们体现出王春红怎样的企业家精神？它与中国传统道家管理思想有何关系？

　　(2) 如何理解文中的"食品安全问题背后是人心的问题"？在相互影响的环境里，周城金泉有机茶能独善其身吗？为什么？

2. 企业的开放、妥协与灰度[①]

　　我们常常说，一个领导人重要的素质是方向、节奏。他的水平就是合适的灰度，合理地掌握合适的灰度，是使各种影响发展的要素，在一段时间的和谐，这种和谐的过程叫妥协，这种和谐的结果叫灰度。

---

① 华为总裁任正非在2010年1月14日在2009年全球市场工作会议上的讲话。

妥协一词似乎人人都懂，用不着深究，其实不然，妥协的内涵和底蕴比它的字面含义丰富得多，而懂得它与实践更是完全不同的两回事。我们华为的干部，大多比较年轻，血气方刚，干劲冲天，不大懂得必要的妥协，缺少灰度，也会产生较大的阻力。方向是坚定不移的，但并不是一条直线，也许是不断左、右摇摆的曲线，在某些时段中，还会画一个圈，但是我们离得远一些，或粗一些看，它的方向仍是紧紧地指着前方。

当然，方向是不可以妥协的，原则也是不可妥协的。但是，实现目标方向过程中的一切都可以妥协，只要它有利于目标的实现，为什么不能妥协一下？当目标方向清楚了，如果此路不通，我们妥协一下，绕个弯，总比原地踏步要好，干吗要一头撞到南墙上？

"妥协"其实是非常务实、通权达变的丛林智慧，凡是人性丛林里的智者，都懂得恰当时机接受别人妥协，或向别人提出妥协，毕竟人要生存，靠的是理性，而不是意气。

宽容是领导者的成功之道。为什么要对各级主管说宽容？人与人的差异是客观存在的，所谓宽容，本质就是容忍人与人之间的差异。不同性格、不同特长、不同偏好的人能否凝聚在组织目标和愿景的旗帜下，靠的就是管理者的宽容。宽容是一种坚强，而不是软弱。宽容所体现出来的退让是有目的有计划的，主动权掌握在自己的手中。无奈和迫不得已不能算宽容。

我们的各级干部要真正领悟了妥协的艺术，学会了宽容，保持开放的心态，就会真正达到灰度的境界，就能够在正确的道路上走得更远，走得更扎实。

分析：

(1) 华为总裁任正非的讲话体现了哪些道家管理思想？

(2) 你是否赞同任正非的观点？为什么？

3. 恩威文化——以道生根①

创建于1986年的成都恩威集团，是由著名科技实业家薛永新先生带领恩威人胼手胝足、励精图治发展起来的集科研、生产、贸易为一体的高科技跨国集团企业。集团下属10余家子公司，共拥有资产数百亿元。集团主体四川恩威制药有限公司现有职工3000余人，是国家定点的博士后流动站。

二十年来，恩威集团始终坚持自己的信仰和宗旨，历经艰难曲折，迎来今日的辉煌。恩威尚"水""善利万物而不争"。以中华优秀传统文化核心——道、佛、儒哲学思想为指导的恩威人，确立以"愿众生幸福，社会吉祥"为企业理念，以"服务社会，造福人类"为企业宗旨，以道家的"无为"思想为企业精神，并以此指导企业的经营。为"劝救世风，利济众生"，恩威选择了中医药产业，将中华民族具有5000年历史的传统中医药和中华文化与现代医学科技相结合，围绕生命科学建立深具中国特色的中医药产业，以解除现代疾病给人类身心带来的痛苦与烦恼。

---

① 恩威集团官网 www.enwei.com.cn

恩威集团始终坚持以市场为导向，以消费者满意为核心，建立起消费者→药店→二级经销商→一级经销商→集团总部的商业网络，并在此基础上建立起业务员、医务人员网络，从药店到患者，建立起家庭健康档案，履行家庭医师的职责，服务于患者。恩威集团利用现代信息与网络技术，将互联网与集团局域网融为一体，通过 CRM 系统，将患者信息、健康咨询、商业订单、业务员市场动态、计划、费用等，全部实行网上报、批、审。所有信息均通过网络汇集到集团公司，供集团研究、制定科学的科研、生产、经营战略。

恩威集团将企业信仰和市场需求紧密结合，制定人与自然和谐发展的产业战略，在成都高新区、双流及海口市投资建立了三大制药基地和包装基地，在四川省内建立了三大中药材种植基地。其中，按 GAP 要求投资建设濒临灭绝的名贵中药材基地近万亩，公司原料药材种植基地近 5 万亩，有效地保障了原料药的数量和质量。为将自主开发的新药服务于众生，集团公司从欧、美引进先进的仪器设备，将传统的中药制成先进的剂型，生产过程中不添加任何辅料，以保证生产药品的天然纯正和品质。同时，公司从 20 世纪 90 年代初将 ISO9000 质量管理体系和 GMP 制药规范融入生产管理中，并在同行业中率先通过认证，以先进、科学而规范的质量和生产工艺管理体制，有效地保障着产品质量始终保持在高水平，实现了消费者对产品质量的零投诉。

"科技兴业，信息强企"。恩威集团非常重视企业的信息化建设，先后累计投资 2000 多万元，引进 HP、IBM、Sun 公司的多套小型计算机系统和大型数据库管理系统，搭建了先进的计算机软、硬件网络平台。在该平台上，集团下属恩威电子公司以集团的业务为依托，自主研发了 CRM、EKP、HR、ERP 等系统并成功应用于公司的销售管理、办公自动化、人力资源管理和生产管理当中，实现了科研、生产、销售、供应、办公及人力资源信息的有机集成，极大地提高了企业的运行效率，降低了生产经营成本，使公司的管理在行业中始终保持领先。恩威集团秉承"劝救世风，利济众生"的佛道慈悲，建立了恩威健康网和中国传统文化网，把传统中医药和传统文化与现代制药科技，同互联网结合起来，为社会免费提供健康知识咨询，弘扬中国传统文化，取得了良好的社会效益。

"水"为"天下之至柔"，却"驰骋天下之至坚"。水润泽万物，为万物所依赖，故能与天地共存。同理，企业只有带给公众利益，被社会所需要，才能与时俱进，同世界携手共创健康而美好的未来。恩威创业至今，累计上缴税金 4 亿多元，无偿捐赠社会的各种资金达人民币 2.5 亿元以上。公司创办人薛永新是我国著名的慈善人士，2005 年入选"全国十大慈善家"。展望未来，尚"水"的恩威人将矢志不渝地坚持自己的信仰和宗旨，始终如一地致力于中医药新产品、新技术的研发应用及现代化管理的改革与发展。

恩威精神：清静无为，守中抱一。

指导思想：以"无为"为指导思想，帮助患者解除病痛，净化心灵。

远景目标：建立世界最大的中草药研究中心、开发中心和一流的中草药生产基地，形成跨国性的集团企业，以医学为先导，弘扬传统文化，劝救世界和平。

治企方针：以清静无为之道管理企业，严格的考评制度和劳动纪律与融通情感相结合，像疏导流水那样开导职工。

经营战略：以科技为先导，以质量求生存，诚实奉献，以效益促发展。坚持改革，一业为主，多业并举，综合发展。

经营策略：从人民的健康和社会的需要出发，研制、开发药品，把握机遇，顺乎天时。

员工教育：学习"水"的本色，"善利万物而不争""去除恶意贪念，保持正知正见，记住教训，忘掉成功，功成而弗居。"

人才观念：尊重知识，尊重人才；实行岗位责任，公平竞争竞选。唯才是举，求贤若渴。

人际关系：上下同心，和谐相处。

善恶标准：学好得好，做好得好，想好不得好。

竞争观：在当今各种竞争愈演愈烈的社会环境中，成都恩威集团董事长薛永新主张变竞争为竞赛，相互帮助，相互学习，取长补短，市场自然会和谐地繁荣。主张不争，专心致力于企业的自我完善，而不去与别人争强斗胜。广泛收集市场信息，深入研究消费者需求，积极改善生产经营，努力挖掘内部潜力。

效益观：以生态效益为第一、社会效益为第二、经济效益为第三的综合效益观。

财富意识：恩威的一切财富来自社会，要通过各种形式返还给社会。

利润观：企业的利润是公众对企业界交纳的对未来利益的订购，企业应当不断地为公众生产新的利益，不可将订购看为己有。只能用于回报社会，不能挥霍浪费。恩威的利润，一是用于扩大生产经营、改进工艺流程；二是用于改善职工的工作条件和生活条件；三是用于社会福利性事业的捐赠。三者都是为了更多更好地回报公众。

分析：

(1) 恩威集团的企业文化体现了哪些道家管理思想？

(2) 恩威集团的道家企业文化对其有何积极作用？

三、管理技能训练

阅读中医经典著作《黄帝内经》，分析其中体现了哪些管理思想，对现代管理有何启示？

【推荐阅读书目】

吴照云. 中国管理思想史. 北京：经济管理出版社，2012

饶尚宽. 老子. 北京：中华书局，2016

姚彦汝. 庄子. 北京：北京联合出版社，2015

孙通海. 庄子. 北京：中华书局，2016

黄元吉. 道德经精义. 北京：中央编译出版社，2014

叶蓓卿. 列子. 北京：中华书局，2016

齐善鸿. 新管理哲学：道本管理(第二版). 大连：东北财经大学出版社，2016

张与弛. 道家的管理之道. 北京：中国商业出版社，2007

闫秀敏. 道家无为管理智慧. 北京：中国人民大学出版社，2013

张金岭,庾光蓉. 无为之道·道家管理. 成都：四川大学出版社，2002

[美]比尔·波特著. 明洁译. 空谷幽兰. 成都：四川文艺出版社，2017

蔡志忠绘, [美] 布莱恩·布雅(Bruya B.)译. 庄子说：自然的箫声(中英文对照版). 北京：中国出版集团，2013

蔡志忠绘, [美] 布莱恩·布雅(Bruya B.)译. 老子说：智者的低语(中英文对照版). 北京：中国出版集团，2013

李海波. 道商智慧. 北京：化学工业出版社，2016

李海波，杨明敏. 道商学. 西安：西北工业大学出版社，2017

徐德凝. 道家的管理之法. 大连：大连理工大学出版社，2013

第三章

法家的管理思想

学习目标：了解法家管理思想在历史上的重要影响；掌握法家管理思想的主要内容及其对现代管理的启示。

关键概念：法家(Legalists)　利(Greedy)　术(Trickery)　势(Position of Power)　变(Change)　实(Utility)　刑罚(Punishment)

欲治其民而难变其故者，民乱，不可几而治也，故治民无常，唯法为治。

——韩非《韩非子》

第一节　法家管理思想概述

一、法家管理思想在历史上的影响

法家思想源头可上溯于夏商时期的理官，《汉书》说"法家者流，盖出自理官"。伯夷曾辅佐虞舜，制礼作教，立法设刑，创立礼法并用的制度。西周开国功臣姜太公辅佐周武王建立齐国，简礼从俗，法立令行，礼法并用。法家成熟在战国时期，当时文化繁荣，道、法、名、兵、阴阳、农、杂等学派相继出现，形成了空前的"百家争鸣"局面。代表地主阶级利益的法家通过变革反对贵族的世袭特权。例如，战国时期李悝在魏国的变法，赵烈侯时公仲连的改革，楚悼王时吴起的变法，韩昭侯时申不害的改革，齐威王时邹忌的改革，秦孝公时商鞅的变法，等等。

战国、秦朝时期，法家理论得以全面实践。战国时期，法家主要划分为齐法家和秦晋法家两大阵营。管仲辅佐齐桓公治齐，除了弘扬礼义廉耻、道德教化的重要性，还强调以法治国，君臣上下贵贱皆从法，成为中国历史上第一个提出以法治国的人。齐国继承弘扬管仲思想的一批稷下先生形成了管仲学派，其兼重法教的法治思想成为先秦法家学派的主要内容。齐法家既重术、势，又重法、教。主张以法治国，法教兼重；秦晋法家奉法、术、势为至尊，主张不别亲疏，不殊贵贱，一断于法。秦朝采用中央集权制，强化中央对地方的控制。秦始皇强调"以法治国"，实行极端专制，统治思想言论。

汉初实行黄老"无为"政治，但也继承了秦代法制。汉武帝时代儒学地位空前上升，但是法家思想依然发挥着影响，例如，汉宣帝提出"本以霸王道杂之"。

东汉末年，玄学在魏晋 200 多年中一度取代儒家占据正统地位。法家学说的文化地位得以重新上升。史载曹操"揽申、商之法术"，受先秦法家思想影响很大，不官不功之臣，不赏不战之士。南北朝时期统一北方的北魏道武帝拓跋珪在政治上推崇法家。博士公孙表献上《韩非子》一书，劝他用法制管理臣下。

隋唐时期法家继续发展，唐朝的科举中也设有法家科目。宋朝时期儒家全面上位。在后来的历史中，偏好法家理念治国的有诸葛亮治蜀、永贞革新、王安石变法、张居正改革。兼采用法儒二家理念治国者，有汉武帝刘彻、唐太宗李世民、清圣祖玄烨等。

19 世纪末的甲午战争后，许多人主张全盘西化，晚清学者如章太炎、梁启超等基于法家的法治主张与西方的法治相似，于 20 世纪 30 年代中期提出"新法家"，他们反对传统上对法家的不合理批评与抨击，大力为法家平反，称赞法家的历史功绩，用"法治"或"法治主义"来认知和解读法家思想，并在此基础上提出"新法治主义"。著名教育家陈启天说，近代中国出现了法家复兴的倾向，此种倾向"是要将旧法家思想之中可以适用于现代中国的成分，酌量参合近代世界关于民主、法治、军国、国家、经济统制等类思想，并审合中国的内外情势，以构成一种新法家的理论。"①

法家思想作为一种主要派系，其以法治国的主张至今仍然影响深远，成为中央集权者稳定社会动荡的主要统治手段。当代中国法律的诞生就是受到法家思想的影响，法家思想对于一个国家的政治、文化、道德方面的约束还是很强的，对现代法制的影响也很深远。

二、法家代表人物及主要观点

管仲(约公元前 723 年－前 645 年)，春秋时期法家代表人物，法家学派的创始人，周穆王的后代。是中国古代著名的经济学家、哲学家、政治家、军事家。提出："有过不赦，有善不遗""富国强兵""与民分货""令顺民心"等主张，与后来的法家一脉相通，被誉为"法家先驱"。

秦晋法家的创始人之一李悝，任魏文侯相，他收集当时诸国刑律，编撰了作为成文法典的《法经》六篇，是中国古代第一部较为完整的法典。主要是以刑为主的刑法和刑事诉讼法典，它为我国整个封建社会提供了一个刑事立法的典范。提倡"尽地力之教"，主张大力发展农业生产，调整租谷，创"平籴"法，兼顾农人与市民的利益。与李悝同时期的吴起，先在魏国进行兵制改革，后又在楚国进行政治改革，"明法审令，损不急之官""使封君之子孙三世而收爵禄"，打破旧贵族的世卿世禄制，强迫旧贵族徙边垦荒，奖励"战斗之士"。后来，商鞅在秦实行两次变法，主要内容是：开阡陌封疆，废除井田制度；承认土地私有，奖励农战，凡勤于耕织而多缴粟帛者，可改变原来身份；有军功者可授以爵

---

① 程燎原. 晚清"新法家"的"新法治主义"[J]. 中国法学，2008(5).

位；实行郡县制；主张用严刑重罚以杜绝犯罪。但是他排斥道德教化，轻视知识文化的作用。他用发展的视角看待历史，提出"反古者不可非，而循礼者不足多""治世不一道，便国不法古"。①

商鞅是先秦法家中变法最有成效的政治家。《商君书·赏刑》说："所谓一刑者，刑无等级，自卿相、将军以至大夫庶人有不从王令、犯国禁、乱上制者，罪死不赦。"这也就是"不别亲疏，不殊贵贱，一断于法"(《法经》)。商鞅为了重农、重战和加强君权，提出推行法治的方法：法、信、权三要素，即"立法分明""信赏必罚"、尊君。

韩非(约公元前280—前233年)，华夏族，韩国都城新郑(今河南省新郑市)人，战国末期杰出的管理思想家(见图3-1)。韩非是荀子的学生，法家思想的集大成者，精于"刑名法术之学""而其归本于黄老"。著有《韩非子》，共五十五篇，十万余字。他认为人与人之间只有利害而没有仁爱，主张以君主专制为基础的法、术、势结合思想，为专制君主提供富国强兵的思想，为秦统一六国提供了理论武器。

图3-1 韩非子

第二节　韩非子的管理思想

韩非子是战国末期先秦法家学说集大成者，韩非结合前期法家"法""势""术"3派，建立了完整的法家思想体系。韩非子从"利、法、势、实、变、术"6个方面阐述了法家的核心思想。

一、利：好利恶害人性论

韩非子认为人本性自私，追求欲望，好利恶害，人与人的一切关系都是一种利害关系，是一种双方计较利益而进行的买卖关系。"夫安利者就之，危害者去之，此人之情也。"(《奸劫弑臣》)，他举例说："臣尽死力以与君市，君垂爵禄以与臣市。君臣之际，非父子之亲也，计数之所出也"，"故王良爱马，越王勾践爱人。为战与驰。医善吮人之伤，含人之血，非骨肉之亲也，利所加也。故舆人成舆，则欲人富贵；匠人成棺，则欲人夭死也。非舆人仁而匠人贼也，人不贵，则舆不售；人不死，则棺不买。情非憎人也，利在人死也"(《备内》)。即，王良爱他的马，勾践爱他的民众，并不是因为他们有仁义之心，只是因为"利"而已，马能供王良驱使，民众能为勾践打仗。而医生为病人吮伤口脓血，也不是因其高尚或与病人很亲，只是因为有利在其中。做轿子的人希望人富贵，做棺的人希望人死，也不

---

① 王政祥. 商鞅变法是怎样取得胜利的？[J]. 郑州大学学报(哲社版)，1974(2): 84-91.

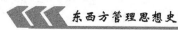

是因为他们或仁或贼，只是受各自的利益驱使罢了。

> **【专栏 3-1】使民习弓**
>
> 据《韩非子·内储说上》记载，李悝为魏文侯上地之守，而欲人之善射也，乃下令曰："人之有狐疑之讼者，令之射的，中之者胜，不中者负。"令下而人皆疾习射，日夜不休。及与秦人战，大败之，以人之善战射也。
>
> 这段话的意思是，李悝做魏文侯上池地的守相时，想让老百姓都精通于射箭，以防战事发生。于是他下令全城道："如果在打官司时发生悬疑难断的案件，就以射箭决胜负。射中者胜诉，未中者败诉。"指令一出，城内百姓争相开始学习箭术，昼夜不休，一时间全民皆兵。不久魏与秦交战，作为边城的上池首当其冲交战。因全城百姓都精于弓箭之术，军民协力，将秦军打的溃不成军。

韩非子进一步指出，人以自利为基础相处，才能实现各自利益最大化及和谐共处。他举例："夫买庸而播耕者，主人费家而美食，调钱布而求易者，非爱庸客也，曰：如是，耕者且深，耨者熟耘也。庸客致力而疾耘耕者，尽巧而正畦陌者，非爱主人也，曰：如是，羹且美，钱布且易云也"（《外储说左上》）。各自以自利为行动出发点，即使在雇者与受雇者之间也能建立起良好的合作关系。与此类似，西方主流的人性假说也以"人是自利的"为主，如近代的亚当·斯密的"经济人"假设，由此形成了西方民主法制思想。

二、法：以刑去刑

基于人性自利，韩非子主张通过"法"而不是"仁、义、礼"等来管理民众，使人们趋利避害，实现管理目标。法的定义是"法者，宪令著于官府，刑罚必于民心，赏存乎慎法，而罚加乎奸令者也，此臣之所师也"（《定法》）。说明法是官吏用来统治人民的。韩非子指出"圣人之治民，度于本，不从其欲，期于利民而已。故其与之刑，非所以恶民，爱之本也。刑胜而民静，赏繁而奸生。故治民者，刑胜，治之首也；赏繁，乱之本也。……故法者，王之首也；刑者，爱之首也"（《心度》）。即制定实施刑、法，并防患于未然，不是因为憎恨老百姓，而是爱老百姓的表现。

韩非子强调法的重要性。如："国无常强，无常弱。奉法者强则国强，奉法者弱则国弱。""故当今之时，能去私曲、就公法者，则民安而国治；能去私行、行公法者，则兵强而敌弱"（《有度》）。韩非子认为，法强则国强。所以，执法要严格，"君明而严，则群臣忠君惧而暗，则群臣诈。知微之谓明，无救赦之谓严"。所以，管理者既不能因为仁爱而使"有过不罪，无功受赏"（《五蠹》），也不能任意虐杀臣民。

韩非说的"法"不仅包括刑、罚，也包括赏、誉。明确提出了"赏誉同轨，非诛俱行"（《八经》)的激励方式，即在给予奖赏的同时也授予相当的荣誉，在进行惩罚的同时也应加之相应的恶名，以强化激励的效果。

韩非子对法的特征进行了论述：①

(1) 法具有稳定性，如"故以理观之：事大众而数摇之，则少成功；藏大器而数徙之，则多败伤；烹小鲜而数挠之，则贼其泽；治大国而数变法，则民苦之。是以有道之君贵静，不重变法。故曰：治大国者若烹小鲜"（《解老》）。

(2) 法应因时而变，"是以圣人不期修古，不法常可；论世之事，因为之备。……今欲以先王之政，治当世之民，皆守株之类也"（《五蠹》）。

(3) 区别于术，法有公开性，"法者，编著之图籍，设之于官府，而布之于百姓者也。术者，藏之于胸中，以偶众端，而潜御群臣者也。故法莫如显，而术不欲见。是以明主言法，则境内卑贱莫不闻知也，不独满于堂；用术，则新爱近习莫之得闻也，不得满于室"（《难三》）。

(4) 法有平等性。"故以法治国，举措而已矣。法不阿贵，绳不挠曲。法之所加，智者弗能辞，勇者弗敢争。刑过不避大臣，赏善不遗匹夫"（《有度》）。法不以君主的个人意志为转移，比儒家"刑不上大夫，礼不下庶人"思想进步。

【专栏3-2】守法的臣子

据《韩非子·外储说右上》记载，楚王急召太子。楚国之法，车不得至于茆门。天雨，廷中有潦，太子遂驱车至于茆门。廷理曰："车不得至茆门。至茆门，非法也。"太子曰："王召急，不得须无潦。"遂驱之。廷理举殳而击其马，败其驾。太子入为王泣曰："廷中多潦，驱车至茆门，廷理曰'非法也'，举殳击臣马，败臣驾。王必诛之。"王曰："前有老主而不逾，后有储主而不属，矜矣！是真吾守法之臣也。"乃益爵二级，而开后门出太子，勿复过。

这段话的意思是，楚王紧急召见太子。楚国的法律规定，车不能进入到茆门。天下了雨，宫廷中有积水，太子就把车子赶到了茆门。廷理官说："车子不能进入到茆门。到了茆门，就是犯法。"太子说："大王召见很急，不能等到没有积水。"随后驱赶马车前进。廷理官举起长枪刺击他的马，破坏了他的车驾。太子进宫对父王哭泣着说："宫中多有积水，我驱车赶到茆门，廷理官说'这是违法'，并举起长枪刺击我的马，败坏我套好的车驾。父王必须诛杀他。"楚庄王说："前面有我年老的君主在而不逾越法规，后面有你继位的太子在而不归附你，值得敬重啊！这真是我守法的臣子啊。"于是就给他增加爵位两级。而开了后门让太子出去并告诫："不要再犯错误了。"

韩非进一步主张制度应严厉公平，严刑峻法，赏厚罚重，以刑去刑，乱世用重典。韩非子说，"以过受罪，以功致赏，而不念慈惠之赐，此帝王之政也"。还说，"夫严家无悍虏，而慈母有败子。吾以此知威势之可以禁暴，而德厚之不足以止乱也"。法家主张用暴力而不是仁义来统一国民的思想，"明主峭其法而严其刑""明主之国，无书简之文，

---

① 林伟科. 韩非法治思想述评[D]. 兰州：兰州大学，2012，10(1)：42-43.

以法为政，无先王之语，以吏为师"。主张"法后王""霸道"，即用暴力来统一国民的思想。"故明主之治国也，众其守而重其罪，使民以法禁而不以廉止"(《六反》)。即明君治理国家，多设耳目，重罚罪犯，使民众由于法令而受到约束，不靠廉洁的品德而停止作恶。"圣人权其轻重，求其大利，故用法之相忍，而弃仁人之相怜也。学者之言皆曰轻刑，此乱亡之术也"(《六反》)。韩非认为学者提出的轻刑是亡国之术。

除了严刑峻法，韩非子还提出执法要严格，"刑法不当则禁令不止"。《韩非子·内储说上·七术》中举了"窃金不止"的例子。楚国人偷金，治罪的刑法没有再比分裂肢体于市更严重的了，但人们还是窃金不止，是因为总有幸免逃脱的人。所以，仅靠严刑峻法是不够的，必须杜绝人们的幸免心理。

三、术：重用赏罚

基于人性恶的假设，法家提出管理应顺应人性，信赏重罚，运用"术"(即阴谋技巧)。法家代表人物中，商鞅重法(制度)，慎到重势(权势)，申不害重术(阴谋、技巧)，韩非是法、术、势三者结合的综合管理。

韩非子认为，术是权力的应用。"术者，因任而授官，循名而责实，操杀生之柄，课群臣之能者也，此人主之所执也"(《定法》)，即术是根据能力授予官职，承担相应的职责。掌握生杀大权，考核臣子的绩效，这是君主应该掌握的。

韩非子认为，管理的手段有两种，即赏和罚："明主之所导制其臣者……刑德也。杀戮之谓刑，庆赏之谓德。为人臣畏诛罚而利庆赏，故人主自用其刑德，则群臣畏其威而归其利矣"(《二柄》)。做臣子的害怕刑罚而贪图奖赏，所以君主亲自掌握刑赏权力，群臣就会害怕他的威势而追求他的奖励。可见，赏、罚是管理的手段。

韩非在《内储说上》提出"七术"："一曰众端参观、二曰必罚明威、三曰信赏尽能、四曰一听责下、五曰疑诏诡使、六曰挟知而问、七曰倒言反事。此七者，主之所用也。"意思是君主治理臣下要使用以下七种手段：①

(1) 众端参观：君主在听取臣下的意见时不能只听一个人的，要从多方面来验证观察臣下的言行，否则有可能偏听偏信，导致是非不辨；

(2) 必罚明威：对违反制度的人都要处罚，这样才能彰显领导者的威信。韩非反对"刑不上大夫"的做法，他讲到"明君之行赏也，暖乎如时雨，百姓利其泽；其刑罚也，畏乎如雷霆，神圣不能解也。故明君无偷赏、无赦罚。"要按照法令、制度来作为准绳，领导者不能随意地赦免错误的行为。

(3) 信赏尽能：这条和必罚明威相对，是指对立功的人一定要奖赏，鼓励臣下竭尽才能。"诚有功则虽疏贱必赏，则疏贱者不怠"(《主道》)。

(4) 一听责下：领导单独一一听取下属的建议和主张，这样可以避免人云亦云地随大

---

① 周四丁. 论韩非的无为领导方略[J]. 江淮论坛，2016，278(4)：85-91.

流。韩非举例"南郭先生滥竽充数"的故事。

(5) 疑诏诡使：发布使臣下猜疑的命令，使用诡诈的手段来促使臣下谨慎尽职。韩非举例说，韩昭侯有一次故意藏起来自己的头簪，让身边的人去找，大家找不到，韩昭侯就严厉地批评他们不够认真尽职，身边的人都非常惶恐。

(6) 挟知而问：拿自己已经了解的事去询问臣下，来考察臣下是否虚伪。

(7) 倒言反事：说与本意相反的话，做与实情相反的事来测试下属是否曲意迎合和不诚实。

【专栏3-3】文王的手段

据《韩非子·喻老》记载，周有玉版，纣令胶鬲索之，文王不予，费仲来求，因予之。是胶鬲贤而费仲无道也。周恶贤者之得志也，故予费仲。文王举太公于渭滨者，贵之也；而资费仲玉版者，是爱之也。故曰："不贵其师，不爱其资，虽知大迷，是谓要妙。"

这段话的意思是，周有玉版，纣王派胶鬲去索取，文王不给他。纣王又派费仲来取玉版，文王给了他。这是因为胶鬲贤能而费仲无道，文王不愿贤人得志，所以把玉版给了费仲。文王在渭水边提拔太公望，这是擅用贤人。把玉版交给费仲，希望他能帮助自己灭纣，这是擅用恶人。所以，不尊重老师，不利用资源，虽然自以为聪明，其实是迷惑愚昧的，这是极微妙的道理呀。

四、势：强权控制

君主要治理好国家，除了"法""术"，还必须拥有"势"。"势"是管理者所借助的力量，即权力和地位，拥有"势"就能形成对他人的威慑力。《难势》中指势是权重位尊，又称作势位，即国君的尊位高于一切。韩非主张通过加强君主专制来强化中央集权。形式是："事在四方，要在中央，圣人执要，四方来效"（《物权》）。"要在中央"是指立法大权归统一的中央政府掌握，"圣人执要"是实行君主专制独裁。他主张以法治国，用术御臣，以势制人。

韩非强调"势"在管理中的作用，只有用强权才能使人臣服，即"民固服于势"，"力多，则人朝；力寡，则朝于人。故明君务力"。韩非指出"圣人德若尧舜，行若伯夷，而不载于势，则功不立，名不遂"（《功名》），圣人虽有高强的能力和出众的品德，若没有"势"，则将一事无成。"夫有材而无势，虽贤不能治不肖"（《功名》），即一个人仅有贤能是不够的，还得有"势"，不然就无法让不肖者服从。因此，韩非认为，法治的推行，霸业的成就，必须依附于权势。

韩非认为权势是君主管理职能存在的前提。他说，"势重者，人主之渊也臣者，势重之鱼也。鱼失于渊而不可复得也，人主失其势重于臣而不可复收也。古之人难正言，故托之于鱼"（《内储说下》），君主失势就像鱼失去水一样，失去了存身之地和立身所依。"千钧得船则浮，错株失船则沉，非千钧轻而锚株重也，有势之与无势也"（《功名》），君主能否统治好的关键在于有势无势，犹如物的沉浮不在轻重，而在于有无船载所造成的飘浮之势。"宋君失其爪牙于子罕，简公失其爪牙于田常，而不蚤夺之，故身死国亡"(《人主》)，历史上不乏君主失势而身死国亡的历史。这都是由于权势旁落造成的。他说："人主之所以身危国亡者，大臣太贵，左右太威也。所谓贵者，无法而擅行，操国柄而便私者也。所谓威者，擅权势而轻重者也"(《人主》)。

韩非子认为，君主治理臣子要考察六种微妙的情况，"六微：一曰权借在下，二曰利异外借，三曰托于似类，四曰利害有反，五曰参疑内争，六曰敌国废置。此六者，主之所察也。"意思是，有六种隐蔽的情况：一是君主把权势借给臣下；二是君臣利益不同而臣下借用外力谋私；三是臣下假托类似的事蒙骗君主；四是君臣利害关系彼此相反；五是等级名分上下混乱而导致内部争权夺利；六是敌国设谋按他们的意图任免大臣。这六种现象是君主必须明察的。

韩非子主张君王权力要集中于一人之身，对人臣要绝对控制，不能为臣所制。"万乘之患，大臣太重；千乘之患，左右太信。"君主不应太信大臣反为所制，不能委权太重，养虎为患。臣子只是君王的工具，不能使之"朋党比固""废公从私"。

为了巩固权势，韩非提出了"处势""设势""用势"的策略。"处势"即君主独揽大权，"赏罚者，邦之利器也，在君则制臣，在臣则制君"(《喻老》)；"设势"指采用"术"来加强自己的权势；"用势"即以法为准则充分行使赏罚权，"赏随功，罚随罪"(《商君书》)，"赏罚随是非"(《安危》)，"信赏以尽能，必罚以禁邪"(《外储说左下》)。

【专栏3-4】秦始皇的集权管理思想[①]

政治集权管理思想。首先，皇帝大权独揽。秦始皇完成统一大业后，自称始皇帝，万世相传。并规定皇帝是至高无上的统治者，诸事由其一人裁决。其次，设立三公九卿。三公，即丞相、太尉和御史大夫，分管国政、军事和监察。九卿，即奉常(掌管宗庙礼仪)、郎中令(掌管宫廷警卫)、卫尉(宫门保卫)、太仆(掌管宫廷车马)、庭尉(掌管刑法)、典客(掌管民族事务和外交)、宗正(掌管皇族内部事务)、治粟内史(掌管财政)、少府(掌管税收)。三公九卿分工明确，各司其职，对皇帝负责。第三，推行郡县制。秦始皇将天下分为三郡，后又增设为郡，郡以下设县。每郡设郡守、郡尉和郡监，分别掌管行政、军队和监察。县以下设乡，乡以下设亭。这样就形成了一个组织严密、号令一致、权力高度集中的行政管理体系。

经济集权管理思想。首先，强化政府对农业与赋税的管理。秦朝以法律的形式承认土地私有制，土地可以自由买卖；田赋分为田租、口赋和力役三种形式；农民耕种富豪之家的土地，要同时向国家和地主缴纳田租和地租，二者合计约占产量的一半。其次，实施高度统一的货币、计量与交通管理。秦朝禁用原各诸国发行的各种货币，重新制定全国统一

---

① 王忠伟，唐志丹，赵亮. 中国传说时期的管理思想萌芽[J]. 鞍山科技大学学报，2006(4).

的货币名称与单位，分为上币和下币两类，分别由黄金和铜铸成；政府颁发统一全国度量衡的命令，一律以秦国在商鞅时期所制定的"斗桶、权衡、丈尺"为全国通用的计量单位；全国实行车同轨，修筑以京都咸阳为中心通往各地的驰道，统一全国车轨轨距，驰道的修成以及车同轨的举措，冲破了封建割据的封闭形态。

文化集权管理思想。首先，统一文字。将大篆进一步简化，称为"秦篆"或"小篆"。后又由一名为程邈的小吏，将小篆改为隶书，通用全国。其次，统治思想。秦始皇继承其先祖秦孝公崇尚法家的思想，焚书坑儒，把秦国的思想统一到法家的思维轨道。

五、变：事异则备变

韩非认为"事异则备变"，即任何事情要按照当时所处的环境条件判断和决策，不能一味地遵循古法，不知变通，如守株待兔。"国无常强，无常弱。奉法者强，则国强；奉法者弱，则国弱。"事情发生了变化，治理国家的原则也要跟着变化，这样才能适应社会，守株待兔是不行的。韩非子反对儒家守古不变、率由旧章的做法，认为应因时制宜地修改法。"圣人不期修古，不法常可，论世之事，因为之备"（《五蠹》），即圣人不希望一切都学习古代，不墨守一成不变的旧规，而是研讨当代的情况，据此采取相应的办法。"今有构木钻燧于夏后氏之世者，必为鲧、禹笑矣；有决渎于殷、周之世者，必为汤、武笑矣。然则今有美尧、舜、汤、武、禹之道于当今之世者，必为新圣笑矣。所以圣人不期修古，不法常可，论世之事，因为之备"（《五蠹》），管理者要因时变法。"法与时转则治，治与世宜则有功"（《心度》），即法律随着形势的发展而变化，就能得到治理；政令与当时的世情相适宜，就会收到功效。

但韩非子又反对过于频繁的变法。韩非子说："凡法令更则利害易，利害易则民务变，务变之谓变业。故以理观之，事大众而数摇之则少成功，藏大器而数徙之则多败伤，烹小鲜而数挠之则贼其泽，治大国而数变法则民苦之，是以有道之君贵静，不重变法"（《解志》），即凡是法令变更了，利害情况也就跟着改变，民众的事务跟着变化，这叫作变业。所以按理来看，管理大众而经常干扰他们则办不成事；收藏贵重器物而经常挪动则损毁；烹煮小鱼而经常翻动就毁掉它的光泽；治理大国而经常改动法令，百姓就会受到影响。因此懂得治理的君主崇尚稳定，不轻易变更法。

【专栏3-5】鲁人徙越

据《韩非子·说林上》记载，鲁人身善织屦，妻善织缟，而欲徙于越。或谓之曰："子必穷矣。"鲁人曰："何也？"曰："屦为履之也，而越人跣行；缟为冠之也，而越人被发。以子之所长，游于不用之国，欲使无穷，其可得乎？"鲁人对曰："夫不用之国，可引而用之，其用益广，奈何穷也？"

这段话的意思是，鲁国有个人自己擅长编织鞋子，妻子擅长编织白绢，他们想搬到越国去。有人对他说："你搬到越国去必定遇到困境。"鲁国人问："为什么？"这个人回答说:"鞋是用来穿的,但是越国人光脚走路;白绢是用来戴的,但是越国人披散着头发。凭借你们的专长,跑到用不着的国家去,要想不穷困怎么能呢?"鲁国人就反问他说:"到了不用我们专长的地方,我们可以引导他们穿鞋戴帽,随着用途的不断推广,我们怎么会遭遇困境呢?"

六、实:重实效

"实"是注重实效和目的,与西方的马基雅维利主义相同,法家注重实效和达到目的,而不管过程和手段是否合乎伦理道德。凡对国家有利的,都要提倡,国家对外,要靠实力,不能靠礼让。韩非说:"婴儿相与戏也,以尘为饭,以涂为羹,以木为胾,然至晚必归饷者,尘饭涂羹可以戏而不可食也。夫称上古之传颂,辩而不悫,道先王仁义而不能正国者,此亦可以戏而不可以为治也。夫慕仁义而弱乱者,三晋也;不慕而治强者,秦也,然而未帝者,治未毕也。"意思是儒家满口仁义道德却不能解决眼前的问题,就像小孩子玩过家家的游戏一样,反而会祸害国家,三晋仁义但弱乱,秦不讲仁义而强盛。

【专栏3-6】宋襄公之仁

据《韩非子·外储说左上》记载,公元前638年,宋襄公讨伐郑国,与救郑的楚兵展开泓水之战,宋军已摆好阵势,楚军还在渡河。宋国右司马购强趋而谏曰:"楚人众而宋人寡,请使楚人半涉未成列而击之,必败!"宋襄公说:"寡人闻君子曰:不重伤,不擒二毛,不推人于险,不迫人于厄,不鼓不成列。今楚未济而击之,害义"。

这段话的意思是楚军未渡完河就攻击他们,有伤道义,还是等他们渡完河列阵后再击鼓进攻吧。结果楚军摆好阵势把宋军杀的大败,宋襄公受伤而死。韩非子评论说:宋襄公不评估自己的实力,一味追求仁义,不知权衡变通,结果惹来了大祸。

为了国家强盛,韩非提出要选拔贤能之士治国,"明主之道,取于任,贤于官"(《八经》),高明的领导者其用人之道是录用有才能的人,让有德有才人去担任各种管理职务。他认为"官之失能者,其国乱"(《有度》),强调"所举者必有贤,所用者必有能"(《人主》),"有功者受重禄,有能者处大官"(《人主》)。

在选拔人才时,韩非的人才标准是既"明于霸王之术,察于治强之数",而又能"适当世明主之意"(《奸劫弑臣》)。在选拔人才的途径方面,韩非认为要在实践中选拔,"不以功伐决智行,不以参伍审罪过,而听左右近习之一言,则无能之士在廷而愚污之吏处官矣"(《孤愤》),用人要听其言,才能知道他有没有智慧。要让他亲自去办一些事情,才能知道他的工作能力。官吏愚蠢还是聪明,看他能不能建功立业,言与行必须同时对比考察,不能偏废,否则冒牌货就会应时而生。

在利用人才方面,君主按人才的特长分配任务,"任人有术",使得"愚者不任事,智者不敢欺"(《任人》)。韩非子指出要防止"为其多智,因惑其信"和"为洁其身,因惑其智"(《八说》),即只见其才能智慧而忽视其品德,或相反。

在职务要求方面，韩非子认为职务应匹配相应的专业知识和能力。商鞅之法有以斩首多少而定官爵者，韩非子认为杀敌斩首的能力与担任官职的能力是两码事，二者不可替代。应该保持从事某种专门职业者的工作相对稳定性，如果经常变换其工作，则会由于不断适应生疏工作造成不必要的浪费。

在考核人才方面，韩非子主张"循名责实"。有的人虽然学问高深，品行高尚，但是学识并不实用。"鲍焦、华角，天下之所贤也，鲍焦木枯，华角赴河，虽贤不可以为耕战之士"（《八说》）。而孔子、墨子那样的人，虽然博学多才，却不能为国家富强做出贡献。曾参、史䲡那样行孝少欲的人不参战攻城，也对国家毫无利益。由此可见，天下人所称颂的贤者，不见得是君主手中的"贤将"。这些人能够"不作而养足，不仕而名显"（《八说》），这是靠贤名取得好处。如果提拔这种人，就是成就了个人私利，而废弃了国家的公利。而且对于民众来说是一种错误导向。"赏功以劝民也，而又尊行修，则民之产利也惰……索国之富强，不可得也"（《八说》）。

【专栏 3-7】伯乐教相马

据《韩非子·说林下》记载，"伯乐教其所憎者相千里之马，教其所爱者相驽马。千里之马时一，其利缓；驽马日售，其利急。"

这段话的意思是，伯乐对他讨厌的人教鉴别千里马，对他喜欢的人就教鉴别普通的马。因为千里马难得一见，获利很慢，普通的马天天买卖，获利很快。韩非认为，旷世良材千年难求，真正承担国家社会的骨干，多只是平凡中的贤人。能有效运用这些中坚分子，即是最善治的人主。

本 章 小 结

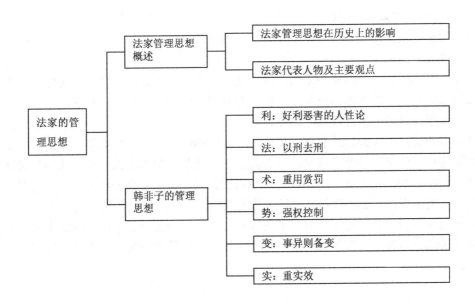

习　题

一、思考题

1. 法家管理思想的优缺点都有哪些？我们在现代企业管理中如何做到扬长避短？
2. 法家管理思想与泰勒科学管理思想的相似之处是什么？不同之处是什么？
3. 法家管理思想对现代人力资源管理有哪些借鉴意义？
4. 法家思想与目前我国的"法制"思想有何区别和联系？

二、案例分析

1. 新加坡的法家管理[①]

新加坡资政李光耀，在其担任新加坡总理长达31年(1959-1990)的期间内，将新加坡从一个地小民贫、欠缺工业基础与天然资源的殖民地港口城市，建设成一个富足的新兴工业化的城市国家，国民所得在亚洲诸国(地区)中仅次于日本与中国香港。同时，新加坡已经完全摆脱刚独立建国时的窘境，李光耀有魄力地致力新加坡的公共建设，使"都市公园化"的理念完全在新加坡实现。

新加坡成功的另一个现象为政府的高效率及清廉的政治。新加坡原本与其他东南亚国家一样，贪污腐化横行。但学习法律出身的李光耀上台后，倾全力于政治改革，厉行法治，将新加坡建设成为全世界最清廉与最有效率的国家。

新加坡的吏治廉明，同时法律秩序亦为亚洲之冠，全皆归于李光耀的严厉执法。新加坡在李光耀执政后，都维持了一党独大的政府，在国会内几无反对力量，反对党名存实亡，社会舆论不闻批评时政的威权统治下，新加坡所实行的"另类民主"，居然在历次大选中，获得国民的多数支持。如果我们专从权力制约的角度而论，新加坡政府权力之独擅与一般专制国家并无大异，但是新加坡的政治廉明正破除了西方政治学铁律——"绝对权力带来绝对腐化"的正确性。新加坡并未因政府广泛的公权力而造成决策官员的腐化，反而是成为建设国家的利器。推其因，乃是新加坡的实施"政治威权"与"严格法治"并行，才会形成此一结果。这是特别值得我们重视之处。

李光耀曾说："今天的新加坡，是多年来法治的结果。新加坡成功的关键因素之一是坚定地实施以法治国。"李光耀说："有人主张对待惩罚犯罪应该从宽，认为刑罚减少不了犯罪，我从不相信这一套。新加坡的社会只了解两件事——奖励与惩罚，如果罚金不足以阻吓这里的犯罪时，我相信他一旦发现他要挨鞭子时，就不会再热衷破坏了。"

于是就有了新加坡独特的鞭刑，于是也就有了著名的四鞭故事——美国少年在新加坡乱涂乱画被罚抽六鞭子，而美国总统克林顿求情的结果是抽四鞭子。于是新加坡一直是世

[①] 陈新民. 反腐镜鉴的新加坡法治主义[M]. 北京：法律出版社，2009.

界上犯罪率最低的国家，而当地99%的人也都感受到生活在这里很安全。

李光耀的新加坡模式作为一个全球独一无二的国家治理模式，是以中学为体，西学为用，以中国传统文化作为新加坡模式的核心理念，具体工具使用现代社会通行的、能与世界接轨的模式。新加坡模式总体概括起来就是儒法结合、东西合璧，它给现代的企业、个人和亚洲文化圈的国家提供很好的思考方向。

分析：
(1) 新加坡的管理模式体现了法家管理的哪些思想？
(2) 新加坡的管理模式对我国现代管理有何启示？

2. 喜欢而不要

鲁国宰相公孙仪非常喜欢吃鱼。但是国人买鱼献给他，他一概不受。他的弟弟很好奇，问道："你明明爱吃鱼，为什么不接受呢？"公孙仪答道："如接受，就欠人一份情，就不得不徇情枉法。一旦枉法，连宰相的职位都将被免。到那时，想吃鱼也无人赠，连自己买来吃都难办到。若是不收鱼，不但不会被免职，想吃鱼时，随时可以买来吃。"韩非结语：不因小利而失大利，靠人不如靠己，求人不如求己。

分析：
(1) 公孙仪为什么不收礼？
(2) 这个案例对当前官场反腐有何启示？

三、管理技能训练

收集新加坡的管理经验的资料，分析哪些是运用法家管理思想？有何成功与失败之处？对中国现代管理有何启示？

【推荐阅读书目与参考文献】

石磊. 商君书. 北京：中华书局，2016
高华平. 韩非子. 北京：中华书局，2016
高华平，王齐洲，张三夕. 韩非子：2版. 北京：中华书局，2015
安小兰. 荀子. 北京：中华书局，2016
张与弛. 法家的管理之道. 北京：中国商业出版社，2007
邹国良. 轻轻松松做领导：简单高效的法家管理智慧. 北京：中国发展出版社，2010
张凤池. 韩非子组织管理的"权"与"谋". 北京：企业管理出版社，2014
杨先举. 向韩非子学管理. 大连：东北财经大学出版社，2010
李山译注. 管子. 北京：中华书局，2016
刘建生. 管子精解. 北京：海潮出版社，2012
万英敏，龙婷婷. 《管子》管理哲学思想研究. 北京：经济日报出版社，2017
魏承思. 管子解读：领袖需要的智慧. 上海：上海人民出版社，2014
高正. 诸子百家研究：增订第2版. 北京：中国社会科学出版社，2011

第四章

佛家的管理思想

学习目标：了解佛家管理思想在历史上的影响；掌握佛家管理思想的主要观点及对现代管理的启示，理解佛家管理思想与儒家管理思想的异同。

关键概念：佛法(Dharma) 我执(Egocentrism) 谛(Noble truths) 缘起(Dependent origination) 因果(Karma) 色(Form) 空(Formless) 贪嗔痴(Greed, Anger, Ignorance)

过去心不可得，现在心不可得，未来心不可得。

——释迦牟尼

第一节 佛家管理思想概述

一、佛家管理思想在历史上的影响

佛(Buddha)的本义是悟、觉、知，佛教亦即修行成佛的宗教。按佛教的发展历程和主要思想，可以将佛教分为4个派别：

(1) 原始佛教：指公元前6世纪—前4世纪中叶，释迦牟尼创教及其弟子相继传承时期的印度佛教，佛陀的说教最初是口传的，后来被其弟子记录下来，编集为律、经、论三藏；

(2) 部派佛教：公元前4世纪中叶—1世纪，释迦牟尼佛涅槃后，佛教逐渐分化为上座部和大众部两大派系，当时僧团所形成的各个部派合称部派佛教；

(3) 大乘佛教：1-7世纪时期，部派佛教内部出现大乘思想。大乘指能将无量众生度到彼岸，以发挥佛陀众生平等、自觉觉他、利益救度一切众生为目的。大乘佛教认为只关注自己解脱的法门是小乘。

(4) 禅宗：一般认为印度佛教是在东汉明帝永平年间(公元58—75年)正式传入中国，经过汉魏晋南北朝的传译期，很快被中国社会所接受。禅宗相传由印度僧人菩提达摩于梁武帝时传入中国，禅(即冥想、静虑)是印度瑜伽术的一部分，因其主张用禅定概括佛教的全部修习而得名。禅宗指奉菩提达摩为始祖的中国佛教宗派，其核心思想为："不立文字，教外别传；直指人心，见性成佛"，意指透过自身实践，从日常生活中直接掌握真理，真正认识自我。中国禅宗自传至六祖慧能(公元638—713年)后，结合中国本土道家思想而形成中国特色的本土汉族佛教，并逐渐发扬光大成为中国佛教的主流。儒家思想也借鉴了禅宗思想而形成了宋明的"理学"。

乱世之中，佛教盛行。五代十国年间，豪强连年战乱，民生凋敝，生灵涂炭，此时佛教的力量空前发达。从皇帝到民间，对兴建佛教寺庙、教义推广都极为重视。有名句"南朝四百八十寺，多少楼台烟雨中"。佛教体恤生灵，慈悲济世，解脱痛苦，甚至以苦修行，有助于缓解社会矛盾。

隋唐时代是中国佛教最鼎盛的时期，高僧辈出，宗派林立。早期南北朝的诸学派逐渐发展成大乘八大宗派：天台宗、法相唯识宗、律宗、华严宗、密宗、净土宗、三论宗和禅宗。

与佛教结缘的帝王层出不穷。梁武帝萧衍是中国第一个信奉佛教的皇帝，自号"皇帝菩萨"，以佛法治国，成就了江南大地佛教的繁盛；隋文帝广兴佛事，隋炀帝自称"总持菩萨"；唐朝李世民玉华宫赞法；武则天少年出家，当政后崇信佛教，自称"慈氏越古金轮圣神皇帝"；宋太祖赵匡胤遣使求法；成吉思汗"以佛治心"；朱元璋曾出家为和尚，把法事视为国事；明武宗把自己封为"大庆法王西天觉道圆明自在大定慧佛"；乾隆自称"佛心天子"；雍正自称和尚和野僧；慈禧太后号称老佛爷。历代帝王利用佛教的四大皆空、慈悲为怀和因果报应思想，培养顺民。甚至宣扬自己是佛或菩萨，利用信徒对佛的崇拜，是王权对神权的利用。

自佛教传入中国，许多僧侣用佛家的智慧引导朝政，影响帝王。在中国的历代王朝中，曾出现过三位宰相级的法师。南朝宋文帝刘义隆礼请慧琳法师为宰相，政治清明，国运强盛，时人称之为"黑衣宰相"，是为沙门参政之始。唐太宗召令明瞻法师入内殿，盛馔供养，并向他请教古来明君安邦定国之道。明瞻法师授之以"慈救"为宗的方法，被太宗封为帝相，以善识治国闻名，促进了"贞观之治"的盛世。明代的道衍法师经人举荐入燕王府辅佐诸侯王朱棣，最后帮燕王夺得天下。燕王朱棣鉴于道衍法师在"靖难之役"中的贡献，不但"论功以为第一"，还封为"资善大夫"和"荣国公"，位及宰相。①

此外，五十多位法师被封为国师。据《佛祖统纪》载：北齐文宣帝天保元年(公元550年)诏高僧法常法师入宫讲《涅槃经》，尊法常法师为国师；"国师"之名由此之始。自法常法师开始，一千五百年间，先后有52位法师被不同朝代的帝王封为国师。南朝陈宣帝封天台宗智顗为国师；唐代高祖封智满为国师；禅宗中的神秀法师，历武后、中宗、睿宗、玄宗四朝，皆号为国师。嵩山老僧慧安被称为老安国师，慧忠被称为南阳国师，知玄被称为悟达国师，无业被称为大达国师。元朝时，世祖封海云法师为国师；明代朝廷沿用元制，封喇嘛为"帝师""国师"等尊号。永乐五年，封西僧哈立麻为如来大宝法王、西天大善

---

① 浮惠. 漫谈佛教与政治. 佛教在线 http://www.fjnet.com，2011年02月11日.

自在佛，使其领导天下佛教，其徒孛罗等皆封为大国师。洪熙元年(1425年)封智光为大国师。清初世祖敬重禅僧，诏玉琳法师入宫说法，并赐紫衣及国师尊号。①

佛教对政治的影响，在很大程度上表现为法师或出家人对帝王的影响。"为帝说法，福德遍及一切生灵"。南北朝时战乱频繁，西域高僧佛图澄军营中会见石虎、石勒，现场说法，使石虎、石勒从此一改残暴的本性，并拜佛图澄为师，凡有国事都请教于佛图澄。此外，释道安追晋室过江，后又利用苻坚对自己的信任，力劝苻坚不伐东晋；释僧慧以"协道匡世，补益之功"被称为"秃头官家"；释玄畅为宋文帝太子师，"弘道济物，广宣名教"；玄奘大师接受太宗的国事咨询；玄琬法师受朝廷礼请，拜为太子太傅，传授爱民之策。据《高僧传》(梁·慧皎)、《续高僧传》(唐·道宣)、《大明高僧传》(明·如惺)载：自两汉至唐就有摄摩腾、竺法兰、严佛调、支曜、昙翼、道壹、慧永、僧睿、僧慧、慧通等114位高僧与帝王将相、皇亲国戚有过交往。"太宗步迎玄奘，武后与神秀同辇"，这些法师在兴国安邦方面，都曾扮演过重要的角色。②

盛极必衰，历史上也出现"三武一宗"灭佛事件(北魏太武宗、北周武帝、唐代武宗、五代周世宗)。佛教的衰落期历经宋、元、明、清，心性问题成为佛学理论的核心，各宗派逐渐走向融通，佛教思想与儒、道思想走向调和。

二、佛家代表人物及主要观点

(一)佛家代表人物

1. 释迦牟尼

佛教发源于公元前7世纪的古印度，其创始人为释迦牟尼(公元前565年—前486年)，大约与我国孔子同时代。他是古印度北部迦毗罗卫国(今尼泊尔境内)的王子，属刹帝利种姓。本姓乔达摩，名悉达多。释迦是其种族名，意思是能；牟尼意思是"仁、儒、忍、寂"。释迦牟尼合起来就是"能仁、能儒、能忍、能寂"等，即是"释迦族的圣人"。他阐明人生真谛，教导大众解脱生老病死苦烦的办法。佛教重要经典有《心经》《金刚经》《妙法莲华经》《楞严经》《华严经》《长阿含经》。

【专栏4-1】释迦牟尼成佛

据佛经记载，释迦牟尼在29岁时，有感于人世生、老、病、死等诸多苦恼，舍弃王族生活，出家修行。他独处一山洞之中，盘膝趺坐，面壁静心，终无所得。于是他改变主意，决定去体验禁欲苦行，以求解脱。释迦牟尼来到尼连禅河边，独自在树下结跏趺坐，不避风雨，净心守戒，独修苦行六年之久，他由最初每日食一麻一麦，渐渐至七日食一麻一麦

---

① 李国荣. 帝王与佛教[M]. 北京：团结出版社，2008.
② 星云大师. 佛教的政治观，收录于《星云大师讲演集》[M]. 北京：三联书店，1984.

以至于不饮不食起来。终于，他身体变得极度消瘦，形容枯槁，精疲力竭。有一天他在尼连禅河准备洗澡时，由于身体极度虚弱而昏迷在岸边。牧羊女苏佳达看到后，奉献了乳粥。悉达多太子喝完以后元气恢复，感觉神清气爽，于是他终于明白了，乐行容易使人堕落，而一味地苦行不但不能解脱，而且容易损坏身体。于是他放弃了苦修，重新进食。他重新调整修行的方法，在菩提树下结跏趺坐，端身正意，静思默想四十九天，终于开悟，得无上大道，成为圆满正等正觉的佛陀(意为觉者)(见图 4-1)。随

图 4-1　释迦牟尼

即他在印度恒河流域一带传授他所证悟的宇宙真谛，直到 80 岁时逝世。他弟子很多，据传有五百人。公元 1 世纪时，佛教传播到中国汉族地区，以后再从中国传播到朝鲜和日本。今天，全世界还有两亿多人信奉佛教。

2. 鸠摩罗什

鸠摩罗什(344—413 年)，混血，祖籍天竺，出生于西域龟兹国。他家世显赫，祖上世代为相。鸠摩罗什 7 岁随母出家，曾游学天竺诸国，遍访名师大德，深究妙义。其先后总计翻译经律论传 94 部、425 卷，是世界上著名的佛学家和翻译家，是中国佛教八宗之祖。著名弟子有道生、僧肇、道融、僧叡，合称"什门四圣"。

3. 玄奘

玄奘(602—664 年)，唐朝第一高僧。世称唐三藏，意谓其精于经、律、论三藏，熟知所有佛教圣典。法相宗创始人，为我国杰出佛经翻译家、旅行家。前后十七年学遍了当时的大小乘各种学说，从印度共带回佛舍利 150 粒、佛像 7 尊、经论 657 部，并长期从事翻译佛经的工作。

4. 菩提达摩

略称达摩，禅宗的创始人，南北朝禅僧，意译为觉法，南天竺人，属婆罗门种姓，通彻大乘佛法，曾在洛阳、嵩山等地传授禅教为修习禅定者所推崇，著作有《少室六门》上下卷，弟子有慧可、道育、僧副和昙林等。

5. 惠能

惠能(公元 638—713 年)，是中国历史上有重大影响的佛教高僧之一。唐代岭南新州(广东新兴县)人，继承东山法门，世称禅宗六祖。曾做偈"菩提本无树，明镜亦非台，本来无一物，何处惹尘埃。"广为人知。六祖慧能圆寂于新兴国恩寺，享年七十六岁。著有六祖《坛经》流传于世。惠能禅师的真身供奉在广东韶关南华寺的灵照塔中。

【专栏4-2】六祖惠能的故事

据《坛经》所说，惠能某天听人诵《金刚经》，听到"应无所住而生其心"时，惠能言下大悟，于是决定去黄梅凭墓山听弘忍大师讲《金刚经》。弘忍见了惠能说："岭南人是野蛮人，野蛮人怎么能学佛呢？"慧能说："人有南北，佛性无南北的差别"。惠能被派在碓房里踏碓八个多月，"愿竭其力，即安于井臼；素刳其心，获悟于稊稗"。劳作与修持相结合成为此后曹溪禅的特色。一天，弘忍集合门人，要大家作一首偈，察看各人的见地，以便付法。惠能作了一偈请人写在壁上："菩提本无树，明镜亦非台，本来无一物，何处惹尘埃。"弘忍发现了惠能的见地，便唤他夜间进房，为他说法，付法传衣，继承了祖位。当天晚上，弘忍就送惠能回岭南。其他弟子不服追来，其中有名惠明的追到了惠能。惠能说："不思善，不思恶，正与么时，那个是明上座本来面目"，惠明言下大悟，成为惠能弟子。惠能五年后到了广州法性寺，当时印宗正在讲《涅槃经》，《坛经》中云："时有风吹幡动。一僧曰风动，一僧曰幡动。议论不已。惠能进曰：'非风动，非幡动，仁者心动'。"印宗闻得这番妙论震惊，得知其就是大名在外的惠能，就请高僧为他剃度，并恭请其正式即位禅宗六祖(见图4-2)。惠能开始弘法，开创"直指人心，见性成佛"的顿悟禅。

图4-2 六祖慧能

(二)佛教的主要观点

原始佛教的核心内容是指现实世界的苦难和解决苦难的方法。基本教义是"四谛""八正道""十二因缘"，又在"缘起"思想基础上，提出了"诸行无常""诸法无我"和"涅槃寂静"的学说。

1. 四谛

谛即真理的意思，4谛分别是指苦、集、灭、道谛。

(1) 苦谛：即众生皆苦，人的一生是由各种苦恼贯穿的，共有8苦：生苦、老苦、病苦、死苦、怨憎会苦、爱别离苦、求不得苦、五盛荫苦。

(2) 集谛：集谛是苦的原因，贪、嗔、痴三毒残害身心，为恶之根源。贪是对顺的境界起贪爱；嗔是对逆的境界生嗔恨。痴是不明白事理。

(3) 灭谛：灭者，断除执念，无有分别，灭除烦恼，而增菩提。

(4) 道谛："道"是方法和途径，具体分为八正道：正见、正思维、正语、正业(正确的行为活动)、正命(正确的生活方式)、正精进、正念、正定(禅定)。大乘佛教个人修行的方法是"六度"。"度"的字义是"到彼岸"，即是从烦恼的此岸度到觉悟的彼岸。"六度"就是六个人生修行的方法：布施、持戒、忍辱、精进、禅定、智慧，"谓菩萨乘此六度船筏之法，既能自度，又能度一切众生，从生死大海之此岸，度到涅盘究竟之彼岸"(《大乘义音》)。

2. 十二因缘

佛教认为世间没有任何孤立存在和永恒不变的现象，一切现象的产生和变化都因一定的条件，即"缘起"。人生现象和世间现象变化无常，其因缘也各异，最基本的是十二因缘，即：

老死：人最大的烦恼是害怕老死。

生：生命，"生是老死缘"。

有：指某个人前生思想行为的总和("业力")，"有是生缘"。

取：指人们对人生和物欲的各种追求，"取是有缘"。

爱：包括性爱、食欲等感情的和物质的各种贪爱，"爱是取缘"。

受：指各种苦乐感受，它导致了人们产生各种贪爱，"受是爱缘"。

触：指人的肉体、精神与外界直接接触，"触是受缘"。

六入：指人的眼、耳、鼻、舌、身、意6种感觉器官和认识机能，"六入是触缘"。

名色：名(人的精神)色(人的肉体)指有意识活动的人体。"名色是六入缘"。

识：指人在投生一刹那间的精神本体的活动("灵魂")，人体生命是托"识"而成，"识是名色缘"。

行：指人的一切(包括前生今生)思想行为(即业行)，"行是识缘"。

痴：又叫"无明"，即愚昧无知，"痴是行缘"是苦的最后根源。人们要获得最终的解脱，应彻底摆脱"痴"的羁绊。

由佛教的"十二因缘"论可以推导出因果报应的结论。这里的"因"是能产生一定后果的原因，"果"就是由一定原因产生的结果。《涅槃经·遗教品一》："善恶之报，如影随形，三世因果，循环不失。"佛法说"菩萨畏因，众生畏果""果有因，因有果，有果有因，种甚因，结甚果"，中国禅的教义里更强调现世报："欲知过去因，现在受者是；欲知未来果，现在作者是"。

3. 三法印

三法印是原始佛教的基本教义，一切小乘经典都是以三法印来印证的是否为佛说；大乘经典则是以一实相印来印证佛法的究竟与否。一实相印其实就是三法印中的涅槃寂静。佛教的三法印内容：

(1) 诸行无常："行"是世间一切现象包括各种物质现象、心理活动和形式概念，一切世间法无时不在生住异灭、迁流转变中，无一常住不变。佛法主张空性观，四大皆空，四大是指"地、水、火、风"的四大物质因素。《金刚经》有名句"一切有为法，如梦幻泡影；如露亦如电，应作如是观"。

【专栏 4-3】《摩诃般若波罗蜜多心经》(唐三藏法师玄奘 译)

观自在菩萨，行深般若波罗蜜多时，照见五蕴皆空，度一切苦厄。舍利子，色不异空，空不异色，色即是空，空即是色，受想行识，亦复如是。舍利子，是诸法空相，不生不灭，不垢不净，不增不减。是故空中无色，无受想行识，无眼耳鼻舌身意，无色声香味触法，无眼界，乃至无意识界，无无明，亦无无明尽，乃至无老死，亦无老死尽。无苦集灭道，无智亦无得，以无所得故。菩提萨埵，依般若波罗蜜多故，心无挂碍，无挂碍故，无有恐怖，远离颠倒梦想，究竟涅槃。三世诸佛，依般若波罗蜜多故，得阿耨多罗三藐三菩提。故知般若波罗蜜多是大神咒，是大明咒，是无上咒，是无等等咒，能除一切苦，真实不虚。故说般若波罗蜜多咒，即说咒曰：揭谛揭谛，波罗揭谛，波罗僧揭谛，菩提萨婆诃。

(2) 诸法无我："法"指世间存在的事物。"我"是自性、实质。诸法无我即世上没有独立存在的永恒事物，一切事物都是因缘合和、相对和暂时的。所谓我的存在只是相对的生理和心理幻象。高僧希阿荣博堪布说："'我'是建立在身心组合体上的一个概念。既然是组合体，就是相对、依赖其组成部分而存在，没有独立固有的自体。又因各组成部分皆在不停地变化运动中，所以整体形成的同时又处于解构的状态，不具有恒常性，且当体即空。然而，人们却坚信有自在实存的'我'，并由此生出对'我的'执着，想方设法呵护保全。"佛法认为执着于有"我"是痛苦的根源。我执可分为：

第一，人我执：一切凡夫，不知人身为五蕴假合，而有见闻觉知之作用，固执此中有常一主宰之我体，一切烦恼障由此而生，便有贪嗔痴等诸惑。如《唯识述记》云："烦恼障品类众多，我执为根，生诸烦恼，若不执我，无烦恼故。"

第二，法我执：一切凡夫，不了诸法空性，不明五蕴等法由因缘而生，如幻如化，固执法有实性，一切所知障由此而生。《起信论》云："人我见者，计有总相主宰，法我见者，计一切法各有体性。"《唯识论》云："由执我法，二障俱生。"

"无我"即是无自性，无自己的特征，任何个人、任何事物都不能脱离各种条件而独立存在。古人云"由无我，方能经世；由利生，方见无我"，意思是心中破了"我相"，才能治理国事、世事。

(3) 涅槃寂静：涅槃，指断灭生死轮回后获得的精神境界，就是要远离烦恼，断绝患累，超脱生死轮回。

第二节　佛家的管理思想

佛法中蕴含了丰富的管理思想。自佛教传入中国的几千年来，许多僧侣用佛家的智慧引导朝政，影响帝王及各级管理者。至今，佛法中的管理思想对现代管理也具有借鉴意义。

一、人性假设

佛家的人性观不同于儒家的"性本善"和道家的"自然人性"。《六祖坛经》上说"不思善,不思恶,正与么时,哪个是明上座本来面目",这里的"善、恶"代表所有分别的、二元的、相对的意识。"善、恶"只是世间法,只是众生的分别意识。出世间法无善也无恶,但这并不意味着佛家对善恶不作选择。佛家提倡"诸恶莫作,众善奉行",提倡正当的谋生方式("正命"),主张远离一切不正当的职业。

二、核心价值观

佛家主张平等、慈悲、智慧,平等为体,慈悲为相,智慧为用。

1. 平等

佛家崇尚平等,认为众生佛性平等,一切众生皆有佛性,皆能成佛。释迦牟尼说:"不应问生处,宜问其所行,微木能生火,卑贱生贤达"(《阿含经》)。

2. 慈悲

佛家的慈悲与儒家的仁爱思想不同,儒家的仁爱思想是以自我为中心,以亲情血缘做标准,依层递减,有亲疏远近之别。① 佛家的慈悲是无缘大慈,同体大悲,没有任何前提条件,感同身受。

【专栏4-4】梁武帝与达摩论禅

梁武帝曾与达摩对古印度佛教和禅学共同进行了探讨,《五灯会元》记载:帝问曰:"朕即位以来,造寺写经,度僧不可胜纪,有何功德?"祖曰:"并无功德"。帝曰:"何以无功德?"祖曰:"此但人天小果有漏之因,如影随形,虽有非实。"帝曰:"如何是真功德?"祖曰:"净智妙圆,体自空寂,如是功德,不以世求。"……帝不领悟。祖知机不契,是月十九日,潜回江北。

这段话的大意是,梁武帝问达摩:"我自从当了皇帝后,写佛经,造佛寺,培养发展僧人,不可胜计,同时还多做善事,广结善缘,净身持戒,有何功德?"达摩说:"这些并没有什么功德"。梁武帝不解地质疑道:"何以没有功德?"达摩说:"这些只是世间的福德,因为福德与功德不同,外修诸事的有漏善只是福德,倘若不能自己内证得自性即是无功德。"梁武帝又问:"什么才算真功德?才能修行成佛?"达摩说,真正的功德是"净慧智圆、体自空寂",即功德原本在法身中,不在修福的事上求。功德是要靠内心修炼、明心见性、方成正果。可惜梁武帝执着有为,心存邪见,不识真正法性。此时达摩已知无法度化这位皇帝,只好告别,一苇渡江而去。

---

① 费孝通. 乡土中国[M]. 北京:中华书局,2013.

3. 智慧

"慧"亦即智慧，就是无欲、见真。观察明了一切的事理，从而达到高层次的了悟。

三、工作态度与方法

1. 执事尽心

"执事尽心"就是忠诚履职，对待自己分内的工作要用心去完成，而不是三心二意与敷衍，体现了真诚不欺的工作态度。《百丈清规》规定："执事以尽心为有功"，做任何事只要尽心就是有功德。

2. 精进

"精进"意思为勤奋上进。佛法八正道之一的"正精进"就是正确地努力，不断进取，不停顿、不懈怠。

3. 专心致志

佛法提倡正定，就是收摄散乱的心意，摒除杂念，整合身心。慧能说"何名禅定？外离相为禅，内不乱为定"。修定的目的是为了开发智慧，佛经曰："制心一处，无事不办"。

4. 布施

佛家主张"布施"，将金钱、实物、智慧分享给别人。布施分为3种：
财布施——以金钱、物品去帮助穷苦者，改善他们的生活。
无畏施——用温暖爱心安慰痛苦的人，施予援手解难，消除恐惧感。
法布施——把自己对佛法真理的领悟向世人宣说，使众生同沾法雨，转迷成悟。

四、计划

预立不劳是不管做什么事情，都要根据"缘起"因果，提前想到事情发展过程中所有可能出现的问题，提前准备可行的预防措施。这就要求我们在实施计划之前，要以更高的眼光来看待这些事情，避免在问题发生时毫无对策，即"凡事预立而不劳"。

五、组织

佛教寺庙建立了严密有序的组织结构，在方丈之下分别有24个序职、列职、杂职，一般寺庙设有4大堂口、8大职事。在寺院，各项事务由常住按能力、德行、才学的不同而派任，大众各司其职，分工合作。①《百丈清规》规定："僧众应饮食随宜，务于勤俭，全

---

① 游彪. 宋代佛教寺院基层组织及其特征初探[J]. 佛学研究，2002：216-223.

体僧人均须参加劳动,上下均力,一日不作,一日不食"。这种严密完备的组织方式保障了佛教历经千年流传到今而不衰。

六、领导

佛家采用民主管理,提倡众生平等。佛与佛弟子的关系,是先觉与后觉、师与徒的关系,没有领导与被领导。佛陀放弃世间皇位,亲自持钵乞食,不以领袖自居,不要求人绝对服从。寺庙的住持须经大家共同推举。寺院的重要决策多由僧众议决、选举投票产生。

七、协调

有关团体关系协调的规定有《六和敬》等共住规约:见和同解,戒和同修,利和同均,意和同悦,口和无诤,身和同住。①

1. 见和同解

"见和同解"是在思想上建立共识,达到思想的统一。佛法"八正道"中有正见、正念和正思维。正见是正确的见解,是如实见世间真相,使认识符合宇宙人生真相,离开一切断常邪见,从无明的迷惑中解脱出来。正思维是正确的思考,使思考符合真理,离开一切主观分别、颠倒妄想。正思维又称正志。志是有志向,正志是树立正确的人生目标,以此引导自己的行为。正念是正确的想法,是心念活动的德行。人的一切行为都取决于人的念头,念头有善恶、迷悟之别,六祖说:"前念迷是众生,后念悟即佛"。佛与众生的差别只在一念之间,俗话说:"一念天堂,一念地狱"。

2. 戒和同修

"戒和同修"是指在法制上人人平等。人人都要持戒,没有人有特权僭越。

3. 利和同均

"利和同均"是在经济上均衡分配,赏罚公平,违犯者必须接受大众审议处罚,有功者会得到常住的褒扬勉励。

4. 意和同悦

"意和同悦"是在精神上志同道合,通过了悟人世真相而达到破迷开悟、离苦得乐的效果。

5. 口和无诤

"口和无诤"是在言语上和谐,不作无益的争辩。佛家提倡正语,即正确的言语,就

---

① 星云大师. 佛教对应用管理的看法. 在美国西来大学的讲话. 2005.

是不妄语、不慢语、不恶语、不谤语、不绮语、不暴语，远离一切戏论。要说符合事实真相的语言，说利益大众的语言，本着对别人的关心爱护说话。

6. 身和同住

"身和同住"就是在行为上不侵犯人。遇有疾病，相互照顾。遇到人际矛盾，杜绝肢体冲突，由忍化恕。

八、控制

佛家通过戒律进行管理控制，为断"身、口、意"一切恶业，佛家在日常行为规范上有严格详尽的规定。小乘有"五戒""八戒"等。"五戒"为：不杀生、不偷盗、不邪淫、不妄语、不饮酒。"八戒"为：在五戒外另加卧高广大床、花鬘璎珞及歌舞戏乐、过中不食。大乘有"三聚净戒"(摄律仪戒、摄善法戒、摄众生戒)和"十重禁戒"(杀生、偷盗、邪淫、妄语、饮酒、说过罪、自赞毁他、悭、瞋、谤三宝)。

有关团体共住的戒律，有中国禅宗六祖惠能三世徒百丈怀海制定的丛林清规《百丈清规》(世称"古清规")，它是中国禅宗历久不衰的一个保障，主要内容如下：

丛林以无事为兴盛，修行以念佛为稳当。
精进以持戒为第一，疾病以减食为汤药。
烦恼以忍辱为菩提，是非以不辩为解脱。
留众以老成为真情，执事以尽心为有功。
语言以减少为直截，长幼以慈和为进德。
学问以勤习为入门，因果以明白为无过。
老死以无常为警策，佛事以精严为切实。
待客以至诚为供养，山门以耆旧为庄严。
凡事以预立为不劳，处众以谦恭为有理。
遇险以不乱为定力，济物以慈悲为根本。

综上所述，佛法中蕴含了丰富的管理思想，对现代管理具有借鉴意义。佛家的人性假设是无善无恶的，核心价值观是平等、慈悲、智慧。提倡的工作态度与方法有：执事尽心、精进、专心致志、布施。从管理职能上看，佛家主张凡事预立的计划观，严格有序的组织观，平等民主的领导方式，通过《六和敬》等规约进行团体关系协调，通过《百丈清规》等戒律进行管理控制。

本 章 小 结

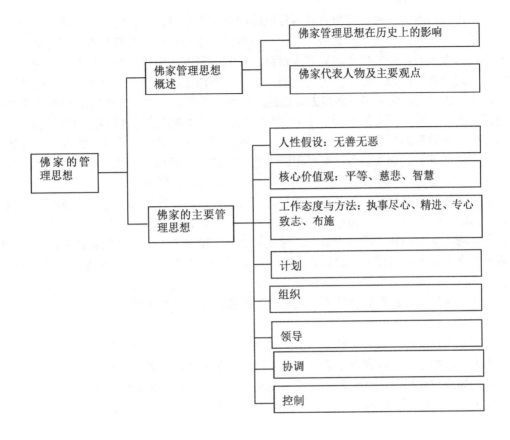

习 题

一、思考题

1. 佛家思想中的"三法印"是什么？对现代管理有什么启示？
2. 佛家管理思想的核心价值观是什么？对现代管理有什么启示？
3. 佛家管理思想的组织文化是什么？对现代管理有什么启示？
4. 禅宗思想体现了哪些道家思想？
5. 比较佛家管理思想与儒家管理思想的异同。

二、案例分析

1. 中国古典名著里的佛学思想

《西游记》取材于唐代高僧玄奘西行取经的真实历史事件。孙悟空是菩提祖师取名。孙，小子，象征赤子；悟空，觉悟空性。心性本空，才是真性。石猴原本没有污染，成了美猴王，忘失本心。恐惧死亡，离开水帘洞，找到灵台方寸山来。孙悟空追求名利，找玉帝要官"弼马温"，为了绝对自由，大闹天宫，但不能逃出如来佛的手掌心，最终被压在五指山下失去自由，500 年后遇东去寻取经人的观音菩萨道："我已知悔了，但愿大慈悲指条门路，情愿修行"，取经路上遇到各种妖精都是修行会遇到的种种魔障。唐僧代表慈悲，对白骨精的各种变幻都遭诱骗；白骨精七十二变，代表色即是空，物质无常变化；孙悟空代表嗔，是非善恶观念太强烈，容易生妖精的气；猪八戒代表贪，凡人对于食财色欲的强烈渴求，屡受惩罚；沙僧代表痴，忠诚老实，死心塌地跟随师父。

金庸名著《天龙八部》书名源自佛学，"八部天龙，各属欲界，尽管业报不一，但终入轮回，渐然俱尽。"小说中为恶之人必有为恶之因，为善之人必有为善之果。慕容复"贪"：对功名执着，落得癫狂；萧峰"嗔"：对复仇执着，错杀爱人；曾经发誓说终我一生，绝不杀一个汉人。可是聚贤庄一战杀了不少昔日兄弟。段誉"痴"：对情爱执着，终日自苦。虚竹"法执"：其理想是做一个好和尚，但不得已喝酒、吃肉、近女色。①

此外，《红楼梦》里的"好了"歌和"飞鸟各投林"歌也体现了佛学思想。

"好了"歌：

世人都晓神仙好，唯有功名忘不了；古今将相在何方？荒冢一堆草没了。

世人都晓神仙好，只有金银忘不了；终朝只恨聚无多，及到多时眼闭了。

世人都晓神仙好，唯有姣妻忘不了；夫妻日日说恩情，夫死又随人去了。

世人都晓神仙好，只有儿孙忘不了；痴心父母古来多，孝顺儿孙谁见了！

"飞鸟各投林"歌：

为官的，家业凋零。富贵的，金银散尽。

有恩的，死里逃生。无情的，分明报应。

欠命的，命已还。欠泪的，泪已尽。

冤冤相报实非轻，分离合聚皆前定。

欲知命短问前生，老来富贵也真侥幸。

看破的，遁入空门。痴迷的，枉送了性命。

好一似食尽鸟投林，落了片白茫茫大地真干净！

分析：

(1) 以上中国古典名著里体现了哪些佛学思想？

---

① 佚名. 佛教徒金庸：从洞世到出世. 网易论坛，2008.

(2) 这些佛学思想对现代企业家有何启示？

2. 海航董事长陈峰：晚上出世，白天入世①

同是山西走出来的晋商后裔，海航集团董事长陈峰既不同于富士康总裁郭台铭那样如老虎一般威严，也不同于百度董事长李彦宏那般儒雅，他更具"禅"的气质。只有小学文化的陈峰曾经拜国学大师南怀瑾为师，他喜欢钻研中国传统的历史、宗教等。除了博览群书，还大量阅读佛家经典，其宗旨"精进人生，造福众生"就来自佛典。陈峰在办公室里总是穿着道服工作，读书、打坐、记录心得是他每晚的必修课。每到夜深人静，他便参禅入定，遁入空灵，白天甚至在飞机上他也喜欢盘腿打坐，有时也会叫职员们一起打坐。每天用蝇头小楷书写心得体会《参禅随笔》。他说自己是"晚上出世，白天入世"。英雄征服世界，圣贤征服自己——这是陈峰的座右铭。古来圣贤皆寂寞，搞企业是一份热闹的事业，似乎与圣贤的"无为"之道背道而驰。但陈峰认为，二者是相辅相成的，人必须有所不为才能有所为。"一个人要是能够忍受孤独，享受寂寞，就得道了。"

海航的佛学文化随处可见，陈峰将海航大厦外形描述为盘腿而坐的释迦牟尼，海航机长的工作牌背后都印有佛像；海娜号邮轮除了保留西餐厅外，还特意增加熬粥、春节煮饺子、过节挂中国结，装修引入《诗经》的"风、雅、颂"等，再现大众、士人、贵族等的生活习俗……陈峰推广的企业文化基础是佛学、老庄，在国内算得上无出其右。陈峰身体力行"有情人生"，在海航首航航班上，陈峰亲自担任服务生，为乘客们端茶送餐。他要求空乘人员把"空中店小二"的热情转化为发自内心的东方待客之道。经过多年努力，航班正常率、客户满意度都远远超过了中国民航业平均水平。从 1000 万元起家，发展到总资产近 5000 亿元，成为横跨多个产业的世界级品牌企业。20 多年风雨兼程，海航也探索出引领时代精神的商业文明之道，即中国文化的商道精神："计利计天下之大利"。

陈峰要找到中国的古文明传统与现代文明对接的途径，其专著《管理研究》主要阐述"管理意识革命"，这是他在实践中摸索出来的一套企业管理思想。"我们公司拥有许多人才，这是财富。没有文化，经济就难以发展，公司就不会有前途"，基于这种认识，陈峰给员工的现实指南是：规章制度和行为准则相结合。海航的职员人手一册《中国传统文化导读》，论述了"义"与"利"的关系。陈峰从精神资源开掘、道德纲常建设、文化理想铸造着手，建立一种新型的企业文化，以指导员工"有远大的理想、务实的精神和富于哲理的人生"，构建新型的人际关系，推进企业发展。

20 多年来，陈峰不管工作多忙多累，有一件事始终坚持不懈：为每一批新入职员工讲授海航文化《人道：做人的学问》，不仅要听，还要写，写完了交由陈峰批改。之后阅读《中国传统文化导读》，并接受由陈峰亲自主讲的"三为一德"培训(为人之君、为人之师、为人之亲)，告诉员工怎么做人，怎么做事。海航《员工训条》是：积厚德、存正心；乐敬

---

① 时代周报、经济参考报、网易财经，中仁思源整理

业、诚为本。入角色，融团队；坚誓愿，志高远。赢道义，勿自矜；吃些亏，忌怨恨。讲学习，敬师长；不夸能，勤精进。除懒惰，止奢欲；培定力，绝私弊。离恶友，甘淡泊；忍人辱，达道理。

此外，海航的管理干部都要学习《精进人生》这本小册子，高级管理干部都要读《大学微言》。陈峰节选南怀瑾所撰《论语别裁》作为全体员工的学习资料。在法国蓝鹰航空一间机库里，陈峰曾向数百名"大鼻子"外籍员工逐字逐句讲解着南怀瑾先生为海航主持制订的"同仁共勉十条"法文版："团体以和睦为兴盛，精进以持恒为准则，健康以慎食为良药，争议以宽恕为旨要，长幼以慈爱为进德，学问以勤习为入门，待人以至诚为基石，处众以谦恭为有理，凡事以预立而不劳，接物以谨慎为根本"。海航文化能植入外国公司吗？"加盟海航，就必须融入海航文化。"外籍员工能认同凝聚了中国传统文化的海航"同仁共勉十条"吗？"这都是劝人上进向善的普世道理，为什么不接受？" 陈峰1/3的工作时间都会用于员工培训。从"凝聚、奉献、腾飞"的创业精神，到"至诚、至善、至精、至美"的企业宗旨，再到"大众认同、大众参与、大众成就、大众分享"的企业精神，他孜孜不倦地营造着一个既根植于中国传统文化，又融汇了西方现代企业管理方法，以人为本、多元一体的企业文化体系。

陈峰还听从南老的建议，用"百丈丛林二十要则"来管理公司，其首便为"丛林(企业)以无事(是非)为兴盛"。海航集团的官网上，集团核心价值观中提出共同信仰即是"天佑善人、天自我立、自我主宰"以及"真、善、美""无疆大爱"。海航为员工着想，新入职员工有为期2年的'萌芽成长计划，入职2年后有高潜质人才培养计划，如果成为业务骨干，还可去波音等国际公司考察学习，或参加 GE 公司开展的六西格玛培训班……"他如数家珍，"只要你求上进、肯努力，在这里就有提升空间。"正是凭借一系列以人为本的管理与福利，海航入选了"2011年中国最佳雇主"。

2012年7月，海航集团隆重表彰和巨奖"6·29"反劫机机组，巨奖引来网民的质疑。对此，陈峰很快就想通了："我很感谢批评指正我的人，我更感谢支持理解海航的人，故把佛陀六句偈语供养给各位大菩萨……"这便是陈峰，既不同于马云在阿里巴巴几番起伏之后选择皈依道教和太极，又从内在根上同声相和。企业文化凝聚人心，激发动力。"非典"期间，海航陷入严重经营困难，不得不减发绩效工资，员工们对此毫无怨言。飞行人员在坚持完成飞行任务的同时，主动提出不要飞行小时费，"我们要与公司共渡难关。哪怕一分钱发不出来，也要继续飞行！"代表了众多海航员工的心声。反过来，公司经营情况好转后，海航立即补发了减发的工资和奖金。

"内修中华传统文化精粹，外融西方先进科学技术"，这是海航的企业文化之魂。陈峰还十分注重融会贯通西方企业管理方法。创业伊始，海航就对标国际通行规则，建立了股东大会、董事会、监事会和 CEO 团队等完善的治理结构，形成了决策、执行、监督三者之间职责明确、相互独立、有效制衡的现代管理体制，在执行层面实行高标准的科学管理。特别是在执行被航空公司视作"生命线"的安全飞行管理规程方面，更是毫不懈怠。海南航空连续多次获得中国民航安全生产"金鹰杯""金鹏奖"。海航多年来持续"硬"发展的根本，就在于支撑其后的"软"实力：开拓创新、与时俱进的首创精神；自强不息、永不懈怠的实干精神；爱岗敬业、不计名利的奉献精神；融贯中西、精益求精的科学态度……陈峰说。

"企业的目的就是为社会提供合格的产品与服务，解决就业、社会福利、公益事业等社会问题"，陈峰认为，企业应该把社会和他人利益融为一体，把社会责任推向新的高度。2011年12月26日，非营利性公益组织"海南省慈航公益基金会"正式揭牌。2014年初，海航集团成立了社会责任工作领导小组，把履行社会责任嵌入公司组织体系和决策程序，海航集团官网里写着"为社会做点事，为他人做点事，为自己做点事，不枉此生。" 海航几年来向贫困地区希望工程等公益事业捐款数额达1000万元以上。海航的企业公民形象日臻丰满。陈峰说"海航的成长离不开社会各界的支持。企业做大了，应该以感恩之心回报社会。随着中国经济进入新常态，海航需要把"以德养生、以诚养心，以义制利，固本求新"当做为人处世的基本准则，同时把坚守中华民族的传统文化作为企业发展的生命基因，成为人类新商业文明的创造者和传播者。"此外，陈峰带头为贫困灾区等捐钱捐物，陈峰说"我个人无所求，只求尽自己微薄之力善待他人"，随着"中华慈善奖""最佳企业公民""社会责任优秀企业奖"纷至沓来。陈峰对这些"名声"看得很淡，他说"我们履行社会责任，不是跟风西方企业，也不是迫于外部压力，而是根植于'慈悲、利他、智慧'的价值观的自觉。以商业造福社会，共享发展成果，是企业的本分。"

分析：
(1) 海航董事长陈峰的管理实践体现了哪些佛家管理思想？有何利弊？
(2) 陈峰的佛家管理思想对现代企业管理有何启示？

三、管理技能训练

收集海航集团的资料，用佛家管理思想分析其管理实践，总结其经验与教训，并思考对其他企业的借鉴意义，撰写一份调研报告。

【推荐阅读书目】

陈秋平，尚荣. 金刚经·心经·坛经. 北京：中华书局，2016

圣严法师. 圣严说禅. 北京：译林出版社，2013

蔡志忠. 禅说·六祖坛经(中英文对照版). [美] 布莱恩·布雅，译. 北京：现代出版社，2013

蔡志忠. 佛陀说·法句经(中英文对照版). 北京：现代出版社，2013

蔡志忠. 达摩禅(中英文对照版). 北京：现代出版社，2016

蔡志忠. 金刚经·心经·四十二章经(中英文对照版). 萧潇，译. 北京：现代出版社，2016

第五章

儒家的管理思想

学习目标：了解儒家管理思想在历史上的重要影响；掌握儒家管理思想的主要观点及对现代管理的启示；理解儒家管理思想与韦伯的行政管理理论的异同。

关键概念：儒学(Confucianism)　仁(Benevolence)　义(Righteousness)　礼(Manners)　智(Wisdom)　信(Credit)　君子(the Gentleman)　中庸(the Way of Medium)

吾十有五而志于学，三十而立，四十而不惑，五十而知天命，六十而耳顺，七十而从心所欲，不逾矩。

——孔子《论语·学而》

第一节　儒家管理思想概述

一、儒家管理思想在历史上的影响

东周时期，周王室衰微，维护封建宗法等级制度的"周礼"遭到极大破坏。诸侯争霸，社会动荡，出现诸子百家争鸣的繁荣局面。春秋末期思想家孔子在总结、概括和继承了夏、商、周三代亲亲尊尊传统文化的基础上，建立了一个完整的思想体系——儒学(Confucianism)，是先秦诸子百家之一。

儒家在先秦时期和诸子百家地位平等。秦始皇在公元前213年和公元前212年"焚书坑儒"，使儒家受到重创。"天下初定，远方黔首未集，诸生皆诵法孔子，今上皆重法绳之，臣恐天下不安，唯上察之。"(《史记·秦始皇本纪》)

儒家兴盛于汉、唐、宋。董仲舒提出的"罢黜百家，独尊儒术"建议被汉武帝采纳，使儒学成为中国社会正统思想，影响长达2000多年。其学以阴阳五行为框架，用法家"尊君卑臣"替代了自孔孟以来的"民贵君轻"，结合道家"天人合一"的理论，建立了新儒学管理体系，稳定了中国3000年的农业社会。

汉朝以后，儒学地位下降，在魏晋南北朝时玄学盛行。唐代政权基本上以儒家思想为主导，也渗透了道教和佛教。唐太宗继承和发展了古代"德主刑辅，礼法并用"的思想，以儒家"仁义为治"为基础，主张以德治国，赏罚结合，其"德主刑辅"的治国理念带来了盛唐气象。

北宋是中国封建社会的转型时期，儒家思想发展为程朱理学，尊周敦颐、程颢、程颐为始祖，朱熹为集大成者，提出了"存天理、灭人欲"观点。朱熹的理学思想对元、明、清三朝影响很大，成为三朝的官方哲学，成为科举考试内容，对思想产生很大的束缚。

儒家思想衰弱于明清。明清以来，西学东渐。传统社会逐渐瓦解，孔子圣人权威丧失，近代开始了大规模的反孔运动，包括1851年—1864年的太平天国农民起义、1898年的戊戌变法、1911年至1912年初的辛亥革命、1919年达到高潮的"五四"新文化运动，儒家思想受到重创，逐渐走入低谷。[1]

近年来，国内外儒学研究得到重新重视，随着国学(传统文化)热的出现，新儒家的提出，根植于中国传统价值体系的儒家思想出现多元融合的现象。

以"四书五经"为载体，以仁、义、礼、智、信为核心的儒家思想传承几千年，成为中国传统文化的主流，对中国、东亚乃至全世界都产生过深远的影响。

二、儒家代表人物及主要观点

1. 孔子

孔子(前551—前479)，名丘，字仲尼，春秋时鲁国陬邑(今山东曲阜)人。中国古代最著名的思想家、教育家、政治家，孔子开创了私人讲学的风气，是儒家学派创始人。孔子曾受业于老子，带领部分弟子周游列国十四年，晚年修订六经，即《诗》《书》《礼》《乐》《易》《春秋》。相传他有弟子三千，其中七十二贤人。孔子去世后，其弟子把孔子等的言行语录和思想记录下来，整理编成儒家经典《论语》。他提出"仁、义、礼、智、信、恕、忠、孝、悌"等价值观："仁"指"泛爱众"，是儒家行政伦理道德的最高理想和标准，体现在行政上是强调"德治"；"义"原指"宜"，即行为适合于"礼"，是评判人们思想、行为的道德原则；"礼"一直是中国古代社会的道德规范和生活准则；"智"同"知"，指知道、知识等；"信"是"仁"的重要体现，指待人处事诚实不欺、言行一致，是贤者必备的品德。这些价值观影响了中国人2000多年，对日本等国都有深远的影响。

【专栏5-1】 孔子问礼于老子

前518年，孔子34岁时曾专程去周都洛邑(今洛阳)向老聃请教。《史记》载：老子适周，将问礼于老子。

---

[1] 吴照云. 中国管理思想史[M]. 北京：经济管理出版社，2012.

老子曰：'子所言者，其人与骨皆已朽矣，独其言在耳。且君子得其时则驾，不得其时则蓬累而行。吾闻之，良贾深藏若虚，君子盛德，容貌若愚。去子之骄气与多欲、态色与淫态，是皆无益于子之身。吾所以告子者，若是而已。'

孔子去，谓弟子曰："鸟，吾知其能飞；兽，吾知其能走；走者可以为罔，游者可以为纶，飞者可以为矢曾。至于龙，吾不能知其乘风云而上天。吾今日见老子，其犹龙邪！"（见图5-1）

图 5-1　孔子问礼于老子

2. 孟子

孟子是战国时期儒家的代表，提出"民贵君轻""政在得民"思想，反对苛政，主张施行仁政，宽刑薄税。

3. 董仲舒

西汉的董仲舒，儒学思想以"天人感应""君权神授""三纲五常"为核心。汉武帝元光元年(前134)，武帝下诏征求治国方略，董仲舒在《举贤良对策》中系统地提出了"罢黜百家，独尊儒术"（"诸不在六艺之科、孔子之术者，皆绝其道，勿使并进"）。

4. 竹林七贤的玄学

魏晋之际出现的玄学，用老庄思想解释儒家的易经，主张君主无为、门阀专政，代表人物有何晏、王弼和竹林七贤，主要活动在洛阳。

5. 朱熹的理学

朱熹是理学发展的集大成者，朱熹继承了北宋哲学家程颢、程颐的思想，进一步完善和发展了客观唯心主义的理学体系，后人称之为程朱理学。理学是以儒家思想为基础，吸收佛教和道教思想形成的新儒学，是宋代主要的哲学思想。其核心内容为："理"是宇宙万物的本源，"天理"与"人欲"矛盾，人欲是一切罪恶的根源，应"存天理，灭人欲"。著有《四书章句集注》，成为钦定的教科书和科举考试的标准。

6. 王阳明的心学

明中叶的王阳明，集儒、释、道三家之大成，继承陆九渊"心即是理"的思想，反对程颐、朱熹通过事事物物追求"至理"的"格物致知"方法，因为事理无穷无尽，格之则未免烦累，故提倡"致良知"，从自己内心中去寻找"理"，"理"全在人"心"，"理"化生宇宙天地万物，人秉其秀气，故人心自秉其精要。在知与行的关系上，强调要知，更要行，知中有行，行中有知，所谓"知行合一"，二者互为表里，不可分离。知必然要表现为行，不行则不能算真知。阳明学是明朝中晚期的主流学说之一，著作有《王阳明全集》《传习录》，对日本及东亚都有较大影响。

三、儒家与道家的比较

儒道两家思想差异较大，但互动互补，使中国传统管理思想呈现出丰富、生动并趋于完善的面貌(见表5-1)。

表5-1 儒家与道家的比较

	儒　家	道　家
创始人	孔子	老子
关注	人与人的关系	人与自然的关系
主张	人文主义，注重道德的完善和人格的提升，投身社会事业	自然主义，注重天然的真朴和内心的宁静和谐，超越世俗
价值观	积极进取	因任自然
范畴	伦理学	自然哲学

【专栏5-2】汉高祖无为而治和汉武帝有为而治①

1. 汉高祖无为而治的管理思想

释放奴婢，罢兵归田。汉高祖诏令因饥饿而自卖为人奴婢者"皆免为庶人"，恢复平民的身份，这对发展农业生产和增加国家税收非常有利，同时裁减军队，并制定优抚条例，分给复员官兵田园住宅，使他们大多数成为自耕农，为恢复农业生产贡献力量。

轻徭薄赋，力主节俭。汉高祖一再宣告除秦暴政，改变秦朝沉重的赋税、徭役制度。田赋将秦朝以前行之已久的"以十赋一"改为"十五赋一"。对于每年在本郡服徭役的时间定为一个月，并可以钱代役。这些举措大大减轻了百姓的负担。同时，汉高祖也注意紧缩开支，促进经济的恢复与发展。

建立法制，减轻刑罚。汉高祖重视建立法制，由萧何定律令、韩信定军法、叔孙通定朝仪。通过推行法制使社会秩序迅速安定，为恢复经济提供了前提条件。汉高祖在萧何制定的《汉律》中除去了《秦律》中的夷三族及连坐法等，减轻了刑罚。

汉承秦制，稳定政权。汉高祖为了保持政权的稳定，从中央到地方各级组织，基本上保持秦朝旧制，不变中央集权的本质，只改变个别官职的称呼。汉高祖一方面实行郡县制，另一方面又将兄弟子侄分封各地为王，设置了诸侯王国，成为后来叛乱的根源。

---

① 王忠伟，刘红，陈尔东. 秦汉至隋唐时期管理思想的发展[J]. 鞍山科技大学学报，2006(6).

2. 汉武帝有为而治的管理思想

不拘一格，求贤任能。汉武帝认识到人才为事业之本，把选拔和录用各种人才放在首位。他下令在全国范围内"举贤良方正直言极谏之士"，通过面试或笔试，对那些具"非常之功"的"非常之人"，不分资历深浅，出身贵贱，都委以重任。如：在平定吴楚之乱，抗击匈奴中发挥重要作用的韩安国，提出"罢黜百家，独尊儒术"的董仲舒，出使西南夷安抚少数民族的司马相如，主策"推恩令"，为加强中央集权做出贡献的主父偃等等，这些才俊都是汉武帝通过招贤选能、广开仕途涌现出来的重要治国良臣。

罢黜百家，独尊儒术。汉武帝于公元前3年采纳董仲舒"罢黜百家，独尊儒术"的主张。其主要原因：①董仲舒认为，皇权出于天命，神圣不可侵犯，各诸侯国应一切服从朝廷；②董仲舒认为儒家学说是夏商周三代各自统治几百年的指导思想；③董仲舒认为，统一是国家的首要大事，是天地的常道，如果"师异道，人异论，百家殊方"，利于统一意志、统一行动。因此，汉武帝为巩固汉王朝统治地位而选中儒家思想乃理所当然。

削弱诸王，打击富豪。汉武帝采纳主父偃的建议，颁行"推恩令"。改只有长子袭爵为诸子弟皆可袭爵，使诸王国的土地和势力日趋弱小。汉武帝还利用种种借口剥夺诸侯王国的爵位，到汉武帝末年，汉初以来所有的侯王都被取消，使中央控制地方的权利得到加强。同时，汉武帝还不断打击不法豪强。他在每州派一刺史，查问郡县"强宗豪右，旧宅制，以强凌弱，以众暴寡"的不法行为，以遏制豪强势力，削弱地方割据态势。

控制财政，统制经济。①国家垄断铸币，汉武帝集中铸币权于中央政府，严禁私铸；②实行盐铁官营，即由国家垄断盐铁经营，并在全国设盐馆和铁馆多处，实行盐铁的官营专卖，严惩私铸铁器和私自煮盐者；③颁行算缗和告缗令，向商人征收资产税。汉武帝又鼓励告缗，揭发商人瞒报偷税。这一办法使国家得到大批的收入；④均输和平准。均输即调剂运输，平准即平衡物价。这是汉武帝接受桑弘羊的建议，在各地设立均输官，负责管理、调度、征发各地征收的租赋财物，并运往京都。在京都设置平准官，总管各地均输官运达的各种财物，用以朝廷供给和平抑物价。平准的办法是：物价上涨时抛售货物，物价下跌时收购货物。

第二节 儒家的主要管理思想

一、人性假设：性本善

儒家思想宣扬人性本善，其经典《三字经》中有言"人之初，性本善，性相近，习相远"。孟子提出"性善论"，认为人性天生是善良的。"恻隐之心，人皆有之；羞恶之心，人皆有之；恭敬之心，人皆有之；是非之心，人皆有之。"他说："人性之善也，犹水之就下也。人无有不善，水无有不下"（《孟子·告子上》），人性的善良，就像水性趋于向下流，所以"人皆可以为尧舜"（《孟子·告子下》），即通过自身修养就能够达到善的目的，成为圣人。但这种修养的过程很艰苦："天降大任于世人也，必先劳其筋骨，饿其体肤，苦其心志，空乏其身"(《孟子·告子下》)。所以他从这种人性假设出发提出施行仁政："为政以德"(《论语·为政》)，进行道德教化："礼之用"(《论语·学而》)。

荀子主张"性恶论"，"人之性恶，其善者伪也"(《性恶》)，荀子认为，人性本恶的根本原因是人生而有欲。他说："饥而欲饱，寒而欲暖，劳而欲息，好利而恶害，是人之所生而有也，是无待而然者也"(《荀子·荣辱》)。所以他主张"隆礼""重法"，礼法结合，使社会"合于文理而归于治"(《荀子·性恶》)。

此后韩非子、李斯等人把荀子"性恶论"推到极端，形成了法家"法治"的理论基础。西方的原罪观、忏悔，接近性恶论，提倡法治体现为对人性的理解。

荀子从人区别于动物的本性出发谈管理的可行性。荀子认为，人的力气比不上牛，行走比不上马，但牛和马却被人所役使，这是因为"人能群，彼不能群。人何以能群？曰：分。分何以能行？曰：义"(《荀子·王制》)。儒家认为人和动物的区别是人能形成群体，人能成群的原因是实行分工，能分工的原因是由于人与人之间存在着"义"。

荀子从人的本能出发来谈管理的必要性。在《荀子·富国》中，荀子认为人际矛盾的原因在于"欲恶同物"，相似的欲望导致纷争，"人生而有欲，欲而不得，则不能无求，求而无度量分界，则不能不争"，没有分配的标准和原则，人们就会发生争夺、混乱，"群而无分则争"。争的后果是"争则乱，乱则穷"。所以必须通过"礼义"管理人群，"制礼义以分之"。是否进行管理，会导致不同的后果，"有礼义之分则天下治""无礼义之分，则人不能胜物"。

对于谁来管理的问题，孟子提出"劳心者治人，劳力者治于人"(《孟子·滕文公上》)，荀子认为有德的人才能担当管理者。"君子以德，小人以力；力者，德之役也。"即用力的人要受用德的人役使。创造性地区分了体力劳动与脑力劳动这两种劳动类型。百姓的劳动、关系、财物、能力、寿命都要依靠君子的教化才能有效或更好。"百姓之力，待之而后功；百姓之群，待之而后和；百姓之财，待之而后聚；百姓之势，待之而后安；百姓之寿，待之而后长。"

二、组织秩序结构：人伦纲常

儒家思想以静止的眼光看待事物，构建机械、理性、有序的人际关系状态，通过"三纲五常"的等级名分确定管理秩序。齐景公问孔子怎样治国，孔子说："君君，臣臣，父父，子子"(《论语·颜渊》)，即要治理好国家，君主、臣子、父亲、儿子都要遵守各自的本分，各安其位。孔子认为，为政首先要"正名"，子路问孔子："卫国待子而为政，子将奚先？"子曰："必也正名乎！"(《论语·子路》)，意思是治理国家首先必须正名分，"名不正则言不顺，言不顺则事不成。"(《论语·子路》)

儒家思想倡导层级森严的内部权力等级制度。组织设置为层层机构，各层都界定了不同的地位、权威及权力的上下限,其中的各个职位都有明确定义。孔子有言:"君待臣有礼,臣事上以忠",后来演变成:"君要臣死,臣不得不死","贵贱不分,何以为国?"权力巨大。这种等级权力制度所体现的组织机构是金字塔式的垂直组织结构,上下级之间是决策输送和信息反馈的逆转传递,这导致了信息损耗大、传递成本高、传递速度慢、反应速度慢等不良后果。儒家的管理方式是等级权力控制型,是以等级为基础,以"制度权力+领导魅力"为影响力,对上级负责的垂直型单向线性系统,有助于组织内的有效指挥,但容易出现"伴君如伴虎""办公室政治",不能充分发挥下属积极性。

三、组织核心价值观

1. 仁

儒家主张"施仁政","为政以德,譬如北辰,居其所而众星共之"(《论语·为政》)。孔子"三达德"说:"仁者不忧,智者不惑,勇者不惧"(《论语·子罕》)。孟子有仁、义、礼、智"四端"说,董仲舒则有"五常"说:仁、义、礼、智、信。"仁"是管理者的首要因素,居于道德"四端"和"五常"之首。孔子说:"弟子,入则孝,出则悌,谨而信,泛爱众,而亲仁。行有余力,则以学文"(《论语·学而》)。又曰:"人而不仁,如礼何?人而不仁,如乐何"(《论语·八佾》)。怎样才能算"仁"呢?颜渊问,子曰:"克己复礼为仁。一日克己复礼,天下归仁焉"。(《论语·颜渊第十二》)

仁德的外在标准:"刚、毅、木、讷近仁"(《论语·子路》),即刚强、果断、质朴、语言谦虚的人接近于仁德。当然,孔子还认为君主治国还应重视才智礼仪与仁德的关系。孔子曰:"知及之,仁不能守之,虽得之,必失之。知及之,仁能守之,不庄以涖之,则民不敬。知及之,仁能守之,庄以涖之,动之不以礼,未善也"(《论语·卫灵公》)。即靠聪明取得了地位,不能用仁德去保持它,也一定会失去的。靠聪明取得地位,能用仁德保持它,假若不用严肃的态度来治理百姓,那么百姓就不会尊敬他。靠聪明取得地位,能用仁德保护它,能用严肃的态度治理百姓,而不用礼义教化人民,那也算不得完善。

另外,孔子还总结了历代圣明君主治国都重在宽厚、诚信、勤敏、公允。即"所重:民,食,丧,祭,宽则得众,信则民任焉,敏有功,公则说"(《论语·尧曰》)。君主要爱护人民。"道千乘之国,敬事而信,节用而爱人,使民以时"(《论语·学而》),即治理一个拥有千辆兵车的国家,就要认真对待政事,取信于民,节省俭用,爱护人民,役使人民要不违背农时。孔子在谈论郑国贤相子产时说:"有君子之道四焉:其行己也恭,其事上也敬,其养民也惠,其使民也义"(《论语·公治长第五》)。正是由于子产的这种庄重、恭敬、恩惠、道义和美德,才能使他处于郑国的贤相位置。

"君子去仁,恶乎成名?君子无终食之间违仁,造次必于是,颠沛必于是"(《论语·里仁》)。君子如果离开了仁德,又怎么能叫君子呢?君子没有一刻背离仁德,即使在最紧迫或颠沛流离的时候,也会按仁德去办事。

2. 义：重义轻利

对于义和利的关系，孔子重义轻利，子曰："君子爱财，取之有道"（《增广贤文》），"富与贵，人之所欲也；不以其道，得之不处也。贫与贱，人之所恶也；不以其道，得之不去也。""放于利而行，多怨"（《论语·里仁》）；子曰："富而可求也，虽执鞭之士，吾亦为之""饭疏食饮水，曲肱而枕之，乐亦在其中矣。不义而富且贵，于我如浮云"（《论语·述而》）；子曰："见利思义""义然后取，人不厌其取"（《论语·宪问》）；子曰："邦有道，贫且贱焉，耻也；邦无道，富且贵焉，耻也。"（《论语·微子篇》）

孔子认为"君子怀德，小人怀土；君子怀刑，小人怀惠""君子喻于义，小人喻于利"（《论语·里仁》），君子看重的是道义，小人看重的是利益。"君子坦荡荡，小人长戚戚"（《论语·述而》），君子坦率，小人忧虑；"君子谋道不谋食""君子忧道不忧贫"（《论语·卫灵公》）。

孟子也提出了先义后利的观点。当梁惠王向他请教："何以利吾国"时，孟子提出了"仁义而已矣，何必曰利"（《孟子·梁惠王》）。荀子承袭了孔子的"见利思义"和"见得思义"，认为"人有知仁义法正之质，能仁义法正之具"（《荀子·性恶篇》），荀子主张"以义制利"，就是通过礼义来调节人们的欲望，达到义与利的和谐。

3. 礼

"礼"是中国古代社会的准则和道德规范。孔子把"礼"当作调整统治集团内部关系的手段，当作治国治民的根本。提出了"克己复礼"的观点，要求人的言行符合礼，这"礼"既指周礼的礼节、仪式，也指人们的道德规范。荀子主张用礼来调节人的情欲，使之合乎儒家的道德规范。有让才有礼，《孟子·公孙丑上》说："无辞让之心，非人也……辞让之心，礼之端也。"孔子认为，以伦理纲常为基础的管理秩序要通过"礼让"来协调，子曰："能以礼让为国乎，何有？不能以礼让为国，如礼何？"（《论语·里仁》），即用礼让的精神治理国家，国家就不会有什么问题。孔子认为要克制自己的本能才能做到"礼""克己复礼为仁。一日克己复礼，天下归仁焉"（《论语·颜渊》），"复礼"即按照社会典章制度和伦理原则行事，言行皆合于礼。

4. 智

"智"通"知"，即智慧，才能。儒家把"智"看成是实现其最高道德原则"仁"的重要条件之一。他们要实现"德"，则必须经过"知"的五个步骤，即博学、审问、慎思、明辨、笃行。汉儒则把"智"列入"五常"之中。孔子认为，只有统治者才是"智者"，他们中绝大多数人都可成为"仁人"，而"小人"无智。《孟子·公孙丑上》说："无是非之心，非人也……是非之心，智之端也。"智来源于能辨别是非，智者不惑。

孔子强调"学以致用"，他认为学习目的是追求道义、知识。"朝闻道，夕死可矣"（《论语·里仁》）。孔子提倡学习与思考相结合。"学而不思则罔，思而不学则殆"（《论语·为政》）。学习而不思考，人会被知识的表象所蒙蔽；思考而不学习，则会因为疑惑而更加危险。孔子认为学习要学有所用，知识与实践相结合，"仕而优则学，学而优则仕"（《论语·子张》），孔子提出教育目的是从政。"诵《诗》三百，授之以政，不达；使于四方，不能专对；虽多，亦奚以为？"（《论语·子路》），即熟读《诗经》，交给他任务却办不成；派他出使外国不能独立应对；书读得很多，又有什么用呢？同时，孔子认为学习和工作是存在冲突的，要分清先后。

"经世致用"是儒家的核心思想之一，"修身、齐家、治国、平天下"的理想导向具有极大的社会实用价值。

5. 信

"诚者，言必成之谓；信，人言也"（《论语·述而》），"诚"指一个人内在的真诚，"信"则指一个人外在的信用。诚信是儒家道德的重要范畴。孔子认为君子应当"主忠信"（《论语·子罕》）。孟子说："诚者，天之道也，诚之者，人之道也"。儒家十分重视诚信的价值，"儒有不宝金石，而忠信以为宝"（《礼记·儒行》）。"诚信"是个人也是国家安身立命的根本，"民无信不立"（《论语·颜渊》），"人而无信，不知其可也"（《论语·为政》）。要达到诚信，在个人修行上就要"内诚于心，真实无欺""反身而诚，乐莫大焉"（《孟子·尽心上》）。

"信"的表现是言行一致，孔子认为"外信于人，言行一致""与朋友交，言而有信"（《论语·学而》）。君子必须言行一致，表里如一。"君子欲讷于言，而敏于行。"（《论语·里仁》）"先行其言而后从之"（《论语·为政》）。孔子认为领导者言行一致才能使民众信服。孔子曰："言忠信，行笃敬，虽蛮貊之邦，行矣。言不忠信，行不笃敬，虽州里，行乎哉？"（《论语·卫灵公》），说话忠诚守信，做事厚道谨慎，即使到了野蛮落后之域也会畅通无阻，否则即使在本乡本土，又怎能行得通？

6. 忠恕

孔子所说的"忠"，是指尽力帮助别人，又特指忠君。孔子把忠当作实行最高道德原则"仁"的条件。汉以后出现了"三纲"，"君为臣纲"规定了臣民对君主须绝对"忠"，忠君便成为天经地义、永恒的伦理教条。《论语·子路》："居处恭，执事敬，与人忠，虽之夷狄，不可弃也。"

从政者必须忠诚。子张问如何治理政事，孔子曰："居之无倦，行之以忠"（《论语·颜渊篇》），即在位者应不松弛懈怠，执行政令要忠心。子夏当了莒父的县长，向孔子请教怎样理政。孔子说："无欲速，无见小利。欲速则不达，见小利则大事不成"（《论语·子路》），即图快反而不能达到预期目的，贪图小利反而办不成大事，而应眼光放远，依次而进。

孔子认为，为"忠"要行"恕"，"恕"是推己及人，朱熹集注："尽己之谓忠，推己之谓恕。"子贡问曰："有一言而可以终身行之者乎？"子曰："其恕乎。己所不欲，勿施于人"(《卫灵公》)。"忠恕"是"仁"的内容。曾子曰:"夫子之道,忠恕而已矣"(《论语·里仁》)。

四、管理沟通:以和为贵

"和"是"喜怒哀乐之未发谓之中,发而皆中节谓之和"(《礼记·中庸》),孔子的弟子有若在《论语·学而》中说到:"礼之用,和为贵。先王之道,斯为美,小大由之。有所不行,知和而和,不以礼节之,亦不可行也",意思是以和谐为重,这是古代君主的治国方法。不论大事小事都讲究和谐,有的时候就行不通。因为为和谐而和谐,不以礼来节制和谐,也是不可行的。儒家管理思想崇尚"和为贵",但坚持"和而不同""君子和而不同,小人同而不和"(《论语·子路》),"君子周而不比,小人比而不周。"(《论语·为政》)"君子矜而不争,群而不党。"(《论语·卫灵公》),即君子庄重拘谨与世无争,聚集在一起也不结党营私。

提出"和为贵"说的目的,是为缓和不同等级之间的对立,以安定当时的社会秩序。但孔子既强调以和为贵,又指出不能为和而和,要以礼节制之,可见孔子提倡的"和"并不是无原则的调和。

五、工作方法:中庸之道

儒家思想通过中庸之道达到"和"的结果,"庸者,以中为用,过犹不及"。孔子把中庸视为至善之德,他说:"中庸之为德也,其至矣乎,民鲜久矣"(《论语·雍也》),"君子惠而不费,劳而不怨,欲而不贪,泰而不骄,威而不猛"(《论语·尧曰》),意思是君子给人以恩惠却不需什么耗费,老百姓被管却没有怨恨,有欲望却不贪心,泰然自若却不骄傲,威严却不凶猛。孔子自己遇事是"叩其两端而竭焉"(《论语·子罕》),站在中的立场上,反对"过"和"不及",也反对"同乎流俗,合乎污世,迁就调和",他说:"乡愿,德之贼也"(《论语·阳货》),孔子的思想包含着深刻的管理辩证法。

六、管理制度:礼法刑赏并举

孔子说:"道之以政,齐之以刑,民免而无耻;道之以德,齐之以礼,有耻且格"(《论语·为政》)。孔子认为,刑罚只能使人避免犯罪,不能使人懂得可耻,而道德教化既能使百姓守规蹈矩,又能使百姓有知耻之心。主张用"礼"的规范来约束人们的行为,即实行德礼之治,法治为辅。孔子特别注重教育手段在管理过程中的运用,刑是不得已而采取的措施,是德治的补充。

荀子也主张礼法刑赏并举:"听政之大分,以善至者待之以礼,以不善至者待之以刑,两者分别,则贤不肖不杂,是非不乱。贤不肖不杂则英杰至,是非不乱则国家治"(《荀子》)。

即处理政事的要领是：用礼节对待到来的善者，用刑罚对待到来的不善者。区别对待，善与不善者就不会混杂，是非也不会混淆。英雄豪杰就会到来，那么国家就能得到治理。

七、管理原则：执经达权

"经"指基本的原则，"权"指随机应变的技巧，"执"指"坚持、遵循""达"指"通达事理"，执经与达权要相结合。孔子认为治国应不完全因循周礼，提出"因革损益""三代之礼"的主张。颜渊问为邦，子曰："行夏之时，乘殷之辂，服周之冕，乐则韶舞。放郑声，远佞人。郑声淫，佞人殆。" 即博采历代的长处，确定时令、车制、服制，选最好的音乐，禁用郑声佞人，自能树立宏规，治国平天下的章法可以概见。

子张问："十世可知也？"子曰："殷因于夏礼，所损益，可知也；周因于殷礼，所损益，可知也。其或继周者，虽百世，可知也"（《论语·为政》），子张问孔子："今后十世(的礼仪制度)可以预先知道吗？"孔子回答说："商朝继承了夏朝的礼仪制度，所减少和增加的内容是可以知道的；周朝又继承商朝的礼仪制度，所废除和增加的内容也是可以知道的。将来有继承周朝的，就是一百世以后的情况，也是可以预先知道的。""百世可知"就是孔子的"经"；"适时变化"就是孔子的"权"，即活泼而不僵化。

孔子的"可与立，未可与权"（《论语·子罕》），即能够坚守道的人，未必能够随机应变。荀子的"宗原应变，曲得其宜"（《荀子·非十二子》），即遵守根本原则来应对各种变化，各方面都做得恰当。儒家执经达权的基本原则有四条：适其时，取其中，得其宜，合其道。

八、领导的品质

孔子认为，管理者要严于律己，以身作则，影响组织成员，达到管理的目标。儒家提出了"修身、齐家、治国、平天下"（《礼记·大学》），即"天下之本在国，国之本在家，家之本在身"（《孟子·离娄上》）。《大学》规定"古之欲明明德于天下者，先治其国；欲治其国者，先齐其家；欲齐其家者，先修其身；欲修其身者，先正其心；欲正其心者，先诚其意；欲诚其意者，先致其知；致知在格物"。表明了要想齐家、治国平天下，必须先修身，强调管理者个人道德修养的重要性。可见，修身被儒家看作是进行社会管理的逻辑起点。君子修身要做到"望之俨然，即之也温，听其言也厉""君子食无求饱，居无求安，敏于事而慎于言，就有道而正焉，可谓好学也已。"君子待人要做到三谦："言未及之而言，谓之躁。言及之而不言，谓之隐。未见颜色而言，谓之瞽。"君子有九思："视思明，听思聪，色思温，貌思恭，言思忠，事思敬，疑思问，忿思难，见得思义"《论语·季氏》)。"君子有三戒：少之时，血气未定，戒之在色；及其壮也，血气方刚，戒之在斗；

及其老也，血气既衰，戒之在得"（《论语·季氏》）。君子有三畏："畏天命、畏大人、畏圣人之言。小人不知天命而不畏也，狎大人，侮圣人之言。"君子有三患："未之闻，患弗得闻也；既闻之，患弗得学也；既学之，患弗能行也"。君子有四不："君子不妄动，动必有道；君子不徒语，语必有理；君子不苟求，求必有义；君子不虚行，行必有正"。君子有五耻："居其位，无其言，君子耻之；有其言，无其行，君子耻之；既得之而又失之，君子耻之；地有余而民不足，君子耻之；众寡均而倍焉，君子耻之"。这些思想从不同角度提出了对领导者的要求。

孔子认为，君主以身作则能达到最有效而轻松的管理。孔子曰："苟正其身矣，于从政乎何有？不能正其身，如正人何"（《论语·子路篇》），即君主要治理好国家，必须端正自己本身，严于要求自己。如果自己不端正，就不可能去端正别人。孔子还以舜为例说明君主严于律己的重要性。孔子曰："无为而治者，其舜也与？夫何为哉？恭己正南面而已矣"（《论语·卫灵公》），即真正能从容安静使天下太平的人大概只有舜吧，那么他做了些什么呢？不过是庄严端正地坐在朝廷上罢了。这里舜的庄严端正行为正是他实现太平世道的关键所在。孔子说："其身正，不令而行；其身不正，虽令不从"（《论语·子路》）。孟子也说："君子之守，修其身而天下平"（《孟子·尽心下》）。

儒家提倡管理者自省、自我约束。孟子认为"爱人不亲，反其仁；治人不治，反其智；礼人不答，反其敬——行有不得者皆反求诸己，其身正而天下归之"（《孟子·离娄上》），爱别人却得不到别人的亲近，那就应反问自己的仁爱是否不够；管理别人却不能够管理好，那就应反问自己的管理才智是否有问题；礼貌待人却得不到别人相应的礼貌，那就应反问自己的礼貌是否到家——凡是行为得不到预期的效果，都应该反省检查自己，自身行为端正了，天下的人自然就会归服。孔子也说过："君子求诸己，小人求诸人。"作为一个君子能够约束自己，严于律己。而一个小人总是怪罪别人，原谅自己。曾子曰："吾日三省吾身：为人谋而不忠乎？与朋友交而不信乎？传不习乎？"（《论语·学而》），即"我每天多次反省自己，为别人办事是不是尽心竭力了呢？同朋友交往是不是做到诚实可信了呢？老师传授给我的学业是不是复习了呢？"有了自省作保证，儒家忽略外部监督。儒家成为官方正统文化后，上级的权力一直缺乏外部客观的监督，且儒家的"人性本善"假设使被管理者不用去质疑管理者的善恶。

九、选拔贤才

孔子认为举贤才是管理国家的大事。孔子曰："先有司，赦小过，举贤才"（《论语·子路》）。举荐人才是关乎政息存亡的大事。"举直错诸枉，则民服；举枉错诸直，则民不服"（《论语·为政》）。孔子认为，为政治国要贤才，才能使人民心服，只有贤能之士执政，才能称职地履行管理职责。

孔子追求的理想人才是君子，君子必须具备多种才能，不能只像器具一样，而应"义以为质，礼以行之，孙以出之，信以成之"（《论语·卫灵公十五》），即君子应以义作为根本，用礼加以推行，用谦逊的语言来表达，用忠诚的态度来完成。并且应"志于道，据于德，依于仁，游于艺"（《论语·述而》），即：志向在于道，根据在于德，凭借在于仁，活动在于六艺(礼、乐、射、御、书、数)。

对于考察人才，孔子认为"不以言举人，不以人废言"（《论语·卫灵公篇》），选择人才要多方考察。"今吾于人也，听其言而观其行"（《论语·公冶长》）。

对于考察人才，诸葛亮有"七观法"，即"问之以是非而观其志；穷之以辞辩而观其变；资之以计谋而观其识；告之以祸福而观其勇；醉之以酒而观其性；临之以利而观其廉；期之以事而观其信。"魏征有"六观法"，即"贵则观其所举；富则观其所养；居则观其所好；习则观其所言；穷则观其所不受；贱则观其所不为。"

对于贤才要"器之"，善于运用。荀子则根据言行是否一致的情况，把管理人才区分为"国宝、国器、国用、国妖"4种类型，提醒治国者"敬其宝，爱其器，任其用，除其妖"。而且，对人才要放手，不要越权干涉，要求"不在其位，不谋其政"（《论语·泰伯》），每个人只需认真做好分内的事。

综上所述，儒家管理的终极目标是"治国平天下"，人性假设是"人性本善"，管理结构的基础在于"人伦纲常"，管理的前提在于君子严于律己，管理原则是德治，管理的方法是："执经达权""选才、富国、育人、立法"，管理认识论是"知行一致"。

儒家管理思想与马克斯·韦伯的行政组织理论都是有关组织行政管理的思想，都重视权力的作用，强调集权，按等级制度形成一个指挥链，上下级之间的关系是指挥和服从的关系。但两者不同之处是：韦伯的行政组织理论主张领导在行使职权时受严格纪律约束和控制，而儒家管理思想主张领导有特权，只需自我管理。韦伯提出：在漫长的古老中国历史里，为什么没有发展出近代资本主义？他断言，原因之一是儒家伦理吞噬了其萌芽与发展的可能性。韦伯承认儒家有功利主义"营利欲"和对财富的肯定和推崇，但儒家缺乏将赚钱当作是"伦理上的责任"的信念。

儒家的"义利观"使以逐利为特色的工商业行为很难获得道德上的合理性和正义性。孔子说"君子喻于义，小人喻于利"。董仲舒则说："明明求仁义，君子之事。明明求财利，小人之事"。儒家将"君子"和"小人"对立起来，将"义"与"君子""利"与"小人"联系起来，其结果自然是"义"与"利"的对立。所以，中国并没有产生具有理性本质的营业观念。儒家思想主要是关于"如何成为管理者、管理者又应如何管理"的做官理论体系，它对封建统治者的统治确实提供了有利的管理武器。但其作为国家主导文化，鼓励国民都走仕途，没有重视发展生产、提高效率，阻碍了生产力的发展。

本 章 小 结

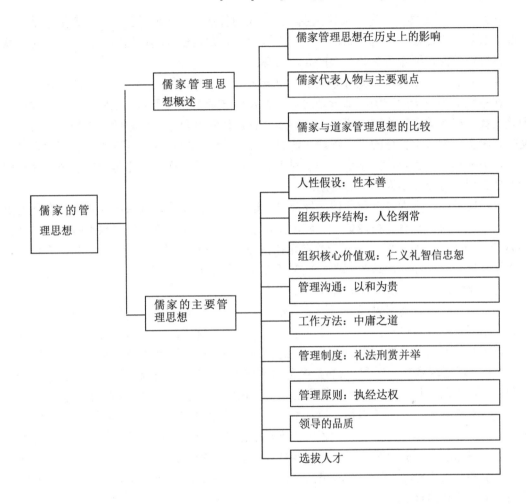

习 题

一、思考题

1. 儒家管理思想有哪些主要内容和基本特征？与道家管理思想有何不同？
2. 儒家的管理思想在今天有何适用与不适用之处？
3. 儒家的管理思想对创新有何影响？
4. 儒家管理思想与韦伯的行政管理理论有何异同？

二、案例分析

1. 方太儒道与产品之道[①]

1994年，茅忠群从上海交大研究生毕业，家电行业市场调研的结果深深刺激了他，国产品牌都处于中低端，以打价格战为主，而国际品牌则定位高端，这给了他一个梦想，从油烟机行业开始，要做成第一个国产高端品牌。

随着企业声名鹊起，方太开始从油烟机向厨房专家的定位转型。此时茅忠群陷入了深思，在系统地学习了西方的工商管理之后，他发现这套体系并不完全适用于方太的发展，但是又找不出新的管理思路。直到一次日本之行，他看到日本企业取西方管理之长与自身文化相融合，创造出独特的日式管理，他突然有所感悟。2002年，茅忠群开始了"取经"之路，去清华、北大攻读国学班，补上对中国文化的欠缺。而此时正是中国的企业家和职业经理人把西方经典奉为圭臬的时期。

有一段时间，方太像春秋战国一样吸引了诸子百家各路人才前来出谋划策，有外企出身的职业经理人，也有草根派的管理者，文化杂陈，而儒家文化已经深深影响着茅忠群。2008年，方太建立孔子堂，正式开始在企业内部推行儒家思想。没有先例，也没有标杆，这像是一次文化创业，而这次创业却奠定了方太百年企业的基因。儒家思想博大精深，茅忠群将其化繁为简，抽象成儒家管理的4条"总纲"：

(1) 中西合璧。儒家思想强调的是中庸之道，全盘西化不对，但是全盘中化也不对。茅忠群希望带领方太走一条中西合璧的中庸之道，凡是优秀的文化都要为我所用，这也是主张包容的儒家文化的核心思想之一。茅忠群对此提出的思路是"中学明道，西学优术，中西合璧，以道驭术"。"道"指的是中国的儒家思想，"术"是西方管理。"道"和"术"的融合需要"以道驭术"，取西方管理的精华，在中国传统文化的框架指导下进行改造。

(2) 人格领导。"为政以德，譬如北辰，居其所而众星拱之"（《论语》）。有魅力的领导者会像北极星那样有吸引力。茅忠群不是个强势领导者，他强调企业发展的梦想不是由一个人提出的，而应该是员工共同的梦想。围绕方太的使命"让家的感觉更好"，领导者需要引导员工去思考。每一个战略的制定，茅忠群会让团队成员充分表达意见，最后形成的决定是团队的合议。

(3) 德礼管理。用"道之以德，齐之以礼，有耻且格"取代法家的"道之以政，齐之以刑，民免而无耻"。让员工明白什么行为是可耻的或符合规范的，行事就会规矩，哪怕没有监督，员工也不会违反规定，大大降低管理成本。

(4) 仁者爱人。儒家的核心思想是人，仁者爱人的表现就是以用户为中心，以员工为根本。明确了总纲的指导，方太又将儒道分为"道"和"术"。对企业而言，"道"体现的是使命、愿景与核心价值观。

[①] 肖脆. 方太儒道与产品之道[J]. 创富指南，2015(2)：26-27.

在产品取得成功的同时,方太也在致力于成为卓越管理和优秀雇主的典范。人力资源管理咨询公司翰威特对优秀雇主的定义是 3S,即口碑(Say),员工称赞企业;留下(Stay),员工不会轻易离开;努力(Strive),员工为企业作出应有的贡献。茅忠群的看法是,"仅有第一二条企业还不具备竞争力,只有 3S 全做到了,员工具有高敬业度,才会产出高绩效。"

成为承担责任的典范也是方太追求的目标,这是成为受人尊敬的企业的前提。2008 年 1 月 1 号《新劳动法》实施以后,方太员工就开始享有五险一金、假期和双休日等《新劳动法》上规定的各项权益,这在当时宁波的民营企业中并不多见。"这只是达到承担社会责任 60 分的要求,如果一家追求卓越的企业连 60 分的要求都没做到,员工就会认为你是骗他,根本就不会信你提出的使命愿景。"茅忠群如是说。这就是儒家思想,凡事先修己,先让自己做对、做好才能影响身边的人。

有了使命、愿景,方太还需要将其落地。但是以怎样的方式来实现呢,那就需要核心价值观。它可以告诉员工何事可为,何事不可为,哪怕有再大的利益也不可以做。这个价值观就是人品、企品、产品,三品合一。

2013 年,方太推出全新一代近吸式油烟机——"风魔方",在油烟正好处于升腾阶段时将其拦腰截断,第一时间将油烟吸净,防止扩散。"风魔方"一经推出便稳居油烟机畅销榜冠军,方太的市场增长率从以往的 20%多猛升近 50%。紧接着 2014 年,方太又推出了"云魔方",采用蝶翼环吸板,实现了立方环吸,进烟速度更快,控烟范围更广,排烟动力更强,而且将噪音降至图书馆级的 48 分贝。

产品如此,茅忠群将其归之于"仁"的企品。首先,"仁"以用户为中心,要超越用户的期望值,就是以极致的产品与服务来打造无与伦比的用户体验。每一代油烟机的变革几乎都由方太发起,用户在惊喜之余会用忠诚和口碑来表达,"爱人者,人恒爱之"。其次,"仁"以员工为根本。茅忠群一直强调,幸福不是公司送给员工的,而是共同创造的结果。方太提倡的是"一者五感","一者"是成为快乐的奋斗者,这要回归到企业的使命。"只有在一个有使命的组织当中,每一个员工才能找到工作的意义。"由于中国的烹饪方式油烟量很大,其中含有很多致癌物,方太正在通过不断升级的研发来彻底解决油烟对健康的伤害。

五感则是安全感、归属感、使命感、成长感和成就感。给予员工劳动安全,采用全员参股制,拿出公司部分经营利润与员工共享,满足物质需求,从思想和文化上提升员工的心灵,员工在身心得到满足之际,也为了企业的使命而奋斗。当人品、产品和企品交相融汇之际,消费者能够通过产品的使用体验深深感知。

走进方太现代化的工业园区,人们连连赞叹的不仅仅是孔子学堂,还有每一位路过的员工对来客的尊重,双手递上的茶杯和上电梯时的后行一步,哪怕是一个初中文化程度的一线工人也会随口背出《论语》和《弟子规》,使中国传统文化的精髓深入人心,将企业诚信和声誉放在比金钱更重要的位置。

分析：
(1) 方太为什么要用儒家思想来统领企业、经营产品？
(2) 方太的管理都体现了哪些儒家管理思想？
(3) 方太管理模式中的"道""术"分别指什么？如何做到东西管理思想的糅合？
(4) 方太的儒道管理模式对现代企业管理有什么启示？

2. 同仁堂的企业文化[①]

北京同仁堂是全国中药行业著名的老字号。创建于 1669 年(清康熙八年)，自 1723 年开始供奉御药，历经八代皇帝 188 年。在 300 多年的风雨历程中，同仁堂的先人们为后人留下了"炮制虽繁必不敢省人工，品位虽贵必不敢减物力"的堂规和"同修仁德，济世养生"的堂训。在儒家思想的指导下，同仁堂要求全体员工"弘扬'德、诚、信'三大优良传统"。同仁堂的历代传人至今遵古不泥古，继承不失宗，树立"修合无人见，存心有天知"的自律意识，使同仁堂生产的各种中成药素以"配方独特，选料上乘，工艺精湛，疗效显著"而享誉海内外。

同仁堂整套企业文化设计，弘扬了孔子的仁、义、礼、智、信。"仁"是儒家文化的核心概念，也是同仁堂企业文化的精神支柱。

企业目标：以高科技含量，高文化附加值，高市场占有率的绿色医药名牌产品为支柱，具有强大国际竞争力的大型医药产品集团，简称"三高一强"。

企业使命：弘扬中华医药文化，领导"绿色医药"潮流，提高人类生命与生活质量。

管理信念：同心同德，仁术仁风。

服务铭：为了您的健康与幸福，尽心尽意，尽善尽美。

广告语：神州国药香，北京同仁堂。同仁堂国药。

生产现场标语：质量即生命，责任重泰山；一百道工序，一百个放心；生产一流品质，同仁堂永恒的信条。创造国际名牌，同仁堂不懈的追求。

分析：
(1) 同仁堂的企业文化体现了哪些儒家管理思想？
(2) 同仁堂的儒家管理思想对当前医药企业有何借鉴意义？

3. 案例：N 市地税绩效管理文化的核心价值观诠释

2015 年，N 市地税提出"卓越同行"的组织文化核心价值观，"卓越同行"其实是对 2002 年 N 市地税倡导的"追求卓越、共同发展"组织价值观的高度提炼，也是对 N 市地税初创时期提出的"三业精神"的继承。

回顾 N 市地税组织文化的建设历程，从 1994 年 9 月 N 市地税组建初期，N 市地税面临工作繁重、资源匮乏、前景模糊和动力不足等诸多难题，N 市地税提出了"创业、敬业、

[①] 张培强，杜建国. 论"同仁堂"经营思想与儒家道德观的融合[J]. 道德与文明，1999(2)：16-19.

精业"的地税"三业精神",以此作为组织的精神灯塔和价值导向。"创业"是N市地税的优良传统,是一种开创性的活动,更是艰苦环境中人们一种坚韧不拔、奋斗进取、不断创新的精神,N市地税创业初期需要这种精神。"敬业"是三业精神的核心,是N市地税发展的灵魂,它要求地税成员将组织使命和目标作为自己的职业追求。"精业"是要求每一名税务干部不断学习,专业知识渊博,工作精益求精,努力把自己培养为专家能手,追求与组织共同发展。"三业精神"的提出和认同,在N市地税组织中建立起了一种正确的价值导向,为组织成员提供了认同地税事业的价值文本,激发了全体税务干部的艰苦奋斗、创业进取、争创一流的精神志向,积淀为宝贵的精神财富和文化资源,成为N市地税的文化精神传统。

2002年,N市地税在全国税务系统中率先提出了"追求卓越、共同发展"的组织价值观。"追求卓越、共同发展"是以对事业理想的卓越追求,对工作的精益求精和工作的卓越业绩来实现个人事业与组织事业的共同发展,实现地税组织与纳税人、与社会的共同发展。"追求卓越"是一种组织价值目标,也是一个永不休止、顽强奋斗的过程,即以"争一流"的使命感去工作、去奉献,强调的是不断自我超越的进取精神和永不满足的追求境界;就是有追求行业顶尖水平的雄心壮志,是地税部门开拓创新、锐意进取精神内涵的高度概括和不懈努力的目标追求和价值导向。"追求卓越"是对N市地税传统的"三业精神"优良传统的继承。

2013年12月N市地税又提出新三业:敬业、精业、勤业。"勤业"能够更加准确地表达N市地税税务文化高级化发展阶段应有的组织精神,"勤业"是勤奋,更是奋发进取,创新争先,为"三业精神"注入了时代精神。

从N市地税的"三业精神"到"追求卓越、共同发展",再到"卓越同行",可见N市地税的绩效价值观分为"卓越"和"同行"两类:"卓越"即追求卓越,其包括的价值观是:精业、敬业、勤业,即能、责、勤;"同行"即共同发展,其包括的价值观是:以人为本、公平正直、真诚服务,即仁、义、礼(见图5-2)。

图5-2　N市地税"追求卓越"与"共同发展"诠释

分析:

(1) 请用儒家管理思想:"仁、义、礼、智、信"分析N市地税局的绩效价值观是否合理?

(2) 儒家管理思想的核心价值观对现代企业有何积极意义？

三、管理技能训练

设计一套主题为"组织的儒家管理思想状况"的调查问卷，分别找一个企业和一个政府机构进行调查，看看调查结果有何不同，并分析这种差异。

【推荐阅读书目】

万丽华，蓝旭. 孟子. 北京：中华书局，2016

王国轩. 大学·中庸. 北京：中华书局，2016

孔子等. 四书·五经(大全集). 北京：华文出版社，2009

度阴山. 知行合一王阳明(1-3册). 北京联合出版公司，北京时代华文出版公司，江苏文艺出版社，2016

王阳明. 传习录(全译全注). 张靖杰，译. 南京：江苏凤凰文艺出版社，2015

黎红雷. 儒家商道智慧. 北京：人民出版社，2017

刘云柏. 中国儒家管理思想. 上海：上海世纪出版股份有限公司，2015

余焕新. 儒家行为管理(第二版). 北京：经济管理出版社，2017

黎红雷. 儒家管理哲学. 广州：广东高等教育出版社，2010

李晓蕊. 儒家经典与中国式管理. 北京：企业管理出版社，2006

欧阳逸. 和谐与冲突——儒学与现代管理. 北京：人民中国出版社，1998

第六章

其他家的管理思想

学习目标：了解兵家和墨家管理思想在历史上的重要影响；掌握兵家和墨家管理思想的主要内容及其对现代管理的启示。

关键概念：孙子兵法(Master Sun's Art of War) 谋攻(Attack by Stratagem) 战势(Fight war situation) 将(General) 兵(Soldier) 墨家(Mohism) 兼爱(All-embracing love) 非攻(Antiwar) 尚贤 (Promoting Talent) 尚同(Still the Common Opinion) 节用 (Saving the Expenditures)

视卒如婴儿，故可以与之赴深溪；视卒如爱子，故可与之俱死。

——孙子《孙子兵法·地形篇》

第一节 兵家的管理思想

一、兵家管理思想概述

(一)兵家管理思想在历史上的影响

兵家是中国先秦、汉初研究军事理论、从事军事活动的学派，他们总结军事方面的经验教训，研究制胜的规律，成为诸子百家之一。凡论述军事的兵家著作，称为兵书。中国古代兵家管理思想的发展，大体可以分3个阶段。

(1) 兵家管理思想的形成：商、周到春秋时期。西周时期的《尚书》《军志》《军政》是中国最早的兵书，概括出一些有关战争指导的理性原则。例如，军政曰："言不相闻，故为之金鼓；视不相见，故为之旌旗"。军志曰："允当则归"，又曰："知难而退"，又曰："有德不可敌""先人有夺人之心，后人有待其衰"等。春秋战国，诸侯争霸，战乱频繁，治兵之道形成了一套比较完整的兵家管理思想体系。春秋末期出现《孙子兵法》，战国时期又诞生了《吴子》《司马法》《尉缭子》《孙膑兵法》等一大批兵书巨著，达到了中国古代兵家思想的一个高峰。

(2) 兵家管理思想体系化：从秦汉至唐朝前期。秦王朝的军事管理思想主要是沿袭了战国时韩非的"农战"思想和政策,从西汉开始兵家的管理思想开始出现多种倾向,但他们的根本目的均是为了维护封建统治。兵家管理思想在这一时期的主要特点是"雷动峰举,后发而先至,李贺背向、变化无常,以轻急制敌者也"的指挥组织方法。同时强调"顺时而发,推刑德,随斗击,因五胜,假鬼神助者也"的管理环境和外界条件等方面的作用。

(3) 兵家管理思想逐渐走向衰落:从唐中叶开始到明清时期。在军事治兵方面,由于安史之乱,封建社会内部的军事管理机制发生了相当的变化。在封建政权集中军事管理权力的同时,又在一定程度上注意发挥军事技术、装备的作用,形成了一定的管理规范。①

(二)兵家代表人物及主要观点

1. 孙子

孙子(约公元前545年—约前470年),名武,字长卿,是春秋末期齐国人,与孔子同时代。中国春秋时期著名的军事家、政治家,尊称兵圣或孙子,被誉为"百世兵家之师""东方兵学的鼻祖"(见图6-1)。

图6-1 孙子

《孙子兵法》由孙武草创,后由其弟子整理成书,是中国现存最早的兵书,也是世界上最早的军事著作,被誉为"兵学圣典"。

《孙子兵法》共有6000字左右,共十三篇,分别是:《始计》《作战》《谋攻》《形》《势》《虚实》《军争》《九变》《行军》《地形》《九地》《火攻》《用间》。《孙子兵法》从搜集信息、环境分析、竞争对手分析和组织内部条件分析,到预测、决策、制订计划,再到组织、指挥(如激励),及进行协调和控制,都是管理经验的总结。

据《汉书·艺文志》记载,兵家主要代表人物,春秋末有孙武、司马穰苴;战国有孙膑、吴起、尉缭、魏无忌、白起等;汉初有张良、韩信等。今存兵家著作有《黄帝阴符经》《六韬》《三略》《孙子兵法》《司马法》《孙膑兵法》《吴子》《尉缭子》《将苑》《百战奇略》《唐太宗李卫公问对》等。各家学说虽有异同,然其中包含丰富的朴素唯物论与辩证法。兵家的实践活动与理论,对当时及后世影响甚大,为我国古代宝贵的军事思想遗产。

【专栏6-1】 孙武进谏吴王拜将斩姬

据《史记》载,孙武带着他刚写就的兵法进见吴王。吴王要求其用宫女来演练队伍。孙武把180名宫女分为左右两队,指定吴王宠姬为左右队长,让其带领宫女进行操练,同时指派自己的驾车人和陪乘担任军吏,负责执行军法。宫女不听号令,捧腹大笑,队形大

---

① 刘云柏. 中国兵家管理思想. 上海:上海人民出版社,1993.

乱。孙武便召集军吏，根据兵法，要斩两位队长。吴王听说后传命：寡人已经知道将军能用兵了。没有这两个美人侍候，寡人吃饭也没有味道。请将军赦免她们。

孙武说："臣既然受命为将，将在军中，君命有所不受。"执意杀掉了两位队长，当孙武再次击鼓发令时，众宫女前后左右，进退回旋，跪爬滚起，全都合乎规矩，阵形十分齐整。孙武传人请阖闾检阅，阖闾托词不来，孙武便亲见阖闾说："令行禁止，赏罚分明，这是兵家的常法，为将治军的通则。对士卒一定要威严，只有这样，他们才会听从号令，打仗才能克敌制胜。"吴王阖闾怒气消散，拜孙武为将军。

2. 兵家的主要观点

以《孙子兵法》为代表的春秋战国军事思想主要内容是：认为战争是国之大事，应当"慎战"，指出"道义"等因素对战争具有重大影响。主张上兵伐谋，不战而屈人之兵。综合比较敌对双方的国家政治、将帅才能、天时地利、军事制度等情况，据以预测战争胜负。总结出知彼知己、因形用权、战胜不复、以众击寡、避实击虚、致人而不致于人等军事规律。概括出奇正、迂直、强弱、攻守、主客、进退、虚实、众寡、分合等战略战术，强调教戒为先，严明法度，"令之以文，齐之以武"。

二、《孙子兵法》的管理思想

(一)全军为上

孙子从战争可能引起的负面后果出发，提出慎战，"兵者，国之大事，死生之地，存亡之道，不可不察也"(《计篇》)，即军事是一个国家很重大的事情，决定一个国家的生死存亡，不能不认真对待。为减少战争的负面效果，最好避免战争。"明主虑之，良将惰之，非利不动，非得不用，非危不战。主不可以怒而兴师，将不可以愠而攻战。合于利而动，不合于利而止。……故明主慎之，良将警之。此安国全军之道也"(《火攻篇》)。国君不可凭一时的恼怒而兴兵打仗，将帅不可凭一时的怨恨而与敌交战。没有好处不要行动，没有把握不要出兵，若非危急不要开战。符合国家利益就行动，不符合国家利益就停止。所以明智的国君对战争问题一定要慎重，良好的将帅对战争问题一定要警惕，这些都是关系到国家和军队安全的根本道理。

孙子认为，即使出战也应尽量减少损失。"故善用兵者，屈人之兵而非战也，拔人之城而非攻也，毁人之国而非久也，必以全争于天下，故兵不顿而利可全，此谋攻之法也。"孙子认为，上乘的用兵之法是以策略取胜。"夫用兵之法，全国为上，破国次之；全军为上，破军次之；全旅为上，破旅次之；全卒为上，破卒次之；全伍为上，破伍次之。是故百战百胜，非善之善也；不战而屈人之兵，善之善者也。故上兵伐谋，其次伐交，其次伐兵，其下攻城。攻城之法，为不得已。"

(二)重视预测

孙子重视战争前的运筹帷幄,"夫未战而庙算胜者,得算多也;未战而庙算不胜者,得算少也。多算多胜,少算不胜,而况于无算乎"(《计篇》)。即在开始战争前谋划周全,开战之后就会取得胜利,否则就会失败,谋划周全的能胜过谋划不周全的,更何况战前没有谋划的呢?

孙子强调要从五个方面来分析战争胜负的情势。"一曰道,二曰天,三曰地,四曰将,五曰法"(《计篇》)。"五事"第一是"道""道者,令民于上同意",是政治、正义、正气,就是使民众与上级的意愿一致。"天者,阴阳、寒暑、时制也;地者,远近、险易、广狭、死生也;将者,智、信、仁、勇、严也;法者,曲制、官道、主用也"(《计篇》)。天时,是指昼夜、阴晴、寒冬、酷暑等气候季节情况;地利,是指征战路途之远近、地势、地形对攻守的有利或有害。将领,是指才智、诚信、仁爱、勇敢、威严等条件。法是法令和规章制度,还包括军队的组织编制。

对以上五点,孙子做了七种比较:"主孰有道?将孰有能?天地孰得?法令孰行?兵众孰强?士卒孰练?赏罚孰明?"七计第一是"主孰有道(《计篇》),即做事要符合道义。"善用兵者,修道而保法,故能为胜败之政。"善于指导战争的人,必须修明政治,确保法制,从而掌握战争胜负的决定权。

影响战争胜利的因素有五个:"故知胜有五:知可以战与不可以战者胜;识众寡之用者胜上下同欲者胜;以虞待不虞者胜;将能而君不御者胜。此五者,知胜之道也"(《谋攻篇》)。知道可以打或不可以打的,能胜利;懂得兵多兵少用法的,能胜利;全军上下同心协力的,能胜利;以自己有准备对付疏忽懈怠的敌人的,就能胜利;将帅有指挥才能而国君不加以干涉的,能胜利。

(三)掌握信息

"故曰:知己知彼,百战不殆;不知彼而知己,一胜一负;不知彼不知己,每战必败"(《谋攻篇》),"知彼知己,胜乃不殆;知天知地,胜乃不穷"(《地形篇》)。《孙子兵法》的"知"归结起来,就是搜集信息。"知己知彼"就是要掌握自己和竞争对手的各方面信息,在充分掌握信息的基础上制定战略。

孙子认为,要利用间谍收集信息,所谓"先知者,不可取于鬼神,不可象于事,不可验于度,必取于人,知敌之情者也"(《用间篇》)。为了获知敌情,不要问鬼求神,不凭经验类比推测,也不搞夜观天象之类的把戏,而必须从那些熟悉敌情的人(间谍)的口中去获得。"故三军之事,莫亲于间,赏莫厚于间,事莫密于间,非圣贤不能用间,非仁义不能使间,非微妙不能得间之实"(《用间篇》)。所以,在军队中,没有比间谍更亲近的人,没有比间谍更为优厚奖赏的,没有比间谍更为秘密的事情了。不是睿智超群、仁慈慷慨、谋虑精细的人不能利用间谍。所谓"有不用乡导者,不能得地利"(《军争篇》),指使用向导在作战中的重要性问题。

(四)重视谋略

孙子强调了谋略的重要性,"兵者,诡道也。故能而示之不能,用而示之不用,近而示之远,远而示之近。利而诱之,乱而取之,实而备之,强而避之,怒而挠之,卑而骄之,佚而劳之,亲而离之,攻其无备,出其不意。此兵家之胜,不可先传也。"

孙子认为,在战争中要巧妙地把握奇和正、虚和实,"奇"是指攻其不备,出其不意,"正"是指采用常规战法。老子认为:"以正治国,以奇用兵,以无事取天下。"而孙子则言:"战势不过奇正,奇正之变,不可胜穷也。奇正相生,如循环之无端,孰能穷之?"

孙子区分了领导决策失误导致失败的几种情况:走、弛、陷、崩、乱、北。"夫势均,以一击十,曰走;卒强吏弱,曰驰;吏强卒弱,曰陷;大吏怒而不服,遇敌怼而自战,将不知其能,曰崩;将弱不严,教道不明,吏卒无常,陈兵纵横,曰乱;将不能料敌,以少合众,以弱击强,兵无选锋,曰北"(《地形篇》),即在敌我条件相当时,以一击十倍于我的敌人,叫作走。士卒强悍,将吏懦弱,叫作弛。将吏本领高强,士卒怯弱,叫作陷。部将怨怒而不服从指挥,遇到敌人忿然擅自出战,主将又不了解他是否能赢,叫作崩。主将软弱又缺乏威严,训练教育不明确,吏卒无所遵循,布阵杂乱无章,叫作乱。主将不能正确判断敌情,以少击多,以弱击强,又没有精锐部队,叫作北。"凡此六者,败之道也,将之至任,不可不察也。凡此六者,非天地之灾,将之过也。"以上6种情况必然导致失败,这是领导的重大责任,不可不认真地考虑。

(五)因地制宜

孙子认为,作战策略要因时而变,因地制宜,"夫兵形象水,水之行,避高而趋下;兵之胜,避实而击虚。水因地而制行,兵因敌而制胜。故水无常行,兵无成势;能因敌变化而取胜者,谓之神"(《虚实篇》)。作战则根据敌情而决定取胜的策略,没有固定的方式,就像水没有固定的形态一样。孙子曰:"昔之善战者,先为不可胜,以待敌之可胜。不可胜在己,可胜在敌。故善战者,能为不可胜,不能使敌之必可胜。"

(六)掌握主动

孙子认为,在战场上要把握主动权,而不能被敌人调动。"善战者,致人而不致于人"(《虚实篇》)。掌握主动的途径有:

(1) 以逸待劳,"凡先处战地而待敌者佚,后处战地而趋战者劳。"(《孙子兵法·虚实篇》)大凡先期到达战地等待敌军的就精力充沛、主动安逸,而后到达战地匆忙投入战斗的就被动劳累。

(2) 兵贵神速,"兵之情主速,乘人之不及,由不虞之道,攻其所不戒也。"(《九地篇》)

(3) 有备无患,"故用兵之法,无恃其不来,恃吾有以待之"。《九变篇》不要侥幸指望敌人不来袭我,而要依靠自己随时应付敌来的充分准备。

(4) 利用间谍。

此外，为掌握主动，战争的准备工作要充分，"凡用兵之法，驰车千驷，革车千乘，带甲十万，千里馈粮，则内外之费，宾客之用，胶漆之材，车甲之奉，日费千金，然后十万之师举矣"（《作战篇》），要兴兵作战，需准备物资：轻车千辆，重车千辆，全副武装的士兵十万，并向千里之外运送粮食。那么前后方的军内外开支，招待使节、策士的用度，用于武器维修的胶漆等材料费用，保养战车、甲胄的支出等，每天要消耗千金。按照这样的标准准备之后，十万大军才可出发上战场。

【专栏 6-2】孙子兵法的应用

孙子兵法在我国经济领域的应用由来已久。据《史记·货殖列传》记载，最早将《孙子兵法》引入经营管理的是战国魏文侯时的白圭。他将孙吴兵法和商鞅之法的原理，用于生产经营，善观时变，采取"人弃我取，人取我与"等策略，取得了成功。我国著名企业家张瑞敏对孙子兵法有深入的研究。他认为，抢占市场要有速度，这就是孙子所说的"激水之疾，至于漂石者，势也"，而这个"石"就是顾客。他运用孙子兵法的战略思想使中国的海尔走向世界。

20世纪60年代，日本将《孙子兵法》引进了企业管理。日本企业家非常推崇孙子"上下同欲者胜"的思想，将其与儒家思想结合创立了温情主义的合作型管理模式。日本学者村山孚说：日本企业的生存和发展有两个支柱，一个是美国的现代管理制度，一个是《孙子兵法》的战略和策略。日本企业家大桥武夫撰写了《兵法经营学》，讲述如何将兵法理论运用于商战，其中特别强调以孙子兵法管理企业。日本的"经营之神"松下幸之助，公开宣称孙子兵法是他们成功的法宝。他说："中国古代先哲孙子，是天下第一神灵。我公司职员必须顶礼膜拜，对其兵法认真背诵，灵活应用，公司才能兴旺发达。""兵无常势，水无常形，能因敌变化取胜者，谓之神"。市场是瞬息万变的，经营者应依据市场变化灵活采取对策。索尼公司应用孙子的这一思想取得了成功。50年来，索尼"以正合，以奇胜"，不断根据市场需求，推出新产品，占领市场，支撑企业发展。"夫兵形象水，水之形避高而趋下，兵之形避实而击虚"。这种思想已成为企业的重要战略思想。许多企业避开市场竞争主战场，独辟蹊径，开辟无人涉足的细分市场，扬长避短，避实击虚。日本的任天堂公司原是一家生产扑克牌的小公司，1980年独辟蹊径开发出普及型家庭游戏机，打开日本市场，1986年推出适合美国家庭的游戏机，又开辟了美国市场和欧洲市场。

美国的企业界在对孙子兵法顶礼膜拜上并不比日本人逊色。美国著名管理学家乔治在《管理思想史》中则说："你想成为管理人才吗？必须去读《孙子兵法》！"美国通用汽车公司董事会主席罗杰·史密斯在1984年销售汽车830万辆，居世界首位。他说他成功的秘诀是从二千年前中国一位战略家的《孙子兵法》一书中学了许多东西，从而使他获得了一个"战略家的头脑"。现代战略管理学中有"SWOT"分析(Strengths, Weakness, Opportunity and Threats)，即"强弱、机遇和风险"分析。美国学者约翰·阿利指出"《孙子兵法》的虚实之分及其倡导的以实击虚的效果，与现代SWOT分析方法的效果如出一辙。SWOT分析法是营销中流行的策略性方法，这种方法给出公司强弱的领域，给出市场的机会与风险。应用实力去追寻机遇的观点，可以说是《孙子兵法》的再版"。①

(七)激励下属

1. 励之以道义

用道义激励士兵。孙子曰："道者，令民与上同意者也，故可与之死，可与之生，而不畏危"(《计篇》)。"道"是政治、正义、正气，就是使民众与上级的意愿一致，同心同德，同生共死，而不畏艰险。"上下同欲者胜"《谋攻篇》，只有"道之以德"，才能激发士兵的使命感和勇气。

2. 励之以情

孙子认为将领应爱兵如子。"视卒如婴儿，故可以与之赴深溪；视卒如爱子，故可与之俱死"(《地形篇》)，"卒善而养之，是谓胜敌而益强"(《作战篇》)，"掠于饶野，三军足食，谨养而勿劳，并气积力"(《九地篇》)，统帅还要保障全军上下的给养，注意休整部队，不要使士卒过于疲劳。

3. 励之以赏罚

孙子把"赏罚孰明"列为七计之一，认为这是确保胜利的保障措施。"赏之以功，罚之以过"，"号令明，法制审，故能使之前，明赏于前，决罚于后，是以发能中利，动则有功"，由于号令严明，法制周详，才能使他们奋勇向前。既有明确的奖赏鼓励于前，又有坚决的惩罚督促于后，所以出兵就能获胜，行动就能成功。

奖赏要与业绩挂钩，"故车战，得车十乘以上，赏其先得者"(《作战篇》)，精神激励与物质奖励相结合，"杀敌者，怒也；取敌之利者，货也"(《作战篇》)。要使军队勇敢杀敌，就要善于激励部队；要使军队勇于夺取敌人的物资，就要善于奖赏士兵。赏罚要出以公心，"不赏私劳，不罚私怨。"(《作战篇》)

赏罚要掌握好时效，"赏不逾日""罚不列迁""夫战胜攻取而不修其功者凶"(《火攻篇》)。打了胜仗之后，要及时论功行赏，否则就会有祸患。孙子还主张灵活而不定期的特别奖励。"数赏者，窘也；数罚者，困也。"(《行军篇》)，再三犒赏士卒，说明已没有别的办法；一再重罚部属，说明已陷于困境。"赏无度，财费而无恩；罚无度，则戮而无威"，赏罚有度，滥赏乱罚将失去其激励作用。"施无法之赏，悬无政之令"(《九地篇》)，"无法之赏"指高出于平常的赏赐，"无政之令"指与平常不同的指令。在身陷绝境的情况下需要特别重赏以激励士气。

---

① 李太勤. 浅谈《孙子兵法》在企业经营中的运用[J]. 党政干部论坛，1998(4).

孙子认为惩罚要严明。如果"将弱不严，教道不明"（《地形篇》），军纪无法保证，就会"吏卒无常，陈兵纵横""卒离而不集，兵合而不齐"（《九地篇》），"约束不明，申令不熟，将之罪也；既已明而不如法者，吏士之罪也。"（《史记·孙子吴起列传》）

孙子认为，激励下属要文武兼施，恩威并重。"卒未亲而罚之，则不服，不服则难用。卒已亲附而罚不行，则不可用。故令之以文，齐之以武，是谓必取。令素行以教其民，则民服，令不素行以教其民，则民不服。令素行者，与众相得也"（《行军篇》）。意思是要用"文"的手段即政治道义教育士卒，用"武"的方法即军纪来统一步调，这样的军队打起仗来就必定胜利。平素能认真贯彻命令、教育士卒，士卒就会服从；否则士卒就会不服从。平素能认真贯彻执行命令，是由于将帅与士卒相互取得信任的缘故。

孙子认为，不服从的下属不能用。"将听吾计，用之必胜，留之；将不听吾计，用之必败，去之"，"厚而不能使，爱而不能令，乱而不能治，譬若骄子，不可用也"（《地形篇》）。厚待而不能使用、溺爱而不能教育、违法而不能惩治的下属，就如同娇惯的子女，是不可以用的。

4. 励之以气势

孙子说："故夜战多火鼓，昼战多旌旗，所以变人之耳目也。三军可夺气，将军可夺心"（《军争篇》）。"杀敌者，怒也"（《作战篇》），激励士卒奋勇杀敌，是使之威怒。"勇怯，势也；强弱，形也"（《势篇》）。勇敢和怯懦是态势所决定的，力量强弱是形势所决定的。"善战者，求之于势，不责于人"（《势篇》），以善战者追求形成有利的"势"，而不是苛求士兵，因而能选择人才去适应和利用已形成的"势"。

5. 励之以危

孙子提倡"危机激励"，例如，项羽的"破釜沉舟"，韩信的"背水之战"，"聚三军之众，投之以险，此谓将军之事也"（《九地篇》）。"投之无所往，死且不北，死焉不得，士人尽力"（《九地篇》），即把士卒置于无路可走的境地，至死也不会败退，死都不怕，士卒自然人人尽力作战。"兵士甚陷则不惧，无所往则固，深入则拘，不得已则斗。是故其兵不修而戒，不求而得，不约而亲，不令而信"（《九地篇》），士卒深陷危地，就无所畏惧；无路可走，军心就能稳固；深入敌国，军心就不会涣散，迫不得已就会拼死战斗。因此，这样的军队不待休整，都懂得戒备；不待鼓励，都会竭尽全力战斗；不待约束，都能亲近相助；不待申令，都会信守纪律。孙子曰："夫众陷于害，然后能为胜败""投之亡地然后存，陷之死地然后生"（《九地篇》），这些都是讲危机激励的巨大作用。

6. 励之以境

孙子重视环境对士兵心理的激励作用。"夫地形者，兵之助也"（《地形篇》），地形是用兵作战的辅助条件。"故兵之情，围则御，不得已则斗，过则从"（《九地篇》）。士卒的心理状态是，陷入包围就会竭力抵抗，形势逼迫就会拼死战斗，身处绝境就会听从指挥。"凡为客之道，深则专，浅则散"《九地篇》，凡是越境进攻作战，越是深入到敌方的重地，就越是能使军心稳固，使士气振奋，牢牢立于不败之地。

(八)领导品质：智、信、仁、勇、严

孙子认为，将帅是国家之辅助，辅助之谋缜密周详，则国家必然强大，辅助之谋疏漏失当，则国家必然衰弱，"将者，智、信、仁、勇、严也"(《计篇》)。智是主将的智慧和谋略；信是对外能取得领导者和百姓的信任；仁是能够关心下属；勇是勇敢；严是坚定认真地执行部队的纪律。"故知兵之将，民之司命，国家安危之主也"(《作战篇》)。"故进不求名，退不避罪，唯民是保，而利于主，国之宝也。"(《地形篇》)，进不谋求战胜的名声，退不回避违命的罪责，只求保全百姓，符合国君利益的将帅是国家的宝贝。《九地篇》："将军之事，静以幽，正以治。"将帅考虑谋略要沉着冷静而幽邃莫测，管理部队则要公正严明而有条不紊。

"故将有五危，必死，可杀也；必生，可虏也；忿速，可侮也；廉洁，可辱也；爱民，可烦也。凡此五者，将之过也，用兵之灾也。覆军杀将，必以五危，不可不察也"(《九变篇》)，将帅的缺陷有五种：死拼蛮干、贪生怕死、急躁易怒、廉洁好名、溺于爱民，也是用兵的灾难，对这样五种人才要注意识别。

(九)充分授权

孙子认为，领导应充分授权给下属。孙子曰："凡用兵之法，将受命于君"(《九变篇》)。"将能而君不御者胜""凡用兵之法：将受命于君，合军聚众，圮地无舍，衢地(交合)合交，绝地无留，围地则谋，死地则战"(《九变篇》)。"城有所不攻，地有所不争，君命有所不受"(《变篇》)。"故战道必胜，主曰无战，必战可也；战道不胜，主曰必战，无战可也"(《地形篇》)，遵循战争规律，有必胜把握的，即使国君主张不打也要打；而无必胜把握的，即使国君主张一定要打也不能打。

孙子罗列了三种国君不授权而瞎指挥的情况："不知军之不可以进而谓之进，不知军之不可以退而谓之退，是谓縻军；不知三军之事而同三军之政，则军士惑矣；不知三军之权而同三军之任，则军士疑矣。三军既惑且疑，则诸侯之难至矣。是谓乱军引胜。"(《谋攻篇》)。不知道军队不可以前进而下令前进，不知道军队不可以后退而下令后退，这叫作束缚军队；不知道军队的战守之事、内部事务而同理三军之政，将士们会无所适从；不知道军队战略战术的权宜变化，却干预军队的指挥，将士就会疑虑。军队既无所适从，又疑虑重重，诸侯就会趁机兴兵作难。这就是自乱其军，坐失胜机。

(十)统一指挥

孙子认为，为了统一全员的行为，必须严守规定，令行禁止。"言不相闻，故为之金鼓；视不相见，故为之旌旗"(《军政》)，"夫金鼓旌旗者，所以一人之耳目也。人既专一，则勇者不得独进，怯者不得独退，此用众之法也"(《军争篇》)，指挥大部队作战，要用金

鼓、旌旗来统一军队上下视听，确保进退一致。"故善用兵者，携手若使一人，不得已也"（《军争篇》），使全军上下携手团结如同一人，浑然一体。"凡治众如治寡，分数是也；斗众如斗寡，形名是也"（《势篇》），管理大部队如同管理小部队一样，可以通过军队的组织编制来解决；指挥大部队作战如同指挥小部队作战一样，通过明确指挥号令来解决。

第二节　墨家的管理思想

一、墨家管理思想概述

(一)墨家管理思想在历史上的影响

墨家是中国东周时期的哲学派别，诸子百家之一，法家代表韩非子称其和儒家为"世之显学"。《韩非子·显学》记载："世之显学，儒墨也。儒之所至，孔丘也；墨之所至，墨翟也。"证明了墨家思想曾经在中国的辉煌。

墨家产生于我国古代的春秋战国时期，当时中国正处于由奴隶社会向封建社会转型的重大历史变革期。奴隶社会中的奴隶主阶级转化成地主阶级，奴隶转化成的农民阶级刚刚诞生。这一时期的"诸子百家"主要是为统治阶级服务。儒家希望通过"仁"和"礼"实现天下统一，道家希望通过"无为而治"实现天下大治，法家则主张通过严刑峻法而实现大一统，这些都是为当时地主阶级的代表——君主服务的，而墨家却是农工商阶层的代表。

墨家学派有前后期之分：前期思想主要涉及社会政治、伦理及认识论问题，关注现世战乱；后期墨家在逻辑学方面有重要贡献，开始向科学研究领域靠拢。

前期墨家在战国初即有很大影响，与杨朱学派并称显学。它的社会伦理思想以"兼爱"为核心，提倡"兼以易别"，反对儒家所强调的社会等级观念，提出"兼相爱，交相利""尚贤""尚同""节用""节葬"的治国方法，反对当时的兼并战争，提出"非攻"的主张。

前期墨家在认识论方面提出了以经验为基础的认识方法，主张"闻之见之""取实与名"。它提出三表作为检验认识正确与否的方法。三表即"上本之于古者圣王之事""下原察百姓耳目之实""废(发)以为刑政，观其中国家百姓人民之利"（《非命》），即以历史记载的古代圣王的历史经验、以众人的感觉经验、以政治实践的结果是否符合国家和人民的利益为依据。这是中国哲学史上最早提出的关于真理标准的命题，对后世产生了重要影响。

后期墨家分化成二支：一支注重认识论、逻辑学、几何学、几何光学、静力学等学科的研究，在中国古代逻辑史上占有重要地位。另一支则转化为秦汉社会的游侠。[①]

战国以后，墨家已经衰微，西汉汉武帝"罢黜百家，独尊儒术"的官学勾结政策，墨家不断遭到打压，墨家思想在中国逐渐灭绝。

---

① 姜宝昌.《墨经》现代科学精神释例[J]. 职大学报，2006(1)：10-14.

(二)墨家代表人物及主要观点

1. 墨子

墨家创始人,墨子(约公元前 468 年—前 376 年),名翟,东周春秋末期战国初期宋国人,生前担任宋国大夫。战国时期著名的思想家、教育家、科学家、军事家(见图 6-2)。

墨子是中国历史上唯一一个农民出身的哲学家,墨子在少年时代做过牧童,学过木工。据说他制作守城器械的本领比公输班还要高明。他自称是"鄙人",自诩说"上无君上之事,下无耕农之难"。墨子穿着草鞋,步行天下,始在各地游学。墨子曾从师于儒者,学习孔子的儒学,称道尧舜大禹,学习儒家典籍。但墨子批评儒者对待天帝、鬼神和命运的不正确态度,以及厚葬久丧和奢靡礼乐,认为儒家所讲的都是些华而不实的废话,"故背周道而行夏政"。墨儒两家都宣扬仁政,墨子构建兼爱体系,如孝、慈、仁、义等,最终舍掉了儒学,创立了墨家学说。在各地聚众讲学,以激烈的言辞抨击儒家和各诸侯国的暴政,成为儒家的主要反对派。

图 6-2 墨子

战国末期的《墨子》一书,是墨子讲学时由弟子们记录后整理而成的。《汉书·艺文志》著录《墨子》有七十一篇,后亡佚十八篇,故今本《墨子》仅五十三篇。其中较能代表墨子学说和思想者有《尚贤》《尚同》《兼爱》《非攻》《节用》《节葬》《天志》《明鬼》《非乐》《非命》等。其余大都为墨家后学所作。文字质朴无华,逻辑性强,善于运用具体事例进行说理。

【专栏 6-3】 电影《墨攻》

距今两千两百多年,中华大地尚在诸国纷争,群雄争霸的时期。此时,强大的赵国想要一举攻打燕国,而实现这个计划的首要条件就是要先攻破夹在赵燕之间的梁国。于是,赵国大将军巷淹中奉命率领十万大军,逼近仅仅只有孺妇平民 4000 余人的梁城。

危难之时,梁王向以守城著称的墨家祈求一支可以抵抗十万大军的守军。但是梁王等到的却是一个其貌不扬、孤身应战的墨者革离。不可一世的赵兵对这位来自墨家的无名小卒鄙视之极,但革离却出奇制胜,奋勇抵挡住赵军两千兵马的偷袭,令赵军束手无策,无功而返。革离全心练兵,亲自制造无数特别武器,加强梁城防守实力,应付赵军随时而来的庞大攻击,使得梁城上下,无不对革离折服(见图 6-3)。

图 6-3 墨攻

2. 墨家组织

墨者多来自社会下层，以"兴天下之利，除天下之害"（《非乐》）为目的。墨徒对自己要求较严，生活清苦，艰苦实践，"以绳墨自纠，备世之急""以裘褐为衣，以跂蹻(草鞋)为服，日夜不休，以自苦为极"（《庄子·天下》）"孔席不暖，墨突不黔"（《文子·自然》）"短褐之衣，藜藿之羹，朝得之，则夕弗得""摩顶放踵，利天下，为之"（《孟子·尽心上》）。①

墨者大多是有知识的劳动者，有强烈的社会实践精神。墨者到各国为官必须推行墨家主张，所得俸禄亦须向团体奉献，做到"有财相分"。墨者们吃苦耐劳，严于律己，把维护公理与道义看作是义不容辞的责任。

墨徒之间还组成纪律严格的组织，以精于墨理者为首领，号曰"钜子"，以身作则，权力很大，可依墨家之法处置犯了过错的墨徒。墨者必须服从钜子的领导，纪律严明，墨者可以"赴汤蹈刃，死不旋踵"（《说苑·指武》），至死也不后转脚跟后退。相传"墨者之法，杀人者死，伤人者刑"（《吕氏春秋·去私》）。

3. 墨家思想的主要观点

墨学基本上反映了劳动者、小生产者的利益和愿望。墨家的基本思想主要有：兼爱、非攻、尚贤、尚同、天志、明鬼、非命、非乐、节用、节葬。"兼爱"是墨家学派的主要思想观点，其他主张都是由此而派生出来的。

兼爱：兼相爱，交相利。就是无差别的博爱而达到互爱互助，而不是互怨互损。墨家将对待亲人的方式，扩展到了对待陌生人身上，除去亲疏与社会阶级的分别。

非攻：反对一切非正义的侵略战争，支持防御作战；墨子认为战争无论胜败，都是没有意义的行为。大国不侵略小国，国与国之间无战事，和平共处。

尚贤：崇尚贤能之才，不分贵贱，唯才是举。"尚贤"乃"政之本"。

尚同：就是要上下一心为大众服务，为社会兴利除害。

天志：就是要掌握自然规律。"天"具有赏善罚恶的意志，"天志"规范制约着人们的思想和行为，是法律的来源。

明鬼：尊重前人智慧和经验。墨家希望通过神鬼之说，使人民警惕，不行邪恶之事。

非命：即否定天命，主张通过人的努力来掌握自己的命运。墨子强调"非命尚力"，认为决定人们不同命运的，不是"命"，而是"力"。墨子认为，"赖其力而生，不赖其力则不生"，充分肯定"人力"在生产中的重大作用。

非乐：统治者为满足奢欲而制作众多乐器，费时耗事，"将必厚措敛乎万民"，而音乐对于国家并非物质生产行为。墨子反对为满足贵族统治者淫乐享受所从事的音乐活动，主张废除烦琐奢靡的编钟制作和演奏，摆脱划分等级的礼乐束缚。

---

① 杨建兵. 墨家伦理研究[D]. 武汉大学，2010.

节用：天子节约民力，节约以扩大生产，反对奢侈享乐生活。"节用"并非消极地缩衣节食，而是与增加生产、发展经济相结合的积极主张。

节葬：认为儒家的浓葬是消耗钱财的浪费，把大量的社会财富浪费在死人身上。统治者奉行厚葬久丧的习俗纯粹是愚蠢之举，导致"国家必贫，人民必寡，刑政必乱"的恶果。

二、墨子的主要管理思想

(一)兼相爱、交相利

春秋战国是一个诸侯纷争的乱世，孔子提出了"君君，臣臣，父父，子子"的思想，试图恢复周礼以维护社会秩序。墨子则提出"兼相爱、交相利"的方法，"兼即仁矣，义矣"(《兼爱》)。"兼爱"要求所有的人都要相互施爱互利于对方，"夫爱人者，人必从而爱之；利人者，人必从而利之；恶人者，人必从而恶之；害人者，人必从而害之。"(《墨子·兼爱》)"视人之国若视其国，视人之家若视其家，视人之身若视其身"(《兼爱》)，看待别人的像看待自己的一样，这是一种不分国家、家族、人我的普遍的爱。墨子主张"天下兼相爱则治，交相恶则乱"(《兼爱》)。

墨子的"利"指国家、人民的利益，他反对"亏人自利"。墨家以兴天下之利为己任，主张通过积极有为的管理措施，为天下百姓谋衣食住行等实际利益，使各层民众能安居乐业，"则刑政治，万民和，国家富，财用足，百姓皆得暖衣饱食，便宁无忧"(《天志》)。"天下之人皆相爱，强不执弱，众不劫寡，富不侮贫，贵不傲贱，诈不欺愚"(《兼爱》)，墨家所追求的最高管理目的是建立一个民众衣食无忧、和谐安宁的理想社会。

对于利，儒家强调的是烦琐礼仪和道德森严的名分等级，墨家作为下层小生产者的代表，具有实用的功利主义倾向。提倡节葬节用，主张兼相爱、交相利，衣、食、住、行等物质资料才是墨家之利的主要内容。如墨子在《非乐上》中写道："仁者之事必务求兴天下之利，除天下之害，将以为法乎天下。利人乎即为，不利人乎即止。"墨子批判孔子重"义"轻"利"的倾向，提出"贵义"与"兼爱"密不可分，所以墨子求利总是以"兼爱"的道义原则为前提的。"有力者疾以助人，有财者勉以分人，有道者劝以教人"(《尚贤》)。

求利虽然是墨家管理的价值取向，但并非是不择手段的唯利是图者，墨家还主张贵义。墨子说："万事莫贵于义气"(《贵义》)，贵义的本质是利民。"若事上利天，中利鬼，下利人，三利而无所不利，是谓天德。故凡以事此者，圣知也，仁义也，忠惠也，慈孝也，是故聚敛天下之善名而加之"(《天志下》)，凡利于人者皆可予以"圣知""忠惠"等美名。可见利、义是一致的，利于人就是义，"义，利也"(《经上》)，墨子根据"兼利天下"的道义原则，指出在各种利益发生冲突时，必须用"天下之大利"进行比较和权衡，"利之中取大，害之中取小也"(《大取》)，天下之大利是国家百姓之利，这就要求人们在选择和决策时必须先公后私，先人后己。由此看来，重利与贵义是一致的，他们共同构成了墨家管理的价值取向。

(二)重视民生

春秋战国之际社会经济发生了巨大的变革，出现了新兴的社会阶级，如地主、小生产劳动者(包括小农和小手工业者)、商人。墨子作为小生产劳动者的思想代表，切身体会到生命的可贵和生存的艰辛，墨子重视人之所欲，对墨子来说，人之所欲的基本内容就是人的生存和繁衍，"食之利也，以知饥而食之者智也"(《三辩》)，"生为甚欲，死为甚憎"(《尚贤》)，"欲福禄而恶祸祟"(《天志》)，墨子明确提出人的物欲的合理性，并以满足万民之物欲作为治国安邦的出发点。"若己不为天之所欲，而为天之所不欲，是率天下之万民，以从事乎祸祟之中也"(《天志》)，为满足基本物欲，墨子提出"生财密"的生产思想(《七患》)，即勤快地生产和工作。墨家反对剥削，崇尚劳动，提出"赖其力者生，不赖其力者不生"(《非乐》)，"不与劳动"的就不能"获其实"。

为长期满足基本生存条件，墨子重视储备，"备"主要指储备、准备。"仓无备粟，不可以待凶岁"，没有储备就度不过灾年。墨子认为，储备关系到国家安危存亡，国家和私家都保持三年粮食储备是抗御天灾战祸的最低限度储备，称之为"国备"。"国无三年之食者，国非其国也；家无三年之食者，子非其子也。"(《七患》)

(三)节用

与儒家提倡的厚葬相反，墨家提出"节用"的观点。节用就是指要节约消费，不能奢侈。将消费品区分为生活必需品与奢侈品，认为只有用于满足生活所必需的消费才是正当的消费，才是合乎"法"或"义"的消费，否则，便是不合"法"或"义"的消费。墨子认为，"凡足以奉给民用则止，诸如费不加于民利者，圣王勿为"(《节用》)，即足以供给就可以了，英明的君王不会去征收那些不能增加百姓利益的费用。

墨子的消费思想是以满足基本的生理需要、生产需要为标准的节用论。节用论在墨子经济思想中占有极其重要的地位。"圣人为政一国，一国可倍也；大之为政天下，天下可倍也。其倍之，非外取地也，因其国家去其无用之费，足以倍之"(《节用》)，墨子认为，圣人治国、理天下，财力可以成倍增长。加倍增长的办法不是对外掠夺土地，而是根据社会经济情况，节约不必要的费用。墨子认为，节用的好处是：(1)可以为简单再生产提供条件；(2)可有社会剩余，加强粮食储备和兵备，"去大人之好聚珠玉、鸟兽、犬马，以益衣裳、宫室、甲盾、五兵、舟车之数"(《节用》)；(3)可以使财富"一国倍之""天下倍之"，从而保证社会多数人的长远消费，维持社会安定，"俭节则昌"，反之则亡。

墨子节用思想主要是向上的而不是向下的，是以限制统治阶级的寄生消费为主要要求。他认为，淫侈的社会风气是由上层统治者一手造成的，上有好者，下必效之。"昔者晋文公好士之恶衣，故文公之臣，皆牂羊之裘，韦以带剑，练帛之冠，入以见君，出以践朝"(《兼爱》)，"楚灵王好士细要，故灵王臣皆以一饭为节，胁息然后带，扶墙然后起。比期年，朝有黧黑之色"(《兼爱》)，可见上层的示范是有力的导向。因此，墨子要求天子、诸侯、王公大人"节于身，诲于民"，以身作则，民众全面实行节用。这样才能形成良好的社会风气，富国利民。

墨子在提出"节用"的消费主张之余，还提出财富使用中的节用应该以实用为标准，并且对衣食住行四个方面做出了详细的描述。"故圣人之为衣服，适身体，和肌肤，而足矣"(《辞过》)，"冬服绀緅之衣，轻且暖；夏服絺绤之衣，轻且清，则止"(《节用》)，"圣王作舟车，以便民之事"(《辞过》)，"足以增气充虚，强身养腹而已矣。故其用财节，其自养俭，民富国治"(《辞过》)，"足以充虚继气，强股肱，耳目聪明，则止。不极五味之调、芳香之和，不致远国珍怪异物"(《辞过》)，"室高足以辟润湿，边足以圉风寒，上足以待雪霜雨露，宫墙之高，足以别男女之礼。"(《辞过》)即衣食住行以能满足百姓的生活需要即可。

(四)尚贤使能

墨子关于人才选拔、任用、考核等观点涉及人力资源管理的大部分问题。墨子认为，"尚贤者，政之本也"(《尚贤》)，贤人乃治国安邦之才，尊重贤才是政治的根本。古代贤明君主，之所以能天下和、庶民阜，是因为他们身边都有真正的人才在起作用，如尧有舜，舜有禹，禹有皋陶，汤有伊尹，文王有闳夭、泰颠、南宫括、散宜生。因此近者安之，远者归之，政治清明，天下太平。国家拥有的贤良之士众多，统治基础就坚实；拥有的贤良之士少，统治基础就薄弱。

墨家认为贤才应有三方面素质，即"厚乎德行，辩乎言谈，博乎道术"(《尚贤》)。墨家重视人品，尊重才能，主张以个人的德行来排列官位的位次，尊重贤良有才能的人，无论是农夫还是工匠，只要有才便提拔任职。"列德而尚贤，虽在农与工肆之人，有能则举之"(《尚贤》)。墨家还从动机与效果来考察人才，"听其言，迹其行，察其所能，而慎予官"(《尚贤》)。

在人才任用方面，墨家主张量才授官，根据才能的不同，分别让他们治理国家、主持官府、管理都邑。这与法约尔区分企业中不同岗位与不同能力相对应的观点相似。墨家主张将爵位、俸禄、权力授予贤人以让其有所作为，"高予之爵，重予之禄，任之以事，断予之令"(《尚贤》)，封他很高的爵位，给他丰厚的俸禄，委任他官职，授予他决策的权力，目的是让他办事成功。

在人才考核方面，墨家主张从品德、能力、效果等方面考核官吏，对他们进行奖励和惩罚，甚至直接改变其职务，乃至免职。墨家主张人才的任职是能上能下的，不是终身制。

【专栏6-4】 墨子激才

《墨子》第四十六篇《耕柱》记载了墨子与弟子耕柱的对话：子墨子怒耕柱子。耕柱子曰："我毋俞于人乎？"子墨子曰："我将上太行，驾骥与牛，子将谁驱？"耕柱子曰："将驱骥也。"子墨子曰："何故驱骥也？"耕柱子曰："骥足以责。"子墨子曰："我亦以子为足以责。"这段话的意思是：墨子对耕柱子发怒，耕柱子说："我不是胜过别人吗?"墨子问道:"我将要上太行山去,可以用骏马驾车,可以用牛驾车,你将驱策哪一种呢?"耕柱子说:"我将驱策骏马。"墨子又问:"为什么驱策骏马呢?"耕柱子回答道:"骏马足以担当重任。"墨子说:"我也以为你能担当重任。"

(五)尚同

为避免纠纷离乱,使社会得到根本治理,墨子提出"尚同一义"的思想,"天下有义则治,无义则乱",应"一同天下之义",就是说人们在政治、经济、思想等领域内关于是非善恶的意见都要下级服从上级,小至乡里,大至天下,下级都要逐级与上级一致,形成自下而上统一行动的组织体系及共有价值观,以达到天下统一的局面。而且,要制止天下动乱,必须选举贤能的士、卿、大夫、天子等来一同天下之义,为万民兴利除害。

本 章 小 结

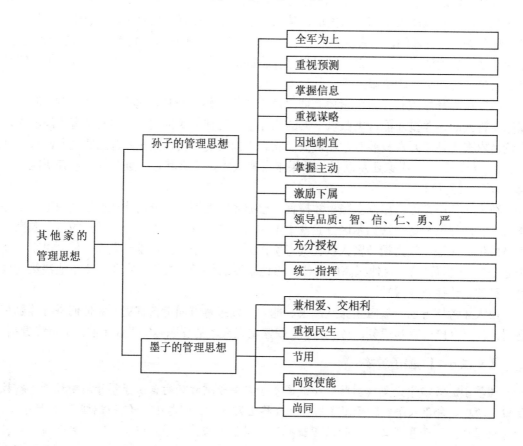

习　题

一、思考题

1. 如何理解《孙子兵法》里的"五事七计""将之五德"？在管理学中如何运用？
2. 孙子兵法与 SWOT 分析法有何异同？
3. 比较兵家管理思想与波特的战略管理思想的异同。
4. 墨家的"兼相爱、交相利""尚贤"思想对现代人力资源管理有何启示？
5. 如何理解墨家的"尚同"思想？它对于现代管理是否适用？
6. 比较墨家管理思想与梅奥的"人际关系"理论的异同。

二、案例分析

1. 华泰的市场兵法[①]

　　《孙子兵法》中慎战、全胜、先胜、善胜、谋深虑远的战略思想，对华泰集团高层领导者筹划企业经营、管理和未来发展形成了深远的影响。齐鲁企业界名声远播的优秀企业家华泰集团董事长李建华，其做人、做事、做企业之道深受《孙子兵法》的影响。他将孙子兵法的谋略思想成功运用到企业的决策和管理，在华泰谋篇布局、战略决策中无不体现着孙子"道、天、地、将、法"等战略思想。纵观华泰集团的发展史，李建华借助孙子兵法的谋略思想，"先谋势后谋利""先求强后求大""先做人后做事"，每每在谋篇布局、重大决策时都能达到"立于不败之地""不战而屈人之兵"的境界。李建华把入"势"的判断与果敢、取"势"的执着与韧性、借"势"的气度与视野、运"势"的权谋与制衡，到最终大"势"的趋向自然与超越自然，都运用的淋漓尽致。2000 年以来，华泰先后投资 75 亿元，连续引进年产 16 万吨、25 万吨、40 万吨、45 万吨四条国际一流水平的高档彩印新闻纸生产线，无论技术装备水平还是产品质量档次，均达到国际顶尖水平，完全具备了与国际造纸巨头抗衡的实力。

　　孙子主张"凡战者，以正合，以奇胜"。华泰集团灵活运用"奇正"思想，经营中无不使其"奇"。"奇兵"充分体现在经营目标、产品创新、价格定位、分销渠道、促销策略、拓展市场等产、供、销各个环节、各个方面。华泰集团紧抓市场脉搏，不错过任何打造和展现产品质量和品牌的机会，根据市场环境和顾客需求"自己打倒自己"，开发具有更强生命力的新产品、新方案，做到创新一代，储备一代，研制一代，构思一代，使产品结构和营销、服务永远处在滚动更新状态之中，使"华泰"这个品牌根深叶茂，永远保持生机与活力。

---

① 魏振香. 传奇华泰：华泰集团经营谋略与管理艺术探渊[M]. 北京：中国石油大学出版社，2007.

分析：

(1) 华泰集团的经验体现了哪些《孙子兵法》的管理思想？

(2) 华泰集团的经验对其他企业有何借鉴价值？

2. 华为"干部改进作风 8 条"与"16 条员工军规"

华为在反思干部的责任和使命上也是不遗余力——要求华为人践行和传承公司文化和价值观，以文化和价值观为核心，管理价值创造、价值评价和价值分配，特别是管理者，要带领团队持续为客户创造价值，实现公司商业成功和长期生存。

华为管理者的 18 条惰怠行为：

(1) 安于现状，不思进取

(2) 明哲保身，怕得罪人

(3) 唯上，以领导为核心，不以客户为中心

(4) 推卸责任，遇到问题不找自身原因，只找周边原因

(5) 发现问题不找根因，头痛医头脚痛医脚

(6) 只顾部门局部利益，没有整体利益

(7) 不敢淘汰惰怠员工，不敢拉开差距，搞"平均主义"

(8) 经常抱怨流程有问题，从来不推动流程改进

(9) 不敢接受新挑战，不愿意离开舒适区

(10) 不敢为被冤枉的员工说话

(11) 只做二传手，不做过滤器

(12) 热衷于讨论存在的问题，从不去解决问题

(13) 只顾指标不顾目标

(14) 把成绩透支在本任期，把问题留给下一任

(15) 只报喜不报忧，不敢暴露问题

(16) 不开放进取，不主动学习，业务能力下降

(17) 不敢决策，不当责，把责任推给公司。公司是谁？

(18) 只对过程负责，不对结果负责

华为干部改进作风 8 条：

(1) 我们绝不搞迎来送往，不给上级送礼，不当面赞扬上级，把精力放在为客户服务上。

(2) 我们绝不动用公司资源，也不能占用工作时间，为上级或其家属办私事。遇非办不可的特殊情况，应申报并由受益人支付相关费用。

(3) 我们绝不说假话，不捂盖子，不评价不了解的情况，不传播不实之词，有意见直接与当事人沟通或报告上级，更不能侵犯他人隐私。

(4) 我们认真阅读文件、理解指令。主管的责任是胜利，不是简单的服从。主管尽职尽责的标准是通过激发部属的积极性、主动性、创造性去获取胜利。

(5) 我们反对官僚主义，反对不作为，反对发牢骚讲怪话。对矛盾不回避，对困难不躲闪，积极探索，努力作为，勇于担当。

(6) 我们反对文山会海，反对繁文缛节。学会复杂问题简单化，六百字以内说清一个重大问题。

(7) 我们绝不偷窃，绝不私费公报，绝不贪污受贿，绝不造假，也绝不允许我们当中任何人这样做，要爱护自身人格。

(8) 我们绝不允许跟人、站队的不良行为在华为形成风气。个人应通过努力工作、创造价值去争取机会。

华为16条军规：

(1) 永远不要低估比你努力的人，因为你很快就需要追赶他(她)了。
(2) 如果你的声音没人重视，那是因为你离客户不够近。
(3) 最简单的是讲真话，最难的也是。
(4) 你越试图掩盖问题，就越暴露你是问题。
(5) 造假比诚实更辛苦，你永远需要用新的造假来掩盖上一个造假。
(6) 公司机密跟你的灵魂永远是打包出卖的。
(7) 从事第二职业的，请加倍努力，因为它将很快成为你唯一的职业。
(8) 在大数据时代，任何以权谋私、贪污腐败都会留下痕迹。
(9) 不要因为小圈子，而失去了大家庭！
(10) 如果你想跟人站队，请站在客户那队。
(11) 忙着站队的结果只能是掉队。
(12) 那个反对你的声音可能说出了成败的关键。
(13) 如果你觉得你主管错了，请你告诉他。
(14) 讨好领导的最好方式，就是把工作做好。
(15) 所有想要一夜暴富的人，最终都一贫如洗。
(16) 遵纪守法，磨好自己的豆腐，发好自己的豆芽。

分析：

(1) 华为有关干部与员工的行为规定体现了哪些《孙子兵法》的管理思想？
(2) 这些行为规定是否合理？如何改进？

3. 工匠精神

2016年03月29日，国务院总理李克强在北京召开的第二届中国质量奖颁奖大会上做出批示："各行各业要弘扬工匠精神，勇攀质量高峰，打造更多消费者满意的知名品牌，让追求卓越、崇尚质量成为全社会、全民族的价值导向和时代精神"。工匠精神是指工匠对产品精雕细琢、精益求精的理念，距今2000多年的诸子百家争鸣的战国时代，我们就曾诞生墨子和鲁班两位世界级工匠。此次由李总理的"再提出"，乃是国家打造"质量文化"价值观、为"中国制造"(Made in China)去污名化所做的努力。

分析：

(1) 墨家的工匠精神包括怎样的核心价值观？

(2) 在当前供给侧结构性改革背景下，中国制造企业为什么要重塑工匠精神？如何重塑？

三、管理技能训练

1. 收集企业运用兵家管理思想的案例，分析兵家管理思想对我国现代企业管理有何借鉴意义，撰写一份调研报告。

2. 收集中国制造的工匠精神的资料，分析中国制造企业如何重塑工匠精神？撰写一份调研报告。

【推荐阅读书目】

孙武. 孙子兵法. 上海：上海古籍出版社，2006

夏增民. 上兵伐谋：《孙子兵法》与企业经营管理. 武汉：华中科技大学出版社，2014

黄川. 管理中的孙子兵法. 北京：机械工业出版社，2003

维尔纳·施万费尔德. 无敌兵法·孙子管理学. 上海：上海译文出版社，2009

孙武. 孙子兵法. 上海：上海古籍出版社，2009

李小龙. 墨子. 北京：中华书局出版社，2016

刘烨. 墨子·攻略. 北京：中国电影出版社，2006

孙中原. 墨学通论. 沈阳：辽宁教育出版社，2008

陈转青. 墨家管理思想研究. 北京：中国农业科技出版社，2006

李小龙. 墨子. 北京：中华书局，2016

第七章

西方早期管理思想

学习目标：理解管理产生的原因；了解中世纪、文艺复兴、宗教改革史实；理解古代管理思想、中世纪管理思想以及文艺复兴与宗教改革的意义。

关键概念：管理(Management)　欲望(Desire)　资源(Resource)　管理思想(Theories of management)

最令你不快的顾客是你最大的学识来源。

——比尔·盖茨

第一节　西方古代管理思想：应天顺欲

一、古巴比伦的管理思想

(一)产生背景

公元前19世纪初在两河流域兴起了一个以巴比伦城为首都城的古国,史称古巴比伦王国。公元前4000年至公元前2250年,两河文明处于鼎盛时期,每年春天,高原积雪融化致使两河在美索不达米亚地区泛滥成灾,特别是下游地区,地势低凹,几近淹没。一个神话流传至今,鲜活地反映了这种情景：一位巴比伦国王的先人梦见了神仙,神仙告知他,洪水即将淹没大地,惩戒人类犯下的罪行。神因一直对自己非常虔诚,准备搭救他。这人听从神的叮嘱,建造了一只方舟,领着全家,还带了植物种子与几只动物。不久,乌云密布,狂风大作,暴雨袭来,滔滔洪水淹没了一切生命,只有那只方舟在茫茫无际的水面上漂行了七天后,风终于停了,河水渐渐平静下来。方舟在山旁停靠后,把动物放到山上,把种子播种在土地上,大地上的生命重新开始并世代延续。西方著名的诺亚方舟的故事也是从这个传说演变来的。当然,神话毕竟是神话,神仙与和平鸽都不能给人们带来真正的幸福与安详。要战胜洪水,还得靠人们自己。古巴比伦人与洪水抗争中,逐渐学会了开渠造河、修建堤坝。洪水被治理后,和埃及尼罗河一样,泛滥的洪水带来大量淤泥,使两岸的土壤变得十分肥沃，另外阳光充足，水量充沛，粮食丰收，人们享受着河流定期泛滥带来的自然馈赠[①](见图 7-1)。

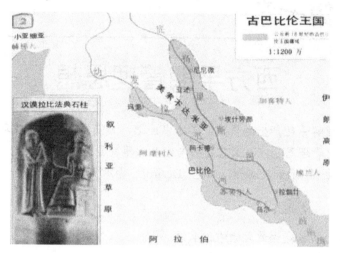

图 7-1　古巴比伦王国地图

(二)管理实践与管理思想

1. 中央集权的专制统治[②]

汉谟拉比统一两河流域后，宣扬君权神授，建立了中央集权体制，垄断政治、军事、外交、司法和宗教等权力，由他直接任命中央与地方官吏。大行政区设总督，在大城市中任命被称为"沙卡那库"的官员，小城市任命被称为"拉比亚努姆"的官员治理。有些城市拥有一定自治权，商人督官是从富裕商人家族中选出的，任期一年，负责税收、运河开凿、城墙修筑、公共仓库和码头的管理等事务。

2. 汉谟拉比法典

《汉谟拉比法典》是世界上现存的古代第一部比较完备的成文法典。法典由三部分构成：序言、正文、结语。序言部分宣扬汉谟拉比受命于神，结语部分颂扬汉谟拉比的丰功伟绩。汉谟拉比法典的顶端有两个人物，坐在椅子上的是正义之神沙马什，另一个则是汉谟拉比，意在说明"我(汉谟拉比)是受神的旨意来统治这片土地的"。法典共 282 条条文，刻在一块巨大的黑色玄武岩石柱上，其中一条规定：奴隶可以买卖，可以抵债。其目的是为了维护统一王国的统治和奴隶制社会秩序，实质是维护奴隶主阶级利益，是古巴比伦留给世界文明的重要遗产之一。

---

① 盛文林. 最经典的世界历史常识[M]. 北京：台海出版社，2011：24.
② 王德清. 中外管理思想史[M]. 重庆：重庆大学出版社，2005：182.

通过法律进行政府管理，也许是古巴比伦人对管理思想的一大贡献。从《汉谟拉比法典》的法律条文中，我们能够真切地感悟古巴比伦人的管理思想。

3. 宗教观念

著名史诗《埃努玛·埃立什》汇集了苏美尔民族的创世思想，颂扬神埃阿之子、主神玛尔都克的事迹。这首诗约一千行，成书于约公元前 15、14 世纪，后经学者从七块泥板中考据整理出来，故又称"七块创世泥板"，是历史上最早关于创世神话的题材之一。这个神话故事体现了古巴比伦人对传世、人类起源等方面的思考，对自然的崇拜。两河流域统一后，宗教由多神教向一神教的演变，反映了巴比伦社会从母权制度向父权制度的过渡，原始社会向奴隶制转变的历史进程。提亚玛特代表了阴性世界，不满众神的强大，欲惩治诸神，埃阿神代表阳性世界，不畏先辈的威力，先斩后奏，夺取王位。埃阿之子玛尔都克继承父业，成为阳性世界的首领，他勇猛顽强，不屈不挠，经过殊死搏斗，终于战胜神母提亚玛特，体现了男性的刚强和伟大。这个故事反映了巴比伦王国在两河流域统一后强大的现实，以及中央集权的政治体制和王权神授的宗教观念。

美索不达米亚大部分的神供在庙里，祭司是古代美索不达米亚国家一个最特殊的阶层，是神庙的神职人员，负责主持祭祀活动，念咒祈祷，占卜，节庆典礼等。

二、古埃及的管理思想

(一)产生背景

古埃及，文明古国之一，起源于尼罗河流域，位于非洲东北部尼罗河中下游地区。古埃及文明形成于公元前 3150 年，从那尔迈国王统一了上下埃及起，共经历了 7 个时期 31 个王朝的统治。地理状况决定了古埃及具有较强的孤立性，东西两面为沙漠，南方有几大险滩，只有东北角的西奈半岛与西亚出入较为便利(见图 7-2)。尼罗河，古埃及发祥地，源于非洲中部的白尼罗河和源于苏丹的青尼罗河合流而成，纵贯埃及全境的尼罗河，每年的 7 月—11 月如期泛滥，灌溉两岸旱地，同时富含矿物质和腐殖质的泥沙渐渐沉积下来，河的两岸变成了黑色的肥沃土壤。因此，古代埃及人称自己的国家为"凯麦特"(黑土地)。古希腊历史学家希罗多德曾评价说埃及是尼罗河馈赠的厚礼[①]。

图 7-2 古埃及地图

---

① 朱亚娥. 世界文明史、中华文明史[M]. 北京：中国华侨出版社，2014：143.

(二)管理实践与管理思想

1. 政教合一的专制主义政体[①]

古埃及建立起中央集权的专制制度,以法老为最高统治者,自上而下建构起一套行政管理体制,层次分明,分工明确,各项管理制度已基本成形,保证了政治、经济、生活正常运转。司法、行政、立法、宗教等所有权力均有法老掌管,法老王权还被神化,称之为神王。法老以下设有一套行之有效的两级政府机构即中央政府和地方政府,政府机构管理全国与各地事务。中央政府最高官职叫维西尔,相当于中国的宰相,其权力是全方位的,如立法、建筑、国防、国家资源调查和分配、征兵、祭祀等等,权力仅次于法老,主要对各个政府部门进行监督和管理,中央政府设有司法部、财务部和军事部等部门。

在神权政治体制下的最高统治者们,一般会兴建一些祭神的建筑物向世人昭示自己与神的联系以及统治的正统性与权威性,金字塔就是很好的例证。金字塔在古埃及社会彰显神权政治中神权化法老统治的合法性,最近的考古发现也证明了这一点。

2. 管理幅度原则

埃及人是"管理跨度(管理宽度)"原则的实践者。金字塔考古中发现,在法老的陪葬品中,奴仆的雕像特别有趣:"每一个监督者大约管理十名奴仆"。后来的希伯莱人在《圣经》里提出的以十为限的管理思想大概源于此。

3. 分权思想

古埃及管理分工明确,体现古埃及的分权思想。法老为最高统治者,享有神权,掌握军权,中央机构辅助法老的宰相掌管全国的司法、行政及经济事务,宰相不兼军务。

4. 古埃及的宗教

宗教是古埃及文明最主要的组成部分,贯穿了古埃及整个历史。古埃及最重要的宗教中心有:赫利奥波利斯、孟菲斯、赫尔摩波利斯和底比斯。

人身兽头的神是埃及崇拜的神灵,有阿蒙(Amon)、阿努比斯(Anubis)、哈托尔(Hathor)、荷拉斯(Horus)等诸神。古埃及宗教体现人神关系为:诸神告诫人们什么该做,什么不该做;世上之所以涌现各种罪恶,是因为人们违背了神氏的意愿;古埃及人认为神氏的引导是通过人的舌与心两个器官来实现的。由于心是用来决策、拟定计划的器官,舌则将决策和计划告知于众的器官。古埃及人认为善有善报,恶有恶报。

古埃及人相信世界是有始无终的,世界期初一片混沌,经过创世神的创造和整顿后,世界才开始存在。古埃及人坚信,万事万物都循环往复进行的,没有终点。古埃及人时间

[①] 张东向. 管理阶梯理论[M]. 北京:企业管理出版社,2011:36.

观则是看重未来，等着他们去享受的是无尽的未来世界。

古埃及人认为今生是短暂的，来世才是永恒的。人由两部分构成：一是看得见的人体，二是看不见的灵魂。人死后，灵魂"巴"仍然以尸身为依托，但可以自由飞离尸身。因此，人死后为了保证尸身不腐，被做成木乃伊，还要为死者举行名目繁多的复杂仪式，使亡者的各个器官重新发挥作用，在来世能够复活。继续生活，就需要有坚固的永久生活住所，古王国时的金字塔和中王国、新王国的墓室就是为亡者永久生活的住地所建造的。

三、古希腊的管理思想

(一)产生背景

古希腊文明开端于公元前8世纪的古风时期，终结于公元前146年被罗马征服，持续时间约为650年，属于海洋文明，是西方文明最主要和最直接的源头。古希腊是一个地区的称呼，不是一个国家的概念，位于欧洲东南部，地处地中海的东北部，包括希腊半岛、爱琴海和爱奥尼亚海上的群岛与岛屿、土耳其西南沿岸、意大利东部和西西里岛东部沿岸地区(见图7-3)。

图7-3 古希腊地图

古希腊所在地，高山绵延，沟壑纵横，耕地匮乏，土地贫瘠，因为没有大河流域，严重限制了粮食生产。但是，上苍赋予古希腊人得天独厚海洋资源，这里有浩瀚的海域，绿岛相连，海岸曲折，有众多的天然良港，为古希腊人创造特有的海洋文明提供了物质基础。地中海气候又适合葡萄酒与橄榄油的出产，为海外贸易提供可交换的商品。为了生存，古希腊人不得不从事海外贸易、海外殖民和经济文化交流。正是这些原因，造就了古希腊人重求知、善思辨、敢冒险、互利互惠、崇尚自由的民族性格。①

(二)管理实践与管理思想

1. 城邦制政体

地理状况形成了古希腊区域数量众多又相对独立的城邦制国家。不同城邦国家，创建与实践着不同的政治制度，如斯巴达为代表的城邦实行君主制，统治权牢牢控制在君主手中；如雅典为代表的城邦实行民主政治；还有一些城邦则是由贵族或由少数人控制的议会进行统治。虽然古希腊所处地域狭小，但其政治制度获得了丰富多彩的发展。仅就政体来分，古希腊就经历了贵族制、民主制、寡头制和僭主制的演变。尤为突出的是古希腊的民主政治制度是古代人类对直接民主制度最早的尝试之一，对后世产生了深远的影响。

2. 神话与宗教

古希腊神显著特点是与人同形同性，能够从其众多神话传说中得到印证。神与人相比，人有寿命，而神有无限寿命，长生不老且更强大更有力量，神性是放大的人性，优缺点更加突出。希腊的神是现实人的升华，具有人的外形、思维、性情和行为。神也争强好胜，也有七情六欲，诸如虚荣心、嫉妒心、报复心等，每位神也有各自性格特征，有勇敢的也有胆怯的，有厚道的也有奸诈的，有大方的也有小气的，有高雅的也有粗俗卑鄙的。神会犯错，甚至犯罪。如众神之王与人类父亲之称的宙斯所作所为就是一个典型的暴君，私生活混乱。神人同形同性，神界王国矛盾重重，危机四起，其实就是现实城邦王国的真实反映。

古希腊泛神论或多神崇拜相对于一神论而言，对人的思想与行为禁锢要轻，正因为古希腊人思想信仰缺乏同一性，他们思想也比古代东方文明地区的人们要开放得多，活跃得多，也与他们创建并兴盛贵族共和国和民主政治也有一定关联性。古希腊崇拜神很多，宗教节日自然就多。节庆日为希腊各族各城邦之间增进彼此交流，沟通情感与思想提供了机会与场所，为古希腊政治稳定、经济繁荣与文化昌盛提供了物质基础。

3. 代表人物的管理思想②

思想家往往产生于工商业最发达，内部斗争最激烈，最易接触其他先进文明的地区。古希腊最出色的有：苏格拉底(Socrates)、色诺芬(Xenophon)、柏拉图(Plato)、亚里士多德(Aristotle)。他们无论从哪个层面来讲，对后人的影响都很深远。

苏格拉底(Socrates，公元前469—公元前399年)，雅典人，思想家、哲学家、教育家。他出身于中产家庭，母亲是助产妇，父亲是雕刻匠，受过正规的传统教育，也从军打过仗。

---

① 徐继素，陈君慧. 世界通史：第1卷[M]. 北京：中国戏剧出版社，2008：101.
② 郭咸纲. 西方管理思想史：第三版[M]. 北京：经济科学出版社，2008：16.

苏格拉底以侮辱雅典神、引进新神论和腐蚀雅典青年思想之罪名被瑞典法庭判处死刑,尽管他有机会逃跑,为了捍卫雅典法律的权威,宁愿牺牲。苏格拉底采用"问答法"传播他的思想,即采用一问一答方式,先让受教育者充分表达自己的观点,再一一揭露其矛盾,使受教育者在不知不觉中接受他的观点。他认为各种事实论证的结论早已存在人们的心灵之中,作为教育者,任务就是把隐藏心灵中的知识接生出来,就像胎儿早已存在于母亲腹中,接生婆的任务就是把胎儿接生出来一样。苏格拉底从个别得到一般的方法,可以叫作"精神接生术"。

苏格拉底认为管理具有普遍性,社会公共事务的管理技术与私人事务的管理技术相互通用的,只是在量上的不同而已,如果一个人不能管理私人事务,那么他肯定不能管理社会公共事务。但是苏格拉底忽视了管理的特殊性,也就是说,管理是一项专业性极强的工作,不同管理事务有自己的独特性。

色诺芬(Xenophon,约公元前430—公元前350年),历史学家,苏格拉底的弟子。他出身于雅典富人家庭。他根据自己经营与管理庄园的实践经验,写成专门论述经济问题的第一部著作《家庭管理》(又称《经济论》)。这部著作在管理思想上的主要观点有:第一,率先提出经济管理的研究对象。古希腊是建立在奴隶主对生产资料和奴隶的私有制基础之上的,生产活动是以家庭为单位,由奴隶去完成,据此,他认为,"家庭管理"研究对象是优秀的主人如何管理好自己的财产,而"家庭管理"囊括了奴隶主阶级对生产资料和劳动力(奴隶)的各种组织与管理问题。第二,首先提出了管理水平优劣的判别标准。他认为,管理水平优劣的标准是财富是否得到增加,并认为管理中心任务是创造更多的财富。第三,首先认识到了加强人的管理是管理的中心任务。这一点对当时来说,意义非常重大,因为在当时奴隶制社会里,奴隶与牲畜一样,只是会说话的工具而已,根本就不当人。这个思想虽然从客观上否定了奴隶制的统治基础,也为后来管理思想的发展奠定了思想基础,但是从本质上讲,他的主张还是为奴隶主统治阶级服务的。他提出,对奴隶的管理应该严厉,对顺从听话的奴隶应该给予较好的待遇,另外还提出了训练奴隶的办法。第四,色诺芬阐明了分工及必要性。一个人不可能精通一切技艺,分工可以提高产品质量,因此劳动分工是必要的。

柏拉图(Plato,公元前427—公元前342年),原名为亚里斯多克勒斯,唯心主义哲学家,思想家,苏格拉底的学生。柏拉图出身于雅典的贵族家庭,在苏格拉底死后,曾流亡海外12年,游历埃及和南部意大利等地,四十岁时重返雅典,建立柏拉图学院,教授哲学,著书立说,影响很大。柏拉图著作甚丰,其中最主要的是《理想国》(又译《国家篇》)。

他的管理思想基于国家视野中的劳动分工,认为国家起源于劳动分工。"如果一个人根据自己的天赋,在适当的时间内只做一件事,不做别的工作,那么他这项工作会做得更容易,更有成效。"他的结论是每一个人都应该按自己的职业天赋为国家服务,他将理想国中的公民分为治国贤哲、武士、民间艺工3个等级,分别代表人具有的智慧、勇敢和欲望3种品性。第一等公民为治国贤哲,拥有智慧,以自己的智慧来管理国家,这个阶层是专门统治人的。柏拉图认为，只有哲学家才能洞察真理，具有完美德行，富于知识，以正义治国，所以"国家与个人非由真哲学家治理，均不能至完善之地位"。第二等公民为卫国的武士，勇敢，天生有军事才能的人组成，做辅助统治的工作。他们以其勇敢来帮助统治者实施暴力和防御，以保障从事各种行业人们的生活需要。治国贤哲和卫国武士不能有家庭，不能有私产，因为私产和家庭是一切私心邪念的根源。第三等公民为民间艺工，为欲望驱使，只能从事一种适合于自己天性的手艺，包括手工业者、农民、商人等，他们通过其劳动供给国家物质财富，且接受第一等与第二等两个等级的统治。这些劳动者是天生有体力和劳动能力的人，柏拉图把自由民中穷困的贫农比做没有尾针的雄蜂，奴隶是会说话的工具。所以，在柏拉图的理想国里，基本上没有贫民和奴隶的位置。

柏拉图提出人的本性即灵魂，是由 3 个部分组成：理性、意志和欲望，并与国家 3 个等级相对应。理性是最优越的部分，当它统率和指导其他部分时，灵魂就有了智慧的品性，对应于第一等人。意志是灵魂用以发起行动的部分，当它坚定不移地执行理性的指示，帮助它控制欲望时，灵魂就有了"勇敢"的品性，对应于第二等人。欲望是灵魂里面最低劣的部分，当某种欲望和快乐受到控制时，灵魂就有了"节制"的品性，对应于第三等人。在理想国里，各个阶层的人应该像人的灵魂的各部分器官一样，相互协调，各执其事，各尽其职，不可擅越。

亚里士多德(Aristotle，公元前 384—公元前 322 年)，哲学家，教育学家，百科全书式的学者，柏拉图的弟子。出身于奴隶主阶级的中产阶层。他的父亲是御医，受父亲的影响，亚里士多德对生物学和实证科学感兴趣。在柏拉图学院学习达 20 年，深受柏拉图的影响，又对哲学推理发生了兴趣。

亚里士多德著作涵盖政治学、逻辑学、动物学、哲学、理论学与美学等领域，在《政治学》中揭示了管理者和被管理者的关系是天赋的，他说："从来不知道服从的人，不可能是一位好的指挥官。"亚里士多德"天赋人性"思想与我国孟子"劳心者治人，劳力者治于人；治人者食人，治于人者食人"如出一辙。他的第二个贡献则是继承与发展色诺芬"家庭管理"思想。另外，亚里士多德的哲学贡献，在于揭示事物内在的发展规律，对管理思想发展也极具启迪意义。他认为世界是由各种本身的形式与质料和谐一致的事物所组成的。"质料"是事物组成的材料，"形式"则是每一件事物的个别特征。就像是有一只鼓翅乱飞的鸡，这只鸡的"形式"是它会鼓翅、会叫、会下蛋等，当这只鸡死时，"形式"就不再存在，唯一剩下的就是鸡的物质。

四、古罗马的管理思想

(一)产生的背景

古罗马文明通常指从公元前 9 世纪初源于意大利中部台伯河入海处，历罗马王政时代、罗马共和国，于 1 世纪前后扩张成为横跨欧洲、亚洲、非洲的庞大罗马帝国。罗马地理环境与古希腊类似，地处今意大利半岛，是一个多丘陵，多沼泽的地区，农业生产不发达，航海条件不如古希腊，因此罗马采用一种血腥的侵略和扩张方式解决他们的生存问题。依靠着强大军事力量，从昔日台伯河边上一个小城，一跃成为统治着200万平方英里的帝国。与侵略活动相适应，根据罗马人自己的神话传说，认为他们是特洛伊人的后代，也是战神马斯的后代，罗马城的建立者和罗马人的第一个王则是母狼养大的罗慕路斯①(见图7-4)。

图7-4 古罗马地图

(二)管理实践与管理思想②

1. 政治制度从集权、分权到再集权的管理实践

罗马由一个微不足道小城邦发展成为一个庞大罗马帝国，政治制度从集权、分权到再集权的管理实践，与不同时期国家政治体制相适应，还建立了相应的管理机构。罗马历经王政时期、共和时期、独裁时期和帝制时期等。罗马自公元前510年左右成立了共和国，国家由元老院、执政官和部族会议三权分立。执政官由百人队会议从贵族中选举产生二人，协商处理国家政治事务，遇紧急事变则以其中一人为独裁官，为期半年。执政官有随从十二人，肩荷棒一束，中插战斧，象征国家最高长官的权力，这种棒称为"法西斯"。这也是二战"法西斯"一词的来源。掌握实权的元老院由氏族长和退任执政官组成，有决定内外政策亦即审查和批准法案之权，并监督执政官，这些对后来国家管理机构与政治体制影响很大。

---

① 刁纯志. 西方文化源流[M]. 成都：电子科技大学出版社，2013：66.
② 郭咸纲. 西方管理思想史：第三版[M]. 北京：经济科学出版社，2008：19.

2. 十二铜表法

从制定过程看，十二铜表法是平民与贵族斗争胜利的产物。公元前 5 世纪，罗马法律还是习惯法，贵族法官享有法律解释权，法官利用法律解释权为贵族谋利益，损害平民利益，因此平民要求制定成文法，经过长期斗争，终于在公元前 449 年，迫使贵族成立十人委员会(十人团)，制定和颁布了成文法。这个成文法刻在十二块牌子(铜表)上，因此而得名为十二铜表法。

十二铜表法虽是成文法，但基本上还是习惯法的汇编。内容包括传唤、审判、求偿、家父权、继承及监护、所有权及占有、房屋及土地、私犯、公法、宗教法、前五表之补充、后五表之补充等十二篇，一定程度上限制了贵族特权，打破其对法律垄断，保护了平民的利益。十二铜表法颁布之后，就成为共和时期罗马法律的主要渊源。

3. 最先采用类似现代股份制企业形式

罗马人意识到现代企业的某些性质。"罗马人发展了一种类似工厂的体制"，并且用建立公路体系的办法以保障军事调动和商品分配。古罗马国家首创性地采取类似现代股份制公司的形式，向公众出售股票。商人深入波罗的海、斯堪的那维亚、爱尔兰、北非、东非和西非沿岸，向东与帕提亚、巴克特利亚及中国辗转相通，从海路经印度到达孟加拉湾、马来半岛，并由此进入中国。据《后汉书》记载，"恒帝延 9 年(公元 166 年)，大秦一安敦遣使自日南献象牙犀角。"商业贸易的繁荣，丰富了罗马人的管理视野。

4. 遵纪守法的军人素养

古罗马公民长期军旅生涯中，长期接受军令如山、绝对服从等军队文化的整训，具备了遵纪守法的品质，又具备了以分工和权力层次为基础的管理职能及设计能力。正因如此，罗马帝国才能在它所处的历史阶段势不可挡，所向披靡。正如雷恩所说："罗马人也具有遵守秩序的天赋，而军事独裁政府以铁腕手段统治着整个帝国。"

5. 代表人物及管理思想

贾图(Marcus Poreius Cato，公元前 234—公元前 149 年)，古罗马政治家和作家，贵族保守派的代表，历任执政官、监督官等职。主要著作《论农业》。在此书中，他提出挑选管家的 9 条守则：维护纪律；尊重别人的权利；负责调解奴隶的纠纷，对有错一方应予惩罚；监工举止应当谦恭有礼；保证使农场奴隶整天忙于工作；重视农奴主推荐的奴隶，同时注意同两三个其他的农场保持联系，必要时交换必需物品；认真同农场主核对账目；对爱护牲口的奴隶应当奖励；事先要用充分的时间安排各项工作。

瓦罗(Marcus Terentius Varro，公元前 116—公元前 27 年)，古罗马奴隶主思想家，曾任大法官，还受君王之命筹建了罗马第一所公立图书馆。瓦罗也同样著有《论农业》一书，在此书中，瓦罗讲到农庄人员的选择，要选择那些能够从事劳动并有农业习性的农庄工人，可以用几种工作对他们进行测验，并询问他们在以前的主人那里做些什么。对于监工，瓦罗认为，监工应该受到一点教育，并且性情好，有节约的习惯，最好比工人年纪大些。监工在农业工作方面应该很有经验，以便使工人尊重他，只要监工能用语言来达到目的，就无权用鞭子来强制执行纪律。如选择一个结过婚的奴隶做监工是较为明智的，因为婚姻使人更为稳定和依附在一个地方。如果对监工付给报酬，他就会工作得更愉快等。

第二节 中世纪管理思想：压抑人欲

一、中世纪的社会背景

  欧洲中世纪，从公元 476 年西罗马帝国灭亡到公元 1500 年的一千年间，是无知与愚昧的时期，也是最黑暗的时期。蛮族日耳曼人的入侵致使罗马帝国的崩溃，几近造就欧洲文化的覆灭。西欧封建制度是从罗马灭亡后的废墟上，由日耳曼、罗马和基督教三种因素互相融合而建立与发展起来的，骑士制度也产生于这个阶段，是欧洲在封建化的过程中逐步形成并确立起来的封建附庸制度，在一定程度上促进了西欧贵族阶层的文明化，中世纪中前期的欧洲国家是一种松散的领土集合体。

  中世纪封建社会有一套封建等级制度，国王是封建社会最大的封建主，他把大部分属于自己的土地有偿分封给大封建主，大封建主再把自己的一部分土地分封给较小的封建主，较小的封建主又分封给更小的封建主。层层有偿分封，形成严整的等级链，封建等级由上至下主要分为教皇、国王、公爵、侯爵、伯爵、子爵、男爵、骑士这几个等级。每一层封建主拥有自己的武装力量，管辖自己的封臣，不能管辖封臣的封臣，也就是我的附庸的附庸不是我的附庸，下层附庸必须对自己的封主效忠，时常为扩大自己的领地与其他封建主甚至领主发生战争，混乱不堪。中世纪的欧洲，封建割据严重，王权衰弱，当时教皇英诺森有这么一句话：教皇权力好比太阳，国王权力犹如月亮，它的光是向着太阳借来的。"由此可以看出天主教势力空前强大，罗马教皇确立了对西欧的大一统神权统治。

  经济方面，中世纪经济主要是封建制的庄园式自然经济，出现了一些商业城市，如巴黎、里昂、都尔奈、马赛、科隆、特里尔、斯特拉斯堡、汉堡、威尼斯、热那亚等等，形成了以地中海为中心的贸易区。天主教会是西欧最大的封建主，拥有天主教地区耕地的三分之一，为获取大量的封建地产收入，向民众征收"十一税"。还兜售"赎罪券"等方式搜刮信徒钱财。

  政治方面，欧洲在封建化过程中，教皇权势不断扩大，基督教逐渐成为封建社会的主要支柱。八世纪中叶，罗马教皇建立了政教合一的教皇国，西欧各国建立了与各国行政体系并行的一整套的教阶体制。以罗马教皇为中心，形成了一个中央集权的教会统治体制。教会享有独立的行政、司法、财政等权力，设有专门的法庭——宗教裁判所，残酷迫害异教徒和反对封建势力的人。12—13 世纪教会势力达到鼎盛，14 世纪以后，随着市民阶级和民族国家的兴起，教会势力受到沉重打击。

思想文化方面，基督教作为一种宗教形态，督教神学教义统治了整个中世纪时期的西欧，禁锢人们的思想，尤其是基督教信仰的核心，三位一体论，原罪论与灵魂救赎论，宣扬人活着的意义就是为了赎罪，拯救灵魂，这种思想充斥了整个中世纪西欧社会，它禁锢人们思想，削弱人们反抗意识，对人生中遇到的一切不公平要学会忍让、屈从。将人的现世今生与上帝、罪、赎罪捆绑在一起，教导人们为了来世过上更美好生活，今生今世要遵从教会的旨意苦修。这种长达千年的精神桎梏，真切地禁锢了中世纪西欧人们的基本思想，盲从信奉宗教宣传，人人是虔诚的基督徒，人人深陷基督教编织的思想禁圈里。

(一)三位一体论①

"三位一体论"是基督教信仰的核心之一，上帝虽是一神，以其独特的神秘感和崇高感存在着，超乎世界之上，又存在于世界之中，对世界起支配和主宰作用，包括圣父、圣子、圣灵三个位格，是通过圣父、圣子、圣灵的行动和表现来显示它的本体存在。他创造了世界，按照他的意志推动世界的发展演化。面对上帝，人们表现出无与伦比的崇拜、敬奉和捍卫，坚定不移地相信世界上的所有和人本身都是上帝的恩赐，失去上帝的庇护，人将坠入万劫不复之地。这种思想先入为主地占据了广大信徒的心境，让人时刻心存敬畏，约束人们的行为，让人们极度的缺乏安全感，对人的生理和心理健康造成很大的危害。同时，人们对这种学说思想上的认同感，错误地引导人们走向了神学世界观的道路，人们的思想被牵制，畅游在基督教的世界里，逐步脱离现实，走向虚幻，人也慢慢地变得呆滞。关于这一点，三位一体论自公元4世纪形成，历经二、三百年都经久不衰，并且发展越来越壮大，教众越来越多的事实是最好的见证。

随着宗教的发展，基督教宣扬的上帝找到了人间代言人——耶稣。人们认为耶稣是上帝唯一的儿子，代表上帝来拯救人类，从此耶稣就成为完全的神和完全的人。教徒们都认为，耶稣的教导为他们认识和理解基督教学说提供了指南，认为耶稣最清楚上帝是谁和上帝正在做什么。同时，人们试图从耶稣的身上找到做人的真正含义。这种神学思想让中世纪的西欧人完全沦陷了，个人崇拜主义和人性自卑感困扰着人们，人们的一切行为准则都受到宗教的影响，生活宗教化成为中世纪西欧人的典型特征。在这种思想下，神性高于人性，人的自我价值惨遭埋没甚至镇压，由此也引发了后来的文艺复兴运动，关于人性的反思。

(二)原罪论

"原罪"，源自《新约圣经》，但圣经没有明确定义。圣经说亚当和夏娃违背与上帝的约定，偷吃禁果被罚，逐出乐园，以戴罪之身开创了人类，他也就是人类的始祖。正因为祖先犯下了罪，又将罪传给了后代，所以每个人一生下来都是"原罪"附体。也就是说：

---

① 高强. 西洋文化简史[M]. 北京：中国民主法制出版社，2012：64.

人从出生就不是纯洁的个体存在，而是背负着原罪的受难者，就算是圣人也不可避免。公元 2 世纪的古罗马神学家图尔德良最先提出，并被圣·奥古斯丁加以详细阐释。"原罪"被认为是人思想与行为上犯罪的根源，是各种罪恶滋生的根，会把人引向罪恶的深渊，使人难以自拔的原因。原罪论赤裸裸地贬低了人性纯净，迫使人乖乖地无条件接受"被说成罪人"的自己，根本上打击了人们的自信心和自豪感，使人们屈从于神学淫威，怀着一颗愧疚、自责、羞赧的心匍匐在宗教脚下，不敢喘大气，唯恐死亡的惩罚降临。在宗教思维控制下，人们变得更哀愁，更脆弱，丧失了作为人最基本的积极乐观、洒脱张扬的个性，永远躲在罪责之中，咀嚼痛苦，自我救赎。此时的人们就好比井底之蛙，盲目相信基督教给予的那片天，丝毫没有怀疑，更没有质疑是否还有更广阔的天空。人们变得粗浅，愚昧无知，畸形心态。

纵观基督教发展历史，不能不说它对民众有其独特的吸引力。中世纪西欧是信仰基督教的时代，其特征为，政治是分散割据的，社会基本无安定和秩序可言。通过采邑制层层分封骑士，形成了领主和附庸关系，基督教会宣称神权高于世俗权威，从而构成了教会对于世俗政府的凌驾与限制。基督教利用教义彻底征服了多数人的思想，"得民心者得天下"，基督教凭借宗教信任得到民众如此的支持，与基督教强大思想禁锢是分不开的。人们面对现实社会秩序混乱，物质贫乏，道德沦丧的现状，期望通过信仰基督教为自己指明一条脱离苦海的精神之路。正好基督教宣扬世界堕落原因在于个人的私欲和内心的堕落，人们摆脱不了自我，因此是有罪的。这就解释了人为什么苦难，并使人们深信不疑。

(三)灵魂救赎论

灵魂，不论是东方还是西方宗教，都有这种说法。人死只是肉身死亡，但灵魂不死，会进入另一个世界，灵魂来到这个世界处境好坏与现世修行有关。所以，人们今生痛苦，寄厚望于来世。基督教把"原罪"教义进一步引申出"赎罪"和"灵魂救赎"。那么人死后，灵魂究竟去哪里？基督教教义说：人死后，灵魂可能进天堂，也或下地狱。人是有原罪的，只有基督徒虔诚于宗教信仰，轻视世俗的物质生活，潜心于修养，超越现世，追求彼岸。是救世主耶稣的流血牺牲，才在上帝面前替人赎了罪。凡是信仰上帝，跟随耶稣的，灵魂都能得救升天，死后也能永生，如无上帝的救赎，灵魂将永受地狱之苦。基督教强调因行称义，只有虔诚修行，或者干脆购买教会兜售的赎罪券，就能洗清罪孽，死后升入天堂。教义把人的思想引入诡秘的虚无境界，人人鄙视自己，急于赎罪，得以超脱。人们一心认定教会是最好的避难所，极力地应和教会的要求。人们的思想完完全全被侵蚀腐化，丧失了对现实生活的发问、反思和追求，放弃了追求现世幸福的权力，以悲观、愁怨、萎靡的态度拥抱来世。后来的神学家在信仰之外，又增加了"圣礼"仪式和行"善功"赎罪方式，说"圣礼得救""善功救赎"，参加"圣礼"行"善功"被认为是灵魂得救的必由之路。天主教的"圣礼"有七种，其中最重要、对群众影响最大的是洗礼、圣餐礼和忏悔礼。《圣经》上记载："如果我们向上帝忏悔认罪，他是诚实、公义的，他要赦免我们的罪，洗净我们所犯的过错。"但不是基督教宣扬的只要诚心忏悔就可以，他还需要改正，需要弥补，将错误缩小，用实际行动去改错，给自己、他人一个交代。悔罪仅停留在烦琐的宗教仪式上，只会误导人们，不能正视自己的罪过，让人养成侥幸心理，淡化责任感意识。

中世纪西欧基督教的核心学说，就是群众思想上的"紧箍咒"，他抹杀和掩盖了人的尊严、人的价值、人的自由意志、人征服自然创造美好生活的作用及反抗不公平待遇追求现世幸福的权利。它麻痹和残害人们的思想意识至深，对整个中世纪西欧群众影响广大。

二、中世纪的管理实践与管理思想

(一)城市兴起[①]

西罗马帝国崩溃后，罗马时代城市大多数衰落了，查理帝国分裂后，西欧各国处于封建割据状态。随着社会生产力发展，11世纪起，西欧开始了旧城复苏和新城产生的历史过程。一些商人，工匠，以及从庄园里逃亡出来的农奴，聚集在港湾、城堡、教堂以及交通要道周围，进行生产和交易。这些地方逐渐演变为中世纪的城市。英国的伦敦，法国的巴黎，意大利的威尼斯、热内亚、佛罗伦萨都是中世纪著名的城市，新兴的城市规模都不太大，一般只有1000~2000居民。

城市多兴起在封建主的领地上，受到领主们的盘剥是必然的，城市居民必须向领主交纳实物和货币，服劳役或军役，还要缴纳各种苛捐杂税。城市兴起后开始对领主开展了各种形式、各种手段的斗争，一些城市斗争还取得了王权的支持，斗争结果是有的城市取得一定程度的自由与特权，成为"自由城市"，也有一部分自由城市进而又取得选举市政官员、市长和设立城市法庭的权利，因而演变为"自治城市"。在法国和英国，随着王权的加强和中央集权国家的建立，城市原有的自由与自治也逐渐消失。

城市兴起以后，城市成为国内外贸易的中心，居民在此交换地方产品。15世纪，在地方传统商品和生产专业化的基础上，逐渐形成国内统一市场。东西方国际贸易已经存在，当时贸易的主要产品是为封建主提供奢侈品。随着东西方贸易量不断增加，逐渐形成两个地中海贸易区和北海、波罗的海贸易区，经营东欧和西欧、东方与西方的贸易。15、16世纪新航路发现后，世界市场开始形成，东西方国际贸易发展为遍及五大洲的世界贸易。城市兴起的政治影响是深远的。城市居民要求为工商业的发展创造条件，反对封建割据，支持国家统一和王权统治。13、14世纪的英国和法国，先后形成议会君主制，强化王权，后进一步发展成中央集权的国家。

---

① 张启安，李秀珍. 西方文明史[M]. 西安：西安交通大学出版社，2014：93.

(二)行会[1]

西欧城市的行会出现在 11—12 世纪。城市兴起,商人根据日常商业活动的需要,购进原料,承包给手工业者或家庭去加工,再由商人收回产成品,并支付给加工者一定的经济报酬(加工费或工资)。但随着国内外贸易的发展,产品需求增加,原先家庭作坊式生产已远远不能适应经济发展的需要,于是商人将几个家庭生产单位集合起来,集中资本、集中生产、集中销售,这样就导致了工厂制度的产生。城市里的手工业者和商人,为避免恶性竞争与防止封建势力的侵扰,捍卫同行业的共同利益,建立了手工业行会和商人公会。行会有自己组织机构与行会章程,明确规定作坊里手工机器的数量,帮工学徒的人数,劳动时间,产品的质量和数量等。在 12—13 世纪,行会起了保护生产和积累经验的进步作用。到 14、15 世纪以后,由于生产的发展,行会内部的分化和阶级斗争的加剧,逐渐走向自身的反面,变成技术进步的阻力和生产发展的障碍,因而逐步解体。

(三)中世纪管理思想

1. 阿奎那的管理思想

托马斯·阿奎那[2](Thomas Aquinas,1225—1274 年),中世纪神学家,经院哲学集大成者,西欧封建社会基督教神学和神权政治理论的最高权威,被基督教会奉为"神学之父"。出身于意大利公爵家庭,1256 年获得巴黎大学神学硕士学位,1268 年 9 月担任巴黎大学的神学教授。阿奎那的神学思想体系创建于教会和反教会力量激烈斗争期间,此时封建教会的统治遭到市民、农民与王权的共同反对,在日益发展的神学异端思想和阿威洛伊—亚里士多德主义哲学思潮的冲击下,基督教神学的权威发生了危机。如何克服这种危机,维护教会的神权统治,成为当时神学家最迫切的任务。

阿奎那的著述甚多,其中以《神学大全》最为著名,是其神学思想最重要,最系统的著作,涵盖社会、宗教、政治各个方面,是一部经院哲学的百科全书。

阿奎那的政治思想是神权政治论,其核心是天主高于一切,一切服务于天主。阿奎那相信神学,给出了能证明上帝存在的五个证据,认为上帝是完美又完整的,可以以三位一体概念完整解释,并主张君权神授即君权来自神权,国王的权力是由上帝通过教会授予的,教权高于王权。他主张政治隶属于宗教,世俗服从于教会,皇帝受命于教皇,其实质是维护封建宗教神学和教会的利益。

阿奎那承认了人的理性的作用,但最终仍是要求理性服从信仰,为信仰服务。他认为人的道德活动根本动因归结为上帝理性,是上帝刻印在人心上的内然命令和内然律,理性

---

[1] 徐浩. 中世纪西欧工业管理研究:以消费者、雇主和雇工权益为中心史学理论研究[J]. 史学理论研究,2015(01),P97.

[2] 吕世伦,谷春德. 西方政治法律思想史[M]. 西安:西安交通大学出版社,2016:83.

只能引导人们认识上帝的存在,道德活动的终极目标要达到最高的善,只能靠对上帝的信仰和爱,只有靠上帝的启示和光照,人才能认识上帝的本质。

阿奎那认为,宇宙秩序是按等级由低向高阶梯式安排的,即从非生物体开始,依次上升到人、圣徒、天使、最高是上帝。每一个等级都有高一级目标,并试图达到此目标。整个体系都倾向于上帝,上帝是整个系统的终极目标,整个系统按上帝的旨意运行。

阿奎那对经济问题也进行一番论述,提出消费的适可原则。生产上的二因素论——劳动和徒弟、经济活动的干预主义、公平价格论、货币论、利息论、商业论等,都显示出其宗教伦理思想。这种宗教伦理思想,在某种程度上,也影响了管理思想中的某些关于社会和人的地位的基本理解,并构成了后来管理思想中,关于人性的某些基本假设中的伦理学基础。

2. 马基雅维利的管理思想

尼克罗·马基雅维利[①](Niccolo Machiavelli,1469—1527年),政治思想家、历史学家,他的思想常被概括为马基雅维利主义。他出身于佛罗伦萨一个没落的贵族家庭,曾担任过佛罗伦萨第二秘书厅秘书长、"自由与和平十人委员会"秘书。从政14年,特别是外交实践,为马基雅维利的政治学说及其《君主论》的著作提供了丰富的历史例证。

马基雅维利是中世纪晚期意大利新兴资产阶级的代表,主张结束意大利在政治上的分裂状态,建立强大的中央集权国家。他抛弃了中世纪经院哲学和教条式的推理方法,摆脱了神学和伦理学的束缚,不再从《圣经》和上帝出发,而是从人性出发,以历史事实和个人经验为依据来研究社会政治问题。

他的人性论是人性恶,人有"权力欲望"和"财富欲望"两大基本欲望。人为满足自己欲望,是反复无常、忘恩负义的,是怯懦、伪善、虚假、嫉妒、对别人充满敌意的。沾染恶习容易,学习优秀品质困难。进而推导出:人们冲突的根本原因是物质利益,统治者必须使用强制手段对人进行管理和控制,才能达到管理目标,这种强制性甚至可以不顾道德原则的。这就是马基雅维利主张的"物质利益决定论"。

国家是人性恶的必然产物,由于人是自私的,追求权力、名誉、财富时经常发生冲突,甚至引发激烈斗争,为防止人类无休止的争斗,国家应运而生,国家颁布刑律,约束邪恶,建立秩序。他赞美共和政体,认为共和政体有助于促进社会福利,发展个人才能,培养公民美德。但他认为,当时处于人性堕落、国家分裂、社会动乱状况的意大利,实现国家统一,社会安宁的唯一出路,只能是建立强有力的君主专制制度。

他向君主献策,为了达到一个最高尚目标,可以使用最卑鄙的手段,具体内容有:君主应当大权独揽,注重实力,精通军事;应当不图虚名,注重实际,残酷与仁慈、吝啬与慷慨,都要从实际出发。不应受任何道德准则的束缚,只需考虑效果是否有利,不必考虑

---

① 金鸿儒. 大师哲学课[M]. 北京:中国商业出版社,2016:40.

手段是否有害，既可外示仁慈、内怀奸诈，亦可效法狐狸与狮子，诡诈残忍均可兼施；君主可以和贵族为敌，但不能与人民为敌；军队和法律是权力的基础。在和平时期军队起到维护社会治安，象征国家的军事力量的作用；在战争时期，军队就成为君主抵抗外来侵略，保护国家安全的重要力量。马基雅维利论述了主应该具备的条件和才能，也就是论述了领导者的素质问题。

第三节 文艺复兴与宗教改革：复苏人欲

一、文艺复兴

文艺复兴，14 世纪至 17 世纪的欧洲思想文化复兴运动。文学艺术在希腊、罗马时代曾经高度繁盛，却衰败湮没于黑暗中世纪，直到 14 世纪以后才获得"再生"与"复兴"。

文艺复兴以古典文化为旗帜，最本质特征是人性的解放，为刚刚登上历史舞台的新兴资产阶级提供价值取向和思想武器的文化运动，是他们创造出其所需要的思想武器。而在更广的意义上讲，"文艺复兴"一词还指代一个时期，代表欧洲社会由中世纪向近代过渡的这一段历史时期。

(一)产生背景[①]

西欧中世纪长时间处于严格的封建等级制度下，基督教一统天下，文学艺术死气沉沉，科学技术停滞不前。与"黑暗的时代"中世纪形成鲜明对比的，是古希腊和古罗马时期辉煌的文化艺术成果，且宽松的政治文化环境和学术自由的氛围，人们可以毫无顾忌，自由地发表各自学术思想。如何回归曾经的辉煌，打破中世纪思想枷锁，需要一次思想大解放。文艺复兴运动就是在这样背景下开始的。

首先，14 世纪欧洲经济中资本主义萌芽与商品经济的迅速发展，为文艺复兴运动提供了物质基础和阶级基础。资本主义萌芽最初出现在意大利的一些城市，由于便利的地理条件造就了意大利悠久的商业传统。除此之外，威尼斯、热那亚、比萨这些港口城市以及北部的佛罗伦萨、卢卡和首都罗马等城市都有发达的工商业。这些城市也较早出现了一批手工工厂，但是封建制度下商品经济发展缓慢，需要资本主义生产方式的出现，才能使商业活动迈出坚实的一步。意大利是文艺复兴发祥地，与当时发达商品经济和城市分不开的。商人、银行家和手工工场主为了维护其自身利益、实现自身价值，是文艺复兴运动的拥护者，支持这场文化变革，新兴资产阶级出现，为文艺复兴提供了阶级基础，为了维护自身的经济、政治利益，需要一种有利于自己发展的新型文化，对抗日益腐朽的封建文化和宗教神权思想。

[①] 王储. 世界文化史教程[M]. 成都：西南交通大学出版社，2016：221.

其次，在政治领域，王权与新兴资产阶级结成联盟，致使罗马天主教会经济实力和政治实力日趋衰弱。一方面，由于中央集权取代了封建割据，英国、法国、西班牙等国封建君主必须通过削弱教会力量来加强王权，另一方面，新兴资产阶级刚刚登上历史舞台，无论在经济上还是政治上都不够成熟与强大，不足以对抗强大的教会实力，再加上各国封建割据严重，罗马天主教还控制着各国政治，资产阶级为了使自己的国家争得独立，以便创造统一的资本活动的国内市场，扩展海外殖民地，新兴资产阶级与封建君王为了各自的利益而结成联盟。

最后，罗马虽然灭亡，但保留下来的珍贵资料为人文主义者的研究提供了有利条件。14世纪末奥斯曼帝国的入侵，一大批东罗马的学者逃往西欧，带去了许多古希腊和古罗马时期的艺术珍品和各类文学典籍。深通古希腊文化的学者，研究和鉴赏古希腊、古罗马文化，在意大利蔚然成风。因此，许多西欧的学者要求恢复古希腊和古罗马的文化和艺术，文艺复兴运动由此兴起。

(二)人文主义：文艺复兴的核心

文艺复兴时期的思想潮流主要有人文主义、个人主义和世俗主义，其中以人文主义(humanism)为核心。

人文主义有两层含义，一层含义是指它研究的是人文学科，而不是神学学科，是与神学相对立的世俗文化。含义来源于 一词"人文学"(studia humanitltis)，人文学是一种研究希腊语、拉丁语一类的古典语言和古代文献的学科。另一层含义是指在文艺复兴时期，同封建宗教神学相对立的资产阶级人性论和人本主义。人文主义者在研究古代典籍的过程中，受到古典时期肯定现世生活和肯定人的思想的影响，建立了以人本主义为核心的人文主义思想新的思想体系。人文主义是文艺复兴的指导思想，是资产阶级的世界观，支配了文艺复兴时期的文学、艺术、哲学和科学的发展。文艺复兴是新兴资产阶级在意识形态领域里的革命，是一次思想解放运动。

人文主义的突出特征是：重视人的价值、智慧和力量，以人为衡量万事万物的尺度。人文主义思想体系包括：第一，提倡以人为中心，反对以神为中心；以人性反对神性；以人权反对神权。中世纪时期封建教会势力异常强大，为了维护自身利益，教会一直极力地压制人性。人文主义者为了表达新兴资产阶级的愿望、实现自身价值、维护自身利益，颂扬人的价值与力量、追求人的独立地位。甚至有许多人文主义者对创世说提出质疑，认为不是神创造人，而是人创造了神。但更多的人文主义者虽然不否定神的存在，但他们一直极力地要求提高人的地位、肯定人的价值。第二，以理性和科学反对蒙昧主义和神秘主义。人文主义者把愚昧无知看作是社会罪恶的根源，要打碎蒙昧主义的精神枷锁，必须批判盲目信仰和崇拜权威。人文主义者认为，中世纪时封建教会压制理性主义，倡导民众盲目地信奉宗教，不仅会束缚人们的思想还会阻碍自然科学的发展。人文主义者主张探索科学，反对崇拜权威，否定神学教育，提倡推广世俗教育。第三，歌颂自由平等，抨击等级制度；

重视现世生活，鄙视来世思想。人文主义者认为人生来平等没有高低贵贱之分，反对封建等级观念对人长期的束缚，主张要获得幸福就要用平等的观念反对等级观念。人文主义者认为长久以来基督教的"来世思想"一直哄骗民众忍受今生的苦难，为的是换来来世的幸福，这是对群众的束缚和愚弄。人生来享有权利，禁欲主义违背人性，所谓的灵魂不死是教会为了自身利益欺骗民众的幌子，人应重视现世生活，追求现世的幸福。

人文主义代表着新兴资产阶级的愿望和要求，是新兴资产阶级世界观的反映。在文艺复兴时期打击天主教会在文化和生活领域的思想统治，是打破封建桎梏、发展资本主义经济的客观要求。人文主义者在打击教会思想方面功不可没，把反封建反神学的斗争矛头直指最黑暗、最反动的罗马天主教会，为新时代的到来鸣锣开道，这是人文主义者的重大贡献。人文主义所力主的精神不仅带给当时的古典文学、历史学、哲学、逻辑学等人文艺术学科繁荣和发展，还影响着数学、医学、生物学等一些自然科学知识领域，其对人价值的肯定，追求真理和勇敢创新的精神所引起的更是整个社会思想和生活领域的变革。

人文主义作为一定历史阶段的产物，也有其局限性。首先，早期资产阶级知识分子并没有以此建立一套资产阶级思想体系。由于人文主义并不是一个有组织的学派发动的思想文化运动，因此它的队伍十分复杂，流派繁多，人文主义思想家内部有多种多样的分歧，难以形成一整套思想体系。其次，人文主义思想还存在大量封建思想残余。人文主义者并不是彻底地反对宗教，而是反对作为封建统治支柱的罗马天主教会。最后，人文主义者思想中的阶级局限性。人文主义者所提倡的人权思想，反映的仅仅是资产阶级的要求，只要求资产阶级从封建思想的束缚中解脱出来，并不要求广大人民群众从阶级压迫和剥削中解脱出来，脱离了广大人民群众。

(三)文艺复兴的代表人物

文艺复兴时期，与中世纪神学最彻底的决裂主要体现在文学和艺术领域，人文主义在这些领域得到了有力的彰显。文学领域之所以最早拉开文艺复兴运动大幕的领域，是因为古典文学本身蕴含浓厚的人文精神，复兴古典文学，不仅仅体现在学者对古典文学的深入研究和挖掘，更重要成果体现在一种世俗精神的出现，反过来，世俗精神的出现使得人们开始用一种全新视角去解读古典文学。

1. 但丁[①](Dante Alighieri，1265—1321 年)

意大利文艺复兴中最伟大诗人，文艺复兴开拓者之一。出身于佛罗伦萨一个没落贵族家庭，但丁的生平记载很少，可能并没有受过正式教育。他著有很多有价值的文学作品，最具价值的是《神曲》，形式工整，由《地狱》《炼狱》和《天堂》三部分构成，各篇长短大致相等，每部也基本相等。采用梦幻方式，游历地狱、炼狱及天堂，并与各类著名人

---

① 游英慧. 比较视角下的欧美文学[M]. 北京：光明日报出版社，2016：51.

物对话。但丁强调教皇并非上帝在人世的全权代表，由上帝执掌天国和尘世的大权是不能授予教皇和教会的，不仅反映了中古时期西方文学成就，也抨击了教会制度的专制和黑暗，肯定了人与人性，人文主义精神在他的文学作品中得以体现。《神曲》里面也有很多中世纪神学方面的因素，足见中世纪时期天主教会对文人思想的禁锢程度，这部长达一万四千余行的史诗中，但丁坚决反对中世纪的蒙昧主义，表达了执着追求真理的思想，对欧洲后世的诗歌创作有极其深远的影响。恩格斯曾评价说但丁是封建中世纪最后一位诗人，也是现代资本主义新时期最初一位诗人。

2. 彼特拉克[①](Petrarca Francesco，1304—1374 年)

桂冠诗人(当时的文人所能享受的最高荣誉)、文艺复兴之父。出身于佛罗伦萨的名门望族，遵循父亲意愿学法律，父亲去世后当年进入宗教界，成为一名教士。第二年邂逅一位骑士妻子劳拉，堕入情网，对劳拉的爱恋之情有增无减。漫长的教会生活使他亲眼目睹了教会的黑暗、腐败、贪婪和虚伪，逐渐形成了人文主义世界观，从而使他在文艺复兴的舞台上捷足先登。

文艺复兴时期用人文主义观点研究古典文化的最早代表，最早提出以"人的学问"代替"神的学问"的文学家，是人文主义的奠基者，被称为"人文主义之父"。他第一个自称是人文学者，召唤人们由神明转向人世。他广泛搜集古典文献，并用全新人文精神视角诠释古典著作，反对经院哲学，主张以"人的思想"代替"神的思想"，对后期的人文主义者产生了深远的影响。他的主要作品《诗集》，共 366 首，其中 14 行诗 317 首，抒情诗 29 首，6 行诗 9 首，叙事诗 7 首，短诗 4 首。全部诗集分上下两部分：《圣母劳拉之生》和《圣母劳拉之死》，抒发了作者对古典文化崇敬，对禁欲主义的厌弃，以及对个性自由的追求，歌颂了对恋人劳拉的爱情，摆脱了教会禁欲主义的束缚，表达了人文主义者勇于追求幸福和快乐的精神。但他的思想还有一定的局限性，他的思想不是以系统的方法阐述的，而是以诗歌形式表达，因此只是表达一些倾向和愿望，而非成熟的观点和学说。他对经院哲学抱有敌视态度，自己却又是一名基督教徒，他的著作中甚至还有经院哲学的痕迹。

3. 薄伽丘[②](Boccaccio Giovanni ，1313—1375 年)

意大利文艺复兴时期的作家，文艺复兴杰出代表，与但丁、彼特拉克并称为佛罗伦萨文学"三杰"。出生地不详，在严父和后母的冷酷中度过了童年。父亲先后让他学习经商、法律和宗教法规，均不感兴趣，自幼聪明好学，喜爱文学，青年时便与彼特拉克结识，并追随他潜心研究古典文学，成为博学的人文主义者，对荷马作品的收集、考证方面做出了重要贡献。晚年，他致力于《神曲》的诠释和讲解，曾主持佛罗伦萨大学《神曲》讨论。

薄伽丘是位才华横溢，勤勉多产的作家，代表作《十日谈》，是欧洲第一部现实主义

---

① 闻钟. 世界上下五千年经典全集(中学版)[M]. 南京：南京大学出版社，2014：153.
② 魏红霞. 学习改变未来·世界上下五千年[M]. 北京：北京教育出版社，2014：118.

作品。佛罗伦萨闹瘟疫期间，7 女 3 男躲进山中一座别墅躲避瘟疫，每人每天讲一个故事，共 10 天，因此命名为《十日谈》。他利用民间语言俏皮、生动、流畅、简洁的特点，把 100 个故事巧妙地串联起来进行创作，开创了欧洲短篇小说这一独特艺术形式。《十日谈》故事有理有据，把抨击的矛头直指宗教神学和教会，揭露和讽刺了天主教僧侣和封建贵族卑鄙、虚伪、残暴和伪善，痛斥僧侣们向世人宣扬禁欲主义，自己却贪图钱财"伪君子""伪善人"，揭穿僧侣们表面上道貌岸然，背地里男盗女娼，过着腐朽糜烂的生活的真实面目，揭示他们诱骗别人远离现实快乐，只不过是为了他们自己更痛快地享受现实的快乐的本质，同时赞美了现实生活和爱情，认为禁欲主义是违背自然规律和人的本性，人有权享受爱情和现世幸福，还批评封建特权，维护社会平等和男女平等。

这部作品出版以后，当时确已广泛流传，深入人心，僧侣们已无法否认书中揭露的事实，也难以反驳书中的思想倾向，当然，这部著作也遭到宗教的迫害。

4. 莎士比亚①(Shakespeare W. William，1564—1616 年)

"英国戏剧之父"，欧洲文艺复兴时期最重要、最伟大的作家，全世界最卓越的文学家之一。联合国教科文组织把他的去世日 4 月 23 日定为"世界读书日"。他出身于英国一个富裕家庭，因父亲破产，读书期间半工半学，做过很多职业，增长了他的社会阅历，从未上过大学。

莎士比亚创作很多剧作，展示出了 16 世纪至 17 世纪初广阔的社会景观，表现了社会各界人士不同的生活状态。《仲夏夜之梦》便是一部集中体现文艺复兴精神和人文主义思想的喜剧，莎士比亚对人性的深度顿悟像座庄严奇掘的大厦一样慢慢地显现出来了，剧中故事虽发生在古希腊，但人物思想感情、道德标准却完全是以当时英国现实生活为依据的，他在剧中满腔热情地描绘了资产阶级新女性争取自由恋爱和婚姻自主的权力、反抗父权制的斗争，并通过现实与自然的对比，表达了人与人平等相处、人与自然和谐共处的人文主义理想。《哈姆莱特》等著名悲剧，表现了其创作由早期的赞美人文主义理想转变为对社会黑暗的揭露和批判，描述丹麦王子为父王报仇的故事。但全剧重点并不是在复仇本身，而是呈现出哈姆雷特复杂纠结的内心世界，放射出的强烈的人文主义思想光芒。莎士比亚曾以赞美的诗句写道："人是多么了不起的一件作品。理性是多么高贵，力量是多么无穷。仪表和举止是多么的端正、多么出色。论行为，多么像天使。论了解，多么像天神。宇宙的精华，万物的灵长。"

5. 达·芬奇②(Da Vinci Leonardo，1452－1519 年)

他是一位思想深邃，学识渊博，多才多艺的画家、天文学家、发明家、建筑工程师。他还擅长雕塑、音乐、发明、建筑，通晓数学、生理、物理、天文、地质等学科，既多才

---

① 拾月. 文艺大师的情操风范[M]. 长春：吉林出版集团有限责任公司，2016：111.
② 符文棺. 世界历史五千年(上)[M]. 北京：中国书籍出版社，2015：254.

多艺，又勤奋多产，保存下来的手稿大约有 6000 页。他全部的科研成果尽数保存在他的手稿中，爱因斯坦认为，达·芬奇的科研成果如果在当时就发表的话，科技可以提前 30～50 年。被恩格斯称为文艺复兴时期的"巨人"。

出生于儒略历，毕业于意大利理工学院。他是一位天才，自小有绘画天赋，酷爱绘画，青年时期接受一大批知名的人文主义学者的熏陶，认为在自然的创造物中，人是最完美的。因而，他十分注意研究人，研究人体的整体美与外形美，研究人体比例与人体解剖，研究从人的姿势、动作、手势和面部表情，还研究人的内心活动。在艺术创作方面，达·芬奇的壁画《最后的晚餐》《安吉里之战》和肖像画《蒙娜丽莎》是他一生的三大杰作。《蒙娜丽莎》的主题完全摆脱了宗教题材，成功刻画了一个市民妇女的典雅和恬静的人物形象与人物性格，神秘的微笑还成功刻画出来自人物自信心和乐观主义的内心世界，让人们产生了无尽的遐想，激励人们去大胆地追求世俗生活。达·芬奇的高尚人格和人文主义思想在该画画中也得到了充分的表达。

达·芬奇相信科学，厌恶宗教，抨击天主教就是一个"贩卖欺骗的店铺"。他为了艺术创作更加丰富生动，研究自然科学，广泛的涉猎与绘画有关的自然科学学科，如光学、解剖学等。值得一提的是他所采用的科学方法，对后世科学研究产生深远影响。达·芬奇反对经院哲学的教条主义，他认为知识源于实践和生活，只有向自然和生活学习，通过实践才能得到真理。正如他所说："真理只有一个，他不是在宗教之中，而是在科学之中"。达·芬奇提出并掌握了这种先进的科学方法，后来由培根从理论上加以总结，成为近代自然科学的最基本方法。达·芬奇的实验工作方法为后来许多文艺复兴时期等人的发明创造开辟了道路。

6. 米开朗基罗(Michelangelo Buonarroti，1475－1564 年)

米开朗基罗是意大利文艺复兴时期伟大的绘画家、雕塑家，文艺复兴时期雕塑艺术最高峰的代表，他出身于卡普莱斯一个中产阶层家里，他 13 岁时进入佛罗伦萨著名画家多梅尼科·吉兰达伊奥的工作室，并以神奇的速度掌握了绘画技巧，后又跟随多那太罗的学生贝尔托尔多学习了一年雕塑，之后他又进入佛罗伦萨统治者罗伦佐·美第奇开办的美第奇学院。短短 4 年中，获得了一个伟大艺术家所必须具备的条件，接触到古典时期艺术的经典作品和一大批人文主义学者，并产生了人文主义艺术思想。

在人文思潮影响下，他的雕塑更多反映世俗生活，表现世人人体美，成为文艺复兴雕塑艺术的一个重要追求。他的作品多以雕塑人物为中心，艺术表现更"写实"，展现人体的强健体魄与丰富的运动，充满超人力量，从中可以感受到对人性美的颂歌。他的代表作是雕塑《大卫》和《摩西》。他向往古希腊艺术，注入了人文主义的巨大热情，创造出英俊坚毅的英雄形象《大卫》像。大卫体格雄伟健美，神态勇敢坚强，怒目直视着前方，表情中充满了全神贯注的紧张情绪和坚强的意志，身体中积蓄的伟大力量似乎随时可以爆发出来。《大卫》作品是人文主义思想的具体体现，它对人体的赞美，表面上看只是对古希腊艺术的"复兴",实质上反映出人们已从黑暗的中世纪桎梏中解脱出来,充分认识到人在改造世界中的巨大力量。米开朗基罗塑造出来的不仅仅是一尊雕像,而是思想解放运动在艺术上得到表达的象征。

7. 拉斐尔·桑西① (Raphael Cenci,1483—1520 年)

意大利画家。生于乌尔比诺,其父乔万尼·桑西发现他有绘画天赋而教他学画,1498年进入画家佩鲁吉诺画室学画。拉斐尔作品众多,他的一系列圣母画像,和中世纪画家所画的同类题材不同,都以母性的温情和青春健美而体现了人文主义思想,以《花园中的圣母》为最佳,虽是宗教画,却洋溢着人世间幸福、美好的情调。圣母侧身而坐,照看着两个正在嬉戏的孩子,一个是耶稣,另一个是施洗约翰。画面线条柔和,远景优美,近景是鲜花遍地;天空有几朵轻盈的白云,映着柔和的微光,情与景富有浓郁的诗意。拉斐尔为梵蒂冈宫第三厅创作壁画《波尔奇宫的火警》,原本是宣扬教皇利奥四世用祈祷消灭火灾奇迹的,在这里却歌颂了意大利劳动人民依靠自己的力量战胜了火灾。

(四)文艺复兴对管理思想的影响

1. 文艺复兴使人性得以彰显,还人以本来面目②

文艺复兴高举人文主义旗帜,打破中世纪神学对人们思想的禁锢,人类找回自我和人格的伟大光辉,肯定人的价值和能力,带来人类实际的人生观,使人从蒙昧主义、禁欲主义和神秘主义的枷锁中解放出来,人只有能够掌握自己命运,才能形成资本主义生产方式的基本要素。这一要素在生产关系和生产力层次上得到解决是封建社会发展到一定历史阶段的必然结果,而在人的观念上、文化上得到解决是文艺复兴运动的结果。越来越多的人从封建愚昧中解放出来,开始更多地关注人及人类生活的世界。

作为管理主体的人来说,其必要的条件是,人必须要有独立人格,使人和人性从宗教的束缚下解脱出来,使其必须在管理过程中服从理性,这是管理过程的首要条件。如果没有人性的解放,就不可能进入到科学管理和现代管理的时代。文艺复兴运动首先是解决了人自我发现的问题。

2. 文艺复兴为资产阶级进入工业革命时期提供了精神动力

文艺复兴摧毁了封建教会的精神枷锁,为人的解放、生产力的发展提供了适合资本主义发展的社会人文环境,使得资本主义发展得到持久的精神动力,并使这种精神动力成为构成资本主义生产方式的支柱之一,为后来的资产阶级革命和英国进入工业革命提供了精神上的储备。文艺复兴促使宗教改革,对管理思想发展的影响主要是:在芸芸众生中,只

---

① 符文裙. 世界历史五千年(上)[M]. 北京:中国书籍出版社,2015:268.
② 纪光欣. 管理思想史新编[M]. 北京:中国石油大学出版社,2007:20.

有一部分人才是上帝的选民,死后才会进天堂,而另一部分人则成为上帝弃民,死后会下地狱。如何在世俗职业活动中验证自己是上帝的选民?只有通过世俗职业活动,通过自己的努力,自己的刻苦来证明自己是上帝的选民,这无疑就为资本主义条件下,个人不断进取,努力奋斗提供了思想上,理论上的依据,也对后来资本主义精神的形成及后续的科学管理的形成都有着深远的影响。

3. 文艺复兴促进近代科学的诞生,以《天体运行论》发表为标志

文艺复兴恢复了理性、尊严和思索的价值。虽然文艺复兴在哲学上成就不大,但是它摧毁了僵化死板的经院哲学体系,提倡科学方法和科学实验,提出"知识就是力量",开创了探索人和现实世界的新风气。文艺复兴促进了近代自然科学的产生和发展。

哥白尼发表的《天体运行论》,不仅推翻了中世纪流行的托勒密的地球中心说,开创了太阳中心说的天文学时代,而且在方法论上对唯心主义的经院哲学进行了强有力的批判。经院哲学反对人们研究自然,鼓吹盲目的信仰,抹杀实践和经验的作用,鼓吹顺从推论与论证。而哥白尼提出要睁开眼睛、面对现实,概念要符合实体,要透过现象去把握事物本质的唯物主义认识论的内容。哥白尼的"日心说"为近代科学打开了大门,后来经过布鲁诺、开普勒、伽利略、最后到牛顿,终于建立了近代科学理论体系,从而使得科学技术成为推动历史前进的发动机。

二、宗教改革

(一)产生背景①

1. 经济基础:工商业复兴的影响

在中世纪,自然经济是人们活动的主要方式,神学家倡导禁欲主义,认为追求财富必然陷入贪婪的罪恶,只有甘愿奉行贫困的生活才能获得上帝之爱。中古世纪欧洲大致分为教士、贵族还有骑士的上等阶级,农奴以及平民组成的下等阶级。随着工商业的复兴,创造出了一个新的阶级——中产阶级,大多由平民商人所组成的中产阶级发展出了完善的商业组织,如行会和银行等中产阶级主导的机构。但是民生问题也随之而来,像贫富差距以及阶级对立等等。人民除了要对政府纳税,教会的各项圣礼、仪式等等也都要付费,这些社会问题与信仰之间产生矛盾。

2. 政治基础:政教博弈的结果

西欧政教关系始终占据主要的位置,也是基督教自成为罗马国教后欧洲一千多年来最核心的问题,始终围绕着政权与教权谁主导而进行博弈。宗教改革前夕,整个西欧正处于

---

① 崔存明. 西方文化思想史[M]. 北京:北京师范大学出版社,2013:89.

中产阶级和国家君主制逐渐兴起的时期，这种状况使得当时西欧整个政治和社会结构处于不稳定的局面，反对封建贵族的特权与分裂割据。英、法两国的封建君主在与资产阶级、新贵族联盟的基础上建立了政治集权的"新君主制"。他们加强政治集权，推行重商主义，奖励文化创造，有力促进了民族国家的发展。但在意大利、德意志还存在着分裂割据，迫切需要政治统一。

3. 思想基础：人文主义的作用

在15世纪出现了人文主义的思想，重视教育，重视思考、研究，这对宗教改革和同时期的文艺复兴运动都有很大的影响。当时的人文主义并没有怀疑神的意思，但确实带来了对教会传统、对教会权柄的质疑。人文主义发展到后来对神产生怀疑，那要到启蒙主义时期才渐显端倪。随着城市的发展，市民阶层也逐渐兴起，对教会的大一统神权与正统神学的统治极其不满，于是酝酿出反教会的市民"异端"思想。市民的"异端"思想，有力地冲击了教会神权的合法权威，反映了市民阶级建立"民族教会"或"廉价教会"的愿望。

4. 直接导火索：赎罪券的兜售

当时的罗马教皇是利欧十世，生活骄奢淫逸，喜爱艺术。因兴建圣彼得大教堂，而以此售卖赎罪券作为筹款的财路。罗马天主教会宣布，只要购买赎罪券的钱在钱柜叮当一响，就可以使购买者的灵魂从地狱升到天堂。这是罗马天主教会掠夺西欧各国人民钱财的卑劣手段。赎罪券因而变质为教会搜刮钱财的工具，引起了宗教人士及百姓的不满，马丁·路德写成《九十五条论纲》，斥责教皇的无耻行径。

(二)宗教改革内容

1. 马丁·路德[①](1483—1546年)

在耳弗大学(Erfurt)获文学硕士，又学半年法律。接着入修道院苦修，1507年获立为神父，1512年获威登堡大学(Wittenburg)神学院博士，随即教授《圣经》。他是德国最早用德文对照新旧约原文授课的教授之一。然而他继续依照教会律法潜心苦修，但无论如何都不能得到内心的平安。直到有一天他在研读《圣经》时，看到"义人必因信得生"时，突然觉醒到原来人的得救只是因为他对上帝的信仰以及上帝的恩赐，其他一切的律法都不能保证使人得以"称义"。他这信念也获得同校一些教授的支持，加上亲眼看到人们受骗购买赎罪券的情形，又耳闻教会主教买卖圣职的丑事，他开始攻击教会出售赎罪券的做法。1517年10月31日他将所写对赎罪券的九十五条论纲看法，张贴在威登堡大学的教堂门口。由于当天恰巧是人们前往教堂朝揭所拜遗物的万圣节，自然很多人看到张贴的内容。虽然当时印刷术才使用不久，但两周后传遍全德国，四周后各种译文传遍全西欧。教皇终于下令

---

① 姚尧，磨剑. 让你爱不释手的极简世界史[M]. 北京：中国法制出版社，2016：227.

将他革除教籍，他原本只要改革教会一部分制度，从此他也不再承认教皇的权威，唯以《圣经》为权威。此后他所代表的教派总称为"更正教"或"新教"（Protestantism），与之相对的东、西方天主教，则称为旧教。他直接建立的教会成为"路德会"或"信义宗"。由于他个性保守，因此他改革的教会仍保留《圣经》没有明文禁止的旧教传统，如祭坛、蜡烛、基督画像、造解礼、周日礼拜与圣诞节等。

2. 加尔文[①]（1509—1564 年）

生长在巴黎，在巴黎大学研究神学三年，后又到外地学习律法。1536 年，他出版《基督教原理》一书，随即到日内瓦。但他的改革教会提案未被接纳，且被驱逐出境。经数年潜心研究，1541 年他再返日内瓦，得到欢迎，并治理当地教会二十三年，使它成为新教的中心。加尔文主张人得救与否完全是神所预定的，但又不赞同宿命论。相反地，他认为虔诚的信仰与完美的德行是每一个将要得救的基督徒的义务，他们应该在世间努力工作以荣神益人。加尔文的教义受到许多工商业者欢迎，成为新教主流，其中以长老会发展又多又快。

3. 英国国王亨利八世[②]（1509—1547 年）

原反对马丁·路德和更正教，后为要与王后迦他林（Catherine）离婚，受拒于罗马皇帝，因此，1534 年与更正教合作并共同通过"最高治权法案"，宣布创立英国国教，又称圣公会，与罗马旧教的教义仪式并无二致，只是英国国王代替罗马教皇成为政教权威。

(三) 宗教改革对管理思想的影响

从宗教方面看，宗教改革克服了罗马天主教在灵魂与肉体、天国与人间、理想与现实之间造成的二元对立，以及由这种对立所导致的信仰虚假和道德堕落，把基督教的宗教理想与平凡的现实生活和谐地统一起来。路德教把神性与人性融为一体，使人精神获得自由；安立甘派把权力归于国王，使国家利益成为最高利益；加尔文派把宗教生活于世俗生活融为一体，使日常生活具有了神圣性。

从世俗的方面看，宗教改革导致了基督教世界的分裂，对于近代民族意识的觉醒和民族国家的发展起到重要的促进作用，宗教改革促成了政教分离，使世俗权利摆脱了宗教的控制获得独立发展的空间。新教伦理还为资本主义经济发展提供了合法性依据，教产还俗为资产阶级的形成和崛起奠定了最初的物质基础。

在思想上开创了一种自由精神，在政治上促进了民族国家的崛起，在经济上推动了资本主义的发展。其所导致的宗教分裂的现实格局，在客观上为宽容精神的出现和壮大创造了条件，宽容精神成为培育西方现代科学和民主的温床。

[①] 方智. 世界通史(新世纪普及版)[M]. 北京：当代世界出版社，2015：131.
[②] 王贵水. 一本书读懂英国历史[M]. 北京：北京工业大学出版社，2014：54.

本 章 小 结

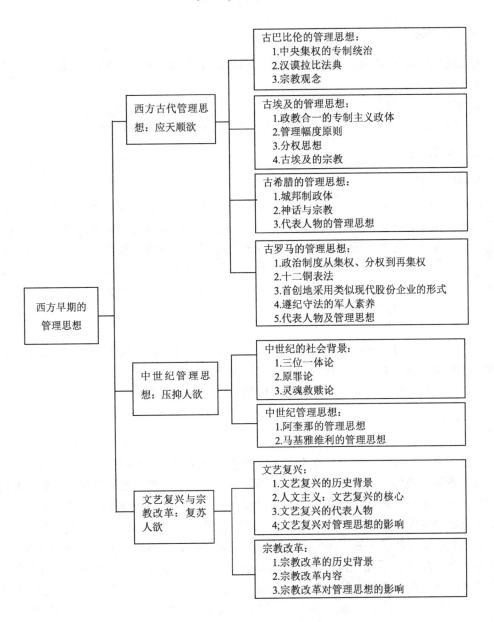

习 题

一、思考题

1. 古巴比伦、古埃及、古罗马、古希腊管理思想分别有哪些？为什么我国古文明未曾中断？
2. 如何理解中世纪为"黑暗的中世纪"？中世纪管理思想主要体现在哪些方面？
3. 文艺复兴与宗教改革是不是历史的必然？对后世管理思想演变产生哪些影响？

二、案例分析

1. 朝三暮四

朝三暮四成语：宋国有一个养猴的老人，喜欢猴子，把它们成群养着，他可以理解猴子的意思，猴子也可以理解老人的心意。养猴的老人宁可减少他与家人的食物也要满足猴子的需求。不久，他家里的粮食缺乏了，他将限定猴子的食物的数量。但又怕猴子不顺从自己，就先欺骗猴子说："给你们橡实，早上三颗然后晚上四颗，够吗？"猴子们都站了起来并且十分恼怒。他又说："给你们橡实，早上四个，晚上三个够了吧？"猴子都非常高兴然后一个个都趴在地上。

分析：

(1) 无论朝三暮四还是朝四暮三，食物数量没有变化，但效果不同，有人说高明的管理者应该擅用"朝三暮四"管理方法。你赞同这个观点吗？

(2) 有人认为猴子不笨，而是非常理性的，你认同这种说法吗？

2. 道德

把五只猴子关在一个笼子里，上头有一串香蕉，实验人员装了一个自动装置。一旦侦测到有猴子要去拿香蕉，马上就会有水喷向笼子，而这五只猴子都会一身湿。首先有只猴子想去拿香蕉，当然，结果就是每只猴子都淋湿了。之后，每只猴子尝试几次后，发现莫不如此。于是猴子们达到一个共识：不要去拿香蕉，以避免被水喷到。后来实验人员把其中的一只猴子释放，换进去一只新猴子A。这只猴子A看到香蕉，马上想要去拿。结果，被其他四只猴子狠揍了一顿。因为其他四只猴子认为猴子A会害他们被水淋到，所以制止他去拿香蕉，A尝试了几次，虽被打的满头包，依然没有拿到香蕉。当然，这五只猴子就没有被水喷到。后来实验人员再把一只旧猴子释放，换上另外一只新猴子B。这猴子B看到香蕉，也是迫不及待要去拿。当然，一如刚才所发生的情形，其他四只猴子狠揍了B一顿。特别的是，那只A猴子打得特别用力(这叫老兵欺负新兵，或是媳妇熬成婆)。B猴子试了几次总是被打得很惨，只好作罢。后来慢慢地，一只一只的，所有的旧猴子都换成新猴子了，大家都不敢去动那香蕉。但是他们都不知道为什么，只知道去动香蕉会被猴揍。

分析：

如果猴子们达成共识"动香蕉，就得挨揍"，这个共识是道德吗？

3. 阶级产生的缘由

实验人员继续他们的实验，不过这一次他们改变了喷水装置。一旦侦测到有猴子要去拿香蕉，马上就会有水喷向拿香蕉的猴子，而不是全体。然后实验人员又把其中的一只猴子释放，换进去一只新猴子C。不同以往的是猴子C特别膀大腰圆。当然猴子C看到香蕉，也马上想要去拿。一如以前所发生的情形，其他四只猴子也想狠揍猴子C一顿。不过他们错误估计了C的实力，所以结果是反被C狠揍了一顿。于是猴子C拿到了香蕉，当然也被淋了个透湿。C一边打着喷嚏一边吃着香蕉。A、B、D、E没有香蕉吃却也比较快乐，毕竟没有被淋到。后来C发现只有拿香蕉的那个才会被淋到，他就要最弱小的A替他去拿。A不想被揍，只好每天拿香蕉给C，自己却被水淋。B、D、E越发的快乐了起来，这就叫比上不足，比下有余。于是五只猴子有了三个阶级：吃香蕉阶级、拿香蕉阶级和干看着阶级。

分析：

此则实验能解释阶级产生的缘由吗？阶级与道德是否矛盾？

4. 宗教

后来A终于被好心的实验人员拉出了苦海。新来了猴子F。C觉得有必要维护自己的阶级地位，B、D、E则生怕自己顶了A的缸……在各种复杂心情的作用下，B、D、E在C的带领下爆揍了F一顿，然后强令F做拿香蕉阶级。F开始不乐意，后来慢慢在B等的劝说下等待"多年的媳妇熬成婆"这一宿命。

慢慢地老资格的B、D、E猴子渐渐被淘汰，C发现自己在体力上不再占有优势，很难再通过武力让这一游戏规则继续下去，觉得十分苦恼。这时，一只最有希望升级为吃香蕉阶级(即C的理所当然接班人)，也是C谋臣的H向C进言。于是君臣定计，H开始依靠自己多懂几种猴语，而在其他若干猴面前树立的权威形象向其他猴鼓吹："每一只新来笼子的猴子都是有罪的，这种罪责来自血统。只有摘香蕉的猴子才能被(实验人员)送到天堂。"事实上，因为被水冲很容易得肺炎病倒而被实验人员淘汰，猴子不知道反而以为被淘汰的猴子真的进了天堂。

渐渐地，猴子都相信了这套理论，并且讲给每一只新来的猴子听。然后就这么流传下去越传越神奇。以至于后来摘香蕉阶级的猴子都为了能摘香蕉而大打出手。这种神奇一代一代流传下去，没有中断。

分析：

有人说这是影射宗教产生的原因，你是否赞同这个观点？

【推荐阅读书目】

丹尼尔 A. 雷恩(DanielA.Wren). 管理思想史[M]. 北京：中国人民大学出版社，2012.

郭咸纲. 西方管理思想史[M]. 北京：世界图书出版公司，2014.

于光、徐承生、周新平. 西方管理史[M]. 武汉：武汉理工大学出版社，2005.

卜祥记，何亚娟. 经济哲学视域中的生态危机发生机制透析[J]. 马克思主义与现实，2013(03).

周朱流. 试论原始社会的几种婚姻和家庭形式[J]. 民族学研究，1981(02).

周丽晓，王姗姗，刘小才. 浅析文明古国的兴衰与地理环境的关系[J]. 知识经济，2010(18).

李晓光. 关于"中世纪"的再认识[J]. 改革与开放，2009(11).

[美]汤普逊(Thompson,J.W.)，耿淡如译. 中世纪经济社会史[M]. 北京：商务印书馆，1984.

郝苑,孟建伟. 从"人的发现"到"世界的发现"——论文艺复兴对科学复兴的深刻影响[J]. 北京行政学院学报，2013(04).

刘思华. 论意大利文艺复兴时期人文主义精神在绘画创作中的体现[D]. 长沙：湖南师范大学，2015.

张成岗. 从神本到人文："文艺复兴"时期人文精神解读[J]. 内蒙古社会科学(汉文版)，2001(01).

陈小鸿，邱程. 论宗教改革与资本主义民主的核心精神[J]. 南昌航空大学学报(社会科学版)，2011(03).

陈凯鹏. 宗教改革原因综论[J]. 学理论，2010(02).

第八章

古典管理思想

第一节 古典管理思想的历史背景

一、产业背景

18世纪下半叶开始，英美等国先后爆发了以机器大工业代替工场手工业、机器工厂代替手工工场为特征的工业革命。工业革命是英美等国社会、经济、技术发展的必然结果，解放了生产力，英美等国的社会结构和生产关系发生了重大改变，同时也为古典管理理论的诞生奠定了基础。

英国是最早进行工业革命的国家。英国的工业革命首先发生在工场手工业最为发达的棉纺织业当中。1733年，钟表匠凯伊发明了"飞梭"，大大提高了织布的速度；1765年，织工哈格里夫斯发明了"珍妮纺织机"，继而引发了技术革新的连锁反应，揭开了工业革命的序幕。此后，棉纺织业中出现了螺机、水力织布机等先进机器，采煤、冶金等许多工业部门也陆续出现了新的机器。随着机器生产越来越多，原有的动力装置已无法满足需要。1785年，瓦特发明的改良型蒸汽机投入使用，提供了更加便利的动力，并得到迅速推广，大大推动了机器的普及和发展，人类社会由此进入了"蒸汽时代"。1840年前后，英国的大机器生产基本上取代了传统的工场手工业，工业革命基本完成。英国成为世界上第一个工业国家。

美国的工业革命比英国晚了半个世纪。作为一个传统的农业国，美国曾经是英国及欧洲各国的粮食和农产品的生产基地，美国的农业人口曾超过总人口的90%。独立战争后，美国结束了英国的殖民统治，实现了国家独立，确立了现代政治制度，而工业化问题很快提上议事日程。当时，美国绝大部分工业仍处于手工业生产阶段，大多数工业品依赖从英国进口。1807年的禁运法案和1812—1814年的英美战争，是美国工业革命开始的契机。在此期间，海外贸易受到限制，工业品必须自己制造，于是棉纺织业、铁器、五金及各类日用品工厂，如雨后春笋一样在全国各地建立起来，铁路系统和蒸汽轮船的发明和推广，也推动了美国工业革命的发展。由于优越的自然条件和经济社会条件，美国的工业革命进展得特别迅速，很快超过英国，成为世界上头号工业强国。

工业革命促使工业生产中机器生产逐渐取代手工操作，传统手工业的生产组织方式无法适应机器生产的需要。为了更好地进行生产管理，提高效率，资本家开始建造工房，安置机器，雇佣工人集中生产。这样，一种新型的生产组织形式——工厂出现了，并逐步成为工业化生产的最主要组织形式。

二、组织背景

　　工业革命之前，传统的手工业生产最初以家庭为单位进行组织，即所谓家庭生产制度。这种制度之所以能长时间存在，是由于两个重要原因：首先从事这种生产只需要小量的资本投资；其次是人口分散。在家庭生产制度下，发展或采用复杂的管理技术的机会很少，管理的计划职能没有得到充分发展，市场以隐含的方式承担了极大部分的计划职能。管理的各种职能是非正式的、简单的，组织的基本单位是家庭，无须发明或采用复杂的管理技术或控制方法，教育上的限制也阻碍了管理技术的发展。因此，早期管理思想对家庭作坊中的工人也没有什么用。

　　外包生产制度是家庭生产制度合乎逻辑的发展。在农村集市条件下，"企业家"一般采取中间商的形式同各个家庭拟定合同，以固定价格收购其全部产品。由此演变为向工人提供原料并付给他计件工资而收回成品，在这样外包生产制度中就自然而然地出现了雇佣关系。外包生产制度的发展是几种因素结合的产物。一个是，拟订了合同要出售大量产品的商人必须控制货源，以免完不成出售任务；另一个是，在生产过程的某些环节采用了效率更高的生产工具，以致造成了生产的不平衡。从管理思想的角度看，外包生产制度之下受到较多注意的管理职能是材料控制。

　　工业革命后，工厂制度逐步替代了家庭生产制度和外包生产制度。各类机器的发明和推广极大地提高了生产力，但同时也提高了资本成本。资本家很少能够在家中或家庭作坊中安装机器，为了降低成本，就需要为机器和劳动找到一个结合的场所，工厂就成为这样一个理想场所。在工厂中，资本家购买的机器和劳动被配置起来。随着工厂制度的发展，产生了大量控制和协调的问题，这些问题成了管理人员的职能和实践的中心。工厂制度下的管理特点是军队式的严密组织和控制。工厂业主的主要兴趣是生产和出售产品，而不是制定一种良好的管理制度，但出于形势所逼，他们不得不注意某些管理思想和管理实践问题，并由此产生了某些公认的管理原则，以往的管理思想得到了用武之地。

三、思想背景

　　古典管理理论产生之前，很多古典政治经济学的研究者已经对工业革命后工厂制度中的效率问题进行了初步思考，其中最具代表性的是亚当·斯密(Adam Smith，1723—1790年)和查尔斯·巴贝奇(Charles Babbage，1792—1871年)。

　　斯密是现代经济学的鼻祖，其管理思想方面的遗产主要包括两个方面。首先，他在《国民财富的性质和原因的研究》(国内也译作《国富论》)中率先提出了自己的分工理论。斯密认为，分工程度是一个国家产业、劳动生产力发展水平以及国民财富增长状况的标志。他对劳动分工的作用给予了高度评价，并且认为，劳动生产力的增进，以及劳动过程中的熟练程度、技巧和判断力的高低，都同分工紧密相关。斯密以别针工厂为例，说明分工可以使效率大幅度提高。他不厌其烦地描述自己在工厂中的体验，一个工人在没有受过业务训练并且不熟悉机器操作的情况下，一天或许一根别针也造不出来，最多也不会超过20根别针。而将整个工作分成若干工序，安排不同人负责其中一个工序，效率则会提高许多。具体做法就是按整个制作业务分成抽丝、拉直、切断、削尖、打磨、安装针帽、刷白、包装等18道不同工序，一个人负责其中一项或者两三项，这样可以将一天的产量提高到每人4800枚。基于上述发现，斯密认为分工原理不仅仅适用于某一行业，而且适用于整个社会，各个行业都能由于分工的出现而大幅度提高产量。斯密的分工理论直接导致了科学管理思想的诞生，从数学家巴贝奇到工程师泰勒，都秉承了斯密的分工理论。后来泰勒所主张的挑选"第一流"员工、标准化、计划与执行分离、职能工长制，都是以分工为出发点。而分工势必带来相应的协作和统一问题，由此使管理成为必不可少的组织任务，同时也使管理的内容和方法出现了划时代的变化。

除了分工理论，斯密留给管理学的另一项思想遗产是"经济人"假设。斯密并没有首先使用"经济人"这个词汇，但他在《国民财富的性质和原因的研究》中首先描述了他观察到的一种社会关系状况："我们每天所需要的食物和饮料，不是出自屠户、酿酒家和面包师的恩惠，而是出于他们自利的打算。我们不说唤起他们利他心的话，而说唤起他们利己心的话。我们不说自己需要，而说对他们有利"。在斯密看来，生产者为人们提供各种各样的商品，不是出于对他人的同情和恩惠，而是出于生产者"自利的打算"。人具有追求自身利益的普遍性，每个人行为的出发点都是为了"利己"。斯密在论述市场秩序形成的原理时，特别强调追求私利的意义。也就说，人们的自利行为，不是出于任意的想象或盲目的冲动，而是以可以理解的方式即比较利害得失的方式进行的。这种自利动机和行为恰恰是一种符合理性的行为，被后人概括为"经济人"。当代管理学家沙因，把"经济人"假设具体归纳为四点。第一，人是由经济诱因来引发工作动机的，其目的在于获取最大的经济利益；第二，经济诱因在组织的控制下，因此，人被动地在组织的操纵、激励和控制之下从事工作；第三，人以一种合乎理性的、精打细算的方式行事；第四，人的情感是非理性的，会干预人对经济利益的合理追求。组织必须设法控制个人的感情。对于管理学来说，必须从人的本性和动机出发来构建相应的理论和方法体系。古典管理理论的提出者，无论是泰勒还是法约尔，他们的理论都以"经济人"假设为逻辑前提。行为科学诞生后，尽管"经济人"假设受到质疑和挑战，但"经济人"假设的主流地位并未撼动。当代管理思想丛林中，不管是赞成"经济人"假设还是反对"经济人"假设，都绕不过斯密的理论铺垫。

作为杰出的数学家，巴贝奇对在工厂管理实践中运用自然科学研究方法充满信心。他制定了一种"观察制造业的方法"。这种方法同后来别人提出的"作业研究的科学的、系统的方法"非常相似。观察者用这种方法进行观察时利用一种印好的标准提问表,表中包括的项目有:生产所用的材料,正常的耗费、费用、工具、价格,最终市场,工人、工资、需要的技术,工作周期的长度等。此外,有感于亚当·斯密的分工理论,巴贝奇进一步分析了劳动分工提高劳动生产率的主要原因:(1)节省了学习所需要的时间。生产中包含的工序愈多,则所需要的学习时间愈长。例如一个工人无须从事全部工序而只做其中少数工序或一道工序,就只需要少量的学习时间;(2)节省了学习中所耗费的材料。因为在学习中都要耗费一定的材料。实行劳动分工后,需要学习的内容减少了,所耗费的材料也相应地减少;(3)节省了从一道工序转变到另一道工序耗费的时间。而且,由于分工后经常做某一项作业,肌肉得到了锻炼,就更不易疲劳;(4)节省了改变工具所耗费的时间。在许多手艺中,工具常常是很精细的,需要做精密的调节。调节这些工具所占的时间相当多,分工后就可以大大节省这些时间;(5)由于经常重复同一操作,技术熟练,工作速度可以加快;(6)分工后注意力集中于比较单纯的作业,能改进工具和机器,设计出更精致合用的工具和机器,从而提高劳动生产率。

第二节 泰勒的科学管理理论

一、泰勒及其科学管理思想

(一)泰勒简介[①]

弗里德里克·温斯洛·泰勒(Frederick Winslow Taylor,1856—1915年)是人类管理思想史中最耀眼的明星之一。他毕生致力于将当时的科学方法引入生产管理实践和管理咨询,率先创立了系统的科学管理理论,使管理成为一门真正意义上的科学。泰勒以其对管理理论和实践的杰出贡献,被管理学界公认为"科学管理之父"。

泰勒出生于美国宾夕法尼亚州费城杰曼顿(Germantown)的一个具有桂格会和清教双重背景的家庭。泰勒的父亲富兰克林·泰勒(Franklin Taylor)受业于普林斯顿大学,是一名功成名就的律师。1872年,泰勒进入菲利普斯·埃克塞特学院(Phillips Exeter Academy)学习。他梦想进入哈佛大学,最终成为像他父亲那样的律师。然而,尽管泰勒顺利通过了哈佛大学法律系的入学考试,但不久就因为眼疾不得不辍学。此后,泰勒选择了一条与其父亲截然不同的人生道路。

1875年,泰勒进入费城恩特普里斯水压工厂(Enterprise Hydraulic Works)当模具工和机工学徒。在这里,泰勒深刻体会到作为普通工人的感受,特别是体验到大量由糟糕管理造

[①] 丹尼尔·雷恩,阿瑟·贝德安. 管理思想史:第6版[M]. 孙健敏,黄小勇,李原,译. 北京:中国人民大学出版社,2012.

成的效率低下问题。1878年，泰勒转入专门制造火车机车轮子和车轴的费城米德维尔钢铁厂(Midvale Steel Works)工作。在这里，泰勒从机械车间普通工人做起，历任计时员、机械师、小组长、车间工长、研究室主任等职，最终成为工厂的总工程师。进入米德维尔钢铁厂不久，泰勒就发现工人和机器都存在效率低下的问题。于是，当泰勒成为工长之后，他就开始着手在车间里开展工作定额、工作时间、工作方法和计件工资的研究，为后来创建科学管理理论奠定了基础。

1890年，泰勒离开米德维尔钢铁厂，来到费城工业投资公司(Manufacturing Investment Company)任总经理和管理顾问。在此期间，泰勒的主要精力花在对该公司造纸厂的管理上。1893年，泰勒辞去工业投资公司的职务，独立从事企业管理咨询，并先后在多家企业进行自己的科学管理实验。1898年，泰勒以管理顾问身份加入伯利恒钢铁厂(Bethlehem Steel)。为了降低运营成本和提高整体效率，泰勒在伯利恒钢铁厂进行了著名的"生铁搬运实验"和"铁锹实验"。尽管泰勒在伯利恒钢铁厂的咨询工作并不顺利，但这些实验后来都成为泰勒科学管理理论的重要素材和证据。

离开伯利恒钢铁厂之后，泰勒不再同任何企业往来，只从事不收报酬的管理咨询、写作和演讲，推广自己的科学管理。1909年开始，泰勒受邀在哈佛大学商学院讲授科学管理，直至他去世。1910年，"东部铁路运费案"引发了一系列不同寻常的听证会。在这一案件的审理过程中，著名律师布兰戴斯(Louis Brandeis)邀请泰勒的追随者作为证人，援引泰勒的管理理论作为提高管理效率的证据。科学管理被当作新兴的效率运动的代名词推向前台。媒体和公众迅速认识并接受了科学管理这一概念，泰勒因此声名鹊起。1911年，泰勒最重要的著作《科学管理原理》出版。两年后该书就被翻译成法语、德语、荷兰语、瑞典语、俄语、意大利语、西班牙语以及日语，科学管理随之被传播到世界各地。同时，大众传播也使科学管理常常被误解。尽管泰勒本人并不接受，工会组织和工人领袖喜欢称泰勒的这套管理制度为"泰勒制"(Taylorism)，并为其贴上"压榨"和"无情"的标签。他们认为科学管理虽能提高效率，但往往也会导致解雇，不利于劳动者。尽管泰勒在生命最后几年尽力纠正人们对科学管理的误解，但他最终也未能将这些强加给科学管理的"污点"彻底洗白。

泰勒从未接受过正规的管理教育，但他依靠自己的工程师专业素养和工厂管理经验，率先尝试将科学方法应用于管理实践和管理咨询，并且创建了一套系统的管理体系，使管理从经验迈向科学。泰勒的代表作包括《计件工资制》《工厂管理》和《科学管理原理》。

(二)泰勒的科学管理思想

作为一名机械工程师，泰勒相信生产作业存在某种最佳方式(one best way)。科学管理就是要通过科学方法(而不是传统的、经验性的方法)，找到这种完成任务的最佳方式并将其标准化，这样就可以为企业谋求最高劳动生产效率，同时也能发挥每个人的最佳工作效率，最终实现雇主和雇员共同富裕。在描述科学管理本质的时候，泰勒更愿意将其描述为一种管理思想或管理哲学，而不是一种管理技术或管理手段。为了概括科学管理，泰勒提出科学管理的 4 项原则：

第一，对工人操作的每个动作进行科学研究，确认最佳作业方式，用以替代传统的单凭经验获得的作业方式。

第二，科学挑选工人，并对他们开展相应培训和教育，促进其成长。而在过去，通常的做法是工人自己挑选工作，各自尽其所能进行自我培训。

第三，与工人的亲密协作，保证一切工作都按已经确定的科学流程去办。如果不能使工人与科学方法结合起来，前面所付出的一切努力都会白费。

第四，管理者与工人在工作和职责划分上是平等的，管理者应当主动承担那些比工人更胜任的工作任务。而在过去，通常几乎所有工作和大部分职责都被推到工人头上。

泰勒认为把上述四大原则结合起来使用就是他所谓的科学管理了。然而，相比于科学管理所涉及的管理领域，仅仅用这四项原则进行概括显然过于简略。下面我们就看看泰勒为提高企业劳动生产率开出的具体"处方"。

1. 科学设定工作定额

泰勒的时代，美国的企业管理者主要依靠经验进行管理。然而，由于缺少客观依据，管理者不知道工人一天到底能干多少活。因此，管理者总嫌工人干活少，拿工资多，于是就往往通过延长劳动时间、增加劳动强度来加重对工人的剥削。同时，工人也不确切知道自己一天到底能干多少活。他们总认为自己干活多，拿工资少。当管理者加重对工人的剥削，工人就用"磨洋工"消极对抗，这样企业的劳动生产率当然不会高。

为了改善劳动生产率，泰勒认为企业首先要设立一个专门制定工作定额的部门，这个部门的任务就是为企业和工人制定出合理的工作量。为了使工作量具有科学依据，这个部门必须进行各种试验和测量，对工作任务和动作进行研究。在《科学管理原理》[①]中，泰勒利用自己和追随者积累的实例，详细描述了测量工作定额的方法。首先要选择合适且技术熟练的工人；其次要研究这些人在工作中使用的基本操作或动作的精确序列，以及每个人所使用的工具；随后用秒表记录每一基本动作所需时间，加上必要的休息时间和延误时间，找出做每一步工作的最快方法；然后剔除所有错误动作、缓慢动作和无效动作；最后将最快最好的动作和最佳工具组合在一起，形成一个完整流程，并以此作为工人"合理的日工作量"，即工作定额。

在制定工作定额时，泰勒认为应当以"第一流"工人为标准，并且强调要"能够常年按照这样的节奏工作，而不损害其身体健康"，并且"在这种节奏下，工作能够使工人心情愉悦和积极进取"。从今天的人力资源管理来看，泰勒在制定工作定额时遵循的是"能岗匹配"原则，也就是说岗位设定与雇员能力和态度必须相互匹配。

---

① 泰勒. 科学管理原理[M]. 胡隆昶，冼子恩，曹丽顺，译. 北京：中国社会科学出版社，1984.

2. 挑选和培训"第一流"的工人

显然，如果以当时企业中"第一流"工人为标准，制定出来的工作定额一定是普通工人尚且难以达到的。因此，泰勒认为管理者的任务就是为工人找到最适合的工作，帮助工人成为"第一流"工人，并激励他们尽最大的力量来工作。在泰勒看来，所谓"第一流"工人就是那些拥有雄心壮志、从事适合自己工作的人。他们不是超人，普通人经过努力也可企及。

泰勒意识到，对于某项工作，必须找出最适宜干这项工作的人，同时还要最大限度地挖掘这些人的最大潜力，才有可能获得最佳劳动生产率。同时，每个人具有不同的天赋和才能，一个人不可能胜任所有工作，这和人的性格特点、个人特长有着密切的关系。那些没有成为"第一流"工人，要么是由于体力或智力不适合他们的工作，要么是因为虽然工作合适但不愿努力工作。而所谓"第一流"工人，就是那些最适合又最愿意干某种工作的人。只有把合适的人安排到合适的岗位上，才能充分发挥人的潜能，最终促进劳动生产率的提高。

对于如何使工人成为"第一流"工人，泰勒反对传统的由工人挑选工作，并根据各自条件进行自我培训的方法。泰勒提出管理者要主动承担挑选工人的责任，并不断培训工人。在《科学管理原理》[①]中，泰勒指出："管理者的责任是细致地研究每一个工人的性格、脾气和工作表现，找出他们的能力；另一方面，更重要的是发现每一个工人向前发展的可能性，并且逐步地系统地训练，帮助和指导每个工人，为他们提供上进的机会。这样，使工人在公司里，能担任最高、最有兴趣、最有利、最适合他们能力的工作。这种科学地选择与培训并不是一次性的行动，而是每年要进行的，是管理人员要不断加以探讨的课题"。显然，在泰勒的科学管理理论体系中，挑选和培训"第一流"工人理所当然地成为管理者的基本责任和惯常任务。受到科学管理的影响，工作分析、科学选拔和岗前培训逐渐成为后来人力资源管理的基本职能，科学测评和选拔技术也越来越丰富。

3. 标准化管理

通过长期的企业管理实践和咨询，泰勒认为阻碍企业劳动生产率提高的最大障碍来自管理缺乏科学性。当时的企业管理中，管理者对工人在劳动中使用什么样的工具、怎样操作机器缺乏科学研究，缺少统一标准，职业技能主要以师傅教徒弟的方式传授，甚至任由个人在实际中摸索。泰勒认为，科学管理就是要在生产管理实践中用科学知识代替个人经验。

泰勒认为科学管理是"多种要素"的结合，这些要素包括工人的操作方法、工具的使用、劳动和休息时间、机器的使用、环境因素等。以往，工人在自己岗位上已经积累了大量关于这些要素的经验和技巧，但这些知识都是零散的和经验性的。在泰勒的科学管理系

---

① 泰勒. 科学管理原理[M]. 胡隆昶，冼子恩，曹丽顺，译. 北京：中国社会科学出版社，1984.

统中，管理者应当把过去工人自己通过长期实践积累的大量的传统知识、技能和诀窍集中起来。在此基础上进行科学的分析、比较和实验，把这些包含最佳作业方式的科学管理知识概括为规则、守则、表格、甚至数学公式，然后推广到整个企业。

标准化管理在泰勒的科学管理理论体系中占有核心地位。在《科学管理原理》中，泰勒以"金属切割实验""生铁搬运实验"和"铁锹实验"为证据，详尽描述了标准化对企业劳动生产率提高产生的令人惊讶的促进作用。对于企业和工人来说，只有采用标准化管理，才能使工人使用更有效的工具，采用更有效的工作方法，从而达到提高劳动生产率的目的；对于管理者来说，只有采用标准化管理，才能对工人的工作成绩进行公正合理的衡量。

4. 差别计件工资制

泰勒的时代，工厂里普遍采用"日工资制"和"一般计件工资制"。泰勒详细研究了当时资本主义企业中所推行的工资制度，并对当时两种新型工资制度提出了批评。泰勒认为当时的工资制度存在的共同缺陷是不能充分调动职工的积极性，不能满足追求最佳劳动生产率的要求。例如，实行"日工资制"，工资按职务或岗位发放，同一职务和岗位上的人就会产生平均主义。这种工资制度下，"就算最有进取心的工人，不久也会发现努力工作对他没有好处，最好的办法是尽量减少工作努力而仍能保持他的地位"。再如，实行传统的计件工资制，虽然工人在一定范围内可以多干多得，但超过一定范围，资本家为了分享提高劳动生产率带来的收益，会降低工人工资率。因此，尽管工人努力工作，也只能获得比原来计日工资略多的收入。为了保护自己的利益，工人会控制工作速度，使他们的收入不超过某一个工资率。因为工人知道，一旦他们的工作速度超过了这个数量，计件工资迟早会降低。

1895年，泰勒在一篇论文中提出"差别计件工资制"，它由3部分组成：(1)通过工时的研究来测量和计算，制定合理的工作定额和恰当的工资率；(2)实施差别计件工资。如果完成工作花费的时间少于规定时间，就按较高工资率付酬，如果花费时间多于规定时间，就按较低工资率付酬；(3)根据个人绩效而不是职位高低支付报酬。泰勒认为差别计件工资制的优点主要有3个方面：(1)有利于充分发挥个人积极性，有利于提高劳动生产率，能够真正解决"高工资和低成本"的矛盾；(2)由于制定差别计件工资制是经过科学的测量和研究的，又能真正做到多劳多得，因此这种制度能更加公平地对待工人；(3)差别计件工资制能够迅速淘汰低能工人，吸引合格工人来工作。因为只有真正合格的工人，才能做到工作又快又准确，并可以获得高工资。

5. 思想革命

在1911年至1912年的国会听证会中，泰勒和他的科学管理屡次受到误解和攻击，泰勒本人的自尊也受到极大伤害。工会对科学管理体系的质疑，不仅局限于对泰勒使用的某些词汇(例如"第一流"的工人)的挑剔，还直接指责泰勒带来了"奴隶时代"。实际上，泰勒亲自管理的企业从未发生过罢工，而且泰勒本人也曾公开宣布支持工会组织。

在《科学管理原理》中，泰勒表达出当时企业处理劳资关系问题的重要性。他认为"资方和工人的紧密、组织和个人之间的合作，是现代科学或责任管理的精髓"。的确，即使在今天，没有雇佣双方的密切合作，没有清晰的公司治理结构，任何科学管理制度和方法都难以实施，难以发挥作用。

那么，怎样才能实现劳资双方的密切合作呢？泰勒认为必须进行一次"思想革命"和"观念上的伟大转变"。泰勒在美国国会的证词中几乎否定了自己毕生的努力成果。他认为科学管理不是一种取得效率的手段，也不是一组取得效率的手段；它不是一种新的成本核算制度；它不是一种新的工资制度；它不是一种计件工资制度；它不是一种分红制度；它不是一种奖金制度；它不是一种的薪酬制度；它不是时间研究；它不是动作研究，也不是对工人动作的分析；它不是要求工人必须执行的工作手册；它不是对工长进行分工，也不是职能工长制。上述这些都只是科学管理的有用附件，因而也是其他管理的有用附件。那么，晚年的泰勒到底怎样确定科学管理的本质呢？他在证词中说：科学管理是在企业中对工人进行的一场思想革命，一场规范他们对待工作、同伴和雇主的义务的思想革命。同时，科学管理也是对管理者(工长、监工、雇主和董事会)的一场心理革命，一场规范他们对待同事、工人和所有日常管理问题的责任的思想革命。没有劳资双方的这种全面的思想革命，科学管理就不能存在。

泰勒认为"思想革命"的正确方向是劳资双方不要再把注意力放在企业利润的分配上，而是将注意力转向增加盈余的数量上。他认为如果劳资双方停止对抗，用互助合作代替敌对情绪，双方向同一个方面并肩前进，他们共同努力会大幅度提高劳动生产率。劳动生产率提高了，不仅工人可以多拿工资，资本家也可以多拿利润，从而可以实现双方"最大限度地富裕"。劳资双方精诚团结，关键不在于什么制度和方法，而是劳资双方在思想上的根本转变。

6. 计划与执行职能分离

传统体制下，工人依据他个人或师傅的经验设计并执行作业程序，工作效率取决于工人自身的熟练程度和工作态度。即使工人能力超常，既有能力使用科学数据进行计划，也有能力依据计划完成工作，但要工人一边在写字台上进行计划，同时在机器上不折不扣执行计划，工人也难以分身。

泰勒深信必须用科学方法将计划与执行职能分离，才有可能追求到效率最优。为此，泰勒主张企业要把计划职能与执行职能分开，在企业设立专门的计划机构，管理者应当主动承担计划职能。在《工厂管理》一书中，泰勒为企业专门设立的计划部门规定了17项主要职责，包括生产管理、设备管理、库存管理、成本管理、安全管理、技术管理、劳动管理、营销管理等。其主要任务包括：(1)对工人工作进行调查研究，并以此作为确定定额和操作方法的依据；(2)制定有科学依据的定额和标准化的操作方法和工具；(3)拟订计划并发布指令和命令；(4)把标准和实际情况进行比较，以便进行有效的控制。在工作现场，工人只负责从事执行的职能，按照计划部门制定的操作方法的指示，使用规定的标准工具，从事实际操作，不能自作主张、自行其是。泰勒的这种管理方法使得管理思想的发展向前迈出了一大步，将分工理论进一步拓展到管理领域。

泰勒主张计划职能与执行职能分开，改变了企业中工人凭经验工作的旧传统，代之以科学计划、监督执行的新方法，随之出现的计划部门实际上就是今天企业里常见的职能部门。将计划职能从生产过程中剥离，在企业管理中强化了计划职能的重要性；专门设立计划部门，则重新划定资方与工人之间、管理者与被管理者之间的责任。

7. 职能工长制

泰勒发现，传统的直线组织(例如军队)中，基层管理者常常因为素质低下不能胜任。因此，他不但提出将计划职能与执行职能分开，还提出必须改革当时企业"军队式"的结构，代之以"职能式"的结构，实行"职能式管理"。

在"军队式"结构的企业里，指令从经理经过厂长、车间主任、工段长、班组长而传达到工人。这种结构中，工段长和班组长的责任是复杂的，需要相当的专门知识和各种才能，只有具有专业素质并受过专门训练的人才能胜任。泰勒在《工厂管理》中逐一列举了传统结构的企业中工段长应具有的九种素质：脑力、教育、专门知识或技术知识、机智、充沛的精力、毅力、诚实、判断力或常识、良好健康状况等。显然，每一个工长不可能同时具备这九种素质。因此，为了使工长有效地发挥职能，必须对工长的职能进一步细分，使每个工长只承担一种管理职能。

为此，泰勒设计出八种职能工长，代替原来的一个工长。这8个工长4个被安排在车间，4个被安排在计划部门。在其职责范围内，每个工长可以直接向工人发布命令。泰勒认为职能工长制有3个优点：(1)每个职能工长只承担某项职能，职责单一，对管理者培训花费的时间较少，有利于发挥每个人的专长；(2)管理者的职能明确，容易提高效率；(3)由于作业计划由计划部门拟订，工具和作业方法标准化，车间现场工长只负责现场指挥与监督，因此非熟练技术的工人也可以从事较复杂的工作，从而降低了整个企业的生产费用。

职能工长制是泰勒对企业组织结构优化的一种设想。尽管他认为职能工长制有许多优点，但后来事实证明这种职能工长制在企业中容易形成多头领导，造成管理混乱。所以，这一设想虽然对以后职能部门设立和管理职能专业化有较大的影响，但并未真正在其管理的企业中推广实行。

8. 例外原则

在管理实践和管理资讯中，泰勒观察到大企业的管理者常常琐事缠身，难以自拔，于是他提出例外原则。所谓例外原则，就是指企业的高级管理人员把一般日常事务授权给下属管理人员,而自己保留对"例外事项",一般也是重要事项的决策权和控制权,这种例外原则至今仍然是管理中极为重要的原则之一。

在泰勒看来,如果企业高级管理者整天忙于处理企业的日常事务,就没有足够时间思考企业的重大事项。因此,对于规模较大的企业,管理者不能只依据职能原则来组织和管理,而应当适当分权,应用例外原则。在《工厂管理》一书中,泰勒提出企业高级管理者不能把自己埋在琐碎信息当中,而应当只接受反映"超常规、超标准"的例外情况的报告,特别好或特别糟的例外情况的报告。报告必须是概括性的、压缩的报告,以便使高级管理者得以"有时间考虑大政方针并研究他手下的重要人员的性格和合适性"。泰勒提出的这种例外原则,后来成为授权、分权和事业部结构的思想源泉之一。

二、泰勒的追随者及其管理思想[①]

随着泰勒科学管理思想广泛传播,在他身边很快聚集起一批追随者。这些追随者不仅为泰勒科学管理理论体系提供源源不断的实践素材,也对科学管理在全世界范围和不同管理领域的传播不遗余力。在他们的共同努力之下,科学管理的影响被不断放大。本节主要介绍巴思、甘特、吉尔布雷斯夫妇、艾默森和库克。

(一)卡尔·G. 巴思

卡尔·G. 巴思(Carl G. Barth,1860—1939 年),出生于挪威一个贫困家庭。1881 年,巴思移居美国,后来进入宾夕法尼亚州伯利恒钢铁厂,并加盟泰勒在该厂的研究。巴思担任过泰勒的特别助手和机械工程师。他是泰勒的嫡传弟子之一,忠实地实践泰勒的科学管理方法,拒绝对泰勒的规则做任何改变。巴思为被称为泰勒先生最正统的门徒而感到自豪,也是为数不多的与泰勒并肩工作到最后的人之一。

泰勒和他的早期伙伴一直被以下的机械数学问题所困扰:(1)如何预先设定车床或类似机械的运转和送料速度才能有最大功效,同时又能经济地使用切割工具,以指定的深度来切除已知半径和强度的工件;(2)怎样才能使解决以上问题的时间不会因为机器运转时间太短而受到影响。巴思通过开发计算尺成功地解决了上述问题。巴思计算尺由一个固定的主体和数个可调节的滑片和一些可互换的部件组成。每台机器的计算尺一般都含有一个固定主体和两个滑片,而那些可互换的部件中集成了机器的特殊结构和性质(要在特定的部件中集成这些信息需要大量机械工作和特殊的经验)。巴思计算尺的目的是在考虑设备能力和机器功率的基础上,选择运转和送料速度的组合,以在最短时间内切除大部分的金属。当时流行的机械实践,与这种改进的、预设机械运转和送料速度能最短时间完成机件的计算尺系统相比,就显得没有效率了。

---

① 方振邦,徐东华. 管理思想史[M]. 北京:中国人民大学出版社,2011.

巴思不遗余力地帮助泰勒在工厂推行"泰勒制"。1908年,哈佛成立工商管理学院的时候,巴思尽自己所能说服学院院长,把"泰勒制"作为现代管理的标准。他在效率主义的传播和实践过程中起了相当大的作用。巴思计算尺非常有用,既有拘谨的巴思,又有开放的甘特。这个群体中的其他人和巴思的工作形成了明显的互补,进而强化了科学管理的实践性与创造性。

(二)亨利·L.甘特

亨利·L.甘特(Henry L. Gantt,1861—1919年),出生于美国马里兰州一个富裕的农场主家庭。他到米德维尔钢铁厂任助理工程师时,遇见了对他事业产生巨大影响的泰勒,并开始和他共事。甘特早年的工作是与泰勒紧密联系在一起的,从1901年之后,他成为一名独立的咨询工程师。虽然他对科学管理的观点表示赞同,但后来还是发展出了独特的甘特思想。甘特是泰勒创立和推广科学管理的亲密合作者,是科学管理运动的先驱者之一。他的主要思想和贡献是:

1. 发明了用于生产控制的甘特图

甘特当过教员,习惯用图表的方法对材料做出生动的说明。他于1917年发明了"甘特图"(又称"线条式进度表"),这是表示工作计划和进度的一种图示方法,至今仍在许多国家采用。他早期绘制图表仅为了说明工人完成任务的情况,即每天将工人是否达到标准和获得奖金的情况记录下来,达到标准的用黑色标明,未达到标准的用红色标明。这张图表对管理部门和工人都有帮助,由于图表上记载了工作进度以及工人没有获得奖金的情况,使管理部门能够了解到缺点所在,并把进度直接告诉工人。同时,在把车间或部门每日的工作付诸实施时,每一个人都可以从图表中越来越长的黑色线条上看到生产的进展情况。由于这种绘图方法提高了工作效率,甘特便进一步扩大了其使用范围,在图表上面增加许多内容,包括每日生产量的对比、成本控制、每台机器的工作量、每个工人的工作量及其与原估计的对比情况、闲置机器的费用等,从而使这种图表发展成为使用价值极高的管理工具。

2. 提出了计件奖励工资制

甘特提出的计件奖励工资制具有很大影响,人们一般称之为"任务加奖金制"。泰勒的差别计件工资制着眼于工人个人,而甘特的计件奖励工资制则着眼于工人工作的集体性,具有集体激励性质。该工资制的主要内容是:工人在规定时间内完成规定定额,可以拿到规定报酬,另加一定奖金(如50美分);反之,在规定时间内完不成定额,则不能拿到奖金。如果工人少于规定时间完成定额,则按时间比例另加奖金。另外,每一个工人都达到定额标准,其工长也可以拿到一定比例的奖金。一名工长领导下的工人完成定额的人数越多,工长的奖金比例就越高。假如一个工长领导10名工人,其中5人能够完成定额,则工长拿0.05×5=0.25美元的奖金;如果有9人完成定额,则工长拿0.1×9=0.9美元的奖金。

计件奖励工资制促使工长从"监工"变成他下级的老师和帮助者,通过教授工人操作的方法,通过了生产效率,从而把关心生产转变成关心工人。这一点使甘特的著作成为早期人类行为思想的一个里程碑。对于甘特的计件奖励工资制,泰勒曾给予很高评价,认为这一制度性质稍微温和一些,也灵活得多,在差别计件工资制不适用的多数情况下也能适用。

3. 强调加强工人培训以养成"工业的习惯"

甘特强调,工业教育要形成一种"工业的习惯",其内容就是勤劳与合作,而且必须向工人传授的习惯是"迅速和尽最大努力去完成要他完成的工作"。建立工业的习惯不仅能使雇主与工人同时受益,即雇主的利润提高,工人的工资增加,还对工人的健康有益,能提高工人的工资兴趣。形成工业习惯的前提是士气,员工的士气是管理部门和工人之间建立互信与合作气氛的基础。

与泰勒相比,甘特处理问题的方式要渐进或温和得多。他很重视工业中人的因素,强调金钱刺激只是诸多影响人的动机的因素之一,曾被人称为"工业和平的使徒",因此可称得上是人际关系理论的先驱者之一。在他去世10年后的1929年,美国机械工程师协会和美国管理学会(后来改成美国管理协会)决定设立甘特金质奖章,授予"在工业管理方面对社会做出优异成绩的人",并把第一枚金质奖章追授给已故的甘特本人,理由是"由于他在工业管理方面的人道主义影响以及甘特图的发明"。

(三)吉尔布雷斯夫妇

弗兰克·B. 吉尔布雷斯(Frank B.Gilbreth,1868—1924年),生于美国缅因州的费尔菲尔德。弗兰克虽已通过麻省理工学院的入学考试,但并未入学,而是决定进入建筑行业,从砌砖学徒工开始自己的职业生涯。他设计出一种新的脚手架,发明了建造防水地窖的新方法。这位泥瓦工出生的工程师和管理学家,是泰勒的合作者之一,在动作研究方面有出色的研究,为公认为"动作研究之父"。

莉莲·莫勒·吉尔布雷斯(Lillian Moller Gilbreth,1878—1972年),生于美国加州奥克兰,是弗兰克·B. 吉尔布雷斯的夫人。为了同丈夫合作研究,她改学了心理学。她是一位非常了不起的女性,除了在丈夫的研究中起着重要作用外,还在抚养12个孩子的繁忙家务劳动之余,潜心于管理心理学的研究,撰写了《管理心理学》(1914),并因此获得布朗大学博士学位。她是美国第一位获得心理学博士学位的女性,被称为"管理学第一夫人"。

吉尔布雷斯夫妇的代表作是《动作研究》(1911)《疲劳研究》(1916)等。他们的管理思想主要包括以下内容。

1. 动作研究

吉尔布雷斯夫妇认为,动作研究是提高操作者工作效率的一种方法,是研究和确定完成一个特定任务的最佳动作的个数及其组合。动作研究的目的在于消除不必要的无效动作,找出一种最好的操作方法。他们在动作研究中主要采用观察、记录并分析的方法。研究的第一步是把动作进行分解，如把"拿工具"这一动作分解成 17 个基本动作，后来美国机械工程师协会整理成 18 项，包括寻找、找到、选择、抓取、夹持、移物、定位、装配、使用、拆卸、检验、预定位、放物、运移、休息、不可避免的耽误、可避免的耽误、计划等。弗兰克把这些基本动作定义为动素，每一个动素称之为一个"Therblig"，这是他的姓，即"Gilbreth"字母次序倒过来组成的，只是"th"这两个字母次序不变。动素是不可再分的。这是一个比较精确分析动作的方法。为了获得进一步的研究资料，弗兰克应用当时刚刚出现的电影摄影技术进行动作摄影，放映后研究分析哪些动作是不必要的并加以消除。他还为此专门设计了一种"微动计算器"，把一个大钟装上一个长的大秒针，可以录下 1/2000 秒，置于拍摄的现场，用来测定工作所需时间的长短。这项研究的重要性在于为动作研究开辟了道路，现代体育竞技中的动作研究基本源于此。

吉尔布雷斯夫妇利用上述工具和技术对工人的操作进行研究，剔除不必要的无效动作，合并可以合并的动作，把各种最有效的动作基本元素归纳为一种最经济的动作，这就是所谓的"动作经济原则"。应该说，动作经济原则是吉尔布雷斯夫妇做出最大成绩的领域。他们将动作经济原则分为三大类：一是关于人体运用的原则，包括双手应同时开始并完成动作、双臂的动作应对称等；二是关于操作场所布置的原则，包括工具物料应放置在固定场所、工具物料的那个装置应布置在工作者的前面就近处、工作台及座椅的高度应使工作者坐立适宜等；三是关于工具设备的原则，包括尽量解除手的工作而以夹具或脚踏工具代替、工具物料要尽可能预先放置在工作位置上等。这三类原则可归纳为四项要求：第一，两手应尽量同时使用，并取对称反向路线。第二，动作单元要尽量减少。第三，动作距离要尽量缩短。第四，尽量使工作舒适。他们把动作经济原则推广到工人中去，使工效大大提高。例如，砌砖的动作由原来的 18 个减少到 4.5 个，砌内墙的动作由原来的 18 个减少到 2 个；一个砌砖工每小时的砌砖数从过去的 120 块提高到 350 块，工效提高了 191%。

2. 疲劳研究

疲劳研究和动作研究紧密相连，是动作研究的继续，动作研究消除了不必要的多余动作，减轻了疲劳。这项研究是吉尔布雷斯夫妇管理思想中的独特之处。为了进一步使工人减轻疲劳、增加产量，他们共同研究出一种合理搭配工作和休息时间、恰当布置环境的方法。他们认为，进行疲劳研究首先要分清两种不同的疲劳：一种是由必要动作产生的疲劳，这是不可避免的，但可以通过改善工作环境和条例，降低疲劳度；另一种疲劳是由不必要的动作产生的，这种疲劳可以通过消除不必要的劳动来消除。解决疲劳有两种不同的方法：第一是基础的、常识性的方法。这主要包括：缩短工作时间，使工作时间更有效，如提供带搁脚凳的靠背椅；改进福利设施，改善工作条件；保证工作的安全性；合理地安排工作地点和工具的摆放等。第二是科学实验方法。这种实验分成两个阶段：第一阶段是通过动作研究，找出最佳的操作方法，并使之标准化。第二阶段是进行时间测定，借以找出一种最佳的工作与休息的时间组合。这种最佳时间组合的思想标准是：工人的健康状况有所好转；工人的技术水平和劳动效率有所提高；工人的工作态度有所改善。

3. 强调制度管理

吉尔布雷斯夫妇认为做任何工作都有一种最好的管理方法，并把这些方法系统化为一套制度遵照执行，如果制度有不妥的地方，可以反映和修改，但是在修改之前，仍然必须要执行，不得自行其是。他们提出了一种强调管理制度的方法，叫做现场制度，还拟定了"混凝土制度"和"砌砖制度"等。混凝土制度包括一般规则、混凝土的搅拌和运输规则等，其中仅混凝土的搅拌就有 231 条规则。砌砖制度中包括学徒培训、管理方法、脚手架使用、砖的搬运以及砌砖的动作细节等。

4. 探讨了工作、工人和环境之间的相互影响

吉尔布雷斯夫妇认识到，工人本身和环境的条件都会影响到工作的进度：工人本身可能对工作成绩产生影响的因素主要有 15 项，包括骨骼、肌肉、满足程度、信仰、赚钱能力、经验、疲劳、习惯、健康状况、生活习惯、营养状况、体格大小、技术水平、脾气、训练程度。环境方面影响工作成绩的因素主要有 14 项，即器械、衣服、颜色、文娱、供热、照明、材料质量、赏罚、所移物件的大小、所移物件的轻重、减轻疲劳的特别措施、周围条件、工具与工会规则。

5. 重视管理人员的发展计划和企业中人的因素

吉尔布雷斯夫妇很重视管理人员的培训与发展，拟订出具体的计划来实现员工的培训和提升，并拟订了"个人提升特别""提升机会表"及定期讨论会等。这些想法和措施，到 20 世纪 50 年代发展成为管理人员培训提升的整套措施。此外，他们还重视企业中人的因素，把经济学、管理学、社会学、心理学、教育学等学科的有关知识用来改进和扩大工人的能力，以便为提高生产率服务。英国管理学家厄威克认为，吉尔布雷斯夫妇的突出贡献是把管理学发展成为一门以人为中心的社会科学。可以说，他们对以后的行为科学也产生了影响。

吉尔布雷斯夫妇的结合是管理思想史上的一件幸事。他们开拓性地进行了动作研究、疲劳研究与制度管理研究，开创性地提出应该重视管理人员发展计划和企业中人的因素，对自己所信奉的管理理念身体力行，并将研究方法提到广泛适用的高度，使之成为管理的一个核心任务，对管理思想的发展有着极其重要的贡献。他们的动作研究与泰勒相比，虽然基本原理一致，但无论是某些指导思想还是技术方法，两者都有所不同。其动作研究不仅应用了更为先进的工具和方法，而且更加细致和深入地拓展了研究内容。可以说，吉尔布雷斯夫妇是管理思想史上独特和璀璨的奇葩。为了提高劳动生产率，吉尔布雷斯夫妇真是费尽了心血，尽管他们的许多努力曾令人发笑，对科学管理的痴狂也将他们引入一些歧途，但是他们的管理思想至今仍散发着迷人的光芒。

(四)哈林顿·埃默森

哈林顿·埃默森(Harrington Emerson，1853—1931 年)，出生在美国新泽西州特兰顿市一个长老会牧师家庭，从事过大学教师、管理咨询师、总经理和效率工程师等职业。1910年，他作为专家在美国洲际商业委员会的听证会上，就美国东部铁路公司运费率案出庭作证，宣称铁路公司每年在劳动力和材料方面的浪费达 3 亿美元，只要采用泰勒的科学管理方法，每天就可以节省 100 万美元，所以没必要提高运费率。他的一席话，震动了美国的工商业界，科学管理成为报纸的头条新闻，家喻户晓，对推广科学管理起到了积极的作用。

埃默森一直被视为泰勒的追随者，其实他的研究工作与泰勒并没有直接关系，只是有一些观点相近，他对科学管理的贡献绝大多数都是独创的。在埃默森的研究生涯中，最有成效的是有关效率问题的研究，他被管理学家雷恩称为"为发展中的美国找到节省时间和开支方法的新型'效率工程师'的代表人物"。

1. 提出了直线—参谋组织形式

埃默森同意泰勒所讲的要重视职能人员的专业知识，但不同意泰勒提出的职能工长制，而主张采用直线组织和参谋组织相结合的制度：每一个企业设立一位"总参谋长"和四个参谋小组。第一组负责研究有关员工人事与福利问题；第二组负责研究有关组织机构、机器、工具、设备等问题；第三组研究材料的采购、储存、分发和搬运等问题；第四组研究有关标准、记录、会计及方法问题。参谋组织的专业人员在对各项问题做详尽研究的基础上，向直线管理人员提供意见，但不承担执行好完成具体作业的任务，由直线管理人员统一指挥和发表指令。这样，既能发挥专业知识的长处，又不至于破坏统一指挥的原则。

直线—参谋制和条例的职能工长制不同，它可以避免数个职能工长指挥同一个工人进而产生多头领导的弊端，保证组织中的指挥统一；同时，又能够充分发挥参谋人员的专业特长，实现管理的专业化。直线组织中的指挥统一与参谋组织中的职能单一相结合，使这种组织设计成为现代管理组织中直线—职能制的原型。

2. 提高效率的 12 项原则

效率问题是埃默森一生中最有成效的研究，他因此被称为"效率的传教士"。他是极少数胜任的以"效率工程师"为职业的人之一。"效率工程师"这个名称正是他首先提出来的。1912 年，他出版了《效率的十二项原则》一书，积极宣传效率观念，成为管理思想史上的又一个里程碑。12 项原则的主要内容如下：

(1) 明确规定目标。组织成员理解其所承担的共同目标，可以减少组织内部的冲突，避免模糊不清、变化无常和失去目的等问题。

(2) 常识。管理者应具备追求知识并向各方征求意见的常识，从更广的角度看待问题。其本质在于对知识和能力的追求，实际上是强调作为管理者的职业追求和敬业精神。

(3) 向有能力的人(参谋与顾问)请教。也就是要建立一支有能力、胜任工作并高度专业化的参谋咨询队伍。每次协商都采取集体决策的方式，以便产生有效的影响。

(4) 纪律。这是实现其他 11 项原则的基础，使组织成为一个系统整体，而不是无政府状态。

(5) 公平处理各项事务。公平是指对待工人要有建立公正、平等的制度的能力。而要建立这样的制度，其基础在于认识到工厂与工人之间的关系是一种互利关系，而不只是单纯的恩赐关系或利他关系。

(6) 对各项工作要有可靠的、及时的、准确的和持久的原始记录。尽可能利用文件和档案，作为管理和决策的依据。

(7) 实行有效调度，对生产进行统一安排和控制，使部门的工作服从整体的要求，力求在最短的时间内圆满完成任务。

(8) 制定标准和进度表，以确定标准的工作时间、工作方法、工作日程和工作程序。

(9) 工作环境标准化，以保持工作环境的一致性，减少人力与金钱的浪费。

(10) 作业标准化，以提高工作效率。

(11) 用书面形式进行作业指导，以迅速有效地完成企业的目标。

(12) 实行"效率报酬"，即对提高效率进行奖励。

这 12 条原则都是以直线—参谋形式为基础，前 5 条是关于人的关系方面的，后 7 条是关于管理的方法、机构和制度的。这些原则相辅相成、相互配合，共同形成组织管理体系的决策。

3. 奖励工资制度

与 12 条效率原则相配合，埃默森创造了一种按工人工作效率的高低确定是否给予奖金和奖金高低的工资制度。工人所得的具体计算方法如下：工作效率在 66.7%以下者，工人所得=实际工作时间×标准工资率。工作效率在 66.7%~100%者，工人所得=实际工作时间×标准工资率×(1+20%)。效率若超过100%，工人除了得到20%的奖金之外，还将获得他所节约的那部分时间的报酬，例如，效率达到100%时，每 1 美元工资可得 20 美分的奖金；效率达到120%时，每 1 美元工资的奖金为 40 美分；效率为140%时，每 1 美元工资的奖金则为 60 美分，即等于 20 美分的奖金加上由于工作效率提高40%后又获得的 40 美分。

这种工资制度与泰勒的差别计件工资制和甘特的计件奖励工资制一样，都是以标准的作业量，即通过科学方法测定的基本定额为依据的。与计件奖励工资制的相同之处是，首先要使难以达到定额的非熟练工人能得到有保证的最低工资，并使达到或超过定额的熟练工人根据其实际效率相应地得到超定额的奖金。该制度与计件奖励工资制的不同之处是，计算奖金的起点更低，而且为了防止工人的工作出现时紧时松的情况，奖金是按月而非按日计算。

埃默森的奖励工资制度的优点是，能够保障能力较差、工作效率较低的工人的基本工资；奖金随工作效率的提高而逐渐提高，促使工人不断努力提高效率。但是，由于这种方法比较复杂，工人不易理解，需要增加管理费用，所以应用并不广泛。

(五)莫里斯·库克

莫里斯·库克(Morris Cooke，1872—1960年)，是科学管理早期研究者之一。1909年，当卡内基促进教学基金会主席写信给泰勒，要求派人帮助对教育组织的管理进行"经济的研究"时，泰勒派库克前去进行调查研究。库克在富兰克林·罗斯福总统当政期间担任过多种职务，如农村电气化管理局局长、纽约州电力局局长等；他还担任过杜鲁门总统的疑难问题处理专家。

泰勒、巴思、吉尔布雷斯夫妇、甘特和埃默森都在寻求工业企业中的真理，但库克却把效率真理的传播延伸到了教育和政府机构。库克的主要贡献就是在非工业组织中传播和应用科学管理思想。

1. 把科学管理原理应用于高等学校管理

库克于1909年接受泰勒的派遣，对高等学校的管理进行调查研究，衡量教学和科研工作中的投入成本与产出结果，并于1910年出版《学院的效率与工业的效率》一书，总结了调查研究结果。虽然研究只涉及物理系，但因为被认为代表了当时的教学与研究水平，所以在学术界引起了巨大的反响。库克在书中讲到了高等学校管理中的许多缺点，认为高等学校管理状况比工业企业管理状况更糟糕，包括：近亲繁殖(侧重于聘用本校毕业生为教师)；高等学校中盛行的委员会管理方式效率很低；各个系所自行其是，破坏了整个学校的协调；教工的工资不是以业绩而是以资历为依据；不合格的教师由于享有职务、保持特权而不退休；系主任没有实权；大学中缺少一个衡量效率的标准等。为了改变高等学校管理的这些不良状况，库克主张把科学管理的原理和方法应用于高等学校的管理，进而提出了一些具体建议：教授应该把更多时间用在教学和科研上；管理工作应该由专家而不是委员会来承担；应该更多地使用助手来承担次要和辅助性的工作，以便高级人员能更多地承担复杂的工作；教师的工资应该按照其业绩和效率来确定；教学和科研的成本应由校部更严密地控制等。这些主张虽然遭到了一些人的反对，但还是起到了一定的积极作用，在相当程度上改变了高等学校存在的不良状况。

2. 把科学管理原理应用于市政管理

1912—1916年，库克在担任费城公共工程局局长期间，树立了一个良好市政管理的榜样，主要是采用一些效率高的新方法，在申诉处理、财务计划、装备更新、人事管理、存货记录、工程转包、公共关系、作业标准化等方面进行了革新。库克按照泰勒的思想建立了一种"职能管理"组织，雇佣了一批专家并解雇了1000名左右靠关系占有职位和效率低下的人；设立了退休和福利基金；主张由专业的"城市经理"来管理城市，由有职有权的人来代替只会空谈的委员会；提出了一种早期的参与管理决策的想法来号召人们"合作"。

由于他的革新，费城在清除垃圾方面，4 年就节省了 100 多万美元费用(那时 100 万美元可不是个小数目)，公用事业费用减少了 125 万美元。

3. 重视人的因素，在劳资关系的处理上取得了较好的成就

泰勒那时看不到工人主张权利的必要性，反对工会，认为工人组织起来后会罢工怠工，不利于双方合作和生产率的提高。泰勒的这种主张引起了当时有组织的工人和工会的反对和抵制，其科学管理也因此遭到反对和抵制。库克的认识则不同于泰勒，他认为，使科学管理行之有效的不是制度本身，而是人们对制度的信任，进而一直注意争取工人的合作，对日益发展的全国劳工运动越来越感兴趣，特别是 20 世纪 30 年代以后，同许多工会领袖关系都非常好。他主张管理要"人情化"，在有关工资、工作定额、员工福利等事情上，可同工会进行集体合同谈判，工人应更多地参与管理。这些主张受到工会领袖的欢迎，有助于在企业中恰当地处理劳资关系。

库克在泰勒的指导下将科学管理应用到教育和市政机构，对非工业部门的管理起到了很大的促进作用。同时，他设法使科学管理和有组织的工人建立和睦关系，为科学管理增加了劳资之间建立和谐合作的新思想。管理史学家丹尼尔·雷恩曾这样评价库克：如果 20 世纪科学管理还有任何发展的空间，则需要像库克一样的人在非工业组织中打开视野，并赢得美国工会运动的支持。

三、科学管理理论评述

泰勒之前的管理思想和管理研究基本建立在经验的基础之上，泰勒及其追随者开创的科学管理理论首次突破了管理研究的经验途径这一局限性视野，首次提出要以效率更高的科学型管理取代传统小作坊式的经验型管理，使人们认识到在管理上引进科学研究方法的重要性和必要性，开辟了管理学的新纪元。同时，泰勒及其追随者开创的科学管理理论并未脱离管理实际。相反，科学管理理论的原理和方法扎根于车间管理、工厂管理实践，泰勒遇到的很多管理问题还会在当今的管理实践中反复出现。因此，尽管科学管理理论不是"包治百病"的灵丹妙药，但它为不同时代的管理者解决管理实践中的效率问题提供了一种重要视角和参照。

然而，由于科学管理理论起源于工厂现场作业实验，因此存在过于重视技术、强调个别作业效率、对人的看法有偏颇、忽视企业的整体功能等历史局限性；而且，单纯从"经济人"假设出发，认为企业家的目的只是获得最大限度的利润，工人只是为了获得最大限度的工资收入，这就忽略了人的动机的多样性。此外，泰勒以机械的模式看待员工，把员工看成是进行一定生产作业的生产工具——活的机器，进而反对有组织的工人和贬低工人；过分主张通过经营者和工人的职能分工来建立劳资双方的协调关系，而实际上这种分工对工人的社会地位和经济谈判地位会带来极其不利的影响，这些都是科学管理理论后来遭受多方诟病的重要原因。

第三节 法约尔的一般行政管理理论

一、法约尔简介[①]

朱尔斯·亨利·法约尔(Jules Henri Fayol，1841—1925年)，是管理过程学派的开创者。法约尔出生于君士坦丁堡，当时法约尔的父亲作为工程监理负责监督法国在土耳其援建的建筑工程。回国后，法约尔一家定居拉武尔特，法约尔在拉武尔特接受了初等教育。1858年，法约尔从瓦伦斯皇家高等学校毕业，进入圣艾蒂安国立矿业学校就读，他期望成为像他父亲那样的一名工程师。

毕业后，法约尔如愿进入法国中部科芒特里煤矿。1860年至1866年，法约尔一直担任煤矿的采矿工程师，并在防治煤矿火灾方面取得显著技术进展。1888年，法约尔被提拔为总经理。当时，法约尔掌管的几家煤矿正面临严重的资源和财务困境。法约尔接手后迅速对企业的生产进行了调整，通过必要的收缩和整合，企业通过创新，重新获得竞争优势。

法约尔学生时代接受的是工程教育，但在企业管理实践中他很快意识到管理一家拥有10000名雇员、生产基地遍及法国各地的公司所需技能不同于他之前所学的那些知识，他认为管理并不仅仅是设计制度和方法以提高生产速度。作为企业总经理，法约尔可以从更加全面的角度建立自己对企业管理的看法，在他看来，管理包括了生产、流通、营销等一系列活动，管理者应当承担包括计划、组织、指挥、协调和控制等职责。要想胜任管理者的职位，必须具备某些特殊技能，而且是当时工程学校从没教过的技能。

法约尔注意到在生产中区分管理技能和技术知识。在科芒特里煤矿担任采矿工程师期间，法约尔就开始观察和记录那些发生在煤矿并且影响产量的管理问题。例如，由于一匹马摔断了腿，所有其他工作就不得不停下来，造成整体工期滞后。法约尔认为造成这个问题的原因是责任和权力不对等，因此需要用管理眼光(而不是技术视角)去审视问题。1908年，法约尔在矿业协会的演讲中明确指出："对企业来说，一位管理能力出色而技术知识平庸的领导人，往往比一位技术能力出色而管理能力平庸的领导人要有用得多"，此次演讲中，法约尔还初步提出了自己的管理原则。

1916年，法约尔的代表作《工业管理和一般管理》，首次发表在法国的一本技术期刊上，标志着法约尔的一般管理理论终于成型。1917年，该书以图书的形式出版，获得了整个法国的好评，被誉为"首席执行官教育的教科书"。自此，一般管理理论(也被称为"法约尔主义")作为法国原创的管理思想在人类管理思想史上留下了深刻印记。

[①] 丹尼尔·雷恩，阿瑟·贝德安. 管理思想史：第6版[M]. 孙健敏，黄小勇，李原，译. 北京：中国人民大学出版社，2012.

二、法约尔的管理思想

在《工业管理和一般管理》[①]一书中,法约尔对管理的首要贡献是从经营活动中提炼出管理活动,并强调管理的普遍性。法约尔通过对企业活动的研究,提出"经营"与"管理"是两种不同概念,"管理"包括在"经营"之中。他认为企业的全部经营活动包括:(1)技术活动(生产、制造、加工);(2)商业活动(购买、销售、交换);(3)财务活动(筹集和最有效利用资本);(4)安全活动(保护财产和人员);(5)会计活动(财产清点、资产负债表、成本和统计等);(6)管理活动(计划、组织、指挥、协调和控制)。

法约尔认为,不论企业大还是小、复杂还是简单,都可以观察到上述六种活动。这些活动不是相互割裂的,它们之间相互联系、相互配合,共同组成一个有机系统来完成企业生存与发展的目的。但是,前五种活动都"不负责制定企业的总经营计划,不负责组织,不负责协调各方面的力量和行动",而这些至关重要的职能应属于管理活动。法约尔把管理活动从经营活动中提炼出来,并划定了管理与其他经营活动的边界。这么一来,有利于对管理职能进行更加深入的分析和研究,也为管理学知识体系的形成设立了框架。

同时,法约尔还认为"无论在商业、工业、政治、宗教、战争还是慈善事业中,在每一件事情上都会有一种管理职能被执行",这意味着管理具有普遍性。如果能够从管理实践中发现某些具有普遍意义的管理原则(principle),就不仅可以将管理原则贯彻于其他管理领域,还可以通过管理教育传授给各层级的管理者。法约尔因为他总结的管理原则闻名于世。

法约尔对管理的第二个贡献是率先对管理活动的基本职能进行了分析,他认为管理包含计划、组织、指挥、协调和控制五项职能。这五项职能紧密联系,形成一个完整的管理过程,也为管理理论的研究提供了一个框架。法约尔提出的管理五项职能影响了整个20世纪的管理学,以后大多数管理学学者在此基础上继续研究,逐渐形成了管理过程学派或管理职能学派,因此法约尔被誉为"管理过程之父"。

在法约尔看来,计划是管理活动的首要职能,也是其他管理活动的基础。在法约尔的思想体系中,计划和远见是同一概念,在这里,"远见"既表示对未来的估计,也表示为未来做准备,它是以企业的资源、所经营业务的性质和未来的趋势为根据的。法约尔认为,好的行动计划应具备统一性、连续性、灵活性和精确性4个特征。要制定具有上述特征的计划,就要对每天、每周、每月、每年、5年甚至10年的情况进行预测,并随着时间推移或情况变化进行不断调整和修改。

组织是法约尔提出的第二项管理职能。法约尔认为企业是一种社会组织,是一种"社会有机体"。社会为企业的经营提供所有必要的原料、设备、资金和人员。管理者必须确

---

① 法约尔. 工业管理与一般管理[M]. 周安华, 林宗锦, 展学仲, 张玉琪, 译. 北京: 中国社会科学出版社, 1982.

保企业的"人力和物力的组织与公司目标、资源和要求相一致"。企业的组织职能包括一系列管理任务：检查计划制定情况和执行情况；关注组织活动是否与企业目标、资源和需要相适应；建立一元化的、有能力的、有效的领导；配合行动，协调力量；做出清楚、明确、准确的决策；有效地配备和安排人员；明确职责；鼓励首创精神与责任感；建立合理的报酬方式；建立惩罚制度；使大家遵守纪律；使个人利益服从企业利益；特别注意指挥的统一；维护物品与社会秩序；进行全面控制；与规章过多、官僚主义、形式主义、文牍主义做斗争等。

法约尔认为指挥职能就是让企业发挥作用，是一种以某些个人品质和对管理的一般原则的了解为基础的艺术。担任指挥工作的领导者应该做到：对职工有深入的了解；淘汰没有工作能力的人；对企业和职工之间的协议很了解；做出榜样；对组织进行定期检查，并使用概括的图表来促进这项工作；召开讨论统一指挥和集中努力时要让主要助手参加；不要陷入琐碎事务；力争使成员团结、主动、积极和忠诚。

法约尔认为协调职能要求企业的一切工作都要和谐地配合，每个部门的工作都要与其他部门步调一致，各部门内部及其所属单位对各自的任务和相互之间的协助关系必须清晰明了。在法约尔看来，协调是一种平衡行动，使支出和收入相等，使设备适合于实现生产目标的需要，以及确保销售和生产之间的协调一致。组织工作和计划工作通过规定任务、制定时间表以及实行目标管理等方法，来推进协调工作。

法约尔认为控制职能是要证实一下各项工作是否都与计划相符合，目的是找出工作中的缺点和错误，以便加以纠正并避免重犯。对物、对人、对行动都可以进行控制。控制涉及企业的一切方面，包括商业方面、技术方面、财政方面、安全方面和会计方面。当控制工作太多、太复杂、涉及面太大时，就应作为一项独立的工作来，设立专门的检查员或监督员。在控制中，首先要避免对各部门的领导和工作进行过多的干预，这种越权行为会造成"最可怕"的双重领导；其次要避免任命不负责任的控制人员，他们有时会在很大范围内造成有害影响；最后，一切控制活动都应是公正的，执行控制职能时需要有持久的专业精神和较高的艺术手腕。

法约尔对管理的第三个贡献是根据自己的管理经验提出了14项管理原则。

1. 工作分工(division of work)

法约尔所说的工作分工就是经济学里所说的劳动专业化，也就是将各种不同的任务分配给拥有不同专业技能的劳动者，希望"以相同的努力获得更多、更好的成果"。像经济学家一样，法约尔认为工作分工属于自然规律，会提高劳动生产率。法约尔发现工作分工不只适用于技术工作，而且也适用于管理工作。他认为管理者应当通过分工来提高管理工作的效率。同时，法约尔敏锐地观察到工作分工的消极方面，他明确指出"工作分工有一定的限度，经验与平衡感告诉我们不应超越这些限度"。

2. 权力(authority)

法约尔将权力界定为"下达命令的权利和要求服从的力量"。值得钦佩的是，法约尔对正式权力和个人权力进行了区分，他认为前者是管理者依靠职务或级别而拥有的，而后者则是由"智慧、经验、精神价值、领导能力、以往的服务等因素综合形成的"。对于企业中权力的运用，法约尔的思考远远超出同时代的学者。他意识到优秀的管理者应该通过自己的个人权力来补充正式权力。同时，法约尔还进一步认识到权力和责任从某种意义上看是一种必然的关系。有权力的地方就有责任，责任是权力的孪生物。因此，企业中权力和责任应当相称，这就是著名的权力与责任对等原则。

3. 纪律(discipline)

法约尔所谓的纪律，就是公司与其员工之间的相互尊重和服从。纪律包括两个方面：企业与下属人员之间的约定和人们对这个约定的态度及其对约定遵守的情况。法约尔认为纪律是一个企业兴旺发达的关键，没有纪律，任何一个企业都不能兴旺繁荣。好的纪律源自得力的管理、令管理者和雇员都满意的劳动合同，以及奖惩措施的正确使用；坏的纪律是管理者愚蠢无能的结果。

4. 统一指挥(unity of command)

法约尔认为统一指挥是一个重要的管理原则。按照这一原则，一名下级人员只能接受一位上级的命令。法约尔用《圣经》中"一仆不事二主"来解释这一原则。他认为如果两个领导者同时对同一个人或同一件事行使他们的权力，就会出现混乱。在任何情况下，都不会有适应双重指挥的社会组织，双重指挥对权力、纪律和稳定都是一种威胁。

5. 统一领导(unity of direction)

与统一指挥原则相关的原则是统一领导原则。统一领导指的是"具有相同目标的一组活动应该只有一个领导者和一个计划"。法约尔认为良好的组织结构应当是一个下级只能有一个直接上级，通常，"一个身体有两个脑袋，就是个怪物，就难以生存"，组织也是这样。统一领导原则与统一指挥原则之间既有区别又有联系。统一领导原则讲的是组织机构设置的问题，即在设置组织机构的时候，一个下级不能有两个直接上级。而统一指挥原则讲的是组织机构设置以后运转的问题，即当组织机构建立起来以后，在运转的过程中，一个下级不能同时接受两个上级的指令。

6. 个人利益服从整体利益(subordination of individual interests to the general interest)

法约尔认为个人利益服从整体利益是不言自明的基本管理原则。但是，现实中"无知、贪婪、自私、懒惰以及人类的一切冲动，总是使人为了个人利益而忘掉整体利益"。把个体或群体的利益置于企业的整体利益之上，必然会导致相关各方之间的冲突。法约尔对这方面的观察体现了对代理理论(agency theory)所称的"机会主义"的一种早期表述，机会主义指的是一种利己主义行为。法约尔意识到，仅仅为自己服务的个体或群体不仅会损害其他同事的利益，而且还会损害整个企业的利益。

7. 报酬(remuneration)

法约尔发现恰当的报酬取决于许多因素，例如生活费用的高低、雇佣人员的数量、业务的一般状况、企业的经济地位、人员的才能等。法约尔认为设计报酬首先要考虑的是维持职工的最低生活消费和企业的基本经营状况，这是确定人员报酬的一个基本出发点。在此基础上，再考虑根据职工的劳动贡献来决定采用适当的报酬方式。对于当时管理实践中常用的报酬方式(如日工资、计件工资率、奖金以及利润分享等)，法约尔认为不管采用什么报酬方式，都应当考虑三个问题：(1)它能保证报酬公平？(2)它能奖励有益的努力和激发热情吗？(3)它是否会超过合理限度？

8. 集权(centralization)

法约尔敏锐地发现企业中普遍存在权力的集中或分散的问题。对于企业来说，必须根据自己的具体情况在集权和分权之间找到一个最适当的位置。因此"平衡"权力在法约尔看来是一项显而易见的一项原则，甚至被其当作企业的"自然规律"。法约尔认为权力的集中和分散取决于每个企业的具体情况。在小型企业里，上级领导者直接把命令传到下层雇员，权力就相对比较集中。而在大型企业里，在高层领导者与基层人员之间还有许多中间环节，因此权力就比较分散。法约尔的这些观点在今天仍然很有见地。

9. 等级链(scalar chain)

等级链指"从最高权力的负责人直到最低等级的负责人所形成的链条"。法约尔认为这条路径表明了一家公司的权力路径，也描绘出信息从公司最顶层传达到最底层以及从最底层传递到最高层的链条。法约尔不仅意识到这种正式的等级链既是权力链条，也是信息传递链条，还发现了这种等级链作为信息传递渠道容易引起信息延误。为了克服统一指挥和等级链共同造成的信息延误问题，法约尔提出了自己的"跳板"观点，即允许信息越级汇报。如果工长 F 想与工长 P 沟通(见图 8-1)，那么他可以直接与 P 联系，而无须先向上级报告(即 F 通过 E 再到 A)，然后将信息按等级秩序从 A 传达给 P，通过跳板，可以通过最短路径进行横向沟通，从而避免使企业的等级链不堪重负。

10. 秩序(order)

西方有句谚语可以借用来说明法约尔的秩序原则："每件东西都有一个位置，每件东西都处于正确位置"(a place for everything, and everything in its place)。法约尔所指的秩序原则包括"物的秩序"和"人的秩序"。所谓物的秩序，就是要使每件物品都在它应该放的位置上，使得企业中的物料井井有条，避免资源浪费。所谓人的秩序，法约尔认为每个人都有他的长处和短处，贯彻社会秩序原则就是要确定最适合每个人的能力发挥的工作岗位,然后使每个人都在最能使自己的能力得到发挥的岗位上工作。为了能贯彻社会的秩序原则,法约尔认为首先要对企业的社会需要与资源有确切的了解,并保持两者之间经常的平衡;同时,要注意消除任人唯亲、偏爱徇私、野心奢望和无知等弊病。

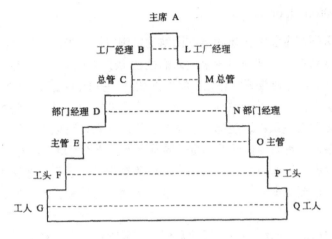

图 8-1　法约尔跳板

11. 公平(equity)

法约尔认为企业中的公平来源于仁慈和公正。公平可以为如何对待员工以及向他们灌输奉献和忠诚提供基础。令人惊讶的是,法约尔区分出公平和平等(equality)是两种不完全相同的价值追求,几乎可以成为现代公平理论的起点。当然,法约尔也意识到在企业的所有级别上都创造一种公平感是非常艰巨的任务。为此,法约尔认为为了满足员工对公平的渴求,企业的首脑必须"经常鼓舞他的高层管理者"。

12. 人员的稳定(stability of tenure of personnel)

法约尔认为,一个人要适应他的新职位,并高质量地完成他的工作,这需要时间。因此必须使雇员群体具有稳定性,这就是人员的稳定原则。按照人员的稳定原则,要使雇员的能力得到充分的发挥,就要使他在一个工作岗位上相对稳定地工作一段时间,使他能有一段时间来熟悉自己的工作,了解自己的工作环境,并取得别人对自己的信任;同样,要让管理者和员工形成一个高绩效的团队,管理者必须要逐渐了解自己的员工,这样才会让自己感到踏实,这也是一项长期工作。

13. 首创精神(initiative)

关于创新和激励,法约尔有其独特的看法。法约尔认为:"想出一个计划并保证其成功是一个聪明人最大的快乐之一,这也是人类活动最有力的刺激物之一。这种发明与执行的可能性就是人们所说的首创精神。建议与执行的自主性也属于首创精神"。法约尔的首创精神近似于后来激励理论中自我实现需要。他认为主动性地、创造性地工作是激励人们工作热情和工作积极性的最有力的因素，对于领导者来说，"需要极有分寸地，并要有某种勇气来激发和支持大家的首创精神"。

14. 团结精神(esprit de corps)

法约尔认为必须在企业中构建和谐、团结的组织氛围，当时还没有组织文化的概念，因此他称其为团结精神。在法约尔看来，人们往往由于管理能力的不足，或者由于自私自利，或者由于追求个人的利益等而忘记了组织的团结。基于自己几十年担任管理者的经验，法约尔认识到"协调努力、鼓励锐气、利用每一个人的能力，以及奖励每一个人的价值而不引起嫉妒或破坏和谐关系，这些都需要发挥真正的智慧才可以做到"。管理者不应当破坏企业的团结，导致下属们各执己见，而是要发挥"团结的力量"。为了加强组织的团结，法约尔特别提出要改善沟通方式，在组织中要避免滥用书面联系。他认为在处理一个业务问题时，用当面口述要比书面快，并且更迅速、清楚、简单和融洽，冲突和误会也可以在交谈中得到解决。

对于上述管理原则，法约尔在《工业管理和一般管理》中解释说，他的管理原则是用来指导理论和实践工作的，其内容并不详尽，而且在运用时也不应该被当作僵硬的教条。工业革命期间发展起来的工厂生产制度，在实践中已经体现了这其中的许多原则。然而，是法约尔首次将它们编撰成一套一般管理原则。

三、法约尔管理思想评述

法约尔提出的管理职能和管理原则，奠定了以后在二十世纪五十年代兴起的管理过程研究的基本理论基础，许多管理论著在某种程度上可直接追溯到一般管理理论。法约尔提出的一般管理理论迄今已近百年，但经久不衰，至今仍有相当大的影响力，对现代管理仍然具有现实的指导意义。对于法约尔一般行政管理思想的贡献，主要可以从下面三个方面来认识：

首先，法约尔率先提出管理具有"普遍性"。法约尔强调所有的机构——工业、商业、政治、宗教等任何机构都需要进行管理。这种对管理"普遍性"的认识和实践，在当时是一个重大的贡献。法约尔克服了传统对于管理的狭隘认知，不再把管理局限于某一个范围，而是把管理活动从经营中单独列出来，作为一个独立的职能和研究项目，这一切都是非常有见地的。

其次，法约尔提出了现代管理学研究的总框架，对管理职能和管理原则的概括体现了全局性和战略性的特点。正是由于有了法约尔的一般行政管理理论，才有了后来系统的管理学知识体系。直到现在，大多数管理学教材的结构和内容在很大程度上都基本遵循他的理论构架。可以说法约尔的一般行政管理理论，在管理学史上是一个重要的里程碑。

最后，法约尔提出的十四条管理原则至今仍然是规范现代管理活动的重要准则。《工业管理和一般管理》一书中的很多概念和逻辑，在今天的管理中已经成为常识，因此常常受到管理者的忽视。实际上，正是因为法约尔超乎时代的远见，才使得我们在使用诸如"权责对等""集权和分权""统一指挥"等管理原则时更加理所当然。

第四节　韦伯的组织理论

一、韦伯简介[①]

马克斯·韦伯(Max Weber，1864—1920 年)是德国著名社会学家，现代社会学的重要奠基人之一。同时，由于对现代科层组织的观察和描述，韦伯也被视为与泰勒和法约尔一样重要的古典管理理论的先驱。

1864 年，韦伯出生于德国爱尔福特的一个中产阶级家庭，他是家中的长子，父亲是知名的政治家和公务员。父亲的职业使家里充满了政治的气氛，许多突出的学者和公众人物都经常造访家中。受到家庭环境的耳濡目染，韦伯的弟弟阿尔弗雷德·韦伯(Alfred Weber)后来也成为一名社会学家和经济学家。韦伯在少年时期就展现出其超人的才华。他十三岁便开始撰写历史论文，十四岁时撰写的信件中便开始引用荷马、西塞罗、维吉尔、李维等人的著作。在韦伯进入大学前，他已经熟读了歌德、斯宾诺莎、康德、叔本华等人的理论，并表现出对研究社会科学的强烈兴趣。

1882 年，韦伯进入海德堡大学法律系就读。在此期间韦伯涉猎广泛，不仅学习了经济学、中世纪历史、神学，还在斯特拉斯堡短期服役。1884 年，韦伯进入柏林大学，直至获得教职，并成为实习法官。1889 年，韦伯完成了题为"中世纪商业组织的历史"的博士论文，取得法律博士学位。两年后，韦伯获得教授资格。其后，韦伯在弗莱堡大学和海德堡大学任教，并对当时的德国东部移民问题进行了调查研究，研究报告受到广泛好评。

1903 年，韦伯辞去教职，与同事创办了名为"社会学和社会福利档案"的社会学期刊。第二年开始，韦伯陆续在这本期刊上发表了他最重要的文章，尤其是一系列名为《新教伦理与资本主义精神》的论文，这后来成为他毕生最知名的著作。1904 年声名远播的韦伯前往美国旅游，并且参与了当时在圣路易斯举行的艺术和科学国际大会，在此期间韦伯访问了费城、华盛顿、巴尔的摩、波士顿、芝加哥、新奥尔良、塔斯基吉等地，深入观察当时的美国行政组织。作为现代社会学的奠基人，韦伯在组织管理方面有关行政组织的观点，对社会学家和政治学家都有着深远的影响。他不仅考察了组织的行政管理，而且广泛地分析了社会、经济和政治结构，深入地研究了工业化对组织结构的影响。韦伯的代表作包括

[①] 玛丽安妮·韦伯. 马克斯·韦伯传[M]. 简明，译. 北京：中国人民大学出版社，2014.

《新教伦理与资本主义精神》和《经济和社会》(未完成)。韦伯的组织理论是对泰勒和法约尔管理理论的一种补充,对后世的管理学家,尤其是组织理论学家有重大影响,因而韦伯在管理思想史上被人们称为"组织理论之父"。

二、韦伯的管理思想

作为传统意义上的社会学家,韦伯对管理思想的贡献主要包括两个方面:

首先,韦伯为现代社会描画了一种"最理想"的组织形态,并命名为科层组织(bureaucracy,不同的书中也译为官僚组织或行政组织)[①]。韦伯认为这种组织体系与传统的社会组织最大的不同在于,它是通过职务或职位而不是通过个人或世袭地位来进行管理的,他认为这种科层组织将是现代社会中最有效率的组织形态。要使科层组织发挥作用,管理应以知识为依据进行控制,管理者应有胜任工作的能力,应该依据客观事实而不是凭主观意志来领导,因而科层组织是一个有关集体活动理性化的社会学概念。

在韦伯看来,理想化的科层组织之所以高效,主要是因为具有下面 6 个优点:(1)劳动分工(division of labor):根据组织目标,科层组织的每个职位都有明确的职权范围,权力和责任被明确定义。通过专业化分工,组织的工作效率必然得到提高;(2)层级管理(managerial hierarchy):科层组织明确各种职务或职位在组织中的权力层级,这样从组织的最高级别到最低级别,将会形成一条清晰的指挥链(类似于法约尔的等级链)。每个职位的成员都要为上级负责,并受上级控制和监督,这样就可以维持组织的稳定性,保证组织在实现目标的过程中是强有力的;(3)正式选拔(formal selection):科层组织的所有员工都需要通过规范的选拔程序才能进入组织。要么是通过正式考试,或者是通过正规教育,或者是通过培训取得技术资格,这样就能保证进入组织的员工在能力上是称职的,同时也避免了因为能力缺陷的辞退问题;(4)职业取向(career orientation):科层组织要求管理者和员工都是自己岗位上的专家,他们从事专业性工作以获得固定薪水,并且在他们各自的专业领域中追求职业发展(通过考核并获得升迁);(5)正式的规章制度(formal rules and regulations):科层组织要求用以评价绩效和控制行为的依据必须是正式的规章制度,这样可以有效减少组织内部冲突,还可以保证工作的规范性;(6)非个人化(impersonality):科层组织内成员之间是指挥和服从的关系,这种关系由职位高低决定,是组织通过正式规章制度明确规定好的。个人之间的关系不应当影响到工作关系。

当然,韦伯也意识到科层组织是一种理论,它是一种标准或模式,"纯粹"的科层组织在现实当中并不存在。但是,科层组织的形态不仅可以用于组织一家公司,而且也可用于评价(通过比较)该公司的相对绩效。从这个意义上讲,韦伯的科层组织是假设性的,而不是真实存在的。它既不意味着一个实用模式,也不意味着与现实相符。

[①] 马克斯·韦伯. 经济与社会[M]. 林荣远, 译. 北京: 商务印书馆, 1991.

其次，韦伯对管理思想史的另一个贡献是分析了现代社会权力的来源。韦伯认为，任何组织都必须以某种形式的权力作为基础，没有权力，任何组织都不能达到自己的目标。权力可以消除组织的混乱，使组织有序运转。人类社会存在三种为社会所接受的权力：传统权力、超凡魅力(Charisma)和法定权力。所谓传统权力是指以古老的、传统的、不可侵犯的和执行这种权力的人的地位的正统性为依据的权力；所谓超凡魅力是指建立在对个人的崇拜和迷信的基础上的权力；所谓法定权力是指建立在理性和合法性基础上的权力。

传统权力和超凡魅力都属于非理性的权力，在效率上存在这样或那样的问题，不能成为现代社会组织的权力基础。循着德国哲学的"理性"传统，韦伯认为只有法定权力符合理性，是理想的科层组织的权力基础。科层组织严格贯彻正式的规章制度，对每个岗位的权力和责任都进行细致规定，精心挑选能够胜任的组织成员，在人与人之间建立非个体化的关系，这些都体现出法定权力在组织中的运用。韦伯认为正是因为组织以法定权力作为基础，科层组织不仅可以避免权力被滥用(公正)，还可以保证组织实现目标过程中的效率。

三、韦伯管理思想述评

韦伯提出的组织理论在行政管理的组织机构中具有相当的先进性。其创新之处在于对组织效率的考察，把目光投向其准确性、连续性、纪律性、严整性与可靠性。韦伯这种强调规则、强调能力、强调知识的科层组织理论为社会发展提供了一种高效率、合乎理性的管理体制。遗憾的是，在韦伯提出自己组织理论的时候，社会文化和历史条件还没有形成对现代组织理论的需求，使其理论提出后并没有受到应有的重视，直到20世纪40—50年代才在美国获得承认。此后，随着组织规模和复杂程度的发展，人们对于组织理论开始了探索，也使韦伯及其组织理论再度进入人们的视野，人们才发现韦伯的理论具有非常大的价值。那种"理想化"的强调规则、强调能力、强调知识的科层组织理论，为社会发展提供了一种高效率、合乎理性的管理体制。

在某种程度上科层组织本身存在的诸多不足，包括过分重视集权和等级制度、忽视人际关系与非正式组织、过度强调规章制度等，成为人们批评效率低下的"官僚主义"和"官僚作风"的口实，韦伯所描述的官僚主义世界似乎已经过去。但是科层组织对20世纪初经济发展的推动起到了不可低估的作用，直至今天仍然发挥着重要的作用。科层组织已成为各类组织普遍运用的典型结构，广泛应用于国家机构、企业和各种社会团体及其管理之中，在组织设计实务中发挥着有效的指导作用。

本 章 小 结

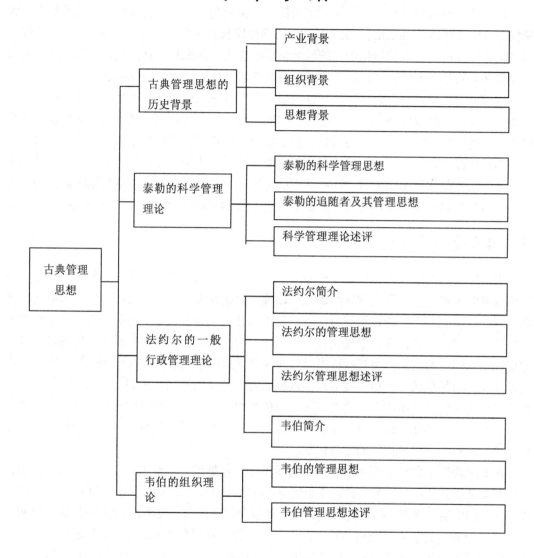

习 题

一、思考题

1. 简述泰勒的四项管理原则。
2. 泰勒的管理实验与吉尔布雷斯夫妇的管理实验有什么差异？

3. 法约尔对管理思想史有哪些贡献？
4. 韦伯的科层组织在多大程度上变成了现实？

二、案例分析

1. 富士康管理模式的利弊分析

富士康科技集团创立于1974年，至今拥有60余万员工及全球顶尖IT客户群，为全球最大的电子产业专业制造商、《财富》2009年全球企业500强第109位。从2010年1月至5月，短短5个月的时间连续发生了13起员工跳楼事件。自杀是复杂的社会现象，经常会有多种原因导致，在此次事件中，究竟有多少人是由富士康企业的内在因素所致呢？

富士康现行的生产方式为流水线作业，其管理模式被大众认定为泰勒制。富士康现行的垂直专制的军事化管理，确实有利于企业生产效率的提高，但不得不以较低的员工满意度与较高的员工流动率作为补偿。富士康的管理特点为：

(1) 泰勒制基础上改进定额管理。为了对付"磨洋工"，泰勒制中把实行定额管理作为企业科学管理的首要举措。按泰勒制要求，企业需设定一个专门制定定额的部门或机构，而在富士康，这样的机构是不存在的。作为代工型企业，富士康的生产属于接单生产，订单一旦接下，生产任务就会分摊到相应生产部门，而生产部门主管只需将生产指标简单除以部门一线员工人数就可以了。按照国家现行劳动法规定，员工拥有选择在8小时之外工作或不工作的权利，但在富士康，很多员工是"被"加班的。

(2) 细化分工，操作标准化。由于泰勒提出科学管理原理时，流水线生产方式尚未面世，虽涉及分工问题，但未曾那么细致。富士康采用流水线生产之后，每名员工只负责某一特定工序，甚至只负责某一动作，例如硅晶片的检验，工作期间唯一的动作就是盯住流水线上的硅晶片以检验其是否符合生产标准。在机器大规模生产中，一线工人不可避免地成为机器的附属品。工作的标准动作已被固定，工人只是从事执行职能，按规定的标准从事实际操作，而不能自行其是。

(3) 生产一线管理人员管理素质问题存争议。在公司的一线生产环节不存在着领导，仅仅存在着一些所谓的"管理者"。这些管理人员都是从一线工人提拔而来，提拔后又缺少相关管理方法与技巧的培训，这一举措无疑降低了富士康一线的管理成本。其管理方式"简单粗暴"，仅仅注重最终结果，而不考虑其过程以及为员工提供支持性环境。

(4) 军事化管理过于严苛，导致员工生活压抑。受访员工介绍，富士康的工作是典型的罚多赏少：厂牌忘带，罚；厂牌未戴正，罚；擅离人行道，罚；甚至吃饭时高声喧哗，也要罚。员工一方面每天生活在一个被监视的环境下，一方面情感得不到寄托与发泄，员工的压力不仅仅来源于工作，还有很大一部分来源这种生活模式。(资料来源：哈尔滨工业大学管理学院鲁保才：浅析富士康现行的管理模式及其利弊)

分析：

(1) 富士康的管理行为体现了哪些科学管理理论？

(2) 富士康的管理方式的利弊是什么？你有何对策建议？

2. 深淘滩，低作堰

面对金融危机带来的前所未有的压力，华为公司总裁任正非在2009年初在该公司的内部讲话如下：

深淘滩，低作堰，是李冰父子在二千多年前留给我们的深刻治理理念。同时代的巴比伦空中花园、罗马水渠、澡堂，已荡然无存，而都江堰仍然在浇灌造福成都平原。为什么？李冰留下"深淘滩，低作堰"的治堰准则，是都江堰长盛不衰的主要"诀窍"。其中蕴含的聪明和道理，远远超出了治水本身。华为公司若想长存，这些准则也是适用于我们的。深淘滩，就是不断地挖掘内部潜力，降低运作成本，为客户提供更有价值的服务。客户决不肯为你的光鲜以及高额的福利多付出一分钱的。我们的任何渴望，除了用努力工作获得外，别指望天上掉馅饼。公司短期的不理智的福利政策，就是饮鸩止渴。低作堰，就是节制自己的贪欲，自己留存的利润低一些，多一些让利给客户，以及善待上游供给商。将来的竞争就是一条产业链与一条产业链的竞争。从上游到下游的产业链的整体强健，就是华为生存之本。物竞天择，适者生存。

我们从一个小公司脱胎而来，小公司的习气还残留在我们身上。我们的员工也受20年来公司早期的习惯势力的影响，自己的思维与操作上还不能完全职业化。这些都是我们治理优化的阻力。什么是职业化？就是在同一时间、同样的条件，做同样的事的成本更低，这就是职业化。但市场竞争，对手优化了，你不优化，留给你的就是死亡。思科在创新上的能力，爱立信在内部治理上的水平，我们现在还是远远赶不上的。我们要缩短这些差距，必须持续的改良我们的治理。面对金融危机，要有治理改进的迫切性，但也要沉着冷静，减少盲目性。我们不能因短期救急或短期受益，而做长期后悔的事，不能一边救今天的火，一边埋明天的雷。治理改革要继续坚持从实用的目的出发，达到适用目的的原则。在治理改进中，要继续坚持遵循"七反对"的原则：

果断反对完美主义，果断反对繁琐哲学，果断反对盲目的创新，果断反对没有全局效益提升的局部优化，果断反对没有全局观的干部主导变革，果断反对没有业务实践经验的人参加变革，果断反对没有充分论证的流程进行实用。

我们不要忌讳我们的病灶，要敢于改革一切不适应及时、准确、优质、低成本实现端到端服务的东西。公司虽然这些年已从粗放的运作有了较大的进步，但面对未来市场发展趋缓，要更多地从治理进步中要效益。我们从来就不主张较大幅度的变革，而主张不断的改良，我们现在仍然要耐得住性子，谋定而后动。

西方的职业化，是从一百多年的市场变革中总结出来的，它这样做最有效率。穿上西装，打上领带，并非是为了好看。我们学习它，并非是完全僵化的照搬，难道穿上中山装就不行？我们 20 年来有自己成功的东西，我们要善于总结出来，我们为什么成功，以后怎样持续成功。再将这些治理哲学的理念，用西方的方法规范，使之标准化、基线化，有利于广为传播与把握并善用之，培养各级干部，适应工作。只有这样我们才不是一个僵化的西方样板，而是一个有活的灵魂的治理有效的企业。看西方在中国的企业成功的不多，就是照搬了西方的治理，水土不服。一个企业活的灵魂，就是坚持因地制宜、实事求是。这两条要领的表现，就是不断提升效率。

我们从杂乱的行政管制中走过来，依靠功能组织进行治理的方法虽然在弱化，但以流程化治理的内涵还不够丰富。流程的上下游还没有有效"拉通"，基于流程化工作对象的治理体系还不很完善，组织行为还不能达到可重复、可预期、可持续化的、可值得信赖的程度，人们还习惯在看官大官小的指令来确定搬道岔，以前还出现过可笑的工号文化。工作组是从行政管制走向流程管制的一种过渡形式，它对打破部门墙有一定好处，但它对破坏流程化建设有更大的坏处。而我们工作组满天飞，流程化组织变成了一个资源池，这样下去我们能建设成现代化治理体系吗？一般而言，工作组人数逐步减少的地方，流程化的建设与运作就比较成熟。面对未来的风险，只能用规则的确定来对付结果的不确定。只有这样我们才能随心所欲不逾矩，才能在发展中获得自由。

分析：
(1) 华为公司总裁任正非的讲话体现了哪些泰勒的科学管理思想？
(2) 泰勒的科学管理思想在中国应用时要注意哪些问题？

三、管理技能训练

收集富士康企业的相关报道，请用泰勒的科学管理思想分析富士康管理经验的利弊。

【推荐阅读书目】

陈莞. 倪德玲. 最经典的管理思想. 北京：经济科学出版社，2003.

方振邦. 徐东华. 管理思想史. 北京：中国人民大学出版社，2014.

丹尼尔·雷恩. 阿瑟·贝德安. 管理思想史. 北京：中国人民大学出版社，2011.

第九章

行为科学管理理论

学习目标：了解行为科学萌芽阶段的管理思想；了解霍桑实验和人际关系学派对管理思想的贡献；了解行为科学的主要理论及其研究取向。

关键概念：行为科学(Behavior Science) 个体(Individual) 群体(Group) 人际关系(Human Relations) 人性假设(Assumption about Human Nature) 激励理论(Motivation Theories) 领导理论(Leadership Theories)

躲开贬低你的雄心的人。小人常常这样做，而真正伟大的人会让你感觉你可以变得伟大。(Keep away from people who belittle your ambitions. Small people always do that, but the really great make you feel that you, can become great.)

——马克·吐温(Mark Twain，美国作家)

第一节 行为科学的萌芽

以泰勒、法约尔和韦伯为代表的古典管理理论描画出系统性的现代管理思想的构架，并将效率作为管理的基本原则。与古典管理理论不同，现代管理思想的另一块拼图关心的是人性。对于管理者和被管理者人性的探究，可以追溯到工业革命时代，亚当·斯密(Adam Smith，1723—1790年)的《道德情操论》和罗伯特·欧文(Robert Owen，1771—1858年)，在苏格兰和美国的实验都可以被视为早期研究成果。而闵斯特伯格和福列特的研究则为行为科学的诞生奠定了基础。

一、闵斯特伯格的工业心理学[①]

雨果·闵斯特伯格(Hugo Munsterberg，1863—1916年)，出生于德国的但泽，在莱比锡大学师从现代科学心理学的创始人、德国著名心理学家冯特(Wilhelm Wundt，1832—1920

---

① 李艺敏，王红艳，李永鑫. 闵斯特伯格的心理学思想评述[J]. 华东师范大学学报(教育科学版)，2014，32(01)：82-88.

年),接受了正统的科学心理学教育和训练,并获得博士学位。毕业后,闵斯特伯格应美国著名心理学家威廉·詹姆斯(William James,1842-1910年)的邀请赴哈佛大学执教,并在哈佛大学建立了自己的心理学实验室。与专注于心理元素分析的冯特不同,闵斯特伯格更加关注如何运用传统的心理学研究方法研究工业生产中的实际问题。他的心理学实验室很快就成为工业心理学研究的基地,也成为后来的工业心理学运动的奠基石。由于闵斯特伯格最早把心理学观念和方法运用于工业组织,因此被视为工业心理学的主要创始人,被尊称为"工业心理学之父"。闵斯特伯格的代表作是《心理学与工业效率》(1913)。在书中,闵斯特伯格对人员甄选、职业伦理、工作绩效的心理因素以及广告心理等各方面均有所探讨。

闵斯特伯格对流行一时的科学管理抱有很大热情,他称赞泰勒是"科学管理运动才华横溢的创始人",认为泰勒"提出了最有价值的建议,值得整个工业世界重视"。在推广工业心理学时,闵斯特伯格汲取了泰勒的成果,并且强调有效率地使用工人以实现生产效益的重要性。不过,闵斯特伯格也清醒地意识到自己的成果乃至工业心理学所具有的社会意义和独特价值,他认为科学心理学应当对提高工人的适应能力与工作效率做出贡献。循着科学管理"科学挑选员工"的基本原则(见第二章相关内容),闵斯特伯格的工业心理学主要寻找3个主要问题的答案:第一,如何能够找到合适的雇员,他们的心理素质使得他们最适合从事他们要做的工作。第二,在什么心理条件下,能够保证每个人都实现最高、最令人满意的产出。第三,怎样才能对人的意识产生最完整的影响,使其对企业利益最有利。按照上述需要解决的三个问题,闵斯特伯格将《心理学与工业效率》分为3个部分:第一部分,最适合的人。研究工作对人们的要求,识别最适合从事某种工作的人应具备什么样的心理特点,将心理学的实验方法应用在人员选拔、职业指导和工作安排方面。第二部分,最适合的工作。研究和设计适合人们工作的方法、手段与环境,以提高工作效率。他发现,学习和训练是最经济的提高工作效率的方法和手段,物理的和社会的因素对工作效率有较强的影响,特别是创造工作中适宜的"心理条件"极为重要。第三部分,最理想的效果。在商业活动中使用合理的方法才能确保资源的合理利用。他研究了对人的需要施加符合组织利益的影响的必要性。围绕这三类问题,闵斯特伯格进行了广泛而细致的应用心理学实验研究,其中涉及使用测验法来挑选工人,运用学习理论进行员工培训,使用心理学知识分析工人们的心理动机等。

闵斯特伯格进行了大量的关于工业中实际问题的研究,他的最著名的一个研究是探明安全驾驶的无轨电车司机应具备的特征。他系统地研究了这项工作的各个方面,并且设计了模拟电车的实验室实验,结果发现一个好的司机应该能够在驾驶的过程中同时理解所有影响电车行驶的因素。闵斯特伯格认为研究疲劳问题对提高工业生产效率非常重要,他和他的继承者研究了许多工厂每天和每周的工作曲线,典型的日产记录表示出,每天9、10点钟产量有轻度的增加,而中午饭前产量下降,午饭之后产量又上升,但不如9、10点钟的情况,下午下班前,产量急速下降。一周的产量也表示出类似的情形,星期一的产量平常,星期二和星期三是最好的纪录,然后逐渐下降,直到星期六为止。这些研究为工业心理学开辟了新的研究领域,并为后续的研究奠定了基础。

在闵斯特伯格开创工业心理学的时期,工业心理学的目的就是追求个人在工业中的最高效率和最适宜的环境条件。人们相信,个人在工业环境中的最高效率,只有确保他在那种环境中获得最满意的适应时才能实现。闵斯特伯格的研究成果被广泛地采用于职业选择、劳动合理化,以及改进工作方法、建立最佳工作条件等方面。选择适应于工人体力、心理特征的工作条件,在当时不仅是生产力增长的重要因素,也是减少工人同企业主矛盾冲突的重要条件。闵斯特伯格指出,"我们绝不要忘记,通过将来的心理上的适应和通过改善心理条件来提高工作效率,不仅符合企业主的利益,而且更符合职工的利益,他们的劳动时间可以缩短,工资可以增加,生活水平可以提高"。

作为工业心理学的先驱,闵斯特伯格的研究和思想对后来的研究工作和工业心理学理论有着深远的影响。早期的工业与组织心理学研究工作,主要着重于应用心理学的思想和方法,增加企业的经济收益。这样,企业主从增加自己的经济利益出发,开始在企业中雇佣心理学家,心理学家也得以进入到企业中开展应用性的研究。心理学家对研究组织中人的问题无疑处于最有贡献的地位。20世纪许多重要的工业与组织心理学家的理论和研究(例如甄选技术、员工培训、工作设计和激励等),都可以追溯到闵斯特伯格的思想和研究工作。在闵斯特伯格之后,大量的工业心理学著作相继问世,产生了注重研究人的心理因素,试图通过对人的各种需要的满足来调动人的积极性的"人际关系学说",对20世纪30年代之后的管理思想产生了深刻影响。

二、福列特的管理思想

管理思想史中,玛丽·帕克·福列特(Mary Parker Follett,1868—1933年)是一位难以归类的传奇女性。她的学术生涯涉猎社会科学诸多领域,在政治学、经济学、管理学、法学和哲学方面都有独到建树[①]。

福列特出生于美国马萨诸塞州昆西的富裕家庭。然而,少年时代的福列特就不得不经历生活的磨炼。她的父亲早逝,母亲残疾,作为家里两个孩子中的老大,福列特过早地肩负起照顾家庭的重担。生活的磨砺使福列特养成坚强、独立、执着的个性。福列特从小接受了良好的教育。1898年,福列特以优异成绩从雷德克利夫学院(Radcliffe College)毕业,并获得荣誉文学学士学位。毕业后,福列特曾到英国和法国游学,在伦敦和巴黎从事正规的学习和研究的同时,她还结识了一群作家、哲学家、律师、政治家和社会名流。由于可以把社会科学诸多领域的知识融会贯通,福列特的管理思想对美国和欧洲都产生了持久影响。有人认为,福列特的思想超前了半个世纪甚至80年。20世纪60年代以后管理学的诸多探索,追根溯源都能在福列特那里得到启示。由于她对管理学的巨大贡献,当代的管理

---

① 丹尼尔·雷恩,阿瑟·贝德安. 管理思想史:第6版[M]. 孙健敏,黄小勇,李原,译. 北京:中国人民大学出版社,2012.

学大师彼得·德鲁克把她称为"管理学的先知"。甚至有人把她与泰罗相提并论，宣称这位杰出的女性应当与"科学管理之父"并列，可称之为"管理理论之母"。福列特的代表作包括成名作《众议院发言人》(1896)、政治学著作《新国家：作为大众政府解决方案的集体组织》(1918)和哲学著作《创造性的经验》(1924)。另外，福列特后期参与了大量职业指导和管理咨询活动，她的管理学著作大多是以演讲稿、报告等零散形式出现的，其中较为重要的《自由与协作》(1949)和《动态管理——福列特演讲集》(1941)，均是她去世后经由其好友整理出版的。

作为一位具有人文主义理想的学者，福列特对泰勒的科学管理理论并不反感，甚至她对泰勒的某些观点表示赞赏。但是，她的政治哲学和管理哲学的基本倾向，则明显地具有"社会人"时代特征，既概括了泰勒的许多思想，又得出与后来的梅奥等人所做的霍桑实验的研究成果大致相同的结论，所以她成了这两种理论和两个时代的桥梁。在学术生涯的后期，福列特研究了管理学中的很多基本问题，例如冲突、权力、威信、领导和控制等，她的思考至今仍影响着管理思想和管理实践的探索者。她提倡将自然科学和社会科学的研究成果应用到商业组织中去，指出有必要在人们各种兴趣之外创造团结一致的行动，以及培养良好的工作场所人际关系。概括来看，福列特的管理思想主要包括以下几个方面：

(1) 由于受到德国哲学家费希特和法国思想家托克维尔的影响，福列特认识到社会组织(群体)对个体的巨大作用。在其《新国家：作为大众政府解决方案的集体组织》一书中，福列特表示："我们只有在群体组织之中才能成为真正的人。个人的潜能在被群体生活释放出来之前，始终只是一种潜能。只有通过群体，人们才能发现自己的真正本质，获得真正的自由"。这种从群体出发的观点显然与强调独立思考、感受和行动的个人主义观点大相径庭，因此成为一种"新心理学"。

在对社会群体和个人关系的思考中，福列特认为个人存在于相互的社会交往之中，因此个人行为往往是以"群体原则"而不是个人主义原则为基础。福列特用"一致性""群体思维"和"集体意志"来描述个体行为中的"群体原则"。福列特并不是以此而否定个人，她只强调个人只有通过群体才能发现"真正的自我"，一个人的"真正的自我"就是群体自我，"人没有脱离社会、独立于社会或反对社会的权力"。同时，福列特认为民主是一种社会意识而不是个人主义的发展。她认为新的真正的民主是从小的邻近地段的群体开始，逐步发展成为一种地区群体、全国群体，甚至发展为国际群体意志。在福列特看来，"新国家"中人们可以通过会议、讨论和协作来彼此启迪思想，并在对共同目标的追求中表示其统一性个人，可以通过群体经验而使自己的创造力得到更大的发挥。福列特信仰民主管理，这种坚定信念指导着她的一切活动，并且作为生活的目的，照亮了她后来的整个一生。

(2) 福列特认为，企业作为一种崭新的社会组织形式，人们对它的理解是相当肤浅的。她独具慧眼地看到，企业不仅仅只是一种经济组织，而且是一种社会服务组织。她已经预见到，人类民主状况的改善必将与企业的发展有着密切的联系。在这种思路下，她把企业放在整个社会的大背景中加以研究,并且特别关注企业在社会公平与公正方面的决定性作用。从这一高瞻远瞩的视野出发,福列特提出了一系列崭新的管理理念,其中包含了有关权力、领导、控制、建设性矛盾以及融合统一等多种内容。作为一个企业界的"局外人",福列特一生从未效力于任何一家企业,也从来没有接受过任何企业的报酬。但是,她对企业管理的贡献,却彪炳史册,在多年以后成为不断被学界开发的富矿。

在组织结构方面,马克斯·韦伯对组织理论进行了划时代的研究(见第二章相关内容)。韦伯认为科层组织是人类迄今发现的管理大型组织的最有效模式。福列特基于自己独特的民主政治观,提出了与韦伯截然不同的看法。她认为理想的组织设计模式应当是一个"集体工作网络"(相当于后人所说的"团队模式")。这一模式并不是彻底否定科层组织模式,而是对科层模式的一种补充和修正,并在一定程度上克服科层组织忽视"人"的弊端。20世纪80年代之后,随着组织环境的变化,出现了大量不同于传统科层组织的大型企业,组织形态趋于扁平化、网络化,矩阵组织、团队组织、学习型组织方兴未艾,在一定意义上验证了福列特的预见,也让我们不得不钦佩福列特的先见之明。

(3) 福列特对企业中的领导和权力进行了大量思考,并做出了与众不同的阐释。她认为企业中领导者对被领导者不是统治和支配关系,而是领导者与被领导者的相互影响。她认为管理的本质是寻求合作,因此管理者应当具备的领导能力"不是颐指气使,不是发号施令,而是实现组织的协作,确定共同的目标,进而鼓励和引导人们对情景做出积极反应的能力"。福列特非常重视管理者的领导能力和职业素养,她认为管理者作为一种社会职业,需要具备一定的素质。人们必须像对待其他任何一种职业那样来严肃地对待这种职业。管理者必须认识到,"正如所有的专门人士一样,他们承担着重大的责任,他们在一个巨大的社会的众多职能中承担着一种创造性的职能,一种我认为只有经过训练并有纪律的人,才能在将来成功地承担的职能"。在福列特看来,管理者应当具备的领导素养包括控制整个局势的能力、预测能力、冒险精神和培养下属的能力。

(4) 福列特还特别研究了群体中的冲突现象。她认为冲突是生活中的一种现实情况,所以应该让其为我们所用。福列特提出了四种解决利益冲突的途径:一是一方自愿退让;二是斗争,一方战胜另一方;三是妥协;四是整合。前两者显然不足取,妥协也不利于辨明是非曲直,最佳途径为第四种,即通过整合找出一种使双方都满意的解决办法。福列特在这里提出了一个与泰勒的所谓"精神革命"十分近似的观点。她提出的通过整合解决冲突的方法的前提,是力图使工人和管理当局双方真正感到是为一个共同目标而服务,而所有成员都在各级承担一定的责任,为整体做贡献,并以此使社会和经济达到整合的统一。

(5) 福列特对控制和协作进行了深入思考。她认为传统上人们对控制的理解存在误区。在她看来,企业里的控制越来越多地意味着对生产要素的控制,而不是对人的控制。控制不能束缚人的自主性和创造力,而且,控制是集体控制,即调整上级和下级之间的相互关系,而不是一个由上级单方实施的控制。控制来源于情景,每一种情景都能产生它自己的控制,因为正是情景的事实以及情景中许多团体的交织决定着相应的行为。管理者所要控制的，不是单个的要素，而是复杂的相互关系，不是个人而是情境，其结果是要使整个情境形成一种生产性的结构。由于许多群体力量的交织决定着相应的总行为，所以绝大多数情境都显得十分复杂，以致最高层的集中控制难以有效地发挥作用，这就要求在组织机构中设立多个控制点，并使其相互关联。这种相互关联是以协作为基础的，具体可包括4个方面：一是协作是涉及一种情境中全部要素的相互作用的因素；二是协作由全部有关负责人的直接接触形成；三是协作要在早期阶段进行；四是协作是一个连续的过程。有关协作的这四个方面被认为是组织的四项基本原则，这四项原则所得出的结论是组织就是控制，组织和协作的目的是保证获得可控制的成果协作达到团结，团结就是控制。

在福列特丰富多彩的一生中，她一直勇于挑战常规思维，尤其是在生命的晚年，她毅然决定改变学术旨趣，从潜心研究了大半辈子的政治科学中抽身，全身心地投入到企业管理的研究中。其真正原因在于，她关注政治，研究政治，而政治中的龌龊勾当使她失望，政治中的钩心斗角使她看不到理想中的真诚合作怎样才能实现。而企业组织则生机勃勃，方兴未艾。更重要的是，大工业社会的迅速发展，使千百年来形成的以家庭为核心的生活方式发生了根本变化，企业组织成为人们生活的主要场所，研究人群关系，研究民主制度的思维模式就必须从原有的以家庭为中心而转化为以企业组织为中心。尤其是如何在企业组织里推行民主制度，对西方的政治学研究具有新的时代意义，它与社会结构的变化、人们生存状态的改善都息息相关。

在福列特逝世后的日子里，她所开辟的这条通过企业组织的民主化管理来促进整个社会生活方式变革的道路，经受了实践的检验，她也因此赢得了后人的尊敬。比如，在20世纪90年代，公民社会理论、新共和主义等思想潮流全面兴起，并引起了各界人士的广泛关注。这些理论强调的基本要素是共同体生活、公民美德、参与、信任、互惠、道德义务、传统文化等等，而这些正是福列特在70多年前就一再强调过的价值，这些价值观点具有解决集体行动悖论的巨大潜力，对市场失灵和政府失灵等问题的解决提供了"第三条道路"。值得庆幸的是，在管理学领域，包括厄威克、德鲁克等人在内的有识之士，也在积极致力于推广和扩展福列特的管理哲学，以期跟上目前时代发展的步伐。可以说，福列特的理论是自我超越的，它会随着社会的变化而不断得到新的阐释。正是在这一意义上，福列特无愧于"先知"的称号。

第二节　霍桑实验

一、霍桑实验的背景和经过[①]

作为古典管理理论的杰出代表，泰勒、法约尔、韦伯等人在不同的方面对管理思想和

---

① 丹尼尔·雷恩，阿瑟·贝德安. 管理思想史：第6版[M]. 孙健敏，黄小勇，李原，译. 北京：中国人民大学出版社，2012.

管理理论的发展做出了卓越的贡献，并且对管理实践产生深刻影响。但是，他们有一个共同的特点，就是都着重强调管理的科学性、合理性、纪律性，而未给管理中人的因素和作用以足够重视。他们的理论是基于这样一种假设，即社会是由一群无组织的个人所组成的；他们在思想上、行动上力争获得个人利益，追求最大限度的经济收入，这就是所谓"经济人"假设。基于这种假设，工人被安排去从事固定的、枯燥的和过分简单的工作，成了"活机器"。从20世纪20年代美国的科学管理实践来看，"泰勒制"在使生产率大幅度提高的同时，也使工人的劳动变得异常紧张、单调和劳累，因而引起了工人们的强烈不满，并导致工人的怠工、罢工以及劳资关系日益紧张等事件的出现。同时，随着经济的发展和科学的进步，有着较高文化水平和技术水平的工人逐渐占据了主导地位，体力劳动也逐渐让位于脑力劳动，这使单纯采用古典管理理论和方法，已不能有效控制工人以达到提高生产率和利润的目的。这使得对新的管理思想、管理理论和管理方法的寻求和探索成为必要。

1924—1932年，研究者在美国芝加哥西方电气公司所属的霍桑工厂开展实验研究，试图发现影响员工生产率的因素。开始，霍桑实验是一项以科学管理的逻辑为基础的实验。然而，在将近8年时间里，实验前后经过了4个阶段，结果与研究者的初衷大相径庭。

1. 第一阶段：照明实验(1924—1927年)

照明实验是在麻省理工学院电气工程学教授杜格尔·C.杰克逊的领导下进行的。该研究的最初意图是调查工作场所的照明度与员工生产率之间的关系。基于以前的研究，研究者猜测随着工作场所照明度的提高，员工生产率会随之提高。然而，1924年冬季和1925年夏季的两次实验研究都发现，照明度与生产率之间并不存在这样的关系。实际上，无论照明条件是更加明亮、更加昏暗或者保持不变，甚至把照明度逐渐降低到只有月光的水平，员工的产出都在稳步提高。1927年4月，照明实验被放弃了。照明实验阶段的研究有两个显而易见的结论：照明(工作条件)仅仅是影响员工产出的众多因素之一；照明和员工生产率之间并不存在简单的因果关系。

2. 第二阶段：福利实验(1927—1932年)

福利实验的目的是解开照明实验留下的谜团，找到更有效地影响员工生产率的因素。在此阶段，研究者以继电器装配实验室的五名女工为被试，探索了各种工作条件的变动(例如增加和取消休息时间、延长和缩短工作时间、供应午餐、改变监管风格、调整工资激励形式等)对小组生产率的影响。结果发现上述工作条件因素改变后，继电器装配实验室的生产率始终维持在高水平上。

3. 第三阶段：大规模访谈与调查(1928—1931年)

在照明实验期间，研究者就使用了结构化访谈技术，但作用不明显。就在实验研究陷入停顿之际，哈佛大学商学院教授乔治·埃尔顿·梅奥(George Elton Mayo，1880—1949年)分别于1928年和1929年参观了霍桑工厂，并于1930年正式加入霍桑实验研究。据梅奥观察，参加继电器装配实验的员工已经形成了一个社会单元，享受着实验者越来越多的关注，并且因为参与该项研究产生了明显的自豪感。因此，他认为在霍桑工厂的实验结果很可能是偶然的，为此梅奥修改了原先的结构化访谈的提问，采用对话式或非结构化访谈技术对霍桑工厂的员工进行了两万多人次的大规模调查。梅奥访谈的目的是了解职工对现有的管理方式的意见，为管理者改进管理方式提供依据。经过两年多的访谈和调查，研究者发现：(1)员工的工作绩效受到他人的影响；(2)工作中发展起来的人际关系是影响生产率的重要因素；(3)如果员工得到发泄的机会，士气就会大为提高。

4. 第四阶段：现场实验(1931—1932年)

为了确认访谈阶段的成果，研究者对一个包含14名成员的绕线车间的日常工作情况进行了观察和记录(现场实验)。结果发现，这些员工很快形成了一个他们自己的工作群体，并且这个群体中的成员遵循的行为准则并不在正式规章制度范围之内。例如，他们对日常的工作量有自己的标准，如果有人超过了这一水平，他将被视为"工作定额破坏者"。其他员工不仅会担忧自己因为无法跟上"工作定额破坏者"的效率而被扫地出门，更担忧"工作定额破坏者"的工作量被管理者定为标准工作量；同时，员工们还强烈地认为，每一位工人的产量都不应该比群体标准低太多。如果有哪名工人是这样，就会被视为"拖后腿者"。此外，群体成员认为，每个人都不应该说或者做任何将会伤害某位同事的事情，如果有谁这样做，那就是"打小报告者"。研究者发现，对于"工作定额破坏者""拖后腿者"和"打小报告者"，群体成员会采取微妙的措施来施加压力，例如用嘲笑、讽刺和排斥等方式表达对他们的不满和惩罚。现场实验发现了非正式组织和员工限制产量的现象，并且确认了员工的工作生产率不仅受物质、环境的影响，更重要的是受社会和心理因素的影响。

二、霍桑实验的结论和影响

显然，美国哈佛商学院梅奥的介入改变了霍桑实验的走向，使得此次研究意义非凡。梅奥原籍澳大利亚阿德莱德，在阿德莱德大学取得逻辑学和哲学硕士学位，曾先后在昆士兰大学、宾夕法尼亚大学沃顿管理学院和哈佛大学工商管理学院任教和从事研究。梅奥对精神病学有深入研究，尤其善于从心理学的角度分析工人的行为。1927年冬天开始，梅奥受邀参与陷入困顿的霍桑实验。在霍桑实验的基础上，梅奥分别出版了《工业文明的人性问题》(1933)和《工业文明的社会问题》(1945)两部代表作，并开创了管理学中的人际关系理论(Human Relations Theory)。

在《工业文明的人性问题》一书中，梅奥以霍桑实验作为依据，提出工业生产中的个体具有社会属性，员工的生产率不仅同物质条件相关，更重要的是同工人的心理、态度、动机相关，同群体中的人际关系以及领导者与被领导群体的关系相关。梅奥将霍桑实验的结果总结为：

(1) 人是"社会人"而不是"经济人"。梅奥认为，古典管理理论的"经济人"假设是错误的。企业里的员工不是单纯追求金钱收入的"经济人"，而是"社会人"。员工的行为并不单纯出自追求金钱的动机，影响人们工作效率的因素中还有社会和心理方面的需要，例如追求人与人之间的友情、安全感、归属感和受人尊敬等，而且后者更为重要。因此，管理不能单纯从技术和物质条件着眼，而必须首先从社会和心理方面考虑。每一个人都有自己的特点，个体的观点和个性都会影响个人对上级命令的反应和工作的表现。管理者应该把职工作为不同的个体来看待，作为"社会人"来对待，而不应将其视作无差别的机器或机器的一部分。

(2) 正式组织中有非正式组织存在。组织成员在实现组织目标的过程中，会产生一定的人际关系与共同情感、共同利益，从而形成非正式组织。这种非正式组织有大家共同遵循的观念、价值标准、行为准则和道德规范等。非正式组织与正式组织有很大差别。正式组织中，以效率逻辑为其行为规范；而非正式组织中，则以感情逻辑为其行为规范。如果管理人员只是根据效率逻辑来管理，而忽略工人的感情逻辑，则必然引起冲突，影响企业生产率的提高和目标的实现。因此，管理者必须重视非正式组织的作用，注意在正式组织效率逻辑与非正式组织的感情逻辑之间保持平衡，以便管理人员与工人之间能够充分协作。

(3) 生产率的高低，主要取决于员工的"士气"。所谓"士气"，就是员工的工作态度。梅奥认为，"士气"是影响生产率的关键因素，"士气"的高低取决于员工的满意度，员工的满意度越高，其"士气"就越高，相应的生产率就越高。而员工的满意度来自两个方面：一是员工个人状况，例如在个人经历、家庭生活、社会生活影响下形成的态度。二是工作场所的环境因素，例如员工之间、员工与管理者之间的相互关系。

(4) 新的领导能力在于提高工人的满意度。以往管理者对员工的需要和心理状况毫不关心，这显然是错误的。霍桑实验证明了在决定劳动生产率的诸因素中，处于首位的因素是员工的满意度，而生产条件、工资报酬只是第二位的。那么管理者应当认真分析员工的特点和需要，不仅要解决员工生产技术和物质生活方面的问题，还要充分了解他们的需要，掌握他们的态度和情绪，以便采取相应措施满足他们的需要，达到激励"士气"的效果。

霍桑实验以及梅奥开创的人际关系理论，对西方管理理论的发展产生了重大而久远的影响。人际关系理论修正了古典管理理论的缺陷，开辟了管理理论研究的新领域，为现代行为科学奠定了基础。此后，大量具有不同学科背景的研究者纷纷投入对工作场所中人的行为研究，出现了人性假设理论、激励理论、领导理论等大量研究成果。1949年，在美国芝加哥召开的一次跨学科会议上，研究者们将这种取向的研究统称为行为科学。

第三节 行为科学的主要理论

一、人性假设理论

(一)麦格雷戈的 X-Y 理论

道格拉斯·麦格雷戈(Douglas Murray McGregor，1906－1964 年)是美国著名的行为科学研究者，也是人际关系理论的中心人物之一。麦格雷戈生于底特律，1935 年从哈佛大学获得博士学位。短期留校任教之后，麦格雷戈赴麻省理工学院(MIT)斯隆管理学院任教。他教授的课程包括心理学和工业管理等。1948—1954 年，麦格雷戈任安第奥克学院(Antioch College)院长。在此期间，麦格雷戈对当时流行的传统的管理观点和对人性的看法提出了质疑，并在美国《管理评论》杂志上发表了《企业的人性方面》(The Human Side of Enterprise)[①]一文，提出了著名的 X 理论和 Y 理论。该文于 1960 年出版成书，奠定了麦格雷戈管理理论大师的地位。

麦格雷戈指出，每个管理决策和管理措施的背后，都有一种人性假设。这些假设影响乃至决定着管理决策和措施的制定以及效果。他发现管理者的人性假设有两个基本倾向。

第一种倾向是一种悲观的人性假设，麦格雷戈称其为 X 理论。这种人性假设假定：

(1) 人生来好逸恶劳，常常逃避工作。工作对他们而言是一种负担，工作毫无享受可言。只要是有机会，他们就尽可能地偷懒，逃避工作。

(2) 大多数人都没有什么雄心壮志，也不喜欢负责任，而宁可让别人领导。他们缺乏自信心，把个人的安全看得很重要。

(3) 大多数人天生以自我为中心，漠视组织需要。必须用强迫、指挥、控制并用处罚威胁等手段，使他们做出适当的努力去实现组织的目标。

(4) 人习惯于保守，容易安于现状，反对改革。

(5) 大多数人不怎么聪明，缺乏理智，易于受骗，做出一些不适宜的行为。

(6) 人群大致分为两类，多数人符合上述假设，少数人能克制自己，具有解决组织问题所需要的想象力和创造力。

麦格雷戈认为 X 理论曾是企业管理者普遍持有的一种传统信念，对美国的企业管理有过重大影响。持这种人性假设的管理者往往把人和物等同起来，忽视人的自身特征和多种需要，特别是社交、友情、受人尊重和自我实现的需要，只把金钱作为促使人们工作的最主要的激励手段，把惩罚这种强制性手段当作管理的重要手段。认为权力、规章制度和严密的监督控制，才能保证组织目标的实现。依照这种理论，工人只是一种会说话的机器，

[①] 姜英来. 30 部必读的管理经典[M]. 北京：北京工业大学出版社，2006.

管理者必须实行"胡萝卜加大棒"的政策(一方面使用金钱收买与刺激，一方面进行严密的控制、监督和惩罚，迫使员工为组织目标努力)方能奏效。

第二种倾向是一种乐观的人性假设，麦格雷戈称其为 Y 理论。这种人性假设假定：

(1) 人并非生性好逸恶劳，工作中体力和脑力的消耗就像游戏和休息一样自然，要求工作是人的本能。

(2) 一般人在适当的鼓励下，不但能接受而且能主动承担责任。逃避责任、缺乏抱负以及强调安全感，通常是经验的结果，而不是人的本性。

(3) 一般人能够进行自我指挥和自我控制，对其控制、惩罚并不能有效实现组织目标。

(4) 大多数人在解决组织的困难问题时，都能发挥较高的想象力、聪明才智和创造性。

(5) 在现代工业生活的条件下，一般人的智慧潜能只是部分得到了发挥。

在 Y 理论指导下，管理的重点应为创造使人发挥才能的工作环境，发挥出职工的潜力，并使职工在为实现组织的目标贡献力量时，也能达到自己的目标。管理者不是指挥者或监督者，而是起到了支持者和辅助者的作用，从旁给职工以支持和帮助。在激励方式上，持 Y 理论的管理者主要给予来自工作本身的内在激励，让员工担当具有挑战性的工作，担负更多的责任，促使其工作做出成绩，满足其自我实现的需要。在管理制度上，持 Y 理论的管理者给予员工更多的自主权，实行自我控制和民主管理，让员工参与管理和决策，并共同分享权力(见表 9-1)。

表9-1　X 理论与 Y 理论的区别

	X 理论	Y 理论
假设	员工厌恶工作，逃避工作 逃避责任，缺乏自信 漠视组织需要，控制和处罚是管理员工的手段 简简单单，安于现状，反对改革 缺乏理智与想象力	员工要求工作，愿意工作 能够自我控制，控制和处罚不是唯一手段 责任感强，乐于承担责任 富于想象力、创造力 寻求改变
应用	车间工厂、大量生产；生产工人	专业服务、知识劳动；管理人员、专业人员
方式	独裁式、强硬管理	参与式、柔性管理

显然，X 理论和 Y 理论是麦格雷戈根据当时美国管理环境的变化归纳出来的两种价值观，属于管理哲学的范畴。麦格雷戈本人认为，与传统的 X 理论相比，Y 理论在现实中更有效，是真正的"个人目标与组织目标的结合"。因此，他建议管理者"在管理思想上从 X 理论变为 Y 理论"，让员工参与决策，为员工提供富有挑战性和责任感的工作，建立良好的群体关系，这都会极大地调动员工的工作积极性。在此后的数十年中，世界许多大公司企业都较为坚定地相信麦格雷戈的 Y 理论。他们相信，人是愿意负责、具有创造性和进取心的，每一位员工应当受到尊重和值得信任。并据此制定了大量的人才招聘、培训、选

拔和激励制度的方案，结果在实践中获得了巨大的成功。

然而，也有一些学者对理想化的 Y 理论提出质疑。他们指出，Y 理论固然有其积极的一面，而这种乐观主义的看法对争取职工的协作和热情支持是必需的。但是，现实生活中不是所有人天生就是懒惰而不愿负责任的；同样，也不是所有人都能自我控制并主动承担责任。X 理论和 Y 理论都简化了复杂的人性，因此在现实中使用纯粹的 X 理论或纯粹的 Y 理论进行管理就难免会遭遇失败。而且，要发展和实现人的潜能，就必须有合适的工作环境，要创造出这样一种环境来，成本也往往太高。因此，X 理论和 Y 理论都过于片面，并不适用于目前复杂的社会。不同的人有不同的特点，有的人性是善的，而有的人就是恶的。纯 X 理论和纯 Y 理论最大的缺点乃是忽略了人类的可塑性与多样性。一个群体中良莠不齐，有的人较积极，有的人较消极，管理者如果先入为主地认同 X 理论或 Y 理论，未必能解决所有成员的问题。因此，X 理论与 Y 理论似乎都过于武断，管理者必须视情况综合运用，寻找一种比较折中的方案。

(二) 超 Y 理论

麦格雷戈提出的 X-Y 理论引发了管理学界对管理哲学的思考和实证研究。美国管理心理学家约翰·摩尔斯(John J. Morse)和杰伊·洛希(Jay W. Lorsch)分别在两家工厂和两个研究所进行实验。一家工厂和一个研究所的管理者以 X 理论为基础实施管理，另一家工厂和研究所的管理者则以 Y 理论为基础实施管理。结果发现以 X 理论为基础的管理在工厂中有效，而在研究所无效。以 Y 理论为基础的管理则恰恰相反。实验表明，麦格雷戈对于 Y 理论的作用过于乐观。应用 X 理论进行管理的组织也有效率高的，应用 Y 理论进行管理的组织也有效率低的，并不是 Y 理论在任何情况下都比 X 理论优越。那么，到底是什么因素在影响着管理思想和工作效率呢？

经过多年思考，1970 年，洛希和摩尔斯在《哈佛商业评论》上撰文，提出"超 Y 理论"。"超 Y 理论"认为没有什么一成不变、普遍适用的最佳管理方式，必须根据环境变量灵活选择管理方式。管理指导思想和管理方式要视工作性质、环境特点、成员素质等而定，不可一概而论。

(1) 人们是怀着不同的需要和动机加入工作组织的，有着不同的需要类型。有的人需要更正规化的组织结构和条例规章，而不需要参与决策和承担责任；有的人却需要更多的自治、权力和发挥个人创造力的机会。每个人最需要的是获得成就感。

(2) 不同的人对管理方式的要求也是不同的。有些人欢迎以 X 理论为指导的管理方式，有些人则欢迎以 Y 理论为指导的管理方式。X 理论与 Y 理论是共存且互为补充的，对人性的认识也是因人而异的。

(3) 组织目标、工作性质、员工素质等因素对组织结构和管理方式有很大的影响。凡是组织结构和管理层次的划分、员工的培训和工作的分配、工资报酬和控制程度的安排等适合于工作性质和员工素质的，其效率就高；不适合的则效率就低。也就是说，不同的情境应采用不同的管理方式。

（4）当一个目标达成以后，可以继续激起员工的成就感，使之为达成新的更高的目标而努力。

总之，"超Y理论"在理论上对麦格雷戈X-Y理论进行了实证研究，推进了麦格雷戈的理论，还有效解决了麦格雷戈X-Y理论中X理论和Y理论相互对立的问题，把原来对立的X理论和Y理论作为管理者的可选方案；同时，在实践中"超Y理论"提倡用权变的观点看待人性假设问题，强调没有一成不变、普遍适用的最佳的管理方式，必须根据环境变量灵活选择管理方式。显然"超Y理论"更加符合现实管理情境，对管理实践也更具有指导意义。"超Y理论"中体现出权宜应变的管理思想，这也使得该理论与沙因的"复杂人"假设一起成为权变管理理论的基础。

(三)沙因对西方人性假设理论的总结

艾德佳·沙因(Edgar Henry Schein，1928年—？)是美国麻省理工学院斯隆管理学院的教授。管理学思想史中，沙因的名字与组织发展研究密切联系在一起。他的学术贡献涉及职业发展、群体过程咨询和组织文化。沙因的代表作包括《职业动力学》《组织心理学》《组织文化和领导》《职业锚》等。

在1960年出版的《组织心理学》中，沙因在总结以往人性假设的基础上，提出了四种人性假设[1]，即理性经济人假设(Economic man)、社会人假设(Social man)、自我实现人的假设(Self-actualizing man)、复杂人的假设(Complex man)。沙因基本上将人性的各种情况进行了一个非常好的归纳，给管理者提供了一个较好的坐标。

1. "经济人"假设与X理论

"经济人"的概念最早来自亚当·斯密(Adam Smith，1723—1790年)的《国富论》，斯密认为人的行为动机根源于经济诱因，人都要争取最大的经济利益，工作就是为了取得经济报酬。古典经济学家西尼尔(Nassau William Senior，1790—1864年)定量地确立了个人经济利益最大化公理，英国著名哲学家和经济学家约翰·穆勒(John Stuart Mill，1806—1873年)在此基础上总结出"经济人假设"，最后意大利经济学家和社会学家帕累托(Vilfredo Pareto，1848—1923年)将"经济人"这个专有名词引入经济学。

"经济人"假设的主要内容是：人的行为动机源于经济诱因，在于追求自己的最大利益；经济诱因在组织的控制之下，在组织操纵和控制下人是被动的；人以一种合乎更理性的、精打细算的方式行事；人的情感是非理性的、会干预人对经济利益的合理追求，组织必须设法控制个人的感情。显然，"经济人"假设就是麦格雷戈X-Y理论中的X理论。"经济人"假设的代表人物有"科学管理之父"之称的泰罗、古典组织理论奠基人法约尔

---

[1] 埃德加·沙因. 沙因组织心理学[M]. 马红宇，等，译. 北京：中国人民大学出版社，2009.

等,是对早期资本主义企业管理的理论解释。

与"经济人"假设匹配的管理策略是:(1)用经济报酬来获得劳务和服从;(2)注重提高劳动生产率、完成生产任务,而对人的感情和道义上应负的责任是次要的;(3)解决效率低、情绪低落问题的方法是重新评价报酬方案,主要用金钱来刺激工人生产积极性,同时对消极怠工者采用严厉的惩罚措施。

2. "社会人"假设与人际关系理论

霍桑实验的结果否定工作场所中的员工都是"经济人",使大家注意到社会性需求的满足往往比经济上的报酬更能激励人们。人们在长期的社会活动中发现,只有在顾全群体利益时,个人利益才能得到保障。

在对霍桑实验进行深入反思的基础上,梅奥提出了"社会人"假设。"社会人"假设的主要内容是:驱使人们工作的最大动力是社会和心理的需要,不是经济需要;人们在工作中努力追求的是保持良好的人际关系;工业革命与工业合理化的结果,使工作本身失去了意义,因此只能从工作上的社会关系去寻求意义;员工的社会和心理需求得到满足的程度越高,其工作效率就越高。"社会人"假设的代表人物包括行为科学奠基人福列特、人际关系理论创始人梅奥等。

梅奥提出的人际关系理论以"社会人"假设为理论基础,揭示了人们的社会、心理需求及追求良好人际关系环境的愿望,并且说明了良好的人际关系对生产效率的巨大影响。

与"社会人"假设对应的管理策略是:(1)注意员工的个人需求;(2)关心员工的心理健康和人际关系、归属感和地位感等;(3)重视群体的存在和团体奖励;(4)不仅要做管理者,更要成为为员工创造条件、提供方便的富有同情心的支持者;(5)实行参与式管理,鼓励员工参与计划与决策。

3. "自我实现人"假设与Y理论

"自我实现人"假设是马斯洛首先提出来的(见本章激励理论)。马斯洛认为,人类最高层次的需要就是自我实现。自我实现指个体充分发挥自己的潜能,表现自己的才能的需要,只有这样人才会感到满足。显然,"自我实现人"假设与麦格雷戈 X-Y 理论中的 Y 理论不谋而合。

"自我实现人"假设的主要内容是:(1)人的需要有低级和高级区别,其目的是为达到自我实现的需要,寻求工作上的意义;(2)人们力求在工作上有所成就,实现自治和独立,发展自己的能力和技术,以适应环境;(3)人们能够自我激励和自我控制,外来的激励和控制会对人产生一种威胁,造成不良后果;(4)个人的自我实现同组织目标的实现是一致的。"自我实现人"假设的代表人物有美国心理学家马斯洛等。

与"自我实现人"假设相对应的管理策略包括:(1)注意使工作更具挑战性和内在意义,管理者要创造一种环境和条件使职工能在工作中找到这种意义,感受到接受挑战的自豪感和自尊感;(2)管理者与其说是激励者、指导者、控制者,不如说是创造和提供方便的人;

(3)采用更深刻、更持久的内在激励；(4)保证员工充分发挥自己的才能，充分发挥积极性、创造性的民主管理制度，将个人需要与组织目标相结合。

4. "复杂人"假设与超 Y 理论(权变理论)

顺应着 20 世纪 60 年代管理学浓厚的"权变"之风，沙因提出了第四种人性假设——"复杂人"假设。"复杂人"假设的内容主要包括：(1)人的工作动机是复杂的，变动性很大；(2)一个人在组织中可以学到新的需要和动机；(3)人在不同的组织和不同的部门中可能有不同的动机模式；(4)一个人是否感到满足，是否肯为组织尽力取决于他本身的动机和他同组织之间的相互关系；(5)人可以依据自己的动机、能力及工作性质对不同的管理方式做出不同的反应。不难发现，"复杂人"假设与前述"超 Y 理论"在理论上是同构的。"复杂人"假设的代表人物有社会系统学派巴纳德、超 Y 理论的提出者洛希和摩尔斯等。

与"复杂人"假设匹配管理策略是：(1)权变管理，以现实的情景为基础，采取可变的、灵活的管理；(2)管理措施要因人而异、因事而异、因时而变，讲究人性化。既不能死守规矩、一成不变，也不能摒弃原则、放任自流；(3)管理策略和措施不能简单化和一般化，而是要具体分析，根据情况采取灵活多变的管理方法。

二、激励理论

员工工作的动力是行为科学研究的一个重要方向。基于不同的心理学流派，研究者给予这个问题不同的解释。于是管理心理学里就出现了很多差异明显的激励理论。例如，早期行为主义心理学缔造了盛行一时的强化理论，精神分析学派则试图用挫折理论来解释员工的行为。20 世纪 50 年代之后，随着人本主义心理学和认知心理学在美国心理学界逐渐壮大，对于激励问题的解释也越来越丰富，陆续出现了内容型激励理论和过程型激励理论。本节主要介绍的是内容型激励的源流。

1. 马斯洛与需要层次理论

亚伯拉罕·马斯洛(Abraham Harold Maslow,1908－1970 年)是美国著名心理学家[①]。他出生在纽约布鲁克林的一个犹太家庭，童年时的孤独和痛苦使马斯洛养成了害羞、敏感的个性。1926 年，马斯洛选择进入康奈尔大学，师从美国构造主义心理学代表铁钦纳(Edward Titchener，1867—1927 年)。然而，他很快就厌倦了枯燥乏味的构造主义心理学，转而对当时如日中天的行为主义心理学欣喜若狂。1928 年，马斯洛举家迁往威斯康星大学麦迪逊分校，先后师从著名心理学家赫尔(Clark Hull，1884—1952 年)和哈洛(Harry Harlow 1905—1981 年)。在此期间，马斯洛不仅接受了行为主义心理学的学术训练，还接触到格式塔心理学和弗洛伊德的精神分析学说，他对行为主义的热情渐渐减退。马斯洛的第一个孩子的出生使

---

① 霍夫曼. 马斯洛传：人的权利的沉思[M]. 许金声，译. 北京：中国人民大学出版社，2014.

马斯洛下定决心与行为主义心理学决裂，彻底改变了他的心理学生涯。他发现原先学习的行为主义的方法根本无法解释和发掘人身上的无限的潜在能力。1935 年，获得博士学位后，马斯洛赴哥伦比亚大学任桑代克(Edward Thorndike, 1874—1949 年)的研究助理，后任纽约布鲁克林学院副教授。在此，马斯洛结识了很多来自人文主义的故乡——欧洲的心理学专家，例如格式塔心理学家魏特海默(Max Wertheimer, 1880—1943 年)、苛勒(Wolfgang Kohler, 1887—1967 年)和考夫卡(Kurt Koffka, 1886—1941 年)，精神分析心理学家霍妮(Karen Horney, 1885—1952 年)、阿德勒(Alfred Adler, 1870—1937 年)和弗洛姆(Erich Fromm, 1900—1980 年)等人。这些人的思想都对他的人本主义心理学产生了影响。1951 年，马斯洛应马萨诸塞新成立的布兰代斯大学之聘担任心理学系主任和心理学教授。1954 年，马斯洛率先提出人本主义心理学的概念，可惜当时行为主义心理学盛行，马斯洛的倡议未受重视，连他的文章都无法在心理学刊物上发表。1961 年，马斯洛集合志同道合的心理学家创办《人本主义心理学期刊》。第二年，美国人本主义心理学会成立。因为在人类需要和动机方面的开创性研究，也因为对人本主义心理学的推动作用，马斯洛在 1967 年当选美国心理学会主席。马斯洛的代表作包括《动机与人格》(1954)《存在心理学探索》(1962)《宗教、价值观和高峰体验》(1964)和《人性能达的境界》(1970)。

马斯洛的人本主义心理学融合了存在主义哲学、精神分析心理学和格式塔心理学，其中对管理心理学影响最深的是需要层次理论。在接受行为主义心理学训练的阶段，马斯洛经过长期观察发现灵长类动物的"支配性驱动力"在其社会行为中具有决定性作用。后来他用需要(need)来描述推动个体(动物和人类)行为的驱动力。马斯洛认为需要包括五种[①]，分别是生理需要、安全需要、社交需要、尊严需要和自我实现需要。

(1) 生理需要：这是人类维持自身生存的最基本要求，主要包括基本工资、工作机会、温暖、饮水、工作餐等。生理需要是推动人们行动最首要的动力。马斯洛认为，只有这些最基本的需要满足到维持生存所必需的程度后，其他的需要才能成为新的激励因素。

(2) 安全需要：例如，工作保证、医疗人寿保险、安全规则、家庭安全等。马斯洛认为，整个有机体是一个追求安全的机制，人的感受器官、效应器官、智能和其他能量主要是寻求安全的工具，甚至可以把科学和人生观都看成是满足安全需要的一部分。

(3) 社交需要：也叫归属与爱的需要，是指个人渴望得到家庭、团体、朋友、同事的关怀爱护理解，是对友情、信任、温暖、爱情的需要。社交的需要比生理和安全需要更细微、更难捉摸。它与个人性格、经历、生活区域、民族、生活习惯、宗教信仰等都有关系。

(4) 尊严需要：尊重的需要又可分为内部尊重和外部尊重。内部尊重是指一个人希望在各种不同情境中有实力、能胜任、充满信心、能独立自主。总之，内部尊重就是人的自尊。外部尊重是指一个人希望有地位、有威信，受到别人的尊重、信赖和高度评价。马斯洛认为，尊重需要得到满足，能使人对自己充满信心，对社会满腔热情，体验到自己活着

---

① 马斯洛. 动机与人格[M]. 许金声，等，译. 北京：中国人民大学出版社，2012.

的用处和价值。

（5）自我实现需要：指实现个人理想、抱负，发挥个人的能力到最大限度，达到自我实现境界的人，接受自己也接受他人，解决问题能力增强，自觉性提高，善于独立处事，要求不受干扰地独处，完成与自己的能力相称的一切事情的需要。也就是说，人必须干称职的工作，这样才会使他们感到最大的快乐。马斯洛提出，为满足自我实现需要所采取的途径是因人而异的。自我实现的需要是在努力实现自己的潜力，使自己越来越成为自己所期望的人物。

在马斯洛看来，每个人都潜藏着上述5种不同层次的需要，依次由低到高排列。其中，前两种需要是沿生物谱系上升方向逐渐变弱的本能或冲动，可以称为低层次需要。这些需要通过外部条件就可以得到满足；后三种是人类随生物进化而逐渐显现的潜能，可以称为高层次需要。高层次需要只能通过内部因素才能满足的，而且个体的高层次需要是无止境的。

马斯洛认为，个体的行为动机就是为了满足尚未满足的需要。一般来说，某一层次的需要得到相对满足了，就会产生高一层次的需要，追求更高一层次的需要就成为驱使行为的动力。相应的，获得基本满足的需要就不再能起到激励行为的作用。当个体同时具有几种不同层次的需要时，各种需要的迫切程度是不同的。对于个体来说，某一阶段中只有一种需要占据支配地位，对行为起决定作用。个体最迫切的需要(主导性需要)才是激励人行动的主要原因和动力。

马斯洛认为，一个国家多数人的需要层次结构，是同这个国家的经济发展水平、科技发展水平、文化和人民受教育的程度直接相关的。在不发达国家，生理需要和安全需要占主导的人数比例较大，而高层次需要占主导的人数比例较小；在发达国家，则刚好相反。

马斯洛的需要层次理论对社会科学和行为科学产生了深远影响。仅从管理思想的角度来看，需要层次理论为管理心理学打开了一扇可以观察个体心理"黑箱"的窗户。依据需要层次理论，个体的需要是预测和控制工作场所中员工行为的神秘钥匙。只有充分了解员工的需要，才能掌握他们行为(工作)动力的源泉。只有分清员工的主导性需要，才有可能科学地调整管理措施和激励手段，有的放矢地通过满足员工的物质或精神方面的需要，将员工的个人目标与组织目标结合起来，起到调动他们工作积极性的作用。

对马斯洛需要层次理论的批评主要来自方法上。马斯洛的人本主义心理学更加注重现象学方法，与传统的科学心理学保持了一定距离。有些坚守科学心理学传统的研究者，试图通过实证方法证明需求层次的存在，结果都不了了之。同时，也有一些研究者对马斯洛理论中"同一时期只有一种主导性需要"的看法提出了质疑。

2. 奥尔德弗的 ERG 理论

克雷顿·奥尔德弗(Clayton Alderfer)是耶鲁大学的著名管理心理学家。在1969年发表于《心理学评论》的一篇论文中，奥尔德弗在马斯洛需要层次理论的基础上对个体的需要进行了重新归类,提出了一种新的人本主义需要理论——ERG 理论。除此之外,奥尔德弗对群体关系也有深入研究。奥尔德弗的代表作有:《人类需求新理论的经验测试》(1969)、《生存、关系以及发展:人在组织环境中的需要》(1972)和《关于组织中需要满足的三项研究》(1973)。

奥尔德弗对个体的需要进行了经验性的实证研究,他认为个体有三种核心需要[①]:生存需要(Existence Needs)、关系需要(Relatedness Needs)和成长需要(Growth Needs),提取三种需要英文首字母,奥尔德弗将自己的理论称为 ERG 理论。三种需要中,生存需要关系到个体生存的物质基础,在组织中意味着报酬、福利、安全条件等;关系需要指人与人之间建立和保持重要人际关系、获得特定社会地位和认可的愿望,在组织中意味着友谊、信任、尊重等;成长需要指个体谋求自我发展与自我完善的内在愿望。

显然,奥尔德弗的 ERG 理论建立在对马斯洛需要层次理论进行重构的基础上,因此 ERG 理论与需要层次理论在内容上有很多联系。生存需要与人们基本的物质生存需要有关,它实际上包括马斯洛提出的生理和安全需要;关系需要体现了人们对于保持重要的人际关系的愿望。这种社会和地位的需要的满足是在与其他需要相互作用中达成的,它们与马斯洛的社会需要和尊严需要中的来自外部(社会)的尊重是相对应的;奥尔德弗把成长需要独立出来,它表示个人谋求发展的内在愿望,包括马斯洛的自尊的需要(来自内部的尊重)和自我实现需要。

ERG 理论与马斯洛的需要层次理论有两处不同(见图 9-1)。首先,马斯洛的需要层次是一种刚性的阶梯式上升结构,低层次需要必须在高层次需要之前得到充分的满足。ERG 理论则认为多种需要(低层次需要和高层次需要)可以同时并存,低层次需要并不会因为高层次需要的存在而消失,只不过对行为的影响降低了。例如,即使一个人的生存和关系需要尚未得到充分满足,他仍然可能为需要努力工作,这三种需要可以同时发挥作用;第二,奥尔德弗提出了"挫折——退行"机制。马斯洛的需要层次理论认为,只有某种需要得到充分满足,个体才会产生更高层次的需要。但是,马斯洛没有对"如果某种需要没有(或没有条件)得到充分满足会怎么样"给予解释。奥尔德弗对这种现实中常见的挫折现象对需要的影响进行了解释。他认为人们在追求高层次需要受挫时,会导致人们向低层次需要的回归。也就是说,高一层次的需要得不到满足(挫折),人们会产生更多的低层次需要(退行)。

客观地说,奥尔德弗的 ERG 理论对马斯洛的需要层次理论进行了有效整合,为需要层次理论建立了扎实的实证基础,同时也为需要层次理论的不足进行了修正和补充,使内容型激励理论更加完善。在管理实践中,ERG 理论比需要层次理论更加有说服力,应用的范围也更广。

---

① Alderfer, C. P., Existence, Relatedness and Growth: Human Needs in Organizational Settings[M]. New York: Free Press, 1972.

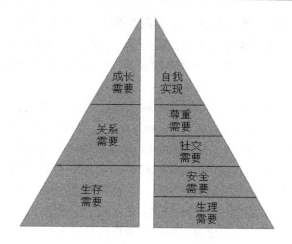

图 9-1 ERG 理论与需要层次理论对比

3. 赫茨伯格的双因素理论

弗雷德里克·赫茨伯格(Frederick Herzberg, 1923—2000 年)是美国著名管理心理学家。他的学术生涯以匹兹堡为起点,在匹兹堡大学取得博士学位后,受聘犹他大学管理学教授,曾任美国凯斯大学心理系主任。赫茨伯格还曾先后在美国和其他 30 多个国家从事管理教育和管理咨询工作。赫茨伯格在管理学界的巨大声望,是因为他提出了著名的"激励与保健因素理论"即"双因素理论"。双因素理论是他最主要的成就,在工作丰富化方面,他也进行了开创性的研究。赫茨伯格的代表作包括:《工作的激励因素》(1959)《工作与人性》(1966)和《管理的选择:是更有效还是更有人性》(1976)等。

20 世纪 50 年代末期,赫茨伯格和助手对匹兹堡地区 200 多位工程师和会计师进行了访问调查[①]。调查目的主要是了解被访者的职业满意度和生产率之间的关系。调查内容主要围绕两个问题:(1)在工作中,哪些事项是让他们感到满意的,并估计这种积极情绪持续多长时间;(2)又有哪些事项是让他们感到不满意的,并估计这种消极情绪持续多长时间。

赫茨伯格以对这些问题的回答为材料,着手去研究哪些事情使人们在工作中快乐和满意,哪些事情造成不愉快和不满意。结果他发现,使职工感到满意的都是属于工作本身或工作内容方面的因素(主动寻求自我发展的需要);使职工感到不满意的,都是属于工作环境或工作关系方面的因素(避免不愉快或不满足的需要)。他把前者叫作激励因素,后者叫作保健因素。

赫兹伯格的调查结果显示,保健因素和激励因素在组织中发挥着不同的激励作用。保健因素的满足对员工产生的效果,类似于卫生保健对身体健康所起的作用。保健从人的环

---

① Herzberg, F. The Motivation-hygiene Concept and Problems of Manpower. Personnel Administrator, 1964(27): 3-7.

境中消除有害于健康的事物，它不能直接提高健康水平，但有预防疾病的效果；它不是治疗性的，而是预防性的。在组织中，保健因素包括公司政策、管理措施、监督、人际关系、物质工作条件、工资、福利等。当这些因素恶化到可接受的水平以下时，员工就会产生对工作的不满意。但是，即使这些因素很优越，也只是消除了员工的不满意，并不会唤醒员工主动、积极的工作状态。与保健因素不同，激励因素是能满足个人自我实现需要的因素，包括成就、赏识、挑战性的工作、增加的工作责任，以及成长和发展的机会。如果这些因素具备了，就能对员工产生激励作用。

　　基于对激励因素和保健因素的区分，赫茨伯格认为传统的激励手段(如工资刺激、人际关系的改善、提供良好的工作条件等)大都属于保健因素，不会产生真正的激励效果。在赫茨伯格看来，管理者应该认识到保健因素是必需的，但不是充分的激励途径，只有激励因素才能使员工有更好的工作绩效。

　　后来赫茨伯格及其助手又对各种组织进行了多次调查。尽管调查对象和条件有所不同，但各种因素的归属有些差别，但总的来看，激励因素基本上属于工作本身或工作内容的，保健因素基本都是属于工作环境和工作关系的。赫茨伯格也注意到，激励因素和保健因素存在重叠现象。例如，赏识属于激励因素，对员工行为有显著的激励作用；但当没有受到赏识时，又可能起消极作用，这时又表现为保健因素。工资是保健因素，但有时也能产生意外的激励效果。

　　从理论上看，赫茨伯格的双因素理论与马斯洛的需要层次理论有相似之处，其中保健因素相当于马斯洛提出的生理需要、安全需要、社会需要这些较低层次的需要。激励因素则相当于自尊需要、自我实现需要这些高层次的需要。显然，双因素理论也可以被视为对需要层次理论的重构，再一次丰富和完善了管理心理学中的激励理论。从实践上看，赫兹伯格的双因素理论提醒管理者满足各种需要所引起的激励效果是不一样的。物质激励是必要的，没有它会导致不满，但是仅仅使用物质激励的作用往往是有限的、不能持久的。要调动人的积极性，不仅要注意物质利益和工作条件等外部因素，更重要的是要注意工作安排、量才录用、各得其所，要注意对人进行精神鼓励，给予表扬和认可，注意给人以成长、发展、晋升的机会。后来美国人力资源管理实践中工作重新设计、职业生涯规划等做法都可以从双因素理论中找到理由。

　　对双因素理论的质疑主要来自下面几个方面：①赫兹伯格的调查样本较少，并且主要是匹兹堡当地的工程师和会计师，样本代表性存在缺陷；②赫兹伯格在调查时把好的结果归因于职工自己的努力，而把不好的结果归罪于客观的条件，在方法上存在瑕疵；③赫兹伯格假设满意度和工作生产率正相关，而实际上当前的研究表明两者并不存在必然联系；④有些批评者认为将保健因素与激励因素截然分开有欠妥当，实际上保健因素与激励因素、外部因素与内部因素都不是绝对的，而是相互联系并可以相互转化的。

三、领导理论

尽管研究者对领导(Leadership)这一概念的理解并不统一，但它一直是心理学家、社会学家和政治学家十分关心的话题。行为科学出现以后，不少研究者也将领导本质、领导特质、领导行为和领导的有效性作为研究对象进行了系统研究。行为科学对领导的研究继承了心理学的研究方法和成果，同时借鉴了流行的定量研究方法和多种学科的视角，逐渐形成了三种取向的领导理论：领导特质理论，领导行为理论和领导权变理论。

(一)领导特质理论

高尔顿·奥尔波特(Gordon Willard Allport，1897—1967)是特质论人格心理学的开拓者。奥尔波特认为特质(trait)是人格的基础，是心理组织的基本建构单位，也是每个人以其生理为基础而形成的一些稳定的人格特征[1]。在奥尔波特看来，人与人之所以不同，可以表现在他们具有不同特质上。奥尔波特将人格特质分为两类：共同特质和个人特质。共同特质是人们所共有的一些特质，所有人都具有这些人格特质，人与人之间都可以在这些特质上分别加以比较，如外向性，任何人都具备这一特质，但显然不同个体外向性程度的强弱不同而已；个人特质是个人所特有的，代表着个人的独特的行为倾向。当然，不同特质在整体人格中的重要性是不同的。因此，奥尔波特还将个人特质分为三类：首要特质(最能代表个人特点的人格特质)、中心特质(能代表个体人格核心成分的人格特质)和次要特质(个体某种具体的偏好或反应倾向)。

领导特质理论(Trait theories)假定，领导的有效性取决于领导者自身的某些特质，成功的领导者一定存在某些共同特质，正是这些特质将优秀领导者与平庸领导者区分开来。因此，只要找到那些优秀领导者的共同特质，就可确定哪些特质的人有可能成为优秀领导者了。

早期的领导特质研究以各类领导者为样本进行了实例研究，对领导者的体力、才能、智力和价值观进行了深入评价，试图分离出可以区分领导者与追随者的关键领导特质。拉尔夫·斯托迪尔(Ralph Stogdill)在 1948 年发表的论文中得出两个重要结论[2]：(1)领导者与追随者在特质上没有本质的区别；(2)某些关键特质与领导的有效性存在关联。斯托迪尔发现与领导有效性相关的特质有六个方面：能力(智力、敏感性、表达能力、创造力、判断力)；成就(学位、知识、学术成就)；责任(可靠性、开创力、执着、进取心、自信心、超越的欲望)；参与(积极主动、社交、合作、适应性、幽默)；地位(社会经济地位、个人声望)。与此类似，澳大利亚心理学家塞西尔·吉布(Cecil Gibb)在 1969 年出版的《社会心理学手册》

---

[1] Allport, G. W. Concepts of Trait and Personality. Psychological Bulletin, 1927(24)：284-293.

[2] Stogdill, R., M. Personal Factors with Leadership: A Survey of the Literature. The Journal of Psychology, 1948, 25：35-71.

中指出，天才的领导者应具备以下 7 项天生的特质：(1)善辞令；(2)外表英俊潇洒；(3)智商过人；(4)具有自信心；(5)心理健康；(6)有支配他人的倾向；(7)外向而敏感。

然而，由于早期的特质理论主要从静态的角度来研究领导，忽视对下属的特性和需要(情境因素)，并且无法分辨各种领导特质的相对重要性，因此领导特质理论的发展一度陷入停顿，让位于其他取向的领导理论。20 世纪 80 年代之后，随着管理实践的发展和领导理论的深化，领导特质理论出现了复兴。现代领导特质理论重视对关键领导特质的分类和研究，并且开始强调领导情境对领导效果的调节作用。普林斯顿大学经济学家威廉·鲍莫尔(William Baumol)提出，企业领导人应具备 10 项条件①：(1)合作精神；(2)决策能力；(3)组织能力；(4)精于授权；(5)善于应变；(6)敢于创新；(7)勇于负责；(8)敢担风险；(9)尊重他人；(10)品德高尚。马里兰大学的雪莉·帕特雷克和埃德温·洛克(Shelley Kirkpatrick & Edwin Locke) 于 1991 年发表论文②，认为有证据表明有效的领导者在某些关键方面明显有别于其他类型的人，他们认为正是这些关键领导特质(驱动力、领导欲、诚实和正直、自信、认知能力、商业知识)帮助领导者获得必要的领导技能、塑造组织愿景和有效规划、采取必要行动实现这些愿景。在他们看来，领导者的这些特质可以是个人天生的，也可以是后天习得的，或者两者兼而有之。罗伯特·豪斯(Robert House)在 1976 年的一次会议中重提马克思·韦伯领袖超凡魅力(Chrisma)的概念③，并将自己的新型领导特质理论命名为魅力型领导理论(Charismatic Leadership Theory)。豪斯发现有些领导者善于利用其自身的魅力激励追随者，并做出重大组织变革。他认为魅力型领导者有 3 种个人特质：高度自信、支配力和对自己的信念坚定不移。

(二)领导的行为理论

正如前文所述，传统的领导特质理论存在诸多缺陷，导致它在解释领导行为方面并不成功。20 世纪 40 年代末到 60 年代初，研究者把目光从领导者特质研究转向领导者行为研究。领导行为理论就是对领导的工作风格和行为，对领导有效性的影响以及有效的领导者的行为是否有什么独特之处的研究。

1. 勒温的领导风格理论

最早的领导行为研究可以追溯到著名社会心理学家库尔特·勒温(Kurt Lewin，1890—1947 年)的领导风格和群体氛围关系实验。勒温生于德国，二战前因受到纳粹迫害移居美国，先后在斯坦福大学、康奈尔大学、爱荷华大学、麻省理工学院任教，还曾在加州大学

---

① 晁玉方，王清刚. 领导特质理论的历史与发展[J]. 山东轻工业学院学报，2012(26)：77-82.
② Kirkpatick, S. A. & Locke, E. A. Leadership: do Traits Matter? The Executive, 1991(5): 48-60.
③ House, R. A 1976 Theory of Charismatic Leadership. In Leadership: The Cutting Edge, ed. J. G. Hunt and L. L. Larson, Carbondale: Southern Illinois University Press. 1977: 189-204.

伯克利分校和哈佛大学兼任客座教授。

由于受到当时国际氛围的启发，勒温和他的同事们从20世纪30年代起就开始进行关于领导风格和群体气氛的研究。勒温等人发现[①]，群体的领导者并不是以同样的方式表现他们的领导角色，不同的领导者通常使用不同领导风格，这些不同的领导风格对群体成员的工作绩效和工作满意度有着不同的影响。

勒温以童子军为被试，将被试分为条件大致相似的三组。研究者给各组布置相同的任务，但要求领导者采用不同风格进行领导。第一组采用专制型领导，群体一切活动由领导者个人决定，成员只能依令行事。领导者依靠权力和强制命令让下属服从，权力完全掌握在领导者个人手中；第二组采用民主型领导，群体一切活动由领袖和群体成员共同讨论而后决定。领导者以理服人，以身作则，群体成员分享权力；第三组采用放任型领导，领导者布置完任务就让群体成员凭其所好各行其是，群体中毫无规章制度，权力被分散到每个成员身上。

实验结果表明，三种领导风格对群体产生了不同影响。从工作效率上看，放任自流的领导风格造成最差的工作效率；专制型领导者虽然带领群体达到了目标，但群体成员出现了消极态度和对抗情绪；在民主型的领导者率领下，群体工作效率最高，不但达到了目标，而且群体成员没有消极行为和对抗情绪。据此，研究者们认定民主作风是最好的领导风格。

现在来看，勒温的研究在理论假设、实验设计和理论逻辑上都存在缺陷，后来的研究表明民主型领导风格并不总能带来最高的工作效率。但是勒温率先将领导风格作为研究变量，引起了研究者对领导风格和领导行为的关注，后来大量关于领导行为的研究多少都受到该研究的影响。

2. 利克特的管理风格理论

伦西斯·利克特(Rensis Likert，1903—1981年)既是心理测量学的开拓者，也是著名管理心理学家。1946年，利克特在密歇根大学建立社会调查研究中心。不久，该中心合并为社会研究所，利克特任所长。以该研究所为基地，利克特开展了一系列领导行为研究。

利克特把领导者分为两种基本类型："以工作为中心"(Job-centered)的领导者与"以员工为中心"(Employee-centered)的领导者。前者的特点是任务分配结构化，实施严密监督，工作激励，依照详尽的规定行事；而后者的特点是重视人员行为反应及问题，利用群体实现目标，给予组织成员较大自由选择的范围。1961年出版的《管理新模式》中，利克特将领导风格分为4类[②]：

(1) 专制权威式：领导者发布命令，下属执行命令，决策中不允许下属参与；主要用

[①] Lewin, K, Lippitt, R., & White, R.K. Patterns of Aggressive Behavior in Experimentally Created Social Climates. Journal of Social Psychology, 1939(10): 271-301.

[②] 姜英来. 30部必读的管理经典[M]. 北京：北京工业大学出版社，2006.

恐吓、威胁等方式激励下属，偶尔采用奖励；信息自上而下传达，决策权集中于最高层。

(2) 温和专制式：主要用奖赏，兼而使用恐吓及处罚的方法激励下属；允许一些自下而上传递的信息；向下属征求一些想法与意见，并允许把某些决策权授予下属，但加以严格的政策控制。

(3) 民主协商式：领导者在做决策时征求、接受和采纳下属的建议；通常试图去酌情利用下属的想法与意见；运用奖赏并偶尔兼用处罚的办法和让员工参与管理的办法来激励下属；即使下情上达，又使上情下达；由上级主管部门制定主要的政策和运用于一般情况的决定，但让较低一级的主管部门去做出具体决定，并采用其他一些方法商量着办事。

(4) 民主参与式：领导者向下属提出挑战性目标，并对他们能够达到目标表示出信心；在诸如制定目标与评价目标所取得的进展方面，让群众参与其事并给予物质奖赏；即使上下级之间的信息畅通，又使同级人员之间的信息畅通；鼓励各级组织做出决定，或者将他们自己与其下属合起来作为一个群体从事活动。

利克特认为上述4种领导风格中，专制权威式的领导风格不仅永远不能达到民主参与式的领导风格的生产水平，也不能使职工对工作产生满意感。根据利克特的观察和研究，他发现各种类型的组织中，第四种领导风格的人一般都是极为成功的领导者，这说明参与性的管理方式是符合时代潮流的。他坚信民主参与式的领导风格是最有效率的领导风格，只有依靠民主管理，从内部调动职工的积极性，才能充分发挥人力资源的作用。因此，利克特倡议员工参与管理。他认为，善于管理的领导者是注重面向下属的，他们依靠信息沟通使各个部门像一个整体那样行事。群体的所有成员(包括领导者在内)建立起一种相互支持的关系，在这种关系中，他们感受到在需求价值、愿望、目标与期望方面有真正共同的利益。

3. 领导行为连续体理论

罗伯特·坦南鲍姆(Robert Tannenbaum)和沃伦·施密特(Warren Schmidt)两人在加州大学共事，在领导风格方面观点类似。1958年，两人合著的《如何选择领导模式》首次出版，很快成为领导风格研究的经典著作[①]。

在《如何选择领导模式》一书中，坦南鲍姆和施密特提出了领导行为连续体理论。他们认为，管理者在决定何种行为(领导作风)最适合处理某一问题时常常产生困难。他们不知道是应该自己做决定还是授权给下属做决策。为了使人们从决策的角度深刻认识领导风格的意义，他们提出了领导风格连续统一体模型(见图9-2)。

坦南鲍姆和施密特认为领导风格与领导者运用权威的程度和下属在做决策时享有的自由度有关。在连续体的最左端，表示领导行为是专制的领导；在连续体的最右端表示的是

---

① Tannenbaum, R., & Schmidt, W. H. How to Choose a Leadership Pattern. Harvard Business Review, 1958(36): 95-101.

将决策权授予下属的民主型的领导。在管理工作中,领导者使用的权威和下属拥有的自由度之间是一方扩大另一方缩小的关系。

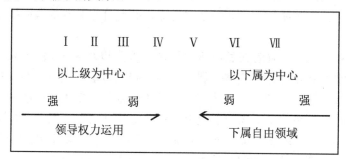

图 9-2　领导风格连续统一体模型

一个专制的领导掌握完全的权威,自己决定一切,他不会授权下属;而一位民主的领导在指定决策过程中,会给予下属很大的权力,民主与独裁仅是两个极端的情况,这两者中间还存在着许多种领导行为。在高度专制和高度民主的领导风格之间,坦南鲍姆和施米特划分出 7 种主要的领导模式:

(1) 模式Ⅰ:领导做出并宣布实施。领导者确定一个问题,并考虑各种可供选择的方案,从中选择一种,然后向下属宣布执行,不给下属直接参与决策的机会。

(2) 模式Ⅱ:领导说服下属执行决策。在这种模式中,领导者承担确认问题和做出决策的责任。但他不是简单地宣布实施这个决策,而是认识到下属中可能会存在反对意见,于是试图通过阐明这个决策可能给下属带来的利益来说服下属接受这个决策,消除下属的反对。

(3) 模式Ⅲ:领导者提出计划并征求下属意见。在这种模式中,领导者提出了一个决策,并希望下属接受这个决策。他向下属提出自己的计划的详细说明,并允许下属提出问题。这样,下属就能更好地理解领导者的计划和意图,领导者和下属能够共同讨论决策的意义和作用。

(4) 模式Ⅳ:领导者提出可修改的计划。在这种模式中,下属可以对决策发挥某些影响作用,但确认和分析问题的主动权仍在领导者手中。领导者先对问题进行思考,提出一个暂时的可修改的计划,并把这个暂定的计划交给有关下属征求意见。

(5) 模式Ⅴ:领导者提出问题,征求建议再做决策。在以上几种模式中,领导者在征求下属意见之前就提出了自己的解决方案,而在这个模式中,下属有机会在决策做出以前就提出自己的建议。领导者的主动作用体现在确定问题,下属的作用在于提出各种解决的方案,最后,领导者从自己和下属所提出的解决方案中选择一种他认为最好的解决方案。

(6) 模式Ⅵ:领导者界定问题范围,下属集体做出决策。在这种模式中,领导者已经将决策权交给了下属的群体。领导者的工作是弄清所要解决的问题,并为下属提出做决策的条件和要求,下属按照领导者界定的问题范围进行决策。

(7) 模式Ⅶ：领导者允许下属在一定范围内行使职权。这种模式表示了极度的群体自由。如果领导者参加了决策的过程，他应力图使自己与群体中的其他成员处于平等的地位，并事先声明遵守群体所做出的任何决策。

坦南鲍姆和施米特认为，不能抽象地认为哪一种模式一定是好的，哪一种模式一定是差的。成功的领导者应该是在一定的具体条件下，善于考虑各种因素的影响，采取最恰当行动的人。当需要果断指挥时，他应善于指挥；当需要员工参与决策时，他能适当放权。领导者应根据具体的情况，如领导者自身的能力，下属及环境状况、工作性质、工作时间等，适当选择连续体中的某种领导风格，才能达到领导行为的有效性。

坦南鲍姆和施米特还提出，管理者在决定采用哪种领导模式时要考虑三方面的因素：管理者的特征(包括管理者的背景、教育、知识、经验、价值观、目标和期望等)、员工的特征(包括员工的背景、教育、知识、经验、价值观、目标和期望等)和环境的要求(环境的大小、复杂程度、目标、结构和组织氛围、技术、时间压力和工作的本质等)。

领导行为连续体理论摆脱了传统研究领导风格的"两极化"倾向，用渐变的构思反映出领导模式的多样性，比较切合生活的真实图景，同时又没有简单地宣布何为正确何为错误，所以这一理论一经推出即受到普遍重视，成为研究领导问题的经典理论。在1973年重新发表时，两位作者利用这一时机回顾15年来种种发展和变化，对先前理论做进一步修改，突出领导者与被领导者与环境之间各种力量和因素的相互作用，使自己的理论更具动态性和活力，反映了管理实践的新发展。领导行为连续体理论的不足之处在于，他们将影响领导风格的因素看成是既定的和不变的，而实际上这些因素是相互影响相互作用的，他们对影响因素的动力特征没有进行足够的重视，同时在考虑环境因素时主要考虑的是组织内部的环境，而对组织外部的环境以及组织与社会环境的关系缺乏重视。

4. 领导行为四分图理论

俄亥俄州立大学的一批学者在特质理论基本假设的基础上进行了系统的领导研究，遗憾的是，他们的特质理论取向的研究结果令人失望，并没有发现可以解释有效领导行为的特质。1945年开始，研究者开始转向观察和分析领导行为。他们开发出领导者行为描述问卷(LBDQ)，问卷中包含150种对领导行为的描述。使用问卷对领导行为进行测量，结果发现领导行为具有两个显著取向[①]：定规维度(initiating structure)和关怀维度(consideration)。

定规维度指领导者以工作为中心，注重工作的组织、计划和目标，规定成员的工作职责和关系，建立明确的组织形态、信息沟通渠道及工作程序方法，要求群体成员遵守标准的规章制度。关怀维度指领导者以人际关系为中心，注重与下属之间的友谊，相互信任，尊重下级的意见，关心他们的需求，分担他们的忧虑，鼓励部下与他交谈，对待所有下属一视同仁，帮助下属解决私事等，这是重视人际关系的领导行为。

---

① Stogdill, R.M. Handbook of Leadership: A Survey of Theory and Practice, New York: Free Press, 1974.

研究者的测量结果表明，定规维度和关怀维度是两种不同类型的领导行为取向，在一个领导者身上有时一致，有时并不一致。因此，他们认为领导是两种领导行为的组合。他们用"四分图"的形式将这一概念加以表示(见图 9-3)。

显然，领导行为四分图构造了四种不同行为风格的领导者：高关怀-低定规的领导者、高关怀-高定规的领导者、低关怀-低定规的领导者和低关怀-高定规的领导者。在实证研究的基础上，俄亥俄州立大学的研究者提出"双高假说"，即认为最好的领导风格是高关怀-高定规。这种领导风格既能保证目标达成，又能兼顾员工满意度。遗憾的是，后来的实证研究并没有完全支持这种假说。俄亥俄州立大学的领导行为研究是领导理论演变和发展道路上的一项标志性研究，研究者首次尝试采用四分图的形式表述领导行为，为以后领导行为研究(例如前文所述密歇根大学的领导行为研究，又如后文中的管理方格理论等)开辟了一条新的途径。

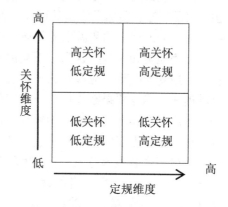

图 9-3　领导行为四分图

5. 管理方格理论

1964 年，罗伯特·布莱克(Robert Blake，1918－2004 年)和简·莫顿(Jane Mouton，1930－1987 年)合著的《管理方格》①出版，很快受到管理领域的重视。两位作者都来自德克萨斯大学。他们共同提出的管理方格理论将领导行为研究推上高峰。

管理方格理论继承了俄亥俄州立大学领导行为四分图理论的主要观点，认为企业中的各种领导风格就是"对生产的关心"和"对人的关心"这两种不同程度的取向的结合。那些极端的以生产为中心的领导者，其行为风格体现了典型的 X 理论；那些极端的以人为中心的领导者，其行为风格体现了典型的 Y 理论。为避免极端，克服以往各种领导行为理论中"非此即彼"的绝对化观点，布莱克和莫顿认为领导者在"对生产的关心"或"对人的关心"上的程度可以用连续性变量来描述。于是，布莱克和莫顿使用一个 9×9 方格图来表述他们的理论(见图 9-4)。方格中纵轴和横轴分别表示领导者对人和对生产的关心程度。第 1 格表示关心程度最小，第 9 格表示关心程度最大。管理方格图总共 81 个小方格，分别表示"对生产的关心"和"对人的关心"这两个基本维度以不同比例结合的领导方式。

为了能将管理方格与具体的领导行为联系起来，布莱克和莫顿对 81 个方格中的 5 种典型的组合进行了详细描述：

---

① Blake, R.; Mouton, J. The Managerial Grid: The Key to Leadership Excellence. Houston: Gulf Publishing Co, 1964.

(1) 贫乏型领导(1.1)：它对工作和人都极不关心，这种处理方式是很少见的一种极端情况，领导者只做维持自己职务的最低限度的工作，常采取消极的、不关心的和不参与的态度，持着多一事不如少一事的态度。

(2) 任务型领导(9.1)：它主要把重点放在对工作和作业的要求上，但忽略对人的关心。这种管理方式中管理人员拥有很大的权利，强调对下属的控制，以便有效地完成工作。

(3) 乡村俱乐部型领导(1.9)：它表示对人极为关心，也就是认为只要工作人员的需求获得满足了，员工心情舒畅，生产就可以搞好，忽视工作的效果。

(4) 中庸型领导(5.5)：它认为在管理中既要对工作关心，又要对人关心，这种管理方式处于中间状态，既不过于偏重人的因素，又不过于偏重生产的因素，但往往缺乏创新。

(5) 团队型领导(9.9)：它对工作和人都极为关心，认为工作和人际关系之间并没有必然的冲突。这种管理方式能够使组织的目标和职工的个人需求有效地结合起来，使工作成为团队成员之间自发自愿的行动，从而有可能造就最佳工作效率，因而也被称为"战斗集体型管理"。在这种管理方式中，大部分下属能够做出积极和热情的反应，取得良好的效果。

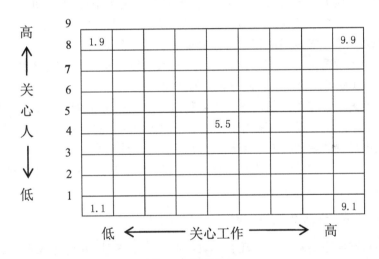

图 9-4 管理方格

与俄亥俄州立大学的"双高假说"类似，布莱克和莫顿认为最理想的领导行为风格是团队型领导。这种风格可以保证工作绩效和员工满意度都处于最佳水平。

从理论上看，管理方格理论将领导行为四分图理论又推进了一步，使用连续性变量来描述"关心生产"和"关心人"这两种领导行为取向，为测量、比较和验证领导行为风格提供了便利。从实践上看，管理方格理论具有非常强的实践指导意义。新版的《管理方格》不仅为领导者提供了精确的自我测量工具，还为领导者提供了通过系列培训打造团队型领导者的现实途径。然而，随着领导权变理论的出现，管理方格理论受到的质疑和挑战渐渐增加。

(三)领导权变理论

由于领导行为理论忽略了情境因素,许多研究者在研究领导与绩效的关系时把情境因素考虑在内。这种把情境因素考虑在内的领导理论被称为领导权变理论。

权变理论(Contingency theory)有一个基本假设,认为不存在一成不变、普遍适用的最佳管理理论和方法,管理应根据组织所处的内部和外部条件随机应变。权变理论把内部条件和外部环境因素看成是自变量,把管理思想、管理方式和管理技术看成是因变量。如果因变量随自变量的变化而变化,那么管理者也应根据自变量与因变量之间的函数关系来确定一种最有效的管理方式。领导权变理论是继领导者行为研究之后发展起来的领导学理论,这一理论的出现,标志着现代西方领导理论进入了一个新的发展阶段。

1. 费德勒模型

弗雷德·费德勒(Fred E. Fiedler)是美国当代著名管理心理学家。他最早从管理心理学和领导环境两方面研究领导的有效性,提出了自己的权变模型[①]。费德勒开创了西方领导理论的一个新阶段,他的权变理论使以往盛行的静态领导理论(特质理论和行为理论)转向动态领导理论的新轨道,对以后的管理思想发展产生了重要影响。费德勒的主要著作和论文包括《一种领导效能理论》(1967)《让工作适应管理者》(1965)《权变模型——领导效用的新方向》(1974)以及《领导游戏:人与环境的匹配》等。

在对领导研究中,费德勒的创新在于将特质理论和行为理论的研究有效地结合起来。在分析领导行为风格的时候,他采用了传统心理测量学的方法,设计出最不喜欢同事(LPC)调查问卷,采用量表测量到底是"任务型"的领导者还是"关系型"的领导者。一般来说,凡是关心人际关系的、宽容的、民主式的领导,其 LPC 的分值就高;凡是权威型的、以工作任务为中心的领导,其 LPC 的得分就低。

【专栏9-1】最难共事的同事问卷

回想与你最难共事的那个人,现在或过去的,请用下列 16 对意义截然相反的形容词来描述他。每对形容词间分成八个等级,请圈出最能代表你要描述的那个人真实情况的等级数。

令人愉快的	87654321	令人不愉快的
友好的	87654321	不友好的
随和的	87654321	不随和的
乐于助人的	87654321	使人泄气的

[①] Fiedler, F. E. A Theory of Leadership Effectiveness, New York: McGraw-Hill, 1967.

热情的	87654321	冷淡的
轻松的	87654321	紧张的
密切的	87654321	疏远的
温暖人心的	87654321	冷若冰霜的
易合作的	87654321	不好合作的
支持的	87654321	敌意的
有趣的	87654321	讨厌的
和谐的	87654321	爱争执的
自信的	87654321	优柔寡断的
效率高的	87654321	效率低的
兴高采烈的	87654321	低沉阴郁的
开诚布公的	87654321	怀有戒心的

若小计分大于64分，你算是一位把处好人与人的关系放在首位的领导者；

若小计分小于57分，你就是一位首先重视完成任务的领导者。

而在分析领导情境的时候，他挑选了三个变量：

(1) 领导者-成员关系：指下属对其领导人的信任、喜爱、忠诚、愿意追随的程度，以及领导者对下属的吸引力；

(2) 任务结构：指下属担任的工作的明确程度，是枯燥乏味的例行公事，还是需要一定创造性的任务；

(3) 职位权力：指与领导者职位相关联的正式职权以及领导者从上级和整个组织各个方面所取得的支持程度。

依据上述3个环境变量，费德勒通过任意组合将领导环境分成8种情况，每个领导者都可以依此评价自己所处的领导环境。

费德勒相信影响领导成功的关键是领导行为风格与领导情境的匹配。当领导行为风格与领导情境匹配时，领导者绩效水平就较好；反之，领导者绩效水平不佳。为了验证自己的假设，费德勒对1200个团体进行了观察，收集了关于领导行为风格与领导情境的匹配关系的数据，结果发现：任务取向的领导者在非常有利的情境和非常不利的情境下工作得更好；关系取向的领导者则在中度有利的情境中干得更好。

对于管理实践，费德勒模型有三个重要建议：(1)并不存在着一种绝对的最好的领导形态，企业领导人必须具有适应力，自行适应变化的情况，当领导风格类型与情境类型相匹配时会达到最佳的领导效果；(2)必须根据领导情境来选拔。如果是最好或最坏的情况，应选用任务导向的领导，反之则选用关系导向者；(3)由于领导行为风格是稳定不变的，为提高领导者的有效性，有必要改造环境以符合领导者的风格或者替换领导者以适应情境，改变情境。

费德勒模型强调为了领导有效需要采取什么样的领导行为，而不是从领导者的素质出发强调应当具有什么样的行为，这为领导理论的研究开辟了新方向。费德勒模型表明，并不存在着一种绝对的最好的领导形态，企业领导者必须具有适应力，自行适应变化的情境。同时也提示管理层必须根据实际情况选用合适的领导者。费德勒模型的有效性得到大量研究的验证，虽然在模型的应用方面仍存在一些问题(比如 LPC 量表的分数不稳定，权变变量的确定比较困难等)，但是作为最早的领导权变理论，费德勒模型总体上仍然是非常成功的。

2. 领导生命周期理论

保罗·赫西(Paul Hersey)在 20 世纪 60 年代率先提出了"情境领导模式"理论。1969 年，他和肯尼斯·布兰查德(Kenneth Blanchard)一起编著了《情境领导》，成为领导生命周期理论的源头[①]。

在所有的领导情境变量中，赫西和布兰查德最为重视的是下属成熟度。他们认为依据下属的成熟度，选择正确的领导风格，就会取得领导的成功。无论领导者做什么，领导效果实际上取决于下属的活动——下属接纳或拒绝领导者的程度。成功的领导应重视下属，依据下属的成熟度采取正确的领导风格。

赫西和布兰查德将成熟度定义为：个体对自己的直接行为负责任的能力和意愿。它包括两项要素：工作成熟度与心理成熟度。前者包括一个人的知识和技能。工作成熟度高的个体拥有足够的知识、能力和经验完成他们的工作任务而不需要他人的指导。后者指的是一个人做某事的意愿和动机。心理成熟度高的个体不需要太多的外部激励，他们主要靠内部动机激励。

在赫西和布兰查德看来，下属成熟度一般经历的四个阶段：

第一阶段：下属对执行任务既无能力又不情愿。他们既不胜任工作又不能被信任。

第二阶段：下属缺乏能力，但愿意执行必要的工作任务。他们有积极性，但目前缺乏足够的技能。

第三阶段：这些人有能力，却不愿意干领导者希望他们做的工作。

第四阶段：这些人既有能力又愿意干让他们做的工作。

4 种领导风格与下属成熟度的 4 个阶段相匹配，就构成了情境领导模型。根据任务行为和关系行为的高低，组合成 4 种风格(见图 9-5)：

(1) 指示型(高任务-低关系)：领导者定义角色，告诉下属干什么、怎么干以及何时何地去干，其强调指导性行为。

(2) 推销型(高任务-高关系)：在这种领导方式下，领导者既提供指导性行为，又提供

[①] Hersey, P. & Blanchard, K. H. Life Cycle Theory of Leadership. Training and Development Journal, 1969, 23(5): 26-34.

支持性行为。领导者除向下属布置任务外，还与下属共同商讨工作的进行，比较重视双向沟通。

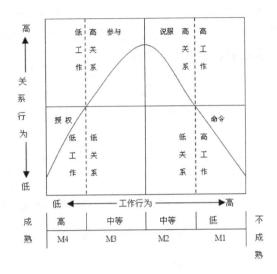

图 9-5　领导生命周期模型

(3) 参与型(低任务-高关系)：在这种领导方式下，领导者极少进行命令，而是与下属共同进行决策。领导者的主要作用就是促进工作的进行和沟通。

(4) 授权型(低任务-低关系)：在这种领导方式下，领导者几乎不提供指导或支持，通过授权鼓励下属自主做好工作。

领导生命周期曲线模型概括了情景领导模型的各项要素。当下属的成熟水平不断提高时，领导者不但可以不断减少对下属行为和活动的控制，还可以不断减少关系行为。在第一阶段(M1)，需要得到具体而明确的指导。在第二阶段(M2)中，领导者需要采取高工作—高关系行为。高工作行为能够弥补下属能力的欠缺，高关系行为则试图使下属在心理上"领会"领导者的意图。在第三阶段(M3)中出现的激励问题，领导者运用支持性、非领导性的参与风格可获最佳解决。最后，在第四阶段(M4)中，领导者不需要做太多事，因为下属愿意又有能力担负责任。

3. 路径—目标理论

路径-目标理论是罗伯特·豪斯(Robert J. House)开发的一种领导权变模型①，这一模型从俄亥俄州大学的领导研究和激励的期望理论中吸收了重要元素。期望理论认为，个人的态度，取决于他的期望值的大小(目标效价)以及通过自己努力得到这一期望值的概率高低

---

① House, R. J. & Mitchell, T. R. Path-goal Theory of Leadership. Journal of Contemporary Business, 1974(3): 1-97.

(期望几率)。该理论认为，领导者的工作是帮助下属达到他们的目标，并提供必要的指导和支持，以确保各自的目标与群体或组织的总体目标相一致。

路径—目标理论认为，领导者的工作是利用结构、支持和报酬，建立有助于员工实现组织目标的工作路径(见图9-6)。这里涉及两个主要概念：建立目标方向；改善通向目标的路径以确保目标实现。其内容包括以下5个方面：

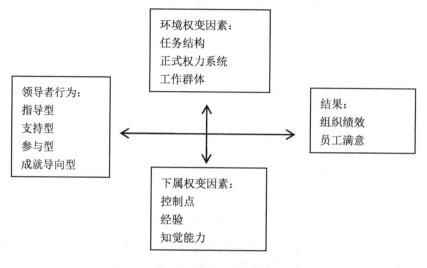

图9-6 路径—目标理论

(1) 领导过程。路径—目标的领导过程如下：领导者确认员工的需要，提供合适的目标，通过明确期望与目标的关系，将实现目标与报酬联系起来；消除绩效的障碍，并且给予员工一定的指导。该过程的期望结果包括工作满意、认可领导和更强的动机。这些将在有效的绩效和目标实现中得到反映。

(2) 目标设置。目标设置是取得成功绩效的标的，它可以用来检测个体和群体完成绩效标准的情况。群体成员需要感觉到他们的目标是有价值的，并且可以在现有的资源和领导下达到该目标。如果没有共同目标，不同的成员会走向不同的方向。

(3) 路径改善。领导者在决定顺利实现目标的路径之前，还需要了解一些权变因素和可供选择的领导方案，特别是必须权衡确定对两类支持的需要。

第一类是任务支持，领导者必须帮助员工组合资源、预算以及其他有助于完成任务的因素，消除有碍员工绩效的环境限制，表现出积极的影响，并且对有效的努力和绩效给予及时认可。第二类是心理支持，领导者必须刺激员工乐于从事工作。

(4) 领导风格。按照路径—目标理论，领导者的行为被下属接受的程度，取决于下属是将这种行为视为获得满足的即时源泉还是作为未来获得满足的手段。领导者行为的激励作用，在于它使下属的需要和满足与有效的工作绩效联系在一起，并提供了有效的工作绩效所必需的辅导、指导、支持和奖励。为此，豪斯区分了四种领导风格：指导型领导、支持型领导、参与型领导、成就取向型领导。

(5) 路径—目标理论提出了两类情境作为领导行为与结果之间关系的中间变量，它们是下属控制范围之外的环境(任务结构、正式权力系统以及工作群体)，以及下属个性特点中的一部分(控制点、经验和感知能力)。要想使下属的产出最多，环境因素决定了作为补充所要求的领导行为类型，而下属个性特点决定了对环境和领导者行为做出何种解释。在工作环境中，领导者必须确认员工的任务是否已经结构化了，正式权力系统是否最适合于指挥型或参与型领导，以及现在的工作群体是否满足了员工的社会和尊重需要。

路径—目标理论证明：当领导者弥补了员工或工作环境方面的不足，就会对员工的绩效和满意度起到积极的影响。但是，当任务本身十分明确或员工有能力和经验处理它们而无须干预时，如果领导者还要花费时间解释工作任务，则下属会把这种指导型行为视为累赘多余甚至是侵犯。

"途径—目标理论"同以前的各种领导理论的最大区别在于，它立足于部下，而不是立足于领导者。在豪斯眼里，领导者的基本任务就是发挥部下的作用，而要发挥部下的作用，就要帮助部下设定目标，把握目标的价值，支持并帮助部下实现目标。在实现目标的过程中提高部下的能力，使部下得到满足。路径—目标理论的两个基本原理：

(1) 领导方式必须是部下乐于接受的方式，只有能够给部下带来利益和满足的方式，才能使他们乐于接受。

(2) 领导方式必须具有激励性，激励的基本思路是以绩效为依据，同时以对部下的帮助和支持来促成绩效。也就是说，领导者要能够指明部下的工作方向，还要帮助部下排除实现目标的障碍，使其能够顺利达到目标，同时在工作过程中尽量使职工需要得到满足。

豪斯确定了四种领导行为，他们分别是指导型领导、支持型领导、参与型领导和成就取向型领导(见表9-2)。

表9-2 路径—目标理论的四种领导行为与适用环境

	领导行为	环境
指令型	确定群体任务目标；明确各自职责；用正式的权力管理，严格管理员工。	群体的任务是非程序化的；员工期望得到指点。
支持型	友好、平易近人；明白下属的兴趣；用奖励支持下属。	任务缺乏刺激性；员工希望得到支持和鼓励。
参与型	让下属参与决策，分担职责；员工有工作所需技能；用非正式权力领导。	任务复杂、需要团体协调；员工希望某种指点；鼓励协调一致。
目标导向型	鼓励下属设置高目标；让下属充分发挥创造性实行目标管理。	员工希望自我控制、自我激励；员工有所需工作技能。

(1) 指导型领导(Directive Leadership)：领导者对下属需要完成的任务进行说明，包括

对他们有什么希望,如何完成任务,完成任务的时间限制等等。指导型领导者能为下属制定出明确的工作标准,并将规章制度向下属讲得清清楚楚。指导不厌其详,规定不厌其细。

(2) 支持型领导(Supportive Leadership):领导者对下属的态度是友好的、可接近的,他们关注下属的福利和需要,平等地对待下属,尊重下属的地位,能够对下属表现出充分的关心和理解,在部下有需要时能够真诚帮助。

(3) 参与型领导(Participative Leadership):领导者邀请下属一起参与决策。参与型领导者能同下属一道进行工作探讨,征求他们的想法和意见,将他们的建议融入团体或组织将要执行的决策中去。

(4) 成就取向型领导(Achievement-Oriented Leadership):领导者鼓励下属将工作做到尽量高的水平。这种领导者为下属制定的工作标准很高,寻求工作的不断改进。除了对下属期望很高外,成就导向型领导者还非常信任下属有能力制定并完成具有挑战性的目标。在现实中究竟采用哪种领导方式,要根据部下特性、环境变量、领导活动结果的不同因素,以权变观念求得同领导方式的恰当配合。

路径—目标理论这一领导力理论有许多优点。首先,它提供了一种有用的理论框架,有助于理解各种不同的领导行为是如何对员工的满意度以及他们的工作绩效产生影响的。第二,它把期望理论的激励原则融进了领导力理论。这使路径—目标理论与众不同,因为其他任何领导力学说都没有与激励行为这样直接相关。第三,路径—目标理论以特定的方式提供了一种非常实用的模型,强调了那些重要的领导者帮助员工的方式。实际上,它强烈要求领导者为员工阐明路径,除去员工前进道路上的障碍或帮助他们,从而使其达成目标。

路径—目标理论也有许多明显的缺陷。第一,它很复杂,结合了许多与领导力相关的因素,因此就很难清晰地说明该理论的真正意义。在选择自己理想的领导风格时若要考虑如此多的不同因素是很困难的。第二,虽然为检验其有效性已经进行了许多相关研究,但是它在这些以经验为基础的研究中并未得到完全支持。第三,该理论的另一个缺陷是无法充分解释领导行为和员工动机之间的关系。第四,路径—目标理论主张领导者为员工提供指导和培训,帮助员工明确目标以及清除目标前进路上的障碍。事实上这种"帮助"型领导力潜在的问题在于员工会轻易依赖领导者来完成工作。长此以往,由于这种领导行为导致员工产生依赖性而且无法体现其全部能力,所以将会阻碍生产力的发展。

本 章 小 结

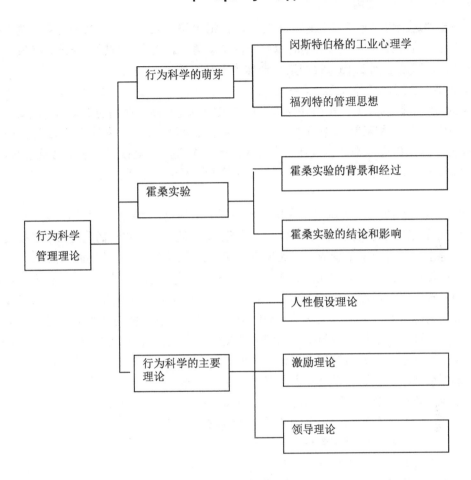

习 题

一、思考题

1. 什么是行为科学？行为科学的研究内容有哪些？
2. 马斯洛需求理论、ERG 理论和双因素理论有什么联系和区别？
3. 具有代表性的内容型激励理论有哪些？
4. 行为科学对领导的研究主要有哪些取向？
5. 领导行为理论有哪些代表性的理论？

二、案例分析

1. "乌托邦的理想国"金士顿

如果要评选全世界最应该感谢股灾的人，杜纪川和孙大卫一定会名列前茅，甚至并列榜首。曾经，股灾让人生步入中年的他们一夜倾家荡产。而今，被股灾逼迫、激发，再次创业的他们，双双名列 2015《福布斯》全球华人富豪榜第 51 位。

1982 年，杜纪川和孙大卫二人在杜纪川家里的车库创办了专门做服务器内存的公司："Camintonn"。因为赶上了美国计算机产业发展的黄金时期，他们的生意出奇的好，常常是产品还没出来，人家就已把货款交到他们手上。两年后，一家计算机公司希望收购 Camintonn。深感创业艰辛，也没什么宏图大志的两个人，觉得钱赚到这样已经差不多了，于是卖掉公司，把各自分到的 100 多万美金交给股票经纪人去做投资，开始了安逸闲淡的生活。

1987 年 10 月 17 日，美国股市在屡创新高后突然崩盘，道指一天跌幅高达 22.6%，很多股票从上百块跌到几块钱。几小时内，美国股票总市值蒸发 5000 亿美元，很多投资者输掉了全部身家，从百万富翁变成了一无所有。突如其来的打击，让他们陷入悲伤。

杜纪川翻箱倒柜才从车库找出 2000 美元，充当了新公司的启动资金。他们为公司取名"金士顿科技"，之后便一头扎进车库，再次创业。今天，由他们创办的金士顿科技不但是全球最大内存企业，更是全美备受赞誉的最佳雇主，并以独特的企业文化著称于世。

杜纪川和孙大卫奉行一套与众不同的管理文化与商业价值观。他们几乎从不采用 MBA 或现代企业治理中关于人事管理和绩效考核的严苛办法，除了工厂生产线排程以及财务规划这两个领域外，金士顿几乎是一家没有"管理"的公司。

"尊敬、忠贞、公平、弹性与适应性、对员工投资、工作乐趣"是杜纪川和孙大卫的经营价值观。他们把公司和员工之间的关系塑造成家庭和家人关系，员工上班不用打卡，也没有 KPI，别人相信制度和管理，他们相信良心，相信我对你好，你就会对我好。甚至他们说自己是资本主义下的共产主义人。

因为这样的管理文化，金士顿成为美国科技界一个令人向往的"乌托邦的理想国"，也是一度备受质疑的"奇葩公司"。金士顿规模尚小时，一位《洛杉矶时报》记者前往采访。见识过杜纪川、孙大卫的"无为而治"后，他警告二人：你们现在可以这样管，等做到 2 亿美元就不行了。后来，金士顿做到了 2 亿美元，这位记者再次来到公司，发现公司的管理依然没有变化，又改口继续警告：这种方式一定做不到 10 亿美元。"现在我们每年营收超过 65 亿美元了，但还是在这样管理。"后来，他们这样告诉这位记者。这位记者则感叹，全世界也不会有其他人敢像他们这样做生意。

或许是对创造财富有足够的自信，或许是股灾中的经历让他们看到，金钱即使失去也不过如此。杜纪川和孙大卫再次创业后，都把钱看得很轻，听到员工有什么困难，杜纪川会二话不说，塞个几百几千美元进员工的口袋。和员工出差，他喜欢来个额外的免费旅行，让"工作寓于娱乐",甚至,还会带着他们到赌城看秀,开心一把,放松平日的紧张。

1996年,孙正义的日本软银以14.5亿美金收购金士顿后,杜纪川和孙大卫在员工应得的奖赏之外,拿出1亿美元分给所有员工,每个员工平均分到超过200万人民币。令人羡慕称奇的是,大方付出的他们,最后总能得到更多,从来不把钱放在第一位的他们,最终却成了世界级的超级富豪。

分析:
(1) 杜纪川、孙大卫的管理体现了哪些行为科学管理理论?
(2) 为什么记者认为企业规模扩大后,"无为而治"管理模式会不再适用?

2. 电子监控是否合适

某公司办公室安装了电子监控系统,监视员工的所有行动,以方便管理者更好地进行管理。安装之后有一定的成效。但是并没有激发员工更多的热情,有些员工认为这只是不必要的例行公事,对这种被称为"电子警察"的系统感到很不高兴。

分析:
(1) 应用电子监控系统进行管理有什么优缺点?
(2) 管理者是否有权监控员工的工作细节?

【推荐阅读书目】

罗宾斯. 组织行为学:第12版. 北京:中国人民大学出版社,2008

方振邦,徐东华. 管理思想史. 北京:中国人民大学出版社,2011

维基百科中文站:http://wiki.mbalib.com/wiki/

第十章

现代管理理论：现代管理丛林

学习目标：理解管理丛林产生的深层次原因；了解现代管理阶段各学派代表人物；理解与把握各学派主要内容、特征及优缺点；把握现代管理理论阶段总特征。

关键概念：现代管理理论(The Modern Management Theory) 管理理论丛林(The Management Theory Jungle) 一般系统论(The Eneral System Theory) 管理过程学派(Management Process School) 社会系统学派(Social System School) 决策理论学派(Decision Theory School) 系统管理学派(System Management School) 管理科学学派(Management Science School) 经验主义学派(Empirical Management School) 权变理论学派(Contingency Theory School)

如果你选对了人，给了他们施展的机会，以酬劳作为载体，就几乎不用管理他们了。(If you pick the right people and give them the opportunity to spread their wings, and put compensation as a carrier behind it, you almost don't have to manage them.)

——杰克·韦尔奇(Jack Welch，通用电气前首席执行官)

第一节 现代管理理论的历史背景

20 世纪 50 年代以后，西方企业管理进入了现代管理阶段，其特点就是把科学管理的合理成分和人际关系学说管理理论的有益成分融为一体，既注重管理的科学性，又强调以"人"为中心，力求"人"和"物"的统一。"管理丛林"时期，管理学家们充分意识到"人"与"物"统一的重要性，并将"人"和"物"作为管理系统的两大要素，试图用系统观点来解决两者之间的整合问题。

一、经济背景[①]

经过第二次世界大战，美国在战争中得到了繁荣，成为超级大国，而英国和法国沦为

---
① 郭咸纲. 西方管理思想史：第三版[M]. 北京：经济科学出版社，2008：205.

二等的国家。一般认为，战后主要资本主义国家的经济发展大体上经历过3个历史阶段。

1. 第一个阶段

这个阶段是从战后到20世纪50年代初，第二次世界大战轴心国战败，德、意、日的经济遭到重创，英国、法国的经济也遭到了极大的破坏，他们都需要经济上的一个恢复过程。美国在二战中非但没有遭受战火的破坏，而且借助这次战争得到了来自各国的大量定货，从而大力发展了军火工业生产，使得美国又一次发了横财，登上了资本主义世界霸主的宝座。苏联的政治制度和资本主义的社会制度不同，世界上出现了阵线分明的两大阵营，形成了独具特色的历史景观。

资本主义阵营为了对抗社会主义阵营，采用冷战思维，美国增加军费投资，从1947年至1949年，军费从91亿上升到133亿美元。这一刺激，美国出现了战后经济的第一次高涨。英国在战前虽是资本主义的强国之一，但由于在战争中受到巨大的破坏，经济、政治和军事地位严重削弱，黄金的储备几乎枯竭，并欠下了30亿英镑的外债，甚至成为自己的殖民地的债务国。法国战争损失比英国还要大，损失高达14000多亿法郎。到1944年秋法国解放时，工业产值只是战前1938年的20%。德国是战败国，损失更是巨大，1946年的工业生产只是战前1938年的22.1%。日本战争丧失了45%的国民财富，40%的城市建筑和一半以上的工业遭到破坏。1950年朝鲜战争爆发，使得日本成为美国对朝战争的最主要的物资转运站，美国向日本发出了巨额的特需订单，使日本出现了战后景气现象。为了协调资本主义世界平衡发展，他们发起并建立了有利于各国的经济合作和交流的布雷顿森林国际货币体系、国际货币基金组织、关税和贸易总协定等，这些政策和措施有力地促进了各国的经济复苏。

2. 第二阶段

这个阶段是从20世纪50年代中期至70年代初，是发达资本主义国家经济发展的黄金时期。美国的工业生产率在1950—1970年增加了94%，劳动生产率得到大幅度提高，使生产量增大，成本降低，利润增加。西欧的经济发展也非常迅速，20年间经济总量增加了5倍多，年平均增长6.1%。英国在这一时期的发展较慢，年平均增长为3%，到了1970年，英国由世界的第二位降到第五位。在这一时期西欧国家的经济发展，不仅表现在经济强国迅速增长上，也表现在西欧国家经济联合日益加强和扩大上。经济联合与合作又是西欧各国经济得以迅速增长的一个重要条件。日本这一时期经济成就令世人瞩目，1955年到1960年平均增长为8.5%，1960—1965年平均增长为9.8%，1965—1970年平均增长为11.8%，国民生产总产值增长了7.2倍。单就工业来说增长更快。1950—1970年工业总产值增长15.7倍，年平均增长14.1%，1967年超过了英国和法国，1968年跃过了德国，成为资本主义世界的第二经济大国。这一阶段发达资本主义国家经济获得了空前的发展，工业大发展，新产品和新部门不断涌现，实现了自动化和半自动化，这些为资本主义的发展奠定了物质基础。

3. 第三阶段

这个阶段起于 1973 年末爆发了世界性的经济危机，从此资本主义世界进入了滞胀时期，是各国经济结构、经济政策进行重新调整的时期。1973 年意、德、英、美、日、法等国家相继进入了危机阶段，工业生产大幅度下降，整个资本主义世界工业生产下降了 8.1%，企业破产，失业人数大量增加，创战后最高纪录。1973 年—1975 年经济复苏较慢，没有出现过大规模的经济高涨的现象。1979 年—1982 年，又爆发了第二次世界性经济危机，这次危机不但持续时间长且发展也比较曲折。美国从 1979 年 4 月起到 1982 年 12 月，工业断断续续下降了 44 个月，超过了 30 年代的大危机，而且在这两次危机中没有出现过真正的繁荣现象。

二、技术背景

第二次世界大战后，科学技术的发展取得了巨大突破，推动了世界各国的经济发展。蒸汽机的发明，人类进入工业文明；计算机的诞生、应用及发展，全方位改变了人类生活，使社会生产力获得了巨大的飞跃，对管理理论也是一个巨大的推动力；新材料的不断发现与广泛应用，给工业和人们生活带来了巨大的变革；空间技术和生物工程的应用与发展，逐渐改变了人类的生活方式，使社会生产力得到进一步解放。

1. 科技革命促进了劳动生产率的提高

劳动生产率的水平，是衡量社会生产力发展程度的首要标志，科技是劳动生产率提高的决定性因素，一项发明往往使得生产率提高几倍或几十倍。科技发展使资本主义社会比以往任何社会时期都创造了人类历史上前所未有的社会生产力，其劳动生产率水平也是以往的任何社会时期无法比拟的，而且资本主义社会的发展趋势，是进一步提高劳动生产率。

2. 科技革命创造了工业扩大再生产的物质条件

扩大再生产是指在扩大的规模上进行的再生产过程，其基础是剩余价值中的一部分用于生产性积累。战后以来，发达的资本主义国家为了促进工业的迅速发展，进行了大规模的设备投资，这为经济的高速增长奠定了基础，并且大规模的设备投资又是大规模资本积累的前提条件。随着社会生产力水平的发展和科学技术的进步，内含式的扩大再生产在整个社会再生产中所占的比重将越来越大，并将会成为扩大再生产的主要方式。

3. 科技革命开辟了工业品广阔的国内外市场

产品如果没有市场，企业就无法生存，现代工业生产是高度发达的商品生产。科技革命一方面产生了新产品，建立一系列新兴的工业部门，另一方面，科技被广泛应用于一系列消费产品。因此，科学技术的发展，为生产资料和各类消费开辟了新的市场。科技革命的影响是极其深远的，科技促进经济全球化，它带动着整个世界的前进，成为推动世界经济发展的强有力的动力。

三、产业背景

经过两次世界大战特别是第二次世界大战以后，随着科技革命成果的运用、石化工业和新型的工业部门的建立、第三产业的大发展，使资本主义国家的生产和资本进一步集中，垄断资本占统治地位。

1. 垄断企业规模巨型化

19世纪中叶起，资本主义从自由竞争时期向垄断时期过渡，工业化进程显著加快，新技术革命蓬勃开展，生产过程进一步专业化和社会化，这些变化都为大企业的产生提供了良好的契机。很多企业通过内涵式和外延式的扩张而最终演变成为实力更加雄厚的巨型公司。在美国，资产超过10亿美元的大工业公司，1901年只有1家，即美国的钢铁公司，1948年有12家，1960年增加到80家，1970年达152家，1980年增加到249家。资产在100亿美元以上的超级大公司，在1955年只有2家，到了1970年猛增到10家，1980年更达到19家。其他国家的公司虽然达不到美国公司的规模，但是也增加很快。法国在1960年只有一家10亿法郎资产的大公司，到1970年为27家，1980年增加到了68家。德国1亿马克以上的公司，1954年共39家，80年代增加到175家。在日本，10亿日元以上的大公司由1955年的169家增加到1974年的1576家，到1984年增加到了2726家。

企业规模巨型化导致企业间竞争与兼并加剧，这给管理理论和实践提出了一系列新问题，从而促进了管理思想的发展。

2. 垄断企业混合化

20世纪50、60年代，是发达的资本主义国家快速发展期，也是企业兼并或联合的高峰期。美国在1954—1974年，企业合并共达21328起。1950—1569年法国有500家最大的公司合并、兼并和吞并了1193家企业。1960—1970年英国企业兼并达9062起。1960年日本有440家企业进行了合并，1965年增为891个，1970年达1147个。这些企业的合并混合，不同的时期比重是不一样的，美国50年代前半期占42.6%，后半期占63.8%，1968年达到82.6%。这种大规模的混合合并使大多数垄断企业都变成了跨部门多样化的经营联合企业。混合兼并不是偶然的，是当时的历史条件和生产力发展到一定水平的必然结果，也是国际市场竞争日益激烈的必然趋势。

3. 大中小企业协作化

为了使战后经济得到尽快复苏，使经济得到最快的增长，各国最大限度地发挥大中小企业优势。虽然各企业间竞争劲烈，弱肉强食，大企业吞并小企业屡见不鲜，但中小企业具有灵活性、适应性，仍然有自己的生存空间，大企业不可能全部覆盖所有市场，大企业为了充分发挥企业经营多样化和专业化的优势，还需要小企业的支持，力求利用中小企业适应性强、灵活性高、劳动工资低的特点和中小企业合作，使之成为大企业的协作厂和附属厂，形成了大中小企业相互补充、相互利用的经营格局。

4. 企业股份高度分散化

战后的西方发达国家中，居民入股人数增加，出现了所谓"股份分散化"趋势。资本主义企业一方面向垄断方向发展，一方面为了最大限度地吸收社会游资，进一步缓和劳资双方的矛盾，调动员工的积极性，大企业发行了大量小面额股票或员工持股，从而实现股权分散化，如美国从50年代末60年代初到80年代的30年历史中，有7000家公司近1000万工人持股，约占全公司职工总数的10%，占全国直接持股总数的二分之一[①]。

战后国际形势的变化，无疑给企业的管理提出了各种要求，规模巨型化的企业用什么管理理论来指导。不断涌现跨国界、跨地区、跨文化的跨国公司产生的管理问题，需要什么管理思想做指导。大中小企业越来越协作以及如何协作也需要新理论的出现。另外，由于社会生产力不断提高，人们的生活水平日益提高，人的需求也越来越多样化、差异化，对人的管理也需要不同的管理理论与管理方法。因此，第二次世界大战以后，管理理论就出现了各种不同的观点和不同的流派，它们构成了现代管理理论发展的大趋势。

四、方法论背景

管理是人类社会活动的一个组成部分，随着人类活动的历史演变，管理对象也在不断变化，管理理论也会演变与发展。管理思想是过去实践的归纳总结，隐含着过去的管理现象所总结的规律，同时又有它自身的特殊性。而且随着管理对象日益复杂化、多变性，对管理方法的要求也就越来越定量化、科学化，这就要求管理理论要有科学的方法论来指导，要有科学工具来支持。

众所周知，任何一门学科都是建立在其他学科提供的知识框架基础上，管理科学也不例外。现代科学理论"老三论"和"新三论"[②]是现代管理理论的基础理论。

"老三论"是指一般系统论、信息论和控制论。一般系统论是研究系统的一般模式、结构和规律的学问，它研究各种系统的共同特征，用数学方法定量地描述其功能，寻求并确立适用于一切系统的原理、原则和数学模型，是具有逻辑和数学性质的一门科学；信息论是运用概率论与数理统计的方法研究信息、信息熵、通信系统、数据传输、密码学、数据压缩等问题的应用数学学科；控制论是研究动物(包括人类)和机器内部的控制与通信的一般规律的学科，着重于研究过程中的数学关系。

---

① 赵迅. 战后西方国家股份分散化浪潮评析[J]. 社会主义研究，1993，04.
② 高振刚，李映青. 经济学方法论[M]. 北京：红旗出版社，2000：209

"新三论"是指耗散结构理论、协同论和突变论。耗散结构论是一个远离平衡态的非线性的开放系统通过不断地与外界交换物质和能量,在系统内部某个参量的变化达到一定的阈值时,通过涨落,系统可能发生突变即非平衡相变,由原来的混沌无序状态转变为一种在时间上、空间上或功能上的有序状态;协同论认为,千差万别的系统,尽管其属性不同,但在整个环境中,各个系统间存在着相互影响而又相互合作的关系;突变论研究内容简单地说,是研究从一种稳定组态跃迁到另一种稳定组态的现象和规律。"新三论"对于管理学上的意义在于将管理对象视为一个系统,而这个系统是不断变化的,如何对这一系统加以认识是进行管理研究的关键性问题。"新三论"很好地把握了管理对象这一演变过程,是现代管理科学的方法论基础。

五、认识论背景

1961年12月美国管理学家哈罗德·孔茨发表的《管理理论的丛林》中指出,只是到了21世纪,特别是到了40年代,西方才对管理进行系统研究。一批早期著作是由一些富有实际经验的管理人员写成的,如泰罗、法约尔等人。50年代中期,从事管理理论研究的主要是高等学府中受过专门训练但缺乏实际管理经验的人。60年代初期管理方面的学术论著如雨后春笋般地涌现。带来了众说纷纭、莫衷一是的乱局。泰勒对车间一级管理所进行的有条理归纳分析,法约尔从一般管理出发对管理经验进行的深刻总结等,形成了相互盘根错节的一片丛林。

1. 研究对象维度:管理理论边界模糊不清与过于宽泛[①]

管理学中,很多概念的界定没有达成共识,存在着严重的语义混乱现象。什么是"管理",哪些现象属于"管理现象",管理研究一直模糊不清,并未准确界定。翻阅各种经典文献,给人的感觉是有多少管理学家就有多少个管理定义。多数人认同"管理"是指通过别人或同别人一道去完成工作。但"别人"是指正式组织中的人,还是非正式组织中的人,不同学者有不同的解释。再如"组织"有学者将其等同于"社会结构",其他人将其等同于"企业"。"人际关系"有人把它理解成对人们不正常的思想情绪进行控制,另一些人则把它理解为了解人及人际关系的学问与技能等,这些都是管理学最基本的术语,在这些方面出现分歧必定会导致学派纷争。

2. 研究取向维度:实用主义的研究取向与学术精神的缺失

管理研究一直奉行实用主义哲学,这可能也是其一直以应用学科相标榜的原因之一。当然,任何理论都具有一定的功利性,都讲究一个实用性。但是,理论的实用性却不意味着理论可以像速食面那样"拿来即用"。毕竟,理论不是现实管理实践的具体描述,而是

---

① 刘宝宏. 管理理论学派纷争的原因探析[J]. 经济管理,2004,19.

实践的理论抽象，其应用性在于为管理实践提供一般原则性指导。过分强调与实践的吻合度，已经使管理研究的实用主义成为一种"目光短浅的实用主义"，导致的结果是，管理研究中缺乏真正的"学术精神"。

3. 研究假设维度：基本假设的飘忽不定与核心概念的缺乏

假设构成一个理论"内核"，是一个范式区别于另一个范式的主要特征。无论是公理性假设，还是假说性假设，都是一个科学共同体共同遵守的理论前提。假设可以修正、完善，但是不可以推翻。否则，就会发生"科学革命"，进入另一个范式。也就是说，科学进步是在同一假设前提下进行的。比如关于人性假设，自斯密提出"经济人"假设以来，一直是经济学发展的基础，近年来兴起的实验经济学、行为经济学虽然对"经济人"假设提出了挑战，但依然建立在"完善"而不是"推翻"的基础之上。反观管理研究，人性假设却一直飘忽不定、更迭不断，经济人，社会人，文化人不停转换，X 理论、Y 理论、Z 理论、超 Z 理论一个比一个抢眼。这种人性假设的频繁更迭，不仅导致了不同学派的争相产生，更加重了不同学派之间的"不可通约性"，使管理理论更加的"分散"，难以整合，导致这种假设飘忽不定的一种重要原因是研究取向的实用主义使然。由于过分强调研究的实用性，研究者往往根据自己对管理实践的观察，从而对已有的理论"推倒重来"，提出新的假设，发展新的理论。

核心概念的缺乏是管理研究假设问题的另一个表现。在一定程度上来说，理论就是核心概念的展开。但是，管理研究虽然已经将近百年历史，但是，核心概念却一直没有得到自觉和系统地确定。除上面提到的管理概念之外，什么是企业？什么是领导？什么是控制？什么是计划？管理研究中的很多概念都是"经验归纳"的产物，而不是"理性演绎"的结果。

4. 研究方法维度：以归纳主义为主的研究方法的不彻底性

除管理科学学派以外，所有的研究方法基本上都是基于认识论上的归纳主义。尽管方法论上归纳主义与理性主义的争议至今尚未有孰优孰劣的定论，但是，研究目标都是得出一般的规律，是大家普遍认可的结论。也就是说，管理研究以归纳主义为主的研究方法本身没有太大的诟病，问题在于，管理研究对这种方法使用的不彻底性。所谓不彻底性，是指大多管理研究停留在对管理现象的"归纳""总结"阶段，而没有"升华"到一般理论。

第二节 现代管理理论主要学派的管理思想

一、管理过程学派的管理思想

(一)概述

管理过程学派源于法约尔的管理理论，经美国的管理学家哈罗德·孔茨等学者的发扬光大，成为现代管理理论丛林中的一个主流学派。

管理过程学派认为管理是一个过程，其研究对象是过程中的管理职能及其发挥作用，认为管理就是通过别人或同别人一起完成工作的过程，管理的过程就是管理的诸职能发挥作用的过程。以这一认识，管理过程学派试图通过对管理过程或管理职能的研究，把管理的概念、原则、理论和方法加以理性概括，从而形成一种"一般性"的管理理论。

管理过程学派的基本方法是职能分析。职能分析的过程涵盖四个问题：①职能的特质是什么？②该职能的目的是什么？③职能的结构如何？④职能的过程如何？

(二)代表人物及管理思想

管理过程学派的主要代表人物除法约尔之外，还有：

1. 詹姆斯·穆尼的管理思想[①]

詹姆斯·穆尼(J.D.Mooney，1884—1957年)，美国高级管理人员和管理学家。1908年毕业于凯斯学院，获采矿工程学位。历任美国通用汽车公司副经理，通用汽车出口公司总经理，美国海军航空局局长，威利斯汽车公司董事长兼总经理，其主要著作是《组织原理》。穆尼是管理过程学派集大成者，他的研究方法与自然科学方法类似，注重过程分析，他的理论因为其科学性而被人们广泛接受。

穆尼对管理理论的贡献是深入论述组织和组织效率原则上。他认为组织是一种"纯粹的过程"，是为了达到一个共同目标的人们联合的形式。组织是管理的机构即管理过程，组织属于管理的，是管理得以实现的手段，组织必须恰当分工，只有组织内部全部关系有效协调，才能称这个组织为有效率的组织；从形式上来看，组织就意味着秩序。他说明了管理在组织中的作用，认为管理是激励、指挥和控制组织的计划和程序的活力。人的因素是随着管理而进入组织中的。管理同组织的关系就像复杂的心理结构同身体的关系，人的身体只不过是心理力量为达到目标和愿望而运动的手段和工具。因此，组织既从属于管理，但又是管理得以进行的前提和基础。

组织效率的三项基本原则：

(1)"协调原则"，指有秩序地安排团体力量，以便在对一个共同目标的追求中能有统一的行动；

(2)"等级原则"，指组织中的不同成员按其权力和职责的不同组成一个等级系列；

(3)"职能原则"，这是等级原则的后果，也是区分等级系列中各种职责实行专业化的原则。职能分成三类：决定职能即决定什么；应用职能即让事情做成；解释职能即解释过程中的差异和问题。

在组织效率的三项基本原则中，协调原则是首要原则，它决定了组织的必要性，是进

---

① 刘筱红. 管理思想史[M]. 北京：科学出版社，2013：112

行组织的原因。他通过逻辑推理得出的这些理论原则，被普遍地看作是西方管理理论发展中对组织理论的最为完备的解释。

2. 拉尔夫·戴维斯①的管理思想

拉尔夫·戴维斯(Ralph C. Davis，1894—1986年)，美国著名经济管理学家，过程管理学派代表人物之一，担任过许多大公司的咨询顾问。1916年在康奈尔大学获得机械工程学位，成为一名注册机械工程师后，进入温彻斯特武器公司从事人事工作。当时他自认为管理学一无所知，但通过观察卡尔·巴思、德怀特·莫里克以及汉密尔顿·丘奇咨询公司当时派往温彻斯特公司的其他成员的管理实践活动，他的管理知识和经验很快就丰富起来。1923年，接受俄亥俄州立大学的邀请，在商业和管理学院建立一个管理学系。1927年应美国通用汽车公司的邀请，在通用汽车弗林特研究所建立一个研究管理的管理部门。通用汽车公司的经历，使他能够接触到唐纳森·布朗和小艾尔弗雷德·斯隆德管理哲学和原则，并形成自己新的管理方法：一种不同于以前的作业管理或车间级别的管理方法。此后，他还在一些大公司中从事管理咨询工作，并曾任美国管理学院院长。1942年以后，在美国管理促进协会中担任领导职务，由于在促进管理方面的杰出贡献，于1959年获得该协会的最高奖——泰勒金钥匙奖。代表作：《工厂组织和管理原则》《高层管理的基本原理》《企业组织和作业的基本原理》等。

戴维斯的管理思想经过了四个阶段的发展：从车间一级的作业的角度看待管理；研究范围转到更广阔的管理的角度；进一步发展了"管理过程"的概念，但仍以相当大的篇幅论述生产车间的问题；完全从企业高层管理的角度来探讨经营管理问题。

戴维斯将管理定义为"高层管理者的领导职能"，并强调需要一些职业经理人。这些管理人员在领导方法和企业与社会关系方面有健全的管理哲学。由于企业组织基本上是一种经济机构，其目标是企业组织的要求或期望获得、创造、保存、销售的任何价值，组织的目标受到社会理想或企业行为的共同目标的制约。高层管理者的领导是激励和指挥组织成员成功地实现组织目标的原动力。

戴维斯提出组织的有机职能即企业从事生产和分配活动以满足经济需要的各种职能。有机职能是适用于所有各类企业的，主要包括以下三项：

(1) 计划

计划是"明确阐述在解决一个企业问题时所考虑的和需要的各种因素、力量、效果和关系"，并且"为经济而有效地实现企业目标奠定基础"。计划是具有创造性质的智力工作，使得组织的使命易于了解和完成。

(2) 组织

组织包含成功实现企业目标所需做的一切；组织的权威就是以对企业活动进行计划、

---

① 张云龄. 外国管理理论简编[M]. 北京：中国经济出版社，1990：118.

组织和控制的权力为依据。戴维斯认为，经营组织是由直线组织和参谋组织两种组织所构成的，这两种组织都是由于有机职能分化或转移而产生的。

(3) 控制

控制是对完成一个目标所需采取的行为和活动进行约束和调节的职能。第一类控制职能是在作业开始以前的预备性控制，即事前控制，包括例行计划、日程安排、准备和调度4项内容；第二类控制职能是在作业过程中的控制，即事中控制，包括指挥、监督、比较和改正，其目的是保证工作正确实施以及出现偏差时进行调整。

戴维斯与法约尔相比，相同点：两人都强调管理的普遍性，认识到管理教育的必要性和重要性；不同点：戴维斯没有指挥这项职能，而用贯穿于三项有机职能之中的"高层管理者领导"来代替；他还认为协调也是贯穿于三项有机职能之中发挥作用，并不是一项单独的职能；法约尔把用人作为组织职能中的一项子职能，而戴维斯较少注意人事方面的职能。戴维斯关注于传统正式组织的观点，没有提及当时非正式组织和行为科学的研究。

3. 哈罗德·孔茨[①]的管理思想

哈罗德·孔茨(Harold Koontz, 1908—1984年)，美国管理学家，管理过程学派的主要代表人物之一。早年于美国耶鲁大学获博士学位。以后在美欧各国讲授管理学，并在美国、荷兰、日本等国的大公司中任咨询工作，曾担任美国管理学会会长，美国加利福尼亚管理研究院任管理学的名誉教授。他从1941年始陆续出版了二十几本书和发表了八九十篇论文，主要代表著作有：《管理学原理》《管理理论丛林》《再论管理理论丛林》等。

孔茨把管理揭示为通过别人使事情做成的各项职能，他非常强调管理的概念、理论、原则和方法。他认为管理是一个过程，是一门科学，也是一门艺术，其基本原理和方法可以应用于任何一种现实情况。管理职能包括计划、组织、人事、指挥和控制五项，他认为协调的本身不是一种单独的职能，而应是有效行使管理五项职能的过程与结果，大大地体现了现代管理的精细化。

(1) 计划

计划是5种管理职能中最基本的，其他的4种管理职能都必须反映计划职能的要求。计划职能的主要目标：应付不肯定性和变化带来的问题；把注意力集中于企业的目标；使经营更为经济合理；便于控制。计划的种类有：①目的和任务。企业目的一般是生产与销售有价值的商品和劳务。任务指社会赋予企业的基本职能；②目标。这是指企业活动所要达到的结果。企业的目标构成整个企业的基本计划，部门目标则构成部门的计划，并为实现企业的目标服务；③策略。策略表示一种总的方案、工作的布置重点和资源的利用方法，并以此来全面地完成目标；④政策。表现在计划之中的文字说明或协商一致的意见；⑤程序。规定处理未来活动的例行方法和时间顺序；⑥规则。根据具体情况规定采取或不采取

[①] 李昌南. 管理思想史[M]. 北京：科学出版社，2011：148.

某种特定的行动，不规定时间顺序，而程序事实上就是一系列的规则。规则可以是程序的一个组成部分，也可以单独成立；⑦规划。是为了实施既定方针必须有的目标、政策、程序、规划、任务安排、工作步骤、所用的资源及其他要素的复合体，通常要由预算支持；⑧预算。是用数字表示的一种预期报告书。

(2) 组织

组织职能的目的是设计和维持一种职务结构，以便人们能为实现组织目标而有效地工作，组织结构必须反映企业的目标、计划、管理人员可利用的职权、企业所处的环境(经济的、技术的、政治的、社会的以及伦理的条件)等。

组织中的授权问题是一个非常重要的问题，他认为必须遵守以下的原则：①按照预期的成果，授权给有能力达到预期成果的管理人员，这就要确定目标、编制计划，使人们了解目标与计划，按照目标和计划来设置职位；②明确界定每一个部门的职能界限；③明确划分等级系列并确定每一等级的职权范围；④管理层次的原则就是在明确划分每一部门的职能界限和每一等级的职权范围基础上，每个管理人员应该在其职权范围内做出决策；⑤统一指挥原则；⑥绝对职责原则。由于职责作为一种应该承担的义务是不可能授予别人的，所以上级对下级的业务工作进行工作授权和委派任务时也负有绝对的责任；⑦权责一致原则。

孔茨的组织工作的十五条原则：目标一致原则；效率原则；管理制度原则；分级原则；授权原则；职责绝对原则；权力和职责对等原则；统一指挥原则；职权管理层次原则；分工原则；职能明确原则；检查部门和业务部门分设原则；平衡原则；灵活原则；便于领导原则。

(3) 人事

人事职能包括选择、雇佣、考评、储备、培养和其他一些有关职工的工作。

关于对职工进行选择方法有如下 4 类：①智力测验，其目的在于衡量职工的脑力、记忆力、思想的灵敏性及观察复杂事物相互关系的能力；②熟练和适应性测验，其目的在于发现职工现有的技术熟练程度以及掌握这类技术的潜在能力；③职业测验，其目的在于发现职工最适宜从事的工作；④性格测验，其目的在于衡量职工在领导方面的才能。

关于考评，考评内容包括：与人友好共事的能力、领导能力、分析能力、勤奋、判断力、首创精神、业务知识、完成任务的能力、生产成果或节约费用等情况，以及计划和指令的执行情况等。

(4) 指挥

指挥就是引导下级人员有效地领悟和出色地实现企业既定目标。因此，要理解指挥的性质。孔茨认为指挥或领导是一门艺术，这门艺术由 3 部分组成：①了解人们在不同的时间与不同的条件下具有不同的激励能力；②鼓舞人们士气的能力；③按照某种方式去形成一种环境，以便使人们对激励做出反应的能力。

(5) 控制

控制的职能就是按照计划的标准衡量计划完成的情况，并纠正计划执行中的偏差，以保证计划目标的实现。

控制的原则：保证实现计划目标；控制要针对未来；控制的职责要明确；控制讲究经济效率；应尽可能地采用直接控制；控制必须反映计划的要求；控制必须有适当的组织来保证；控制必须采用适合具体人员的技术和信息；控制必须有客观的、精确的和合适的标准；控制必须抓住关键点；控制必须集中于例外情况；控制必须灵活；发现偏差后必须及时采取行动，予以纠正。

4. 阿尔文·布朗①的管理思想

阿尔文·布朗(Alvin Brown，1890—?)，1890 年生于美国，毕业于华盛顿大学，1925 年入茂林农业机械公司，自 1933 年后，先后任美国联邦预算局长、威斯特·弗吉尼亚煤炭公司总经理、约翰斯·曼斯维勒公司副董事长等职。是美国一位长期从事管理实务而又重视管理理论研究的管理学家。他在 20 世纪 40 年代发表的《组织论》和《产业组织》等著作中，提出了一种颇具特色的组织理论。

(1) 组织的形成

布朗认为组织的形成是由于责任的层层委派过程而产生的。组织通过责任的委派和授权，严格地规定了其每个成员努力的质和量，并使之相互协调，而其每个成员便成为组织各级、各岗位的责任担当者。他在《产业组织》一书中提出了 96 条组织原则，其中第 1 条原则便是指出"组织是使努力得以有效而协调进行的手段"。

布朗提出"组织先于努力"的原则。对企业来说，组织既然是协调经营活动的手段，就必然受经营活动条件的制约。而经营活动又必须通过组织才能有效地运行，因此，在创建企业时，必须先建构组织，组织人选也必须先行，这样，就必须预先确定成员的条件，使之符合企业目的的要求。否则，组织就不能保证经营活动有效运行的手段。在布朗看来，组织不是自发产生的，组织成员的努力也不是无秩序发挥作用的，而是按照既定的目的而有意识地建构起来的，从而保证其成员的努力能有条不紊地发挥其作用。

(2) 责任、义务、权限

组织建构时就规定了成员责任，也就规定了成员的义务，组织成员须尽自己的全力去完成自己承担的义务。为了他们能够顺序完成义务，就必须授予与之匹配的权限。在这里，权限与义务一样，都来自责任，因而权限范围必须同责任一致。

(3) 组织的纵向联系与横向联系

协调是管理过程中一个极为重要的环节。它是组织为了完成特定责任，需对组织活动的各种要素、各个环节、各个方面加以衔接与组合，使其达到和谐、统一和平衡，以确保

---

① 李长武. 近代西方管理思想史[M]. 长春：吉林大学出版社，1991：146.

组织责任顺利完成的管理活动。从协调与组织联系这一角度来分析，协调可以分为：①纵向协调原则。纵向协调就是上下关系协调，一是协调同上级部门和单位的关系，二是协调同下级部门和单位的关系。委派者让接受委派者顺利履行责任，协调活动只能由委派者运用自己的权限，在自己的监督下进行。或者说，除了该委派者，其他任何人都不能成为协调者；②横向协调的原则，先自我协调，自我协调不成，再求助于各自上下级之间的责任关系。

(4) 计划、实施、检查

布朗把管理活动划分为计划、实施、检查(控制)三个组成部分。组织结构是保证计划、实施、检查过程得以进行的主体。

(三)管理过程学派评析[①]

1. 主要贡献

相对于其他学派而言，它是最为系统的学派。他们首先从确定管理人员的管理职能入手，并将此作为他们理论的核心结构。孔茨认为管理学这样分类具有内容广泛、能划分足够多的篇章、有利于进行逻辑性分析等优点。该学派对后世影响很大，许多管理学原理教科书都是按照管理职能编写的。

管理过程学派确定的管理职能与管理原则，为训练管理人员提供了基础。把管理的任务和非管理的任务(如财务、生产以及市场交易)加以明显地区分，能使经理集中精力做管理工作。管理过程学派认为，管理存在着一些普遍适用的原则，这些原则是可以运用科学方法发现的。管理的原则如同灯塔一样，能使人们在管理活动中辨明方向。

2. 局限性

管理过程学派所归纳出的管理职能不适用所有的组织。所归纳出的管理职能通用性也是有限的，对静态的、稳定性组织较为合适，而对动态多变的组织难以适用。管理过程学派所归纳的职能没有概括所有的管理行为。

在管理者日常管理中，一定是先有了目标和组织，然后进行管理，而不是先有一套典型职能，再到处运用到不同的组织中。对此，德鲁克这样评论：要知道达到企业的目标需要进行什么活动的问题太显而易见的，用不着特别去提。但是分析这些活动在传统理论中却不曾有过。大多数传统的理论认为，企业有一套"典型的"职能，它们可以到处运用，对一切事物来运用，用不着先做一番分析。制造、销售、工程、会计、采购和人事——这些就是制造业的典型职能。

---

① 李昌南. 管理思想史[M]. 北京：科学出版社，2011：151.

二、社会系统学派的管理思想

(一)概述

社会系统管理学派从社会学视角研究管理，认为社会各级组织是一个协作系统，企业组织也不例外，是人与人之间相互关系而形成的一种协作系统。这种思想源于意大利的社会学家维尔弗雷多·伯雷托和美国女学者福莱特。1938 年，社会系统学派的创始人切斯特·巴纳德在自己的《经理人员的职能》著作中，对组织和管理理论的一系列基本问题提出了与传统组织和管理理论完全不同的观点。他认为组织是一个复杂的社会系统，应从社会学研究方法来分析和研究管理问题。由于他把各类组织都作为协作的社会系统来研究，后人把由他开创的管理理论体系称作社会系统学派。人与人的相互关系就是一个社会系统，它是人们在意见、力量、愿望以及思想等方面的一种协作关系。

从方法论来看，贯穿着：第一，是运用社会心理学分析方法，把对人性的理论作为其管理理论的出发点；第二，运用系统分析方法，把企业组织作为一个由相互联系的各个部分构成的整体，并把企业组织这一整体置于同社会这一更大整体的相互联系之中。

(二)代表人物及管理思想①

切斯特·巴纳德(1886—1961 年)是社会系统学派创始人，现代管理理论之父，在现代管理学领域是首屈一指的大师级人物。他对现代管理学的贡献，犹如法约尔和泰勒对古典管理学的贡献。1886 年(管理学诞生的标志年)出生于美国马萨诸塞州的一个普通工人家庭。他于 1906 年考入哈佛大学，主修经济学，预科阶段放弃了自然科学和数学，无法参加学校要求的自然科学考试，没有取得学士学位。后因研究组织的性质和理论方面做出了杰出的贡献，得到了七个荣誉博士学位。巴纳德代表作《经理人员的职能》赢得了巨大的声誉，使他成为社会系统学派的开山祖师和首任掌门。

1. 组织是一个合作系统

巴纳德认为，协作是整个社会得以正常运转的基本而又重要的前提条件。社会的各种组织，不管它是政治的、军事的、宗教的，还是企业的、学术的，都是一个协作系统。而且协作系统是一个动态的过程，它的运营环境以及组成要素都在不断地变化。巴纳德认为"组织是二人或二人以上，用人类意识加以协调而成的活动或力量系统"，他强调人的行为是活动和相互作用的系统。他认为在组织内主管人是最重要的因素，只有依靠主管人的协调，才能维持一个"努力合作"系统。他认为主管人有三个主要职能：制定并维持一套信息传递系统；促使组织中每个人都能做出重要的贡献；阐明并确定本组织的目标。

---

① 刘筱红. 管理思想史[M]. 北京：科学出版社，2013：119.

2. 组织存在的基本条件

巴纳德认为，组织不论大小，其存在和发展必须具备三个条件，它是一个组织能够存在的必要条件，如果有一条不满足，组织就会解体。

(1) 条件之一：明确的目标

第一，组织必须要有明确的目标，否则协作是不太可能的。

第二，组织目标必须为组织成员所理解并接受，如果组织的目标不能为组织成员所理解与接受，就很难统一行动和决策，也就很难协作。

第三，目标理解可以分为协作性理解和个人性理解。协作性理解是指组织成员站在组织利益立场上客观地理解组织目标。个人性理解则是指组织成员站在个人利益立场上主观地理解组织目标。向组织成员灌输和统一组织目标的理解是主管人员重要职能。

第四，必须区分组织目标与组织成员的个人目标。如何协调组织目标与个人目标的差异是主管者另一重要的任务。

此外，一个组织要存在和发展，必须适应环境的变化，组织目标也应该随环境变化做适当的调整。

(2) 条件之二：协作意愿

协作意愿是指组织成员对组织目标做出贡献的意愿。一个人是否具有协作意愿取决于个人对贡献和诱因进行比较而所确定。贡献，是指组织成员对实现组织目标做出的有益的活动而付出的代价。诱因，是指组织成员为了满足个人需要而由组织所提供的利益。只有诱因大于贡献时，组织成员才会有协作的意愿。贡献和诱因是个人的主观判断，它随个人的价值观念不同而不同。作为组织，要在条件许可的情况下，应该针对不同的员工增大诱因，给职工需求以更大的满足，从而激发他们为组织做出贡献的意愿。

(3) 条件之三：良好沟通

组织的共同目标和个人的协作意愿只有通过信息交流才能理解组织目标，将两者联系和统一起来才具有意义和效果。

3. 组织两个基本原则

要使组织存在和发展，还必须要有两个基本原则：组织效力和组织效率。组织效力是指组织实现其目标的能力或实现其目标的程度。组织效率是指组织在实现其目标过程中满足组织成员个人目标的能力和程度。组织具有较高的效力是组织存在的必要前提，组织是否有效力是随组织环境以及其适应环境能力而定的，组织效率则是组织的生存能力。

4. 权威接受论

巴纳德对权威一种全新的观点，认为经理人员所发出的指令被接收人接受时，这个指令就被遵从或成立了，是行动的依据。如果被接收人不接受，就拒绝了这种权力。也就是说，一项命令具不具有权威，取决于命令的接受者，而不取决于命令的发布者。领导者是否有权威不是来自上级授予，而是来自下级的认可。上级只能授予权力，但不能授予威信。上级授予权力，且下级愿意接受时，此权力才是有效的。因此权力说到底是下级给予的，在对上级负责同时，还必须争取下级理解与认同。他提出领导者权威必须具备四个条件：一是人们能够理解。无法理解的不具权威性；二是与组织的目标不矛盾。执行人如果认为指示与组织宗旨不相符时，指示很难得到执行；三是与个人进行利益共享；四是无论是体力上还是精神上都可以胜任的话，个人就会接受这个命令，反之，员工就会拒绝这个指令，领导者的权威自然会受到很大的影响。如果四个条件大打折扣的话，领导者的权威就会受到影响，甚至丧失。

巴纳德认为领导者权威对组织而言，其作用为：领导者权威是实现管理职能的前提，是下属自觉实现管理目标的前提；能够推进改革；有助于领导者融洽与被管理者的关系；有利于招揽人才。权威接受论会导致民主作风，必然导致的领导行为民主化，领导注意倾听下级意见，吸收其参与决策过程，不是靠行政命令，而是靠个人的高尚品德、业务专长来推动工作。

5. 组织平衡理论

组织平衡论的基本思想：组织存在于发展的关键，在于使组织成员获得一种贡献与满足之间的平衡，只有维持贡献和诱因的平衡，才能维持组织成员的协作意愿，才能维持组织的生存和发展，否则，组织就将衰败乃至消亡。

保持组织平衡的条件是组织向每个成员提供或分配的诱因要大于或最起码等于个人所做的贡献。"贡献"是有助于实现组织目的的个人活动；"诱因"是组织为满足个人的目的和动机提供的激励。企业组织的成员通过诱因和贡献保持平衡而得到满足，继续与实现企业组织的目标保持协作。由于贡献的继续，企业组织也就能够存续。如果诱因小于贡献，组织成员就不满，对实现企业组织的目标进行协作的积极性就丧失，企业组织也就不能存续。所以，贡献和诱因的平衡就是组织的平衡。组织保持平衡时，组织才能存续，才能发展。诱因应包括经济的与非经济的两类。经济诱因是指作为对贡献的报酬而提供给成员个人的货币、物品和物质条件。非经济诱因是指超越物质而确保个人为协作努力的诱因。

如果组织成员所做贡献的诱因不充分的，那么组织平衡是不稳定的，因此，为了组织收入与支出保持平衡，就必须遵循有差别诱因原则即公正地评价每个组织成员的贡献，并按照贡献大小分配经济或非经济的诱因。工资等经济诱因显然就是成本，总是有限的，如果不按照各人贡献的大小进行分配，分配就没有经济性，难以保持诱因和贡献的平衡，组织也就不能存续。非经济诱因也是如此，如果不按每个人贡献价值的大小进行，就挽留不住对组织最有价值的人才。一定规模的组织能够提供的晋升机会也是有限的。巴纳德认为，有差别地分配诱因的原则对保持组织声誉和群体意识是不可缺少的。

6. 经理人的任务

(1) 构建并维持信息交流体系

一是构建组织中正式的信息交流体系。此体系主要体现为一个"管理人员组织"，要做好两项具体工作：第一项工作是确定和阐明管理人员的职务是设计出信息交流体系的线路图，可用组织系统结构图(组织主要职能和权力关系图)来表示；第二项工作寻找具有一定品质和能力的人员来担任管理人员的职务，使信息交流体系正确发挥应有的作用。巴纳德认为管理人员素质应该具备：善于领会组织的整体性和复杂性，能确保组织中的各个部分协调地开展；领会组织形式和组织所承担的责任；忠于组织，愿意个人利益服从于组织利益；机智灵活、勇敢顽强、判断敏锐、受过专门训练等。

二是充分借助和利用非正式组织的信息交流。巴纳德指出，除构建正式的信息交流体系外，可以借助和充分利用非正式组织来进行信息交流。因为非正式组织就是一种非正式的信息交流体系，且成员间彼此了解，相互信任，关系融洽，利于协调，这些都有助于组织中的信息交流。

(2) 促成个人努力，促使组织成员都能做出贡献

巴纳德认为管理人员第二项任务就是激发下属积极性，推进组织成员提供服务。要做好两项工作：第一项工作是促使人们与组织建立协作关系，即通过适当的选聘，吸引人们加入组织，为组织提供服务；第二项工作是建立合理的激励和监控机制促使成员提供恰当数量和质量的服务，具体包括：维持士气、维持诱因体系、维持抑制体系、监督、控制、检查、教育和训练等。

(3) 阐明并制定组织目标

巴纳德认为，确定组织目标不是某一个管理人员来进行的，组织目标不仅仅停留在语言规定表述上，而且要阐明完成目标而采取的行动，必须用组织中各部门分目标来阐明组织共同目标。这就要求适当分权，将权利和责任授予各部门或个人，组织中每个成员、每个部门具体目标均是总体计划的一部分，各个部门、各个人加强联系协调，共同为组织目标的实现做出贡献。

(三)社会系统学派评析[①]

1. 主要贡献

巴纳德在组织管理理论方面的开创性研究，奠定了现代组织理论的基础。巴纳德理论既吸收了古典组织理论合理成分，又融合了人群关系理论非正式组织的观点，围绕"协作系统"和"决策"等新概念，建立了现代组织理论的基本框架。几年后，决策理论学派的西蒙，对巴纳德理论做了进一步的整理和发展，确立了"决策"作为描述组织现象和管理过程统一的核心"概念"。到20世纪40年代末，现代组织理论的构架已经形成，并于20世纪50年代后，随着管理科学和运筹学的兴起向管理实践领域渗透，进一步推动管理研究的进程。因此，决策理论学派、系统管理学派和现代组织管理论同社会系统学派都有较深

---

① 郭咸纲. 西方管理思想史：第三版[M]. 北京：世界图书出版公司，2004：229

的渊源。

以前的管理学中，人都是为组织而存在的，重视人的目的，是为了实现组织目标，归根到底，人是实现组织意图的工具。这种所谓的"以人为本"，重视人是为了利用人，如果人对组织"无用"，那么就没有被重视的理由。古典管理学组织理论中只见组织不见人的，霍桑实验恰恰是立足于如何提高效率的实验，这个实验的起因和结论，都不是从人本身出发，而是从提高效率出发。它的本质，同泰罗制的工业伦理学说是一致的。巴纳德与上述诸人重大区别在于不是从组织出发，更不以效率为目的，而是从人自身来研究组织和管理问题。"协作系统"之所以能够成为组织理论中最经典的定义，就在于它彻底放弃了组织本位思想。人变成最基本、最原初的起点，组织是为人实现自己的意愿服务的，人不再异化为组织的工具。

古典组织理论中的管理职能，是从管理过程的分析中提炼出来的，而巴纳德是以自己的组织理论为基础展开管理职能的分析，把管理者的职能归结为提供信息交流体系、促成个人付出必要的努力和规定组织的目标，从而把管理者的职能作用同组织的要素联系起来，同组织的生存和发展联系起来，从组织的要素来分析管理的职能，这是其他学派所没有的。

2. 局限性

社会系统学派虽然从组织的角度研究管理，但巴纳德认为组织的要素只包括人，不包括物和其他要素，所以对组织的研究就转变成对人的研究。他提出的经理人员的职能没有对财和物管理的职能，因此，巴纳德对组织要素的划分并没有得到管理学家的承认。

三、决策理论学派的管理思想

(一)概述

自二战以来，许多运筹学家、统计学家、计算机学家和行为科学家都力图在管理领域寻找一套科学的决策方式，以便对复杂的多方案问题进行明确合理的选择。随着这方面的研究，决策理论得到了迅速的发展。以西蒙和斯坦福大学的詹姆士·马奇等人为代表的决策理论学派发展了巴纳德提出的管理和决策思想，吸收了系统理论、行为科学、运筹学和计算机等学科的研究成果，在20世纪70年代形成了一个独立的管理学派。作为管理学科的一个重要学派，决策理论学派着眼于合理的决策即研究如何从各种可能的抉择方案中选择一种"令人满意"的行动方案。

(二)代表人物及管理思想[1]

决策理论学派的主要代表人物赫伯特·西蒙和詹姆斯·马奇。

---

[1] 刘力钢，谢名一. 西方经典管理理论[M]. 沈阳：辽宁人民出版社，2013：215

赫伯特·西蒙(Herbert Simon，1916—2001年)，诺贝尔经济学奖获得者，管理学家，社会科学家，经济组织决策管理大师，出生于美国中产阶级家庭，毕业于芝加哥大学政治学专业，曾先后在加利福尼亚大学、伊利诺工业大学和卡内基——梅隆大学任计算机科学及心理学教授，中国科学院管理学院、北京大学、天津大学的名誉教授，曾从事过计量学研究。他还担任过企业界和官方多种顾问。西蒙在管理学上的贡献是深入研究了经济组织内的决策程序，并提出了管理的决策职能和建立了系统的决策理论。这一理论是以社会系统理论为基础，吸收古典管理理论、行为科学和计算机科学等内容而发展起来的一门边缘学科，被公认为关于公司企业实际决策的独创见解。主要著作有《管理行为》《公共管理》《人的模型》《组织》《经济学和行为科学中的决策理论》《管理决策的新科学》《自动化的形成》《人工的科学》《人们的解决问题》《发现模型》《思维模型》等。

詹姆斯·马奇(James G. March，1916—？)，1953年获美国耶鲁大学博士学位，在卡耐基工艺学院任教。1964年成为加利福尼亚大学的社会科学学院的首任院长，1970年为斯坦福大学的管理学教授，博学多才，曾经讲授的课程琳琅满目、涉猎范围极广，包括组织心理学、行为经济学、领导、计算机仿真、统计学等等。此外，他还制作过纪录片、出过诗集，是一个兴趣广泛的学者，是名副其实的多领域管理大师。最为人称道的，是他在组织和管理理论方面的开创性成就，被公认为是过去50年来，在组织决策研究领域中最有贡献的学者之一。他和赫伯特·西蒙一起发展完善决策理论学派，主要著作《决策是如何产生的》，还有与西蒙合著的《组织》，与赛尔特合著的《公司行为理论》。

决策理论学派主要管理思想：

1. 管理就是决策

西蒙认为，决策贯穿管理的全过程，决策程序就是全部的管理过程，组织是由作为决策者个人所组成的系统。全部决策过程是从确定组织的目标开始，随后寻找为达到该项目标可供选择的各种方案，比较并评价这些方案，进行选择并做出决定，然后执行选定的方案，进行检查和控制，以保证实现预定的目标。

组织全部活动都是群体行为，其中心过程就是决策。制定计划的过程是决策，在两个以上的备选计划中选择一个也是决策。组织的设计、部门化方式的选择、决策权限的分配等是组织上的决策问题；实际成绩同计划的比较、控制手段的选择等是控制上的决策问题。所以，决策贯彻于管理全方面和全过程，管理就是决策。

2. 组织理论

传统的管理理论并不是不讲决策，而是只将决策看作是组织中最高领导层的行为，与下级无关。其实，在组织中，不仅最高管理阶层要进行决策，组织的所有阶层包括作业人员都要进行决策。西蒙认为，组织就是作为决策的个人所组成的系统。组织中任何一个成员第一个决策就是要不要参加这个组织。决策过程中，他就要比较他为组织所作的贡献与从组织得到的诱因，如果诱因大于贡献，他就参加，反之，则不参与。一个人决定参加某一组织后，虽然他的个人目标依然存在，但退居从属的地位。

既然组织是由怀着不同目标动机的成员构成的，那么如何使组织中不同利益目标的成员能够有效地协调工作？人们都是带着自己的目标动机进入一个组织的，不仅各自的目标往往不一致，而且各自的目标也可能与组织的整体目标不一致，但组织的有效运作与持续成长有赖于形成各类成员的利益目标兼容机制。这应是组织管理，特别是企业管理最为核心的内容。西蒙在《管理行为》中提出"同组织一体化"概念，就是指个人在决定时采用组织决策的价值标准，即用组织目标代替个人目标的过程。因此要了解一个组织的结构和职能，就必须分析其成员决策和行为及其受组织的影响，就必须研究影响人群行为的复杂的决策网状结构。西蒙在研究复杂的决策网状结构时很重视权威问题。西蒙采用的是巴纳德的权威概念，"只要一个下级人员将自己的行为置于上级决策的指导之下，不对该项决策的是非曲直进行自主审查，我们就说，那个下级人员接受了权威"。这种权威既可以向上行使，也可以向下或向周围行使。

西蒙的中心思想是管理人员应该有效地利用外部各种形势的影响力来塑造职工性格。他认为，要使职工变得主动，而不是由上级指示或按组织的需要来决策和行为。最理想状态是所有成员把个人目标和组织的共同目标结合起来，愿意为提高组织效率而作出贡献。这样，组织只是在必要时使用权威，制裁方式不占重要地位。西蒙提出了另一个意义深远结论，认为在当代社会中职能地位重要性愈来愈大，而等级地位的重要性会愈来愈小。

3. 决策过程

决策的四个阶段如下。

(1) 搜集情报阶段。搜集情报应尽可能全面、真实，否则，对后面方案的选择会有误导作用，极可能做出错误的决策。

(2) 拟定方案阶段。尽可能提出多个方案，避免漏掉好的方案。

(3) 方案选择阶段。根据当时的情况和对未来发展的预测，从各个备选方案中选定一个方案。

(4) 方案实施评价阶段。决策过程中的最后一步，对过去所做的抉择进行评价。通过方案实施评估与审查，把决策实施中具体情况反馈给决策者，如果出现偏差，就及时纠正，保持决策能顺利实施，如果是决策问题就修改决策本身，使决策更加科学合理。

决策四个阶段中的每一个阶段就是一个复杂的决策过程，问题确认需要决策，拟定备选方案也是决策，不能觉得只有方案选择最重要，前两步工作不扎实，敷衍了事，就不可能做出正确的决策。没有决策的执行，再好的决策也只是一张空文，决策认为决策过程中最重要的是信息联系，决策各个阶段都是由信息来联系的。决策四个阶段不能完全机械地按步骤一步一步来做。

4. 有限理性假设与满意原则

西蒙详尽且深刻地指出了完全理性是不可能的，因为完全理性假定是不符合实际的，完全理性假设为：目前状况与未来变化具有必然的一致性；全部可供选择的"备选方案"和"策略"的可能结果都是已知的。

人的理性是介于完全理性和非理性之间，即人是有限理性的，因为现实决策环境极其复杂且不确定，而人的知识、想象力和计算力总是有限的。特别是在风险型决策中，决策者对待风险的态度起着至关重要的作用。决策者往往厌恶风险，倾向于接受风险较小的方案，尽管风险较大的方案可能带来较为可观的收益。

由于决策所面临的环境十分复杂，决策者不可能掌握所有信息，所掌握的信息中有些并不真实，因此决策者无法使决策达到最优。所以决策理论学派提出，以"令人满意的准则"代替"最优化"准则作为决策的准则，受到许多人的肯定。

5. 程序化决策和非程序化决策

一个组织的决策根据其活动是否反复出现可分为程序化决策和非程序化决策。

程序化决策又称常规性决策，是指对重复出现的、日常管理问题所做的决策。这类决策有先例可循，能按原已规定的程序、处理方法和标准进行决策。它多属于日常的业务决策和可以规范化的技术决策等。

非程序化决策，是指对管理中新颖的问题所做的决策。这种决策没有常规可循，虽然可以参照过去类似情况的做法，但需要按新的情况重新研究，进行决策。它多属于战略决策和一些新的战术决策，这种决策在很大程度上依赖于决策者政治、经济、技术的才智和经验。

如果大多数重要的决策都是程序化决策，那么管理工作就会容易多了。但是管理者主要面临的是非程序化决策。

(三)决策理论学派评析

1. 主要贡献

从管理职能的角度来说，西蒙提出决策是管理的职能。贯穿于组织活动全部过程，进而提出了"管理的核心是决策"的命题。决策理论不仅适用于企业组织，而且适用于其他各种组织的管理，具有普遍的适用意义。

从管理行为角度来说，经营者面临的环境高度复杂与不确定性，最优原则是不可能也是不现实的，因此提出有限理性假设与满意原则。首次强调了管理行为执行前分析的必要性和重要性。在决策理论之前的管理理论，管理学家的研究重点集中在管理行为本身的研究中，而忽略管理行为的分析，西蒙把管理行为分为"决策制定过程"和"决策执行过程"，并把对管理的研究重点集中在"决策制定过程"的分析中。

2. 局限性

决策理论学派作为主流管理理论学派，未能全面反映管理活动的规律性，缺乏对一般管理关系和环节的分析，忽视了管理工作要比决策工作多得多、复杂得多这个事实。管理是一种复杂的社会现象，仅靠决策也无法给管理者有效的指导，实用性不大。孔茨评价说：尽管决策制定对管理是重要的，但在建立管理学全面理论上是一个太狭隘的重点。从根本上说，它还属于管理方法、手段或技术方面的管理理论。

决策并非只存在管理行为中，人们的日常活动中也普遍存在决策，如人们日常生活做事都需要决策，组织中非管理人员的活动也需要决策，但这些决策行为都不是管理行为。决策学派没有把管理决策和人们的其他行为区别开来，其根本原因是没有认识到管理的本质。

四、系统管理学派的管理思想

(一)概述

20世纪30年代，福莱特明确地提出了管理的整体性思想，她把企业组织视为一个不断运动着的统一整体，指出管理必须着眼于整体内部的协调。1968年，贝塔朗菲发表重要著作《一般系统理论》，此后，系统论显示出了它巨大的学术影响。在管理学界，随着社会的发展，工商企业越来越庞大，组织结构越来越复杂，管理所面临的外部环境也越来越多样化。系统管理理论应运而生，"系统科学""系统理论""系统工程""系统分析""系统方法"等术语充斥于管理文献之中。

系统管理理论是卡斯特、罗森茨威克和约翰逊等美国管理学家在一般系统论的基础上建立起来的，基于系统理论的范畴、原理，全面分析和研究企业与其他组织的管理活动和管理过程，重视对组织结构和模式的分析，并建立起系统模型以便于分析。系统管理理论提出了整体优化、合理组合、规划库存等管理新概念和新方法，因而，系统管理理论被认为是20世纪最伟大的成就之一，是人类认识史上的一次飞跃。

(二)代表人物及管理思想[①]

弗雷蒙特·卡斯特(Fremont E Kast，1926—？)，管理学家，系统管理学派主要代表人物。任美国西雅图华盛顿大学的管理学教授。1963年，卡斯特与理查德·约翰逊、詹姆斯·罗森茨韦格三人合著《系统理论与管理》，比较全面地阐述了系统管理的观点，成为他创立系统管理理论的奠基之作。1970年，卡斯特和罗森茨韦格又合作出版了《组织与管理—系统方法与权变方法》一书，由此建立了系统管理理论的基本框架，同时也奠定了他们在系统管理学派中的地位。系统管理理论曾经一度风靡管理学界。

1. 组织是一个系统

组织是由相互依存的系统要素所组成，系统要素中，人是主体，其他要素则是被动的。

---

① 郭咸纲. 西方管理思想史：第4版[M]. 北京：北京联合出版公司，2014：234

管理工作就是确保组织中各要素相互协调并使组织成为有机整体，以实现组织的整体目标。管理者视组织为一个开放的系统，即与周围环境产生相互作用、相互影响的系统。一个组织的成败，取决于其管理者能否及时察觉环境的变化，并及时做出正确的反应。组织作为一个开放的社会－技术系统，是由五个相互独立、相互作用、不可分割的分系统所构成：目标与价值分系统、技术分系统、社会心理分系统、组织结构分系统和管理分系统。

（1）目标和价值分系统，是企业通过该系统从社会文化环境获取的信息并确定企业价值观，以便企业履行某些社会大系统所确定的目标和职能，这是企业生存和发展所不能回避的。

（2）技术分系统，是由企业按任务要求由技术要素构成的，它随着活动特点而改变。同时，它将影响组织结构分系统和社会心理分系统。

（3）社会心理分系统，是由企业成员的行为动机、地位角色关系、团体动力、影响力等组成。其发展变化又受到外界环境力量、企业任务、技术及内部组织结构的影响。

（4）组织结构分系统，是由组织图、职位说明、作业说明、规章、规程等决定的，它为技术分系统和社会心理分系统提供正式联系的渠道。当然，技术分系统和社会心理分系统之间，还存在着不通过结构分系统的非正式联系。

（5）管理分系统及各分系统即整个组织，它使企业同外部环境联系起来制定目标，进行计划、组织、控制等管理职能的活动。

2. 系统动态学

美国的麻省理工学院的福莱思特和他的学生罗伯茨等人创立的系统动态学是系统管理的进一步发展。福莱斯特不仅分析了工业动态系统，而且将这种方法推广拓展到其他方面。他认为，整个社会动态系统模式有助于更好地理解和处理复杂的社会经济复合系统中的问题，工业动态学发展成为系统动态学。罗伯茨将工业动态学应用于研究和发展组织的工作中，他试图把社会、心理、技术、财务等多种因素结合起来，建立一种复杂的研究和发展组织的理论。

系统动力学分析强调的是系统的结构决定系统的行为，系统动力学主要着眼于系统内部的组织结构、物质流动、信息流动以及它们所形成的反馈结构，并由此来构造系统的动态模型，解释系统的动态行为。

3. 系统观点、系统分析和系统管理

（1）系统观点

系统管理学派是用系统观点来考察工商企业及其管理的。系统观点认为：整体是主要的，而其各个部分是次要的；系统中各部分的结合是它们相互联系的条件；系统中的各个部分组成一个不可分割的整体；各个部分围绕着实现整个系统的目标而发挥作用；系统中各个部分的性质和职能由它们在整体中的地位所决定，其行为则受到整体的制约；整体是一种力的系统、结构或综合体，是作为一个单元来行事的；一切都应以整体作为前提条件，

然后演变出各个部分之间的相互关系；整体通过新陈代谢而使自己不断地更新；整体保持不变和统一，而其组成部分则不断改变。

从以上观点出发，所谓系统就是由两个以上相互联系、相互作用的部分所组成的，具有特定结构和功能的整体。系统管理学派认为，工商企业就是一个由相互联系而共同工作的各个分系统所组成的系统，以便达到一定的目标。工商企业是一个人造的系统，它同周围的环境之间存在着动态的相互作用，并具有内部的和外部的信息反馈网络，能够不断地自行调节，以适应环境和本身的需要。

(2) 系统分析

所谓系统分析就是对一个系统内的基本问题，用逻辑推理、科学分析的方法，在确定条件与不确定条件下，找出各种可行的方案。或者说，系统分析就是以系统的整体最优为目标，对系统的各个主要方面进行定性和定量分析，是一个有目的、有步骤的探索性分析过程，以便给决策者提供直接判断和决定最优方案所需要的信息和资料。

系统分析要求有严格的逻辑性。也就是说，在拟定方案以前，先要确定方案的目的、实现场所、人员和方法等，然后搜集资料，拟定对比方案，最后对于建立的各种分析模型进行分析比较，选出可实施的方案。在进行系统分析时，应首先紧密围绕建立系统的目标。其次，应从系统的整体利益出发，使局部利益服从整体利益，既要考虑当前利益，又要考虑长远利益。还要做到抓住关键问题，采用定量分析和定性分析相结合的方法。

(3) 系统管理

全面应用系统理论于企业组织管理实践的是开放组织系统理论，该理论特别强调开放性、整体性和层次性。其创始人卡斯特认为，企业是相对开放的系统，边界是可渗透的，可以有选择地输入和有选择地吸收，不仅要适应环境，还要影响环境。更重要的是，企业应有意识地去改造环境。该理论后来发展成为系统管理学派。

系统管理应有四个特点：一是以目标为中心，始终强调系统的客观成就和客观效果；二是以整个系统为中心，强调整个系统的最优化而不是分系统的最优化；第三，以责任为中心，分配给每个管理人员一定的任务，而且要能衡量其投入和产出；第四，以人为中心，每个员工都被安排做具有挑战性的工作，并根据其业绩支付报酬。同时，在系统管理中，有四个紧密联系的阶段：创建系统的决策、系统的设计、系统的运转和控制以及系统运转结果的检查和评价。

4. 模型分析方法

建立工业系统动态模型有六个步骤：(1)分析工业实际情况，找出管理中存在的问题；(2)系统表述企业系统特有的各主要因素间的依存关系；(3)建立"动态"程序设计系统；(4)用电子计算机对这个动态系统进行运算，并把运算的结果同企业实际行为的试验数据进行比较；(5)依据比较结果对模型进行修改，以保证动态模型与企业行为尽可能的一致；(6)运用模型来确定各个参数最适宜的变化幅度，以便改变企业的行为，并把这些变化从计算机语言变成管理者会使用的工具。

进行分析时,要遵守一定的程序:确定目标——收集资料,拟定对比方案——建立分析模型——对比各方案的数量指标和质量指标——综合分析或试验确定最优方案——实施方案和信息反馈。

(三)系统管理学派评析

1. 主要贡献

首先,系统管理学派对管理行为进行系统分析、系统管理,体现了管理哲学的改变。从整体观点出发,清楚了解组织的各个分系统的地位和作用,以及它们之间的相互关系,也注意到任何社会组织都具有开放的性质,从而要求管理者不仅要分析组织的内部因素,还必须了解组织的外部因素,注意解决组织与内部要素之间相互关系、组织与外部环境之间相互关系等问题,为人们处理和解决各种复杂组织的管理问题提供了一种十分有用的思路和方法。

其次,系统地考察和管理企业,有助于提高企业的整体效率。企业领导人有了系统观念,更易于在企业各部门的需要和企业整体的需要之间保持适当的平衡,不至于只注意一些专门领域的特殊职能而忽略了企业的总目标。

2. 局限性

不少学者指出,系统方法过于抽象,实用价值不大,曾经风行一时的"系统热"渐渐地冷落下去。现代组织和管理面临着十分复杂的条件,系统管理理论试图用系统的一般原理和模式来解决如此复杂的现实问题是难以奏效的。系统理论研究的对象是组织,系统理论是通过对组织的研究来分析管理行为,虽然在理论上是正确的,但系统理论对组织的构成因素的分析存在一定的问题,导致其理论并未能提出具体的管理行为和管理职能,只是笼统地提出一些原理和观点。因此,与其他管理理论相比较,它在解决具体的管理问题上的研究显得不足,许多人只是把它看作解决管理理论的一种崭新的方法,而不是一种新的管理理论。

五、管理科学学派的管理思想

(一)概述

管理科学学派是第二次世界大战时兴起的,将数学引入管理领域,运用科学的计量方法来研究和解决管理问题,使管理问题的研究由定性分析发展为定量分析的管理学派,也称计量管理学派、数量学派,渊源于泰勒的"科学管理"。"科学管理"反对凭经验、直觉、主观判断进行管理,主张用最好的方法、最少的时间和支出,达到最高的工作效率和最大的效果。二战时期,美国也在国防部门运用运筹学方法,解决商船护航部署、侦察敌方潜艇、空中轰炸准确度等问题，后陆续出现许多新的数学分析和计算技术，例如：统计判断、线性规划、排队论、博弈论、统筹法、模拟法、系统分析等。这些成果应用于管理工作就产生了"管理科学理论"。

数量管理科学理论是指以现代自然科学和技术科学的最新成果(如先进的数学方法、电子计算机技术以及系统论、信息论、控制论等)为手段，运用数学模型，对管理领域中的人力、物力、财力进行系统的定量分析，并做出最优规划和决策的理论。管理科学学派，开拓了管理学的另一个广阔的研究领域，使管理从以往定性描述走向了定量预测阶段，管理思想是建立在系统思维基础上的，其目的是使整个系统的总效果达到最优。

(二)代表人物及管理思想

弗雷德里克·威廉·兰彻斯特((Frederick William Lanchester 1868—1946 年)，英国工程师、流体力学家和运筹学家，英国汽车与航空工程先驱者，1915 年就把数学定量分析法应用于军事，发表过关于人力和火力的优势与军事胜利之间的理论关系的文章。

希尔(A. V. Hill，1886—1977 年)生理学家，运筹学研究的创始人之一。生于英国布里斯托尔，1915 年底英国军需部成立了防空试验组，由希尔(当时是上尉，后成为教授)领导，应用数理分析方法来运用于防空武器，被授予英帝国勋章。

埃尔伍德·斯潘赛·伯法(Elwood Spencer Buffa，1923—2005 年)，管理科学学派的代表人物之一。生于美国威斯康星州的毕洛伊特市，曾任教于美国加利福尼亚大学管理研究院、哈佛大学工商管理学院，是研究现代化生产管理方法和管理科学的著名管理学家，代表作是《现代生产管理》(1975)，书里有大量的图表和数学公式，正是这些科学的计量方法，使得管理问题的研究由定性走向定量。

霍勒斯·利文森(Horace C. Levencon)，于 20 世纪 30 年代把复杂的数学模型应用于传统办法难以进行的大量的数据处理工作。他最有名的研究工作之一是对一个小型邮购商店的顾客拒收邮购包裹的情况进行研究。

1. 组织理论[①]

(1) 组织成员是"经济人"。他们认为，人是理性的动物，会由于经济利益的激励、为达到组织目标而努力工作，同时也满足自己。

(2) 组织是一个追求经济利益的系统。它和系统科学学派有着紧密的联系。他们认为，组织是以最小的成本追求最大的利益，在这个过程中，是系统整体利益最大，而不是系统某个部分利益最大。

(3) 组织是由作为操作者的人同物质技术设备所组成的有机系统。那么对于这个有机系统的投入和产出的分析，就是要建立相应的数学模型。

(4) 组织是一个决策的网络模型。对于管理决策来说，其决策是具有结构性，并组成

---

① 郭咸纲. 西方管理思想史：第三版[M]. 北京：经济科学出版社，2008：57.

网络,这样就可以应用计算的模型来进行决策。

2. 模型法:管理科学学派管理方法

管理科学学派崇尚数学模型,采用模型法对管理问题进行研究,描述性模型有盈亏平衡模型、排队论等;规范性模型有决策理论模型、库存模型、线性规划模型、网络模型等;多种确定性变量模型有盈亏平衡模型、库存模型、线性规划模型等;含有各种随机的变量模型有决策理论模型、网络模型和排队模型等。

模型法的一般步骤:

(1) 观察和分析;

(2) 确定问题;

(3) 建立一个代表所研究系统的模型;

(4) 从模型中得出解决管理问题的方案,选定一个是"令人满意的"的优化模型;

(5) 对模型和得出的解决方案进行验证;

(6) 建立解决方案的控制;

(7) 把解决方案付诸实施。

3. 管理科学应用的先进工具:计算机

数学模型运算工作量大,需要计算机工具。管理科学学派借助于数学模型和计算机工具研究管理问题,重点研究的是操作方法和作业方面的管理问题。现在管理科学也有向组织更高层次发展的趋势,但目前完全采用管理科学的定量方法来解决复杂环境下的组织问题还面临着许多实际困难。管理科学学派一般研究生产的物质过程,注意管理中应用的先进工具和科学方法,不够注意管理中人的作用,这是它的不足之处。

(三)管理科学学派评析

1. 主要贡献

管理科学学派把现代科学方法运用到管理领域中,将定性研究转为定量研究,使管理研究前进一大步:

(1) 使复杂的、大型的问题有可能分解为较小的部分,更便于诊断、处理;

(2) 制作与分析模式必须重视细节并遵循逻辑程序,这样就把决策置于系统研究的基础上,增进决策的科学性;

(3) 有助于管理人员评估不同的可能选择,如果明确各种方案包含的风险与机会,便有可能作出更正确的选择。

2. 局限性

(1) 把管理中与决策有关的各种复杂因素全部数量化,完全采用管理科学的定量方法来解决复杂环境下的组织问题,还面临着许多实际困难;

(2) 过分依赖于物质工具，而忽视管理中人的决定性作用；

(3) 管理问题的研究与实践，不可能也不应该完全只依靠定量的分析，而忽视定性的分析。

六、经验主义学派的管理思想

(一)概述

经验主义学派也被称为经理主义学派、案例学派，是以向企业的经理提供管理企业的成功经验和科学方法为目标。经验主义学派认为应该从企业管理的实际出发，研究企业的成功经验和失败教训，加以总结归纳，找出有共性的东西，并上升到理性认识，通过这种办法来学习管理，并为管理者提供有益的建议。研究对象必须是管理案例，通过案例研究向一些大企业的经理提供在相同情况下的管理经验和方法。对实践经验高度总结是经验主义学派的主要特点。

(二)代表人物及管理思想①

彼得·德鲁克(Peter F.Drucker，1909—2005 年)，著名管理学家，被誉为现代管理学之父，出生于维也纳。德鲁克于 1954 年出版《管理实践》一书，从此将管理学开创成为一门学科，同时提出了"目标管理"的概念。主要作品有《管理实践》《管理——任务、责任、实践》等。

欧内斯特·戴尔(Ernest Dale，1914—？)，美国著名管理学家，经验主义学派的重要代表人物之一，出生于德国北部的海港城市汉堡，20 世纪 30 年代，他在英国的剑桥大学攻读经济学，获得工商管理学士学位，后在耶鲁大学获得硕士和博士学位。主要著作有《伟大的组织者》《组织中的参谋工作》(与林德尔·厄威克合著)《企业管理的理论与实践》等。在 1960 年出版的《伟大的组织者》一书中断然反对存在着有关组织和管理的"普遍原则"，主张用比较的方法对大企业的管理经验进行研究。

艾尔福雷德·斯隆(AlfredP.Sloan，1875—1966 年)，美国高级经理人员、企业家。长期担任美国通用汽车公司的总裁(1923—1937 年)和董事长(1937—1956 年)，事业部管理体制的首创人之一。斯隆最大的贡献就是设计出了一种组织模式，使集权和分权在当时的条件下得到较好的平衡。他把通用汽车公司按产品划分为 21 个事业部、分属 4 个副总裁领导。有关全公司的大政方针，如财务控制、重要领导人员的任免、长期计划、重要研究项目的决定等，由公司总部掌握，其他具体业务则完全由各事业部负责。

1. 管理的性质

经验主义学派给出的管理定义是：管理是努力把一个人群或团体朝着某个共同目标引

---

① 唐任伍. 世界管理思想史[M]. 重庆：重庆大学出版社，2012：296.

导、领导和控制。经验主义学派认为管理是研究对人进行管理的技能和知识的一个独立领域。德鲁克不赞成在普遍意义上理解"管理"的概念，他认为管理又同生产商品和提供各种经济服务的工商企业有关，管理学则是管理工商企业的理论和实际的原理、原则的集合。经验主义学派认为，管理是特殊的工作，因而需要一些特殊的技能。

2. 管理的任务

经验主义学派认为管理的任务主要有三项：

(1) 获得经济成果：表现为获取利润。因为利润是对企业成果唯一有效的检验；利润是对于不确定性的风险的报酬；利润能为未来的企业活动提供资本；利润又是满足各种社会需要的源泉。

(2) 使企业具有生产性，并使工作人员有成就感。德鲁克说，它的真正资源只有一项：人。

(3) 妥善处理企业对社会的影响和承担企业对社会的责任的问题。企业必须正确处理企业对社会的影响，承担起对社会的责任，但是德鲁克认为，企业承担社会责任必须是有限度的。

3. 管理职能

德鲁克认为，企业必须具备两项基本职能：

(1) 市场推销：市场推销是企业特有的职能，是区别于学校、医院等所有其他组织的标志之一，市场推销也是企业核心的职能。事实上，成功的企业都能把市场推销的观点贯彻到企业全部活动中去。这个问题实质是企业经营思想的一场革命。过去美国企业界人士对市场推销的典型态度是："销售部门出售的是工厂生产的任何东西。"现在的态度是："我们的任务是生产出市场需要的东西。"在这里"出售"和"市场推销"是两个不同的概念。

(2) 创新：创新是指一种使人获得新的满足的产品或服务，而不是原有产品或服务的改进；创新还可以表现为旧产品找到了新用途。此外，创新还可以理解为使人力和物质资源拥有新的更大的物质生产能力，德鲁克特别指出，创新不是一个技术用语，而是一个社会的经济用语。

4. 管理技能

(1) 做出有效决策：首先要了解决策的基本过程；其次是先把各种不同的看法都提出来探讨，再把注意的中心放在可供选择的方案上。德鲁克把组织决策过程规定为如下 4 个步骤：第一，提出假设；第二，获取各种不同的意见和可供选择的方案；第三，考虑是否必须对某项问题做出决策；第四，保证每一个同决策有关的人都参与讨论。

(2) 在组织内部和外部进行信息交流。

(3) 正确运用核查与控制。德鲁克认为，核查与控制是两个不同的概念。

(4) 正确运用分析工具即管理科学：管理科学的全部研究都以"使风险最小化"或是

"消除风险"作为最终目标。

5. 管理的职责

作为企业的主要领导的经理,有两项职责是别人不能替代的:

(1) 形成一个"生产的统一体",有效调动企业各种资源,尤其是人力资源作用的发挥。

(2) 经理做出每一项决策或采取某一行动时,一定要把眼前利益与长远利益协调起来。

任何管理者共同的管理职责是:①树立目标并确定达到目标的手段,并使所有有关人员都了解组织目标及其实现手段;②为实现目标进行组织工作;③建立适宜的奖酬制度,使之起到鼓励职工的作用;④加强组织内信息沟通和联系;⑤分析工作成果,并确定考核和评价工作的标准;⑥为职工创造成长和发展的机会。

6. 组织结构

德鲁克认为,任何一种组织结构,必须满足一些以其本身性质为基础的必要条件。这些条件有:

(1) 明确性。组织中的每一个部门,每一个人,特别是每一位管理人员,需要了解他属于哪个部门,处于什么地位,应该到哪里去取得所需要的信息、协作或决定,以及如何才能取得。

(2) 经济性。应鼓励人们自我控制,自我激励,使控制、监督、引导人们取得成绩的力量保持在最低限度。

(3) 远景方向。组织结构应该把个人和各管理部门的远景指引向取得成绩而不是指引向做出努力。

(4) 理解本身的任务和共同的任务。一个组织应该使每个管理单位、每个人,特别是每个管理人员和每个专业人员,理解本身的任务。

(5) 决策。即一种组织设计必须在它是阻碍还是加强决策过程方面进行检验。

(6) 稳定性和适应性。一个组织需要有充分程度的稳定性,但不能僵硬,还要有高度的适应性,才能继续存在。

(7) 永存性和自我更新。一个组织必须从内部、从每一个层次上培养和产生未来的领导者。另外,组织结构为了永存和自我更新,还必须接受新思想,愿意并能够做新事情。

7. 目标管理

德鲁克认为,古典管理学派偏重于以工作为中心,忽视了人的一面,而行为科学又偏重于以人为中心,忽视了同工作相结合。因此,德鲁克提出了目标管理的概念,目标管理是使管理人员和广大职工在工作中实行自我控制并达到工作目标的一种管理技能和管理制度。目标管理综合了以工作为中心和以人为中心两种观念,它使职工在完成任务、实现自己需要的同时,也促使企业目标实现。

(1) 企业中目标的性质

企业中的目标可以分为战略性目标、策略性目标、方案和任务几种。其中战略目标主要是由企业的高层管理当局来制定的，如企业的市场地位、利润、劳工关系、技术、管理发展等项目；策略性目标有复杂程度和层次高低的不同，一般由企业的中层和低层管理人员制定；方案和任务则是职工为其本身工作制定的目标。

(2) 目标管理成功的先决条件

德鲁克认为，要使目标管理成功，必须有以下六项条件：①须有高层管理当局参加；②须有下级人员参加；③须有充分的情报资料；④对实现目标的手段须有控制；⑤对实行目标管理而带来的风险须予激励；⑥对职工须有信心。

(3) 目标管理的三个阶段

① 制定目标：由企业制定一年或一个时期的战略目标，各级管理部门则制定本部门要实现的策略目标，职工个人又制定自己的目标——方案和任务，从而形成一个目标体系。这一阶段十分重要，因为目标愈是具体、明确，则实现目标的过程管理和对成果的检查及评价也愈容易。

② 实现目标：目标实现过程的管理方法同传统管理方法是不同的。它主要由职工自主管理或自我控制，上级只是根据例外原则对重大问题过问和监督。职工的个人目标和各级管理的策略目标实现时，企业的战略目标也实现了。

③ 检查和评价：把实现的结果同预定的目标相比较，以总结成绩，积累经验，并应用于目标管理的下一个周期中去，不断提高目标管理的水平。

(三)经验主义学派评析

1. 主要贡献

首先，经验主义学派批评了传统管理学派不假思索地采取偏重于狭窄的归纳法的实证主义，管理学者自己作为行动主义者而不是旁观者，在复杂的动态关系中不断形成和再造管理未来。其次，充分肯定了人在企业管理中的重要作用，同时把人的发展和企业发展一起列为管理的目标。

经验主义学派的主要方法是以描述性的历史方法说明组织及其管理对象，反对在管理学中运用自然科学的概括方法，提出了现代管理学运用最多的管理方法，即目标管理法。

2. 局限性

经验主义学派由于强调经验而无法形成有效的原理和原则，无法形成统一完整的管理理论，管理者可以依靠自己的经验，而无经验的初学者则无所适从。而且，过去所依赖的经验未必能运用到将来的管理中。

孔茨在他的书中指出："没有人能否认对过去的管理经验或过去的管理工作'是怎样做的'进行分析的重要性。未来情况与过去完全相同是不可能的。确实，过多地依赖于过去的经验，依赖历史上已经解决的那些问题的原始素材，肯定是危险的。其理由很简单，一种在过去认为是'正确'的方法，可能远不适合于未来情况"。这段话说明，由于组织环境一直处于变化之中，过分地依赖未经提炼的实践经验和历史来解决管理问题是无法满足需要的。

七、权变理论学派的管理思想

(一)概述

20世纪70年代，美国政治骚动，社会不安，经济动荡，石油危机对西方社会产生了深远的影响，企业所处的环境不确定性增加。以往的管理理论主要侧重于研究加强企业内部组织的管理，大多都在追求普遍适用的、最合理的模式与原则，而这些管理理论在解决企业面临瞬息万变的外部环境时显得无能为力。正是在这种情况下，人们不再相信管理会有一种最好的行事方式，而是必须因地制宜地处理管理问题。在经验主义学派的基础上发展起来的权变理论学派应运而生，该学派从系统观点来考察问题，认为没有什么一成不变、普遍适用的"最好的"管理理论和方法。权变管理就是依托环境因素和管理思想及管理技术因素之间的变数关系来研究的一种最有效的管理方式，强调在管理中要根据组织所处的内外部条件随机应变，针对不同的具体条件寻求不同的最合适的管理模式、方案或方法。

(二)代表人物及管理思想①

弗雷德·卢桑斯(Fred Luthans, 1939—)，美国尼勃拉斯加大学教授，经济管理系权变学派的主要代表人物。生于爱荷华的克林顿,，1961年获数学学士学位，1962年获得工商管理硕士学位，1965年获得管理学和社会心理学博士学位。1973年发表了《权变管理理论：走出丛林的道路》的文章，1976年他又出版了《管理导论：一种权变学说》，系统地介绍了权变管理理论，提出了用权变理论可以统一各种管理理论的观点。

弗雷德·费德勒(Fred E. Fiedler, 1922—2017年)，心理学家和管理专家，美国西雅图华盛顿大学管理心理学教授，兼任荷兰阿姆斯特丹大学和比利时卢万大学客座教授。生于奥地利维也纳，毕业于芝加哥大学，获博士学位，毕业后留校任教。从1951年起由管理心理学和实证环境分析两方面研究领导学，提出了"权变领导理论"。费德勒的理论对尔后领导学和管理学的发展产生了重要影响。主要著作和论文包括《一种领导效能理论》《让工作适应管理者》《权变模型——领导效用的新方向》以及《领导游戏：人与环境的匹配》等。

1. 核心思想

权变理论学派从系统观点来考察问题，理论核心就是通过组织的各个分系统内部和各

---

① 唐任伍. 世界管理思想史[M]. 重庆：重庆大学出版社，2012：311.

分系统之间的相互联系，以及组织和它所处的环境之间的联系，来确定各种变数的关系类型和结构类型。它强调在管理中要根据组织所处的内外部条件随机应变，针对不同的具体条件寻求不同的最合适的管理模式、方案或方法。

权变理论认为，组织和组织成员的行为是复杂的，加上环境的复杂性和不断地变化，使得普遍适用的有效管理方法实质上是不可能存在的。因此，应该根据具体情况来选用合适的管理方法。这就需要进行大量的调查研究，将组织的情况进行分类，建立不同的模式，根据不同的模式选用适宜的管理方式。

2. 权变学派的理论基础：超Y理论

权变理论学派认为并不是在所有的情况下Y理论都比X理论效率高，管理思想和管理方式应该依据成员的素质、工作的特点和环境情况而定，不能一概而论。不同于X理论也不同于Y理论的超Y理论也称为应变理论，主要内容包括：

(1) 人们是怀着许多不同的需要加入工作组织的，而且，人们有不同的需要类型；

(2) 不同的人对管理方式的要求也是不同的；

(3) 组织的目标、工作的性质、职工的素质等对组织机构和管理方式有很大的影响；

(4) 当一个目标达到以后，可以继续激起职工的成就感，使之为达到新的、更高的目标而努力。

3. 权变关系

权变关系是两个或两个以上的变数之间的一种函数关系。他把权变关系看作是一种"如果—那么"的函数关系。"如果"是自变数，"那么"是因变数。在权变管理中，环境是自变数，而管理的观念和技术是因变数。

权变学派在企业结构方面的共同点，是把企业看成一个受外界环境影响而又对外界环境施加影响的开放系统。管理的方式和技术要随着企业的内外环境的变化而变化，所以在管理因变量和环境自变量之间存在着一种函数关系。不论是一般外部环境或特定外部环境，都存在于企业之外，在管理上是难以直接控制的。内部环境基本上是正式组织系统，它的各个变量与外部环境各变量之间是相互关联的。环境条件、管理对象、管理方法和技术与管理的组织目标之间存在一种函数关系，即：

管理目标= f(管理对象，环境条件，管理方法与技术)

权变关系可以表述为："如果…就…"即如果某种环境发生，就应该采取某种管理思想与管理方法更好地实现组织目标。

4. 管理的权变方法

(1) 计划制定的权变性

权变理论学派认为，计划就是为了实现企业所确定的目标而制定出所要做的事情的纲要，以及如何做的方法，包括确定企业总任务，确定产生主要成果的领域，规定具体的目标，以及制定目标所需要的政策、方案和程序。权变学派认为，要根据不同的情况，分别制定"有目标的计划"和"指导性的计划"。

(2) 组织结构的权变性

权变理论学派在组织结构方面的共同点是，把企业看成是一个"开放式系统"，并试图从系统的相互关系和动态活动中，考察和建立一定条件下最佳组织结构的关系类型。

按照生产系统的工艺技术复杂性和连续性的程度，可以把这种组织复杂性的结构因素分为5种：①工作的专业化程度；②程序标准化程度；③规划或信息正规化(以书面形式记录)程度；④集权化程度(由具有正式决策权力的等级层次数目来判断)；⑤权力结构的形式(由管理幅度和等级层次数目来判断)。

(3) 领导方式的权变性

领导的权变理论认为领导是领导者、被领导者、环境条件和工作任务结构四个因素交互作用的动态过程，不存在普遍适用的一般领导方式，好的领导应根据具体情况进行管理。环境或情境并不是一成不变的，当情境发生变化时，组织领导的领导方式或个性就应当随之改变。比如一个企业，原先工作程序很明确、严格，职工也信任领导，企业负责人只需下达指令就行了。但是，在市场竞争中，企业突然遇到危机，企业负责人只要将顾问们请来商量对策，并请职工参与管理，出谋划策，共渡难关。这时的领导方式实际上已从原来的以任务为中心的专制式转变为以人际关系为动因的民主式。

(三)权变理论学派的评析

1. 主要贡献

权变理论为人们分析和处理各种管理问题提供了一种十分有用的方法，它要求管理者应根据组织的具体条件及面临的外部环境，采取相应的组织结构、领导方式和管理方法，灵活地处理各项具体管理业务。这样，就使管理者把精力转移到对现实情况的研究上来，具体情况具体分析，提出相应的管理对策，从而有可能使其管理活动更加符合实际情况，更加有效。所以，管理理论中的权变的或随机制宜的观点无疑是应当肯定的。同时，权变学派首先提出管理的动态性，人们开始意识到管理的职能并不是一成不变的，以往人们对管理行为的认识大多从静态的角度来认识，权变学派使人们对管理的动态性有了新的认识。

2. 局限性

权变学派存在一个根本性的缺陷，即没有统一的概念和标准。虽然权变学派的管理学者采取案例研究的方法，通过对大量案例的分析，从中概括出若干基本类型，试图为各种类型确认一种理想的管理模式，即否定管理的一般原理、原则对管理实践的指导作用，但始终提不出统一的概念和标准。权变理论强调变化，每个管理学者都根据自己的标准来确定自己的理想模式，未能形成普遍的管理职能，权变理论使实际从事管理的人员感到缺乏解决管理问题的能力，初学者也无所适从。

权变理论试图改变一种局面，将各派理论互相"诋毁"变为相互"承认"，因此有管理学家说权变理论犹如一只装满管理理论的大口袋。在权变理论产生之初，不少管理学者给予它高度的评价，认为比其他一些管理理论有更光明的前景，是解决企业环境动荡不定的一种好方法，能使管理理论走出理论丛林之路。然而，没过多久，他们就不得不承认，这个期望又一次落空了。

本 章 小 结

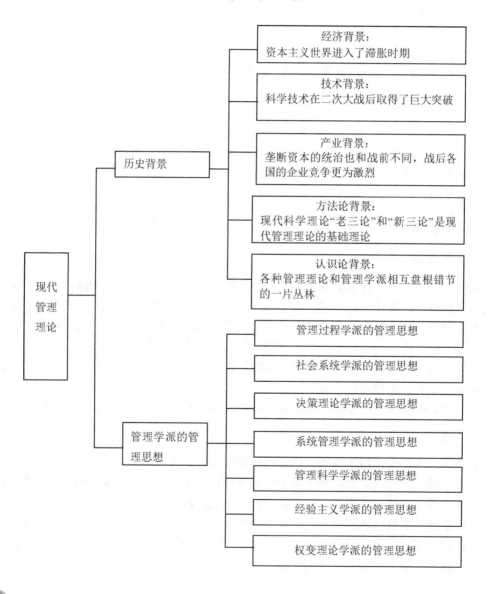

习　题

一、思考题

1. 现代管理学派林立，有没有其历史必然性？
2. 什么是管理过程学派？主要观点有哪些？主要贡献与优缺点有哪些？
3. 巴纳德的社会系统学派的主要观点有哪些？如何评价社会系统学派？
4. "组织"在决策理论学派与社会系统学派均涉及，两种之间有什么不同？怎么做才能提高决策水准？
5. 系统管理学派的组织有边界吗？如何理解系统整体功能大于部分功能之和？
6. 管理科学学派应用数学模型做出最优规划，如果考虑收集到数据精度，能达到最优规划方案吗？
7. 什么是经验主义学派？主要观点有哪些？主要贡献与优缺点有哪些？
8. 权变理论学派中的"权变"如何理解？

二、案例分析

1. 关于管理学的观点

某大学管理学教授在讲授古典管理理论时，竭力推崇科学管理的创始人泰罗的历史功勋，鼓吹泰罗所主张的"有必要用严密的科学知识代替老的单凭经验或个人知识行事"的观点，并且宣传法约尔的14条管理原则。后来，在介绍经验主义学派的理论时，这位教授又强调企业管理学要从实际经验出发，而不应该从一般原则出发来进行管理和研究。他还说，E.戴尔(Ernest Dale)在其著作中故意不用"原则"一词，断然反对有任何关于组织和管理的"普遍原则"。在介绍权变理论学派的观点时，这位教授又鼓吹在企业管理中要根据企业所处的内外条件随机应变，没有什么一成不变、普遍适用的"最好的"管理理论和方法。不少学生却认为这位教授的讲课前后矛盾，胸无定见，要求教授予以解答。教授却笑而不答，反倒要求学生自己去思考，得出自己的结论。

分析：

(1) 你是否认为教授的上述观点是前后矛盾的？为什么？
(2) 在企业管理中，有无可能将管理原理原则与实践正确结合起来？
(3) 管理学究竟是一门科学，还是一门艺术？

2. 系统思考

据说美国华盛顿广场有名的杰弗逊纪念大厦，因年深日久，墙面出现裂纹。为能保护好这幢大厦，有关专家进行了专门研讨。最初大家认为损害建筑物表面的元凶是侵蚀的酸雨。专家们进一步研究，却发现对墙体侵蚀最直接的原因，是每天冲洗墙壁所含的清洁剂对建筑物有酸蚀作用。而每天为什么要冲洗墙壁呢？是因为墙壁上每天都有大量的鸟粪。为什么会有那么多鸟粪呢？因为大厦周围聚集了很多燕子。为什么会有那么多燕子呢？因为墙上有很多燕子爱吃的蜘蛛。为什么会有那么多蜘蛛呢？因为大厦四周有蜘蛛喜欢吃的飞虫。为什么有这么多飞虫？因为飞虫在这里繁殖特别快。而飞虫在这里繁殖特别快的原因，是这里的尘埃最适宜飞虫繁殖。为什么这里最适宜飞虫繁殖？因为开着的窗阳光充足，大量飞虫聚集在此，超常繁殖。最终解决办法很简单，关上整幢大厦的窗帘就解决问题了。

分析：
解决方法为关上窗帘，是不是系统思考的结果？

3. 王中的管理问题

王中是一个冷冻食品厂厂长，该厂专门生产一种奶油特别多的冰淇淋。在过去四年中，每年的销售量稳步递增。但是，今年的情况发生了较大的变化，到八月份，累计销售量比去年同期下降17%，生产量比计划的少15%，缺勤率比去年高20%，迟到早退现象也有所增加。王中认为这种现象的发生，很可能与管理有关，但也不能确定发生这些问题的原因，也不知道应该怎样去改变这种情境。他决定去请教管理专家。

分析：
请依据各学派的管理思想，分别指出该厂的问题出在哪里？并提出相应的解决方法？

【推荐阅读书目】

丹尼尔 A·雷恩(Daniel A.Wren). 管理思想史. 中国人民大学出版社，2012

郭咸纲. 西方管理思想史：4版. 北京：世界图书出版公司，2014

于光、徐承生、周新平. 西方管理史. 武汉：武汉理工大学出版社，2005

毕振力，管理理论的演进：丛林与体系的整合[J]. 广东培正学院学报，2008(01)

林曦，科学哲学视角下的管理理论丛林成因探析[J]. 哈尔滨商业大学学报(社会科学版)，2007(02)

胡国栋，管理理论丛林分化的逻辑脉络及其整合的理论路径[J]. 云南财经大学学报，2013(04)

郑付军，过程方法管理应用研究[D]. 成都：电子科技大学，2011

孙耀君，西方管理理论中的社会系统学派[J]. 经济管理，1980(11)

孙耀君，决策理论学派[J]. 经济管理，1980(12)

张新平，巴纳德组织理论研究[J]. 广西经济管理干部学院学报，2000(04)

陶向南，邹亚军，赵曙明，德鲁克管理思想中的政治与社会渊源[J]. 管理学报，2014(06)

乔牧川，对西蒙决策理论的解读和述评[J]. 中国机构改革与管理，2011(06)

刘丽丽，闫永新，西蒙决策理论研究综述[J]. 商业时代，2013(17)

曾豪杰，决策理论视角的组织内耗机理探讨[J]. 楚雄师范学院学报，2014(01)

梁雪，切斯特·巴纳德. 关注个体发展，建立合作型劳资关系[J]. 经营与管理，2015(05)

第十一章

当代管理理论

学习目标：理解当代管理理论阶段的任务及产生的深层次原因；把握当代管理理论总特征；了解本阶段管理思想代表人物，理解与掌握本阶段代表理论及内容。

关键概念：当代管理理论(Contemporary Management Theory) 竞争战略理论(competition strategy theory) 知识管理(Knowledge Management) 企业再造理论(Business Process Reengineering) 组织文化理论(theories of organizational culture) 六西格玛理论(six sigma management theory)

未来属于那些在可能性变得明显之前看到它们的人。(The future belongs to those who see possibilities before they become obvious.)

——约翰·斯库利(Joho Sculley, 百事和苹果公司前 CEO)

第一节 当代管理理论的历史背景

一、经济背景：经济全球化[①]

二十世纪，特别是二战后，随着世界经济的快速发展，各国、各地区经济交往日益频繁，世界经济逐渐形成统一的整体。

1. 经济全球化导致国际分工趋于高层化

世界经济发展全球化不仅仅局限于有形产品的贸易，而且扩展到无形产品的贸易。如今，随着知识产权、国际投资等跨国贸易日益频繁，国际分工呈现出新的特点：由自然资源贸易为主转化为人力资源和科技为主，上游产业控制着下游产业，无形产品控制有形产品，科技创新能力强的国家与地区支配和主宰科技创新能力相对弱的国家与地区。国际分工形成了发达国家、新兴工业化国家、发展中国家与欠发达国家之间四级，形如金字塔：发达国家为国际分工的第一级即塔尖，以高新技术、知识产权产品为主，并没有完全放弃

[①] 殷功利, 汪艳. 世界经济概论[M]. 合肥：中国科学技术大学出版社, 2016: 21.

资本密集型产品的生产；新型工业化国家为国际分工的第二级，以资本密集型产品生产为主，以劳动密集型产品生产为辅，并加大高新技术与知识产品投资力度；发展中国家为国际分工的第三级，如中国、印度等发展中国家，仍以传统的劳动密集型产品为主，试图扩大资本密集型产品的生产规模；欠发达国家为国际分工的第四级即塔底，主要以出口初级原材料与矿产品为主。在经济全球化竞争中，从国际分工的塔底到塔尖，每一级的产业水平、技术水准、产品附加值依次呈上升趋势，处于塔底的国际分工显然是最无优势的，而处于塔尖的则最具优势。经济全球化新的格局下，各类国家无论是出于发展、扩张为目标的，还是基于生存需要为目标的，均不遗余力地进行产业结构的调整与升级。

2. 经济全球化加深传统产业与新兴产业之间的分工

21 世纪，国际竞争的焦点越来越从传统所关注的加工制造能力转向到关注产品研发与技术创新能力上。许多发达国家基于降低产品制造成本，抢占世界市场的考量，采取各种方式纷纷将本国劳动密集型、技术相对落后、高污染、低附加值的制造业转移到市场广阔、资源丰富、劳动力低廉的发展中国家，同时也将一般资本密集型的传统产业、夕阳产业转移至发展中国家，而本国则集中力量加大新产品、新技术的研究与开发力度，大力发展诸如以信息产业和其他高精尖技术产业为代表的新兴产业，使本国的产业结构升级化、高端化。发展中国家在国际分工中，从事相对低端的产业，势必导致发展中国家大量资源消耗，环境污染，生态恶化等影响本国可持续发展的问题，也可能导致产业结构难以升级的困境。因此，发达国家主导的新兴产业与发展中国家传统产业之间的分工进一步加深并一直持续下去。

3. 经济全球化进一步拓展国际分工的广度和深度

劳动力、资本、技术等生产要素，在经济全球化背景下，将在全球范围内进行转移、重组与优化，其结果导致国际分工进一步深化。信息技术在全球的广泛使用，深刻地影响着经济结构与经济效率，而且作为先进生产力的代表，对社会文化和精神文明产生着深刻的影响。信息技术快速发展以及电子商务、网络经济等新产业的兴起，为跨国企业跨国经营、跨国分工、跨国合作提供必要的技术手段，使国际分工无论广度还是深度都得到进一步拓展，信息技术不仅仅导致一批新兴产业的兴起，而且对产业的变化方式产生深远影响，使传统产业越来越知识化、分享化，对传统产业发起猛烈的冲击。

二、技术背景：信息技术突飞猛进

20 世纪 90 年代以来，世界各国都在积极寻求突破口，特别关注信息技术在促进经济发展中的作用，互联网的出现，使世界经济正经历一场革命性的变革。全球信息高速公路的开通和国际网络技术的普及，电子商务等信息技术得到迅猛发展。引领全球展开的信息和信息技术革命，正以前所未有的方式对社会变革的方向起着决定作用，其结果必定导致信息社会在全球的实现。

人类活动过程中，特别是商务活动中，大范围引入信息处理技术，这些单位的自动化水平得到进一步提升，达到比较先进的水平。在网络世界，可以在几秒钟内将有用的信息传送到世界各地，从而使人类活动方方面面都呈现出信息活动的特征。信息和信息处理器成为人类一切活动的积极参与者，参与了人类的概念活动、知觉活动和原动性活动。系统化的信息、知识被应用于变革的物质资源，也是替代劳动而成为国民生产中的"附加值"源泉。信息技术通过改变社会的通讯和传播结构，不仅改变生产加工过程，而且催生出一个新时代、一个崭新的社会。以信息技术为代表的新社会，信息与知识成了社会成员的主要财富，也是社会发展的主要动力。

信息技术具有强烈的扩散效应。经济全球化条件下，信息已成为比物资和能源更重要的资源，信息技术的快速发展必将全面推进各产业的进化和飞跃。个人电脑和因特网的发明能够在较短时间迅速催生出一个规模庞大的信息产业和因特网经济，信息产业在社会产业中越来越成为占主导地位的产业。而且，信息技术创新的扩散效应不仅体现在一个国家内部，并能通过国际贸易、技术转让和国际化生产来进行扩散，这种迅速扩散加快了经济全球化的进程。

信息技术与网络经济的发展给人类带来了巨大的影响，对传统经营理念与商业模式带来了冲击，也为国际分工、国际贸易创造了新的机遇，特别对发展中的国家与企业来说是难得的弯道超车机会，国际电子商务实现了国际贸易过程中的电子化、信息化、无纸化，使服务于国际贸易的交易手段更快捷、更便利，降低国际贸易的交易成本，改变了传统国际贸易模式，实现全球市场交易无障碍，对于每一个国家来说，都要抓住这个千载难逢的机遇。

三、产业背景：工业经济转型为服务经济

从产业对经济发展阶段和特征的把握的角度看，服务经济指的是基于服务业的经济发展形态，包括生产性服务业、生活性服务业和公共服务，在基本内容上主要包括服务产业和服务贸易。服务经济区别于农业经济、工业经济。

20 世纪 80 年代开始，世界经济正从工业经济向服务经济转型，是继工业革命后又一次新的产业革命，可以称之为"服务革命"。世界经济结构发生了深刻的变革，它是自工业革命以来长期占据主导地位的加工制造业在西方国家国民经济中的比例日渐减少，作用日渐削弱，而各类新兴、门类繁多的服务部门蓬勃发展，全球经济正在进入服务经济时代。如果说工业革命是一次崭新的产业革命，毫无疑问，服务革命则是一次深刻、全面的经济革命，更重要的是，进入服务经济时代，服务业成为引领全球技术创新和商业模式创新的主导力量。

从世界经济发展的趋势来看，越来越多的生产企业开始转轨：从提供产品转轨到提供产品与服务，再向提供服务转变。服务理念深入人心，服务化已成为制造业发展的重要方

向,加工制造业呈现出"服务为主导"的发展趋势。20 世纪后期,许多传统制造企业开始从销售产品向销售服务转变,服务日益成为创造比较优势的工具,且对销售额和利润的贡献比重越来越大。此外,以耐克公司为代表的制造企业进行"外包"或"服务剥离",集中力量加强新产品的研发和市场营销,并生产其最为关键的耐克鞋的气垫系统,也对其他服务环节的专业度提出了更高的要求。

四、社会背景:跨文化[①]

不同国家、民族、社区和集团都有各自的价值目标和价值取向,有不同的文化,并且常常各自以自己的文化为优越,视其他文化为危险物。不同文化在传播、接触过程中,便产生了竞争、对抗、冲突甚至企图消灭对方的状况。随着经济全球化和互联网的发展,跨国交流日趋频繁,国与国之间的文化冲突也愈发激烈,存在跨文化风险与跨文化冲突。

文化差异演化为文化风险需要一定的外部条件即市场竞争,文化风险是在市场竞争中显现出来的,文化风险的产生与发生都离不开市场,正是在市场竞争机制下,文化差异才能演化为文化风险。国际企业跨国经营,要与不同文化环境中的其他企业,特别是当地企业展开各种形式的竞争,只有在市场机制的条件下,文化差异才可能对企业经营成果和经营目标的实现带来不利的影响,才表现为文化风险。

跨文化冲突,是指不同形态文化或者文化要素之间相互对立、相互排斥的过程,既指跨国企业在他国经营时与东道国的文化观念不同而产生的冲突,又包含在一个企业内部由于分属不同文化背景的员工而产生的冲突。

五、方法论背景

1. 复杂性科学[②]

复杂性科学兴起于 20 世纪 80 年代,是系统科学发展新的阶段,也是当代科学发展的前沿领域之一。复杂性科学的发展,不仅引发了自然科学界的变革,而且也日益渗透到哲学、经济、人文等社会科学领域。英国著名物理学家霍金称"21 世纪将是复杂性科学的世纪"。

复杂性科学是以复杂性系统为研究对象,以超越还原论为方法论特征,以揭示和解释复杂系统运行规律为主要任务,以提高人们认识世界、探究世界和改造世界的能力为主要目的的一种"学科互涉"的新兴科学研究形态。

复杂性科学不但在物理、数学、生物等传统自然科学中成就斐然,而且在经济、社会、管理等研究领域也已蓬勃兴起。

[①] 靳娟. 国际企业外派人员管理[M]. 北京:首都经济贸易大学出版社,2016:43.
[②] 陈禹. 复杂性研究——转变思维模式的一个重要方向[J]. 复杂系统与复杂性科学,2016(04).

2. 经济生态学[①]

经济生态学是研究社会经济活动与其环境之间关系的一门新兴学科，是生态学与经济学的交叉，是管理学科的一个分支，也可以定义为用生态学的原理和方法研究经济现象和经济规律的科学。Marshall 曾经说过，"经济过程是动态演化的，经济学家的圣地(Mecca)应当是经济生物学，…，但生物概念比力学概念更复杂……"。Marshall 之后，许多经济学家引用了演化思想。

1990 年，James F. Moore 在《哈佛经济评论》上发表的《捕食者和被捕食者——竞争中的新生态学》一文，开始尝试将生态学理论引入企业战略管理研究，并引起了广泛关注。美国著名管理专家德鲁克说："企业不只是生计，还是一个生命"，"企业之间的生存发展如同自然界中各种生物物种之间生存发展，它们均是一种生态关系"。近几年来，生态学理论与价值链理论的融合已成为战略管理领域的一种新的趋势和方向。其主要观点有：

(1) "竞合"观、"超竞争"理论以及企业生态系统协同演化理论的出现

20 世纪 90 年代以前，以波特(Michael E.Porter)、C.K 普拉海拉德(C.K.Prahalad)以及 G.哈默(G.Hamel)为代表的传统企业战略管理理论具有两个显著特征：一是偏重竞争和竞争优势而忽视企业间的合作；二是以单一企业的生存和发展为目标而对企业"群"理论研究不足。但进入 90 年代以后，随着产业环境的日益动态化，技术创新的加剧以及竞争的国际化和顾客需求的日益多样化，创新和创造未来日益成为企业战略管理的重点，"超竞争"理论脱颖而出，主张竞争和合作并重。其中，影响较大的有德·博诺(De Bono，1996)的超越竞争理论、詹姆斯·莫尔(James F. Moore，1996)的企业生态系统协同演化(Business Ecosystem Coevolution)理论以及达韦尼(Daveni)的超级竞争模型。而莫尔的企业生态系统协同演化理论更具代表性，他在《竞争的衰亡》(The Death of Competition)一书中提出了企业生态系统(business ecosystem)的重要概念，并把生态系统演化理论应用到企业管理战略分析。总之，上述理论都强调了价值链与生态学理论的有机结合以及企业"生态关系"对企业竞争力的深刻影响。

(2) 竞争生态理论的提出。

哈佛商学院的 Stephen Jay Gould(1997)教授提出了竞争生态理论，他认为仅靠战略联盟、虚拟企业之类的结构并不能为管理者理解变化的战略逻辑提供任何系统支持，也无法使高级管理人员预计到企业将创新带给市场后自身所面临的管理挑战。他特别强调指出，行业内的新一轮创新不仅仅是企业与企业间的竞争，更重要的是行业生态系统(行业价值链)间的竞争推动了行业变化与发展。因此，管理者必须懂得行业生态系统的演化规律，懂得如何指导这些变化。生态竞争理论生动而精辟地论述了相关生态学原理对指导价值链创新的重要意义和理论价值。

[①] 张金屯. 应用生态学[M]. 北京：科学出版社，2003：547.

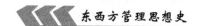

第二节 当代管理思想

一、概述

20世纪80年代,世界处于一种极度动荡中,国际政治危机和世界经济波动变幻莫测,科学技术日新月异,市场竞争日益白热化,各种文化相互渗透、相互融合,当今时代比人类历史上任何时期都有更大的不确定性。世界唯一不变的是什么都在变。

1. 环境的不确定性在增加[①]

传统经济学和管理理论大多建立在环境不变化或变化小假设下构建的理论,但随着社会高速发展,人类面临的环境变化越来越快,而且难以预测,环境不确定性增加人类行动的风险。这种环境不仅指自然环境,更重要的是指组织所处的社会经营环境,如政治、经济、社会、文化、技术等环境。

美国学者邓肯认为企业所面临的环境不确定性有:一是环境的动态性,二是环境的复杂性。

2. 管理对象的复杂性在提高

管理对象是指管理者实施管理活动的对象,管理对象通常有人、财、物、信息、技术、时间、空间、社会信用等,随着社会发展,管理对象越来越多,越来越复杂,特别是人的复杂程度比以往任何时期都要复杂,如人的知识、人的思维方式、人行为的动机、人面临的压力、接受的挑战等都将超过以往。

3. 竞争的激烈程度在加剧

市场经济本质就是竞争,适者生存。经济全球化的时代,市场主体的竞争从形式到内容、再到竞争的范围上呈现出全方位、多层次全面竞争,其优胜劣汰的程度和速度比以往任何时候都更加激烈而残酷。企业从各自的利益出发,为最大限度取得较好的产销条件、获得更多的市场资源而竞争。通过竞争,优胜劣汰,进而实现生产要素的优化配置。计算机、互联网、物联网、数字化、多媒体等信息手段的高速发展,使人们感到解决问题的手段总是赶不上问题的产生。

西方学者对企业如何在经济全球化竞争条件下生存与发展进行了深入思考,形成一些新的思想与理论,同时,管理理论也有长足发展,涌现出大量新理论、新思想、新模式,为管理实践提供了丰富的理论指导。当代管理思想主要研究组织如何适应复杂多变的环境,呈现出以下五大趋势:

---

① 杨建君. 当代管理发展的基本趋势[J]. 科学管理研究,2001(03).

(1) 从内向管理往外向管理转变

在变革的时代，企业面临着种种风险与挑战，这势必会导致管理思想的变迁，企业的生存与发展空间已经从国内市场转向国际市场，或者说企业成功主要取决于全球战略理论与实施。管理由内向管理往外向管理转变，主要原因在于企业经济全球化生存环境越来越复杂，变化也日益加剧与苛刻，企业必须顺应形势，不断调整自己的战略方向，不断地探索适合自己发展的有效途径。

(2) 从单盈到双赢竞争理念转变

传统企业管理所追求的目标是利润最大化，也就是股东权益最大化。随着社会进步，生产发展，尤其到了买方市场时，企业必须考虑到顾客利益与员工利益，因此提出"顾客至上，员工第一"新观念。充分考虑企业面临的内部与外部环境的变化，必须考虑股东、员工、顾客与社会利益，"投资者满意，顾客满意，员工满意，社会满意"新的观念被提出。"四满意"这个目标系统是把企业的经济利益和社会责任有机统一起来。现实中，除了考虑企业的利润目标外，还需考虑利润之外超越利润的目标，如关心员工、顾客、供应商、竞争对手的利益，关心环境保护，积极参与环境管理，关心政府政策的变化等。这就是实现所谓的"双赢"或"多赢"。

(3) 人本管理思想的深入

人本管理就是以人为本的管理，管理目标就是把人作为管理主要对象且最重要的资源，通过激励、调动与发挥人的积极性与创造性，引导员工实现企业预定目标。

20世纪管理学对人性的认识是一个逐步深化的过程。先后经历了经济人、社会人、复杂人等人性假设。"社会人"假设相关理论及其发展，成为人本管理的理论基础。在此基础上，人本管理的实践也发展起来了，如企业文化。

随着信息技术发展以及在企业中广泛应用，以及企业员工行为的变化，人本管理理念将深入各项管理工作之中。人们充分认识到，知识经济时代最重要、最核心的资源是人力资源。人本管理的实践将会进一步深入。

学习型组织充分体现了以人为本的管理思想，也充分实践了人本管理思想。学习型组织所有员工不是被动接受管理者的指令，而是积极主动的、富有创作力进行每一项修炼，通过五项修炼，营造一个学习环境，有利于组织成员自我激励、自我管理和自我评价的团队氛围，形成"输出资源而不贫，派出间谍而不判"的群体整合功能，造就整体搭配、互相配合的团队精神，达到人性化和制度化之间的平衡，以及员工个人事业发展与组织发展之间的协调一致。

钱皮与哈默认为流程再造应当坚持"以员工为中心"的指导思想，把员工个人目标与组织目标统一起来，而不是简简单单缩编裁员。通过流程再造，员工工作目标、工作绩效衡量标准、员工地位以及管理者的角色都将发生变化。

(4) 以不断地创新追求经营绩效的持续改善

经济全球化，网络经济的发展，技术变革加速，企业经营环境持续动荡，企业面临的不确定性大大增加,很多企业没有察觉时,就集中爆发矛盾,等到这个时候,没有预案进行应对,想挽回已经没有余地了。不确定性的增加,企业持续经营越来越不容易,因此持续成长成为当代企业所追求的重要目标之一。没有一种管理思想、管理模式是一劳永逸的,维持企业管理绩效也不是一蹴而就的。企业只有不断创新,寻求提升绩效改善的路径,甚至要不断自我超越,才能不断维持高绩效,企业才能长寿。20 世纪 90 年代以来,新兴的管理思想、管理方法、管理模式充分说明这个判断,例如流程再造、全面质量管理、六西格玛管理等。

自我超越、改善心智模式、建立共同愿景、团队学习和系统思考是学习型组织的五项修炼,五项修炼也是一个持续创新的过程。建立学习型组织的过程就是一个组织与环境互动的过程。互动中,组织不断试探、学习和自我评价,寻找新的模式,接受环境的评价和选择。因此,可以说学习型组织具有自组织特征的。

(5) 从行为管理向文化管理转变

企业文化理论源于美国,而实践主要在日本。之前的管理理论与管理实践,美国认识到技术的价值,而忽略人的价值,等日本一跃成为经济强国时,开始研究日本,发现日本生产力与日本人的献身精神与忠诚密切相关,研究日本采用什么手段让员工为企业献身,对企业忠诚。美国人认为他们也需要这种精神即需要营造企业文化。

不言而喻,管理客体是含有文化因素的,而文化是悄无声息地渗透到人类文明的任何一个地方和环节。文化也影响着企业的生存和发展。如今经济全球化时代,企业文化将成为企业竞争战略最重要的工具。由于各国经济相互依存,相互渗透,经济国界也越来越模糊,文化在更广阔时空范围内进行交流。跨文化管理是一种必然的历史趋势。需要特别指出的是跨文化管理不是管理文化的同一化,而应该是在相互学习与事例基础上的个性化和多元化。

二、迈克尔·波特①的竞争战略理论

(一)生平

迈克尔·波特(Michael E. Porter, 1947—),出生于美国密歇根州,其父是美国陆军军官,自小追随父亲旅居世界各地。从小酷爱足球与棒球运动,1969 年,在美国普林斯顿大学学习并获得机械和航空工程学位;1971 年,以优异的成绩毕业于哈佛商学院;1973 年,荣获哈佛大学经济学博士,并任教哈佛商学院,成为哈佛有史以来最年轻的教授。他还获得斯德哥尔摩经济学院等 7 所著名大学的荣誉博士学位。1983 年被任命为美国总统里根的产业竞争委员会主席,开创了企业竞争战略理论并引发了美国乃至世界的竞争力讨论。是当今全球第一战略权威,被誉为"竞争战略之父""管理学大师",是现代最伟大的商业

---

① 董艳玲. 西方管理学名著导读[M]. 北京:中共中央党校出版社,2016:135.

思想家之一，与彼得·德鲁克、格林斯潘一起成为20世纪对全球经济影响力最大的三位人物。1993年，波特被推选为杰出的商业战略教育家；1997年，美国国家经济学人协会授予波特"亚当·斯密奖"，以表彰他在经济领域所取得的卓越成就。2000年12月，获得哈佛大学最高荣誉"大学教授"资格，成为哈佛大学商学院第四位"镇校之宝"教授的殊荣。在2002年5月埃森哲公司对当代最顶尖的50位管理学者的排名中，迈克尔·波特位居首位。

波特教授撰写过100多篇文章及17部书。他提出的"竞争五力模型""三种竞争战略"在全球被广为接受和实践，其竞争战略思想是哈佛商学院的必修课之一。波特教授的书籍风靡全球，主要著作《竞争优势》《竞争战略》《竞争论》《国家竞争优势》《日本还有竞争力吗？》等被翻译成中文，并在中国国内大量发行。

(二)波特行业竞争的五力模型

1. 潜在竞争者的进入力量

每一个行业的竞争环境是由多种动态因素构成的，随时都可能有潜在进入者加入行业，形成新的竞争力量，竞争愈发激烈。潜在进入者威胁的大小，取决于所进行业的进入壁垒和现有企业的反击能力。行业进入壁垒的高低主要取决于法律政策因素、技术因素、规模经济因素、经验曲线效应、产品差异、资本需要、转换成本、销售渠道开拓、自然资源、地理环境等方面。预期现有企业对进入者的反应情况，主要取决于有关厂商的财力情况、报复记录、固定资产规模、行业增长速度等。

2. 替代品力量

替代品对企业的生存构成威胁，这种威胁主要来自于替代品相对价格的表现。替代品价格越低、质量越好、用户转换成本越低，其所能产生的竞争压力也就越强。

3. 现有竞争者的力量

同行业现有企业的竞争是最直接、最显而易见的。现有竞争者参与竞争，都有各自目标，都期望在竞争中获得相对于竞争对手的优势，因此，就必然会产生冲突与对抗，这些冲突与对抗就表现为现有企业之间的竞争。现有行业如果出现下列情况，竞争激烈，势均力敌，竞争参与者众多；竞争者提供几乎相同的产品或服务，用户转换成本很低；市场趋于成熟，产品需求增长缓慢；竞争者企图采用降价等手段促销；退出障碍较高等。

4. 供应者力量

企业进入行业后，要在市场上获取资源，需要供应者提供，供应者与企业形成事实上的交易关系，交易价格与交易条件取决于供应者的议价能力，供应者议价强弱主要取决于他们所提供要素是否稀缺，占买方产品成本的比例是否足够大，对买主产品生产过程是否重要，是否严重影响买主产品的质量等。

5. 消费者力量

作为消费者，所追求的是以最小的支出获得最大的效用满足，因此选择产品时会讨价还价。消费者议价能力取决于：消费者数量、购买量、购买量占销售量比例、产品独特性、供给关系等。

(三)波特提出的三种基本竞争战略

基于五力模型对企业经营过程中所处行业竞争激烈程度与竞争地位的综合分析，企业应依据自己在行业中竞争态势，选择与竞争态势相适应的竞争战略。

1. 成本领先战略

成本领先战略是把成本作为竞争战略的比较优势，通过有效途径降低成本，使企业的全部成本低于竞争对手的成本，甚至是在同行业中最低的成本。为了达到这些目标，就要在管理方面对成本给予高度的重视。尽管质量、服务以及其他方面也不容忽视，但贯穿于整个战略之中的是使成本低于竞争对手。成本较低，就意味着当别的公司在竞争过程中已失去利润时，自己的公司依然可以获得利润。成本领先战略依赖企业的技术水平和管理水平。

2. 差异化战略

差异化战略着眼于产品或公司提供的服务差别化，以使自己在行业中某个或多个细分市场上独树一帜，并以它独特差异化获得溢价的报酬。实现差异化战略可以从多方面寻求差异：设计名牌形象、技术上的独特、性能特点、顾客服务、商业网络及其他方面的独特性。这种战略主要依赖于建立的基础产品本身、销售交货体系、营销渠道及一系列其他的因素。

3. 专一化战略

专一化战略主攻某个特殊的顾客群、某产品线的一个细分区段或某一地区市场。实施专一化战略逻辑前提是公司业务的专一化能够以更高的效率、更好的效果为某一狭窄的战略对象提供较满意的服务，从而在这一区隔的局部市场超过竞争对手。波特认为这样做的结果，是公司或者通过满足特殊对象的需要而实现了差别化，或者在为这一对象服务时实现了低成本，或者二者兼得。这样的公司可以使其赢利的潜力超过产业的普遍水平。这些优势保护公司抵御各种竞争力量的威胁。

(四)价值链分析法

竞争战略如何分析和实施，波特创造性提出分析工具：价值链分析法。此方法是一种寻求确定企业竞争优势的工具，是企业为一系列的输入、转换与输出的活动序列集合，每个活动都有可能相对于最终产品产生增值行为，从而增强企业的竞争地位。波特认为一个企业盈利能力的关键是企业是否能搜取其为买方创造的价值，或是否确保这种价值不落入他人的手中。波特认为每一个企业都是进行设计、生产、营销、交货以及对产品起辅助作用的各种活动的集合。价值活动可分为两种活动：基本活动和辅助活动。基本活动是涉及产品的物质创造及其销售、转移给买方和售后服务的各种活动。辅助活动是辅助基本活动并通过提供外购投入、技术、人力资源以及各种公司范围的职能以相互支持。所有这些活动都可以用价值链表示出来。而这个价值链中的各种活动反映了企业的历史、战略、推行战略的途径和这些活动本身的根本经济利益。波特认为，一定水平的价值链是企业在特定的行业内活动的组合。且竞争者价值链之间的差异是竞争优势的一个关键来源。

三、彼得斯的管理思想

(一)生平

彼得斯(Thomas J.Peters，1942—)，出生于美国。他先是获得了美国康乃尔大学土木工程学士学位，后来又在斯坦福大学拿到了工商管理学硕士和组织行为学博士学位。1974年，彼得斯从斯坦福大学毕业后便进入麦肯锡公司开始了他的职业生涯。

彼得斯的代表作《追求卓越》被称为"美国工商管理圣经"，是第一本销量超过百万的管理类书籍，在福布斯杂志新近评出的 20 本最具影响力的商业图书中排名第一。随后其又推出《乱中取胜》《渴望卓越》《管理的革命》等经典之作，在商业领域引起了一轮又一轮的巨大反响。在其新著《重新想象》一书中，彼得斯以他独特的方式和视角鲜明地阐述了当今商业的新策略，为 21 世纪的商界领导者开出了创新的药方。

(二)彼得斯管理思想产生的背景

20 世纪 80 年代，美国失去二战后国际市场的绝对优势，特别是在 20 世纪 70 年代末能源危机，经济严重衰落，企业面临严峻的挑战，1986 年，美国的人均国民总收入已经滑到日本、德国、瑞士等国家后面。美国管理界认为美国经济之所以遭受打击，主要原因在于美国生产的产品质量差，服务差，反应迟钝，未能充分利用国内市场的优势。20 世纪 80 年代美国企业界进入了前所未有的动荡时期，兼并风潮骤起，兼并和吞并是那个年代美国企业界一道独特的风景。美国人发现：越大越好、最大最好和劳动中的人应该更为细致到专职化的这些观点发生了变化。彼得斯管理思想也是响应了时代号召而产生的。

(三)彼得斯①的管理思想

1. 管理思想的内核

彼得斯管理思想主要有两个方面：一是人受到"两重性"驱动，人既要作为集体的一员，又要突出自己；既要成为获胜队伍中的成员，又要通过不平凡的努力而成为队伍中的

---

① 郭咸纲. 西方管理思想史：第 4 版[M]. 北京：北京联合出版公司，2014：303.

明星。二是只要人们认为某项事业从某种意义上说是伟大的，那么他们就会情愿地为了这个事业吃苦耐劳。从这两个基本内核可以看出，彼得斯从管理中发现了人，并把"人本"当成了他整个管理思想的基石。

2. 管理的 8 条原则

彼得斯花费数年时间辗转美国各地，深入企业，调查研究，取得数百个大小公司的第一手资料，在分析这些大小企业后，提出了优秀企业必须遵循的 8 条原则：(1)崇尚行动，看准就干；(2)贴近顾客；(3)自主创业；(4)以人促产；(5)深入基层，走动式管理；(6)专注于自己，不离本行；(7)组织结构简洁，人员精干；(8)松紧有度，张弛互济。

彼得斯总结的八个原则，今天看来不是特别高明，但是体现了当时管理思想的变化：第一，用什么来管理，理性还是直觉？传统管理思想是一种纯理性管理，用人的左脑严密逻辑推理后进行管理。无论泰罗的科学管理还是梅奥的行为理论，都是建立在理性思维基础上的。而现实中员工往往感情用事是非理性的，他们用直觉进行思维，利用简单的决策规则进行思维与决策。许多企业家在进行重大决策时也是通过他们的天才直觉进行的，当然并不排斥理性和数字的分析。第二，管理什么？最直接回答是：管理的是人。那么人是怎样的？人性是一个矛盾的综合体。

3. 人性是矛盾的综合体

彼得斯在建构他的管理思想时应用了大量的心理学的研究成果，旨在寻求调动人的最大潜力：

(1) 所有的人都是以自我为中心的，对来自他人的赞扬感到快慰，普遍认为自己是优胜者的趋势。

(2) 人是环境的奴隶。

(3) 人迫切需要活得有意义，对于这种意义的实现愿意付出极大的牺牲。

(4) 人们通常将成功看成是自身因素决定的，而把失败归于体制所造成的，以便使自己从中开脱出来。

(5) 大多数人在寻求安全感时，好像特别乐于服从权威，而另一些人在利用他人向他们提供有意义的生活时，又特别乐于行使权力。

4. 彼得斯的管理哲学

在彼得斯看来，优秀企业不仅为人们提供了出人头地的机会，而且能将这一机会嫁接到一种具有超越意义的哲学和信念体系中。这里说明了一个重要的事实，所谓的管理新思想是把我们引入一个模糊不清的、自相矛盾的世界，但是这是一个重要的原则，是一个具有更大用处的原则，最重要的事情是看他们是否懂得这个原则，是否知道运用这个原则如何去处理这些自相矛盾的事情。最后彼得斯对人性的认识进行了归纳：

(1) 人们需要有意义的生活。

(2) 人们需要受一定的控制。

(3) 人们需要受到鼓励和表扬。

(4) 人们的行动和行为在一定程度上形成态度和信念，而不是态度和信念形成行动和行为。

四、野中郁次郎的知识管理模型

(一)生平

野中郁次郎(Ikujiro Nonaka，1935—)，知识创造理论之父，知识管理的拓荒者。1935年出生于东京，1958年毕业于早稻田大学政治经济学院。野中郁次郎早前留学于美国加州大学伯克利分校哈斯商学院，先后获得 MBA 和 PhD 学位。回国后进入学术界，历任南山大学经营学院副教授、教授、防卫大学教授。1982年受聘于一桥大学，历任产业研究所所长、国际企业战略学院教授，2006年起任名誉教授。

野中教授的学术造诣非常深厚，在市场营销、组织论、经营战略、创新等领域都卓有建树，尤其是关于知识创造过程、知识管理、知识科学的研究和实践，受到了国际学术界和企业界的高度关注和评价。野中教授的著作有《知识创造经营》《知识创造方法论》《知识创造实践论》《知力经营》《创新的本质》等 80 多部专著，又在英国出版了《Managing Flow：A Process Theory of the Knowledge-Based Firm》一书。

由于野中郁次郎在学术领域做出的杰出贡献，2002年日本政府曾授予他"紫绶勋章"，美国管理科学院选他为名誉会员。2007年，他荣获美国管理科学院国际管理学奖，2008年被《华尔街杂志》选为"最有影响力的管理学家之一"。此外，他还拥有美国克莱蒙特大学德鲁克学院名誉教授、比利时鲁汶天主教大学政治经济社会学名誉博士、瑞士圣加仑大学经济科学名誉博士等多种荣誉称号。

(二)野中郁次郎的 SECI 模型

野中郁次郎将企业知识划分为隐性知识和显性知识两类。所谓隐性知识包括信仰、隐喻、直觉、思维模式和所谓的"诀窍"；显性知识则可以用规范化和系统化的语言进行传播，又称为可文本化的知识。野中郁次郎提出，在企业创新活动的过程中隐性知识和显性知识二者之间互相作用、互相转化，知识转化的过程实际上就是知识创造的过程。知识转化有四种基本模式即著名的 SECI 模型。

1. SECI 模型中四个知识转化阶段

第一种模式——"潜移默化"(Socialization)，此阶段是从个体的隐性知识向另一个体

---

① 安立仁. 管理理论前沿专题[M]. 北京：中国经济出版社，2014：55.

的隐性知识的转化阶段。是一个通过共享经历建立隐性知识的过程，是将一个个体现存的想法或意念直接传达或移转给他的同仁或部属，强调"大我"的精神，愿意让人分享他个人的知识，因而创造了一个共有的知识转化之场所。而获取隐性知识的关键是通过观察、模仿和实践，而不是语言。

第二种模式——"外部明示"（Externalization），此阶段为隐性知识向显性知识的转化阶段。将隐性知识转化成显性知识，这会涉及一些知识的表述方法，拥有隐性知识的将一个人的想法或心意利用显性化的文字、概念、图片或影片等视觉教育器材，将顾客或专家们高度个人化或高度专业化的隐性知识转变成可以理解的形式，以交谈或对话等方式清楚地表达出来。

第三种模式——"汇总组合"（Combination），此阶段是显性知识和显性知识的组合过程，也是一个通过各种媒体获得的语言或数字符号，将各种显性概念组合化和系统化。搜集公司内部或外部已公开的资料等外表化知识，然后加以整合成新的显性知识，再利用报告或开会等方式将这种新知识传播给组织成员，将显性知识重新加以汇整及处理，使之变成公司的资料、报告或计划，以方便使用。公司成员在组合阶段透过会商可达成共识或协议。

最后一种模式——"内部升华"（Internalization），此阶段显性知识再次内化为隐性知识的阶段。它是一个将显性知识形象化和具体化的过程，通过"汇总组合"产生新的显性知识被组织内部员工吸收、消化，并升华成他们自己的隐性知识。

以上四种模式是一个有机的整体，都是组织知识创造过程中不可或缺的组成部分。总体上说，知识创造可以被概括为"隐性—隐性""隐性—显性""显性—显性"和"显性—隐性"，并相应地描述了每种类别所对应的具体过程和方法。。

2. 知识创造的 Ba 理论

SECI 模型的四个知识转化阶段中需经历四种场所(Ba)。每个场所分别提供一个基地，用于某一特定阶段的知识转化程序，并加速知识创造进程。将四个场所的四个知识转化程序前后连贯起来后，就构成一系列不断自我超越的程序，也随之显现了知识转化的螺旋式演进情况。

（1）发起性 Ba

发起性 Ba 是知识创造过程中的起点。个体与个体之间基于同情，或彼此相爱相惜，自我与他人之间的障碍得以排除后，彼此交互表露其感觉、情绪、经验与心态。个体之间亲身的面对面之接触经验对隐性知识的移转与转化十分重要。因此，应强调开放式组织设计，使员工能充分接触顾客，以便个人之间的直接交谈及沟通。

（2）对话性 Ba

将拥有特殊知识与能力的一些人组成"一个计划小组"、特案小组，或跨越业务单位之小组。让这些小组的成员在互动场所彼此交换想法，同时也对他们自己本身的想法加以反省及分析。

互动场所代表外表化阶段(the externalization process)，大家以开放态度，彼此充分对话，将隐性知识转变为显性知识，以便创造新知识及价值。

(3)系统性 Ba

系统性 Ba 代表组合阶段，可以采用网络技术，利用虚拟世界而非实际的空间与时间，进行互动。在组织内部将新的显性知识与现有的资讯与知识组合，以便再产生更新的显性知识，并使之系统化。利用"线上网路"、文件与资料库等资讯来强化这项知识的转化程序。勒内·笛卡尔(Rene Descartes)的逻辑在此获得充分的发挥。

(4) 演练性 Ba

演练性 Ba 代表内化阶段，能促使显性知识转化为隐性知识。在资深教师与同事的指导下，以观摩或实际演练等方式不断的练习，而非只坐着听教师讲授分析性之教材。能应用实际生活上或模拟的显性知识，并持续将这些知识内化。

上述四种场所各自的不同特征将有助于新知识之创造。在每个场所之内所产生的知识终将成为组织的知识基础而归大家共同来分享。然而，组织内的各个场所不仅是累积各种不同的资讯而已。这些场所具有动态性，能将隐性知识转化成显性知识，然后再进而将显性知识转化成隐性知识，并借此周期循环而持续地创造新知识。

五、迈克尔·哈默①流程再造理论

(一)生平

迈克尔·哈默(Michael Hammer，1948—2008)，流程再造之父，美国著名管理学家。先后在麻省理工学院获得学士、硕士和计算机专业博士学位。曾在 IBM 担任软件工程师，麻省理工学院计算机专业教授以及 Index Consulting 集团的 PRISM 研究负责人。凭借再造理论的贡献，《商业周刊》称誉哈默博士为"20 世纪 90 年代四位最杰出的管理思想家之一"，《时代》杂志(1996)又将哈默博士列入"美国 25 位最具影响力的人"的首选名单。

1990 年，哈默在《哈佛商业评论》上发表了《再造：不是自动化，而是重新开始》，率先提出企业再造的思想，引起学术界关注，从此奠定了他在流程再造领域的大师地位。1993 年，他和詹姆斯·钱皮(James A.Champy)合著的《再造企业：经营革命宣言》问世，迅速成为畅销书。1995 年，又出版了《再造管理》，哈默与钱皮提出应在新的企业运行空间条件下，改造原来的工作流程，以使企业更适应未来的生存发展空间。这一全新的思想震动了管理学界，一时间"企业再造""流程再造"成为大家谈论的热门话题。

(二)流程再造

20 世纪 80 年代，迈克尔·哈默和詹姆斯·钱皮在进行广泛深入企业调研后发现：一

---

① 李力，林淑田.哈佛经典管理全书[M].长春：吉林大学出版社，2010：301.

些企业大幅度改变工作方法并获得一个或多个领域戏剧化惊人的业绩,这些公司业务并没有改变,只是改变原有业务过程或者干脆取消陈旧的业务过程。他们进一步观察还发现这些企业特点是通过根本性改革而不是渐进式改良。

流程再造的核心是以顾客满意为导向再造业务流程,其基本思想是打破原有企业按职能设置部门的管理模式,取而代之的是以业务流程为中心,重新梳理与设计企业的管理过程,从整体上系统确定企业业务流程,追求全局最优,而不是个别最优。

(三)流程再造四阶段模式

迈克尔·哈默虽没有系统地归纳总结流程再造的方法步骤,但有学者基于他著作的研读,对迈克尔·哈默观念深入理解,替他归纳总结出了一个四阶段模式。

第一阶段,搭建再造团队:明确再造领导人,任命流程再造主持人、再造总管,必要时组建指导委员会,组织再造小组。

第二阶段,寻求再造机会:选择要再造的业务流程,了解客户需求和分析流程,确定再造流程的顺序。

第三阶段,设计并优化流程:召开重新设计会议,运用各种思路和方法重构业务流程。

第四阶段,实施再造流程:向员工展望再造前景,做好再造舆论宣传,实施再造流程。

(四)流程再造应遵循的原则

迈克尔·哈默在《再造不是自动化,而是重新开始》中总结了为流程再造的八条原则:

1. 结果导向。不是围绕任务进行组织,而是围绕结果进行组织。企业应当围绕某个目标或结果,而不是单个的任务来设计流程中的工作。

2. 要让利用流程结果的人执行流程。

3. 要将信息处理工作纳入到产生该信息的实际工作流程。

4. 要将分散资源视为一体。企业可以利用数据库、电信网络和标准化处理系统,在获得规模和合作价值的同时,保持灵活性和优良服务。

5. 要将并行工作连接起来,而不是连接它们的结果。将平行职能连接起来,并在活动进行中,而不是在完成之后,对其进行协调。

6. 要将决策点设定为工作的地方,并在流程中建立控制程序。让开展工作的人员决策,把控制系统嵌入流程之中。

7. 一次性获取源头取信息。

8. 领导支持。流程再造成功必备条件是:领导层真正富有远见。只有领导层支持,并能经受住企业内抵触,人们才会认真对待流程再造。为了赢得原先安于现状的员工的支持,领导层必须坚持、坚持再坚持,甚至略带一点狂热。

(五)流程再造效果与问题

流程再造理论提出后，美国的一些大公司，如 IBM、通用汽车、科达、福特汽车等纷纷推行业务流程再造，试图利用它发展壮大自己。实践证明，这些大企业实施业务流程再造以后，取得了巨大成功。

流程再造在取得成功的同时，失败率也高，其问题在于：①流程再造未考虑企业的总体经营战略思想；②未考虑经营流程的设计与管理流程的相互关系；③忽略作业流程之间的联结作用。

六、艾德加·沙因①的组织文化理论

(一)生平

艾德加·沙因(Edgar Henry Schein，1928—　)，企业文化研究开创者和奠基人，美国麻省理工学院斯隆商学院荣誉退休教授，1947 年毕业于芝加哥大学教育系，1949 年在斯坦福大学取得社会心理学硕士学位，1952 年取得哈佛大学博士学位。他率先提出了"企业文化"概念，奠定了企业文化研究的基础。发表《沙因组织心理学》《组织文化与领导力》《麻省理工斯隆商学院过程咨询课Ⅰ》与几十篇研究论文。

(二)组织文化的含义

20 世纪 80 年代，随着日本企业竞争力的迅速增强，许多学者开始关注并研究日本企业管理，发现日本企业发展重要因素为日本独特的企业文化。管理学者开始对企业文化或组织文化进行研究，综合起来主要内容有：

(1) 行为准则：人们交往互动过程中所被观察到的行为准则，包括语言和仪式；
(2) 群体规范：如霍桑实验中所揭示的工作群体规范；
(3) 组织认可的主导性价值观；
(4) 正式哲学：包括处理组织与股东、员工、顾客等利益相关者关系时应该信奉的意识形态，以及给予组织中各种政策指导的哲学。
(5) 游戏规则：组织中新成员必须学习的、能与其他成员友好相处的规则；
(6) 组织氛围：组织成员、顾客和外来人员能感受到的组织气氛。
(7) 组织能力：包括组织成员在完成任务的特殊能力，也包括不凭借文字和其他艺术品就能由一代向另一代传递的处理主要问题的能力等；
(8) 思维习惯、心智模式、语言模式；
(9) 组织共享：组织成员在相互作用过程中所创造的自然发生的一种理解；
(10) 一致性符号。

---

① 郭咸纲. 西方管理思想史[M]. 北京：经济科学出版社，2004：369.

沙因认为对这些内容的讨论都没有涉及文化的本质，沙因在《组织文化与领导》中将组织文化定义为："一种基本假设的模型——由特定群体文化在处理外部适应与内部聚合问题的过程中发明、发现或发展出来的——由于运作效果好而被认可，并传授给组织新成员以作为理解、思考和感受相关问题的正确方式。"

沙因将组织文化分为以下三个层次：

(1) 人造物(Artifacts)。人造物是文化最明显的层次，在这个层次人们可以看到物理空间、群体输出的技术，书面的和口头的语言、艺术作品和组织成员公开的行为。

(2) 价值观(Espoused Values)。价值观强调的是"应然"，而不是"实然"。只有某种价值观产生了实际效果，且持续发挥作用，价值观才能逐渐转变为组织信念和假设。当价值观被组织成员认为理所当然时，并进入无意识状态，习惯成自然，就能起到指导组织成员怎样去处理相关问题，成为组织准则和精神力量。

(3) 隐性假设(Basic Assumptions)。阐明了企业主要信奉的价值观，并不代表真正了解组织文化，只有更充分地了解各种类型的基本假设，才能进入更深的组织层次，才能理解不同的价值观，并准确地预见未来的行为。隐性假设大部分出于一种无意识的层次，所以很难观察到。然而，正因为它们的存在，我们才容易理解组织为什么会以特定的形式发生每一个具体事件。这些基本隐性假设存在于人们的自然属性、人际关系与活动、现实与事实之中。

(三)组织文化的五个维度

沙因综合前人对文化比较的研究成果，对于深层的处于组织根底的文化分成以下五个维度：

(1) 自然和人的关系：人类对自然究竟是顺从、协调还是征服，构成组织文化的基础。不同组织对自然关系上假设是不同的。组织持有什么样的假定毫无疑问会影响到组织的战略方向，组织能否兴旺发达，全仰仗于它与环境之间的关系基本假设是否正确，自身和环境能否在发展中保持协调。

(2) 现实和真理的本质：什么是真实的、什么是现实的、判断它们的标准是什么、如何论证真实和现实以及真实是否可以被发现等都需要组织做出一系列假设，这些假设决定组织行为：对组织成员怎样采取行动、如何筛选适用的信息、什么时候决定是否采取行动以及行动要干什么等。沙因指出在现实层面上包括客观的现实、社会的现实和个人的现实。在判断真实时可以采用道德主义或现实主义的尺度。

(3) 人性的本质：每一种文化中，都会对"人性"以及对个人与团体关系做出假设。不同的人性假设在实践中体现为各种不同的管理观念和管理行为。沙因自己提出的复杂人性假设。作为一个组织，必须在人性假设上达成共识，否则就无法形成管理体系。

(4) 人类活动的本质：文化涉及对行为方式的不同假设，包括哪些人类行为是正确的，人的行为是主动或被动的，人是由自由意志所支配的还是被命运所支配的，什么是工作，什么是娱乐等一系列假设，这些假设反映了个人和组织对环境的基本关系。

(5) 人际关系的本质：每一种文化都有关于自己与他人相互联系的方式假设，包含着什么是权威的基础、权力的正确分配方法是什么、人与人之间关系是竞争还是合作等假定，这些假设保证组织安定和舒适。没有人际关系的共识，就无法形成团体秩序和共同目标，就会造成组织分裂和争斗，最后毁灭。

(四)组织文化的生成和领导的作用

背景相同，社会环境相同，社会经历相同的两位领导，领导不同企业5年或10年后发现，这两个企业的文化完全不同，原因何在？某种文化元素在新环境中没有存在价值，但是组织中仍然存在，为什么？有些文化无论领导者还是员工都认为必须革除，但是它还是能够幸存，原因何在？沙因在提出文化形成过程之前，首先提出以上一系列疑问。沙因认为要解释组织文化如何生成需要综合使用群体力学理论、领导理论和学习理论。利用群体力学理论——通过观察组织中的各种群体，说明在群体根底中潜在的个人之间情绪过程，利用群体力学理论可以很好解释这个共有过程。利用学习理论可以对于文化的学习过程进行解释。领导理论关于领导者的个性、类型对于组织形成的影响的研究结果，对于理解文化如何进化会有很大帮助。

沙因提出以上所述的理论分析框架后，采用这些理论分别对小群体中文化出现、组织创始者是如何创造文化、领导者是如何根植和传播文化等进行了深入研究。在他的著作《组织文化和领导》中还专门讨论了组织的成长阶段和文化变革机制。

(五)沙因组织文化研究的意义

如何适应组织内、外部环境的变化，永远是企业经营过程中最重要的研究课题之一，特别是新世纪以来环境变化速度越来越快，组织适应环境变化显得越来越重要。为了适应环境变化，企业需要改变思考方式和行为方式，然而新的方式却难以产生或难以生存。沙因组织文化研究为我们认识组织文化本质提供了理论工具与方法，我们只有从根本上进行变革才能适应新形势、新变化，不能简简单单地改变战略、组织结构、管理系统等。

七、比尔·史密斯①的六西格玛理论

(一)生平

比尔·史密斯(Bill.Smith，1929—1997年)，六西格码之父，1952年毕业于美国海军学院并就读于明尼苏达大学的商业学院，具备接近35年工程和质量工作经验的他，在20世纪80年代受雇于摩托罗拉，1997年死于心脏病发作。为了纪念史密斯的才华和奉献精神，西北大学凯洛格管理学院成立了史密斯奖学基金，以表彰史密斯对凯洛格和他对教学和实践质量的贡献。

---

① 侯世旺，李梦群. 质量管理与可靠性[M]. 北京：国防工业出版社，2015：290.

(二)六西格玛理论产生的背景

在20世纪60年代,日本引入美国质量控制思想,曾多次邀请美国著名质量管理大师戴明、朱兰等传授质量管理思想。同时,日本企业认真学习和开创性的实施,使产品质量有了大幅度的提高。20世纪70年代末,日本产品凭借过硬的品质,成功抢占了美国大量的市场份额。20世纪80年代,一家日本公司从美国摩托罗拉手中买走一家电视机制造厂后,很短时间摩托罗拉电视机质量像变魔术一样,电视机的缺陷率只是原有摩托罗拉管理下的二十分之一。美国摩托罗拉公司在同日本组织的竞争中,先后失去了收音机、电视机、半导体等市场,1985年公司濒临倒闭。虽然和那时其他的许多公司一样,摩托罗拉不是只有一个质量控制系统,而是有几个。面临市场的不断被吞噬与业务危机,摩托罗拉的领导人不得不承认自己产品质量相对于日本质量低劣得多。1987年,当时摩托罗拉的通信部门经理乔治·费希尔创立了一种质量管理新方法,这种革新性的改进方法就是六西格玛质量管理方法。同年,美国政府为了提高国内产品的质量,设立了马尔科姆·鲍得里奇国家质量奖。

六西格玛(6σ)概念是1986年由摩托罗拉公司的比尔·史密斯提出,旨在生产过程中降低产品及流程的缺陷次数,防止产品变异,提升品质。20世纪90年代中期,通用电气公司将全面质量管理方法演变为一个高效的企业流程设计、改善和优化的质量管理技术。六西格玛管理与通用电气的全球化、服务化、电子商务等战略齐头并进,成为全世界上追求管理卓越最重要的战略举措。六西格玛理论逐步发展为以顾客为主体确定企业战略目标和产品开发设计的标尺,追求持续改进的管理哲学,成为一种提高企业业绩与竞争力的管理模式。该管理法在摩托罗拉、通用、戴尔、惠普、西门子、东芝、索尼等众多跨国企业的实践证明是卓有成效的。

(三)六西格玛管理的特征

六西格玛管理法是一种质量统计评估法,核心是追求产品零缺陷生产,降低企业的营运成本,防范产品责任风险,提高生产率和市场占有率,提高顾客满意度和忠诚度。

1. 高度关注顾客需求

六西格玛质量代表了对顾客要求的极高的符合性和极低的缺陷率。它把顾客的期望作为目标,并且不断超越这种期望。因此,六西格玛管理必须从顾客需求角度定义质量,必须以更为广泛的视角,高度关注影响顾客满意的方方面面。缺乏对顾客需求的清晰了解,是无法成功实施六西格玛管理的。六西格玛管理的起点和终点都是"顾客的心声",以顾客需求贯彻始终,从而真正关注顾客。六西格玛管理首先要确定顾客的需求以及确定能满足这些需求的流程。没有满足顾客需求即构成"缺陷"。企业持续改进就是不断提高顾客需要的满意程度,可以从3σ开始,然后是4σ、5σ,最终达到6σ。

2. 用数据说话

六西格玛管理方法是一种高度重视数据,依据数字、数据进行决策的管理方法,强调

"用数据说话""依据数据进行决策","改进一个过程所需要的所有信息,都包含在数据中"。西格玛(σ)是一个希腊字母,统计学上用来表示标准偏差,描述总体中的个体离均值的偏离程度。6σ质量水平意味着所有的过程和结果中99.99966%是无缺陷,换一句话说,做100万件事情,其中只有3.4件是有缺陷的,这几乎趋近到人类能够达到的最为完美的境界。六西格玛管理要求测量影响顾客满意的所有因素,通过评估系统,跟踪结果和产出,并追溯生产、服务和业务流程的投入和其他可预测因素。决策者及经理人可以从各种统计数据中找出问题在哪里,真实掌握产品不合格情况和顾客抱怨情况等,进行持续改进。如成本节约、利润增加等,也都以统计资料与财务数据为依据。没有数据,就无法准确、客观地呈现已发生的事实。一旦把数据摆出来,那么该解决什么问题就一目了然了。

3. 重视改善业务流程

传统质量管理理论和方法往往以结果为导向,通过加强终端检验、售后服务来确保产品质量。事实上,生产过程中产生的废品对企业来说不仅仅造成直接经济损失,而且需要花费大量售后维修费用。6σ管理重点关注产生缺陷的根本原因,认为质量是靠流程的优化,而不是通过严格地对最终产品的检验来实现的。关注流程每一个环节产生的偏差和不稳定性,通过增加流程的控制能力和控制方法实现稳定的管理,对流程进行彻底解剖,围绕客户的价值取向,去除流程中任何不增值或者影响增值的环节,实现顾客让渡价值最大化。将流程的概念真正引入到作业管理以外的管理领域,特别是服务领域,这是六西格玛管理的一个首创。

4. 突破管理

六西格玛持续改进的思路和方法是对产品的整个流程,从人机料法环等因素进行详细分析,把可能影响质量的因素都分析出来。利用六西格玛方法,就好像找到了一个重新观察企业的放大镜,对那些可能影响质量的因子特别是那些日常改善方法难以取得大的进展,而又相对重要的因子进行筛选,进一步验证,进行改善,就会取得明显改进,这种改善的程度是飞跃的,也被称为突破性的改善。

5. 倡导无界限合作

六西格玛管理扩展了合作的机会,流程优化与改进对于提高产品质量非常重要。工作流程中各个部门、各个环节形成相互关联、相互依赖,因此加强部门之间、上下环节之间的合作和配合,可以提升流程工作质量,更好满足顾客需求。无边界合作强调为了共同的目标,组织内外的任何单位、部门、岗位、个人、外部合作伙伴,既要负起自己职能范围的责任,又不能仅限于对所专负的职责承担责任,而是要向所能承担的职责转化。由于六西格玛管理所追求的质量改进是持续的,一个永无终止的过程,而这种持续改进必须依赖高素质员工,因此,有助于形成勤于学习的企业氛围。事实上,导入六西格玛管理的过程,本身就是一个不断培训和学习的过程,通过组建推行六西格玛管理的骨干队伍,对全员进行分层次的培训,使大家都了解和掌握六西格玛管理的要点,充分发挥员工的积极性和创造性，在实践中不断进取。

(四)六西格玛管理的组织结构

1. 管理委员会

成功的六西格玛管理有一个共同的特点，即企业领导者的全力支持。管理委员会是企业实施六西格玛管理的最高领导机构，由企业领导层成员担任，其主要职责是：设立六西格玛管理初始阶段的各种西格玛管理职位；分配资源，明确具体的改进项目及改进次序；定期评估各项目的进展情况，并对其进行控制与指导；当各项目小组遇到困难或障碍时，给予支持并帮助他们排忧解难等。

2. 项目负责人

六西格玛管理的项目负责人，是一个至关重要的职位，应由一位具有较强的综合协调能力的副总裁级别以上的高层领导担任，主要任务是领航与引导，主要职责是：为各项目设定目标、方向和范围；协调项目所需资源；处理各项目小组之间的重叠和纠纷，加强项目小组之间的沟通等。

3. 黑带

黑带是六西格玛变革的中坚力量，由企业内部选拔出来，全职实施六西格玛管理，在接受培训取得认证之后，被授予黑带称号，担任项目小组负责人，领导项目小组实施流程变革，担任公司高层领导和倡导者的高级参谋，具体协调、推进六西格玛管理在全公司或特定领域、部门的开展，持续改进公司的运作绩效，同时负责培训绿带。

4. 黑带大师

黑带大师是六西格玛管理最高级别的专家，一般是统计方面的专家，必须熟悉所有黑带所掌握的知识，深刻理解以统计学方法为基础的管理理论和数学计算方法，能够确保黑带在实施应用过程中的正确性。主要负责提供技术指导，并具体指导和协助黑带及其团队完成每个步骤的关键任务，为团队在收集数据、统计分析、设计试验及与关键管理人员沟通等方面提供意见和帮助。

5. 绿带

绿带可以兼职，绿带是黑带领导的六西格玛项目团队的成员，在黑带的直接领导下工作，参与项目运作的所有阶段，或结合自己的工作开展涉及范围较小的六西格玛项目。

(五)六西格玛的 DMAIC 模式

DMAIC 是六西格玛管理中流程改善的重要工具。六西格玛管理不仅是理念，同时也是一套业绩突破的方法。它将理念变为行动，将目标变为现实。一般用于对现有流程的改进，包括制造过程、服务过程以及工作过程等：

1. 定义[Define]——确定员工的知识、技能和素质等方面的关键需求，并识别需求改进管理流程，并将改进的内容界定在合理的范围内。

2. 测量[Measure]——对现有流程的测量，辨别核心流程和辅助流程，识别影响流程输出的输入要素，并对测量系统的有效性作出评价。

3. 分析[Analyze]——通过数据分析，确定影响流程输出的关键因素，即确定质量管理过程的关键影响因素。

4. 改进[Improve]——优化解决方案，并确认该方案能够满足或超过项目质量改进目标。

5. 控制[Control]——使改进后的流程程序化，并通过有效的监测手段，确保流程改进的成果。

本 章 小 结

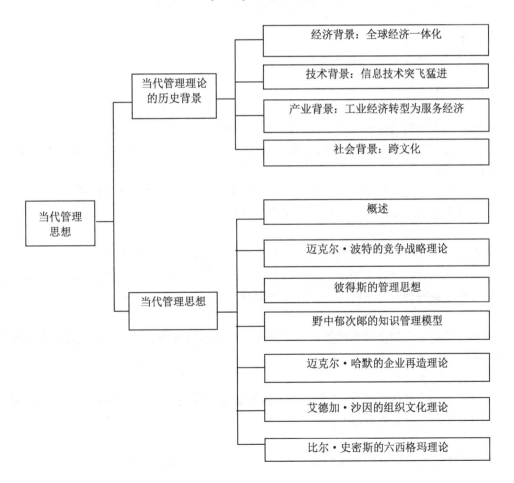

习　　题

一、思考题

1. 当代管理思想产生与发展有没有其历史必然性？
2. 当代管理思想共同特点有哪些？
3. 迈克尔·波特的竞争战略理论主要内容有哪些？
4. 如何打造学习型组织？
5. 野中郁次郎的知识管理模型给我们哪些启示？
6. 企业为什么需要流程再造？如何提高再造的成功率？
7. 为什么要塑造组织文化，如何塑造组织文化？
8. 企业为什么要引入六西格玛管理？如何提升企业的质量水准？

二、案例分析

1. 华为公司的波特五力模型分析

(1) 进入威胁

优：在电讯产品市场中，华为市场份额和顾客忠诚度高；形成规模化经济，成本较低；多元化的经营和成熟的分销渠道；政府政策对行业的支持。

缺：政府政策对行业的支持(既是优点也是缺点)；行业利润丰厚，吸引大量投资者。

(2) 替代威胁

华为存在的替代威胁是一些可以改善现有产品品质和具有较高性价比的产品，特别是该替代品是由盈利很高的产业生产的，将更具有竞争力。

(3) 客户价格谈判能力

华为面对的这种竞争力是巨大的，它为了取得与欧洲电信运营商沃达丰合作，而接受了沃达丰长达一年的覆盖公司所有业务部门的考核评价。此外，一些批发商和零售商也具有很强的价格谈判能力，这对华为有较大的影响。

(4) 供应商价格谈判能力

华为公司提供诸如集成电路板、计算处理器等通信设备核心产品的供应商对华为而言具有很强的价格谈判能力。

(5) 现有竞争者竞争

存在着势均力敌的竞争(大唐、中兴、国外实力雄厚企业)；电讯行业总体生产规模和能力大幅提高，改变了供求原有状态。

分析：

如果华为五力模型分析准确的话，那么华为如何进行战略选择？

2. 华为与学习型组织

任正非对于培训有一个精辟的见解，他说："技术培训主要靠自己努力，而不是天天听别人讲课。其实每个岗位天天都在接受培训，培训无处不在、无时不有。如果等待别人培养你成为诺贝尔，那么是谁培养了毛泽东、邓小平？成功者都主要靠自己努力学习，成为有效的学习者，而不是被动的被灌输者，要不断刻苦学习提高自己的水平。"

分析：

任正非的讲话是否有利于华为公司打造为学习型组织？

3. 任正非的管理理念

一次，任正非在华为大学教育学院工作汇报会上说："人要善于总结。人的思想就是一根根的丝，总结一次打个结就是结晶，四个结就是一个网口，多打了结，纲举就目张了。总结的越多就越能网大鱼。"

分析：

任正非这句话体现什么样的管理理念？

4. 华为的流程管理

华为是最早实施流程再造的企业，也是最典型的向流程要红利的企业。1998 年，华为就从 IBM 引入了集成产品研发流程(IPD)和集成供应链流程(ISC)，随后又引入了集成财务流程(IFS)……任正非敢于在所有人反对时，要求华为"削足适履"。敢于设置铁规，要求每个基层员工可以发邮件直接反馈重大情况；敢于不断自我批评，在顺境时依然不断敲打企业，他曾经多次"敲打"华为的各部门。直到 2003 年上半年，数十位 IBM 专家撤离华为，业务变革项目暂告一个段落。此次业务流程变革历时 5 年，耗资 5000 万美元。

分析：

任正非为什么竭力推行流程管理？流程再造给华为带来哪些变化？

5. 华为的狼性

华为非常崇尚"狼"，认为狼是企业学习的榜样，要向狼学习"狼性"，狼性永远不会过时。任正非说：发展中的企业犹如一只饥饿的野狼。狼有最显著的三大特性，一是敏锐的嗅觉，二是不屈不挠、奋不顾身、永不疲倦的进攻精神，三是群体奋斗的意识。同样，一个企业要想扩张，也必须具备狼的这三个特性。作为最重要的团队精神之一，华为的"狼性文化"可以用这样的几个词语来概括：学习、创新、获益、团结。用狼性文化来说，学习和创新代表敏锐的嗅觉，获益代表进攻精神，而团结就代表群体奋斗精神。

分析：

华为的企业文化给我们哪些启示？

6. 华为的质量管理

2016 年 3 月 29 日，由国家质量监督检验检疫总局组织实施的中国质量领域最高政府性荣誉—"中国质量奖"颁奖仪式在人民大会堂举行。华为公司凭借"以客户为中心的华为质量管理模式"获得该奖项制造领域第一名的殊荣。国务委员王勇出席颁奖仪式并向华为公司董事长孙亚芳颁发获奖证书。作为国内质量领域最高政府性荣誉，"中国质量奖"由国务院批准设立、国家质检总局负责组织实施，每两年评选一次。第二届中国质量奖授予为建设质量强国做出突出贡献、在全社会具有显著示范带动作用的组织和为提高我国行业和地方质量水平做出突出贡献的个人。

华为公司首席质量官李刚表示，"华为能够获得'中国质量奖'制造领域第一名的殊荣，是对华为长期坚持以'质量为生命'的肯定和褒奖。20多年来，在'以客户为中心，以奋斗者为本'的公司核心价值观牵引下，华为积极推进质量优先战略落地，基于客户和消费者需求持续创新，赢得了客户和消费者的信赖。

分析：

华为质量管理的核心理念是什么？

【推荐阅读书目】

武杰，孙雅琪. 复杂性科学的学科特征及其哲学境界[J]. 自然辩证法研究，2017(07).

席酉民，韩巍，尚玉钒. 面向复杂性：和谐管理理论的概念、原则及框架[J]. 管理科学学报，2003(04).

陈禹. 复杂性研究——转变思维模式的一个重要方向[J]. 复杂系统与复杂性科学，2016(04).

张巍. 生态思维方式产生的理论动因和实践旨趣[D]. 哈尔滨：哈尔滨工业大学，2007.

付晓男. 生态思维方式——对辩证思维的回归[J]. 长春工程学院学报(社会科学版)，2006(02).

刘佳. 迈克尔·波特：差异化战略，构筑竞争优势[J]. 经营与管理，2014(04).

齐善鸿，王鉴忠，宋君卿. 卓越管理共同价值的探索：管理圣经《追求卓越》解读新视角[J]. 经济问题探索，2008(01).

张冠军，鞠磊. 学习型组织的本质及其启示——基于《第五项修炼》的反思[J]. 新视野，2011(02).

王淼，苏勇，邓颖慜. 学习型组织建构的知识基础论阐释[J]. 科技进步与对策，2011(01).

吴庆海. 野中郁次郎的"知识创造"[J]. 企业管理，2017(05).

郭晓君. 知识创新：一个有待深化研究的课题——兼评野中郁次郎的知识管理创新模式[J]. 生产力研究，2003(06).

黄解宇. 流程管理发展的两大革命——从福特的流水线到哈默的流程再造[J]. 科技管理研究，2005(11).

黄饶黎. 沙因模型视角下组织文化的激励功能研究——以桂西公路局为例[D]. 南宁：广西大学，2014.

胡雯. 六西格玛管理对产品质量改进的应用研究[J]. 经营管理者，2016(05).

李修成，刘冬青. "零缺陷"质量管理的推广与应用[J]. 现代企业教育，2008(10).

第十二章

东西方管理思想的融合与发展

学习目标：比较东西方人性假设的异同；理解 Z 理论和学习型组织理论提出的背景和主要观点，以及对东方管理思想的借鉴。

关键概念：Z 理论(theory Z)　人性假设(Human Nature Assumption)　终身雇佣制(Permanent Employment System)　学习型组织(Learning Organization)　团队学习(Team Learning)　系统思考(Systems Thinking)

以外国人的管理方式，加上中国人的管理哲学，以及保存员工的干劲及热忱，无往而不利。

——李嘉诚

21 世纪以来，随着中国经济逐渐崛起为全球第二大经济体，中国特色的经济管理经验逐渐得到世界的重视。西方管理思想一统世界的局面开始改变，人们开始重新审视基于"唯理论"和"经验论"的西方管理模式。西方管理思想建立在近代科学技术的巨大发展之上，是自然科学向管理科学的渗透和移植，偏重于技术、方法的应用，可能导致"教条主义"和"经验主义"，造成以"人"为中心的管理精神的缺乏，违背人本主义理念；而中国传统的管理思想以人为核心，遵循自然规律，注重道德教化和示范，但存在不追求效益、管理非规范化且缺乏科学理性的问题。不论东方的还是西方的管理思想都有其固有的内部缺陷，最终会阻碍东西方管理思想的进一步发展。因此，互相学习、取长补短成为最佳的发展方式。如果把中国传统智慧与西方科学精神的整合融通，用中国传统管理思想来指导西方管理制度和工具，将极大地促进现代管理思想的发展。①

---

① 张俊伟，罗章. 管理的中国精神——儒家人本主义理念内涵及其对现代企业管理的启示[J]. 管理观察，2008(12).

第一节 东西方人性假设比较

一、中国传统的人性假设

任何管理都基于一定的人性假设,人性假设是对于人的本质属性的根本看法,不管什么样的管理理论和实践,其存在和发展必然以对人性的基本认知为前提和根据。管理中的人性假设,实际是指对员工的需要及劳动态度,以及应该如何去激励和管理所持的观点和看法。东西方不同的管理思想各自基于不同的人性假设。

中国自两千多年前的先秦时代开始,对于人性问题一直有着丰富的论述。最先论及人性问题的是春秋时期的孔子。孔子在《论语·阳货》中提出"性相近也,习相远也"。也就是说,人的本质是相似的,由于所处环境不同,因而有不同的表现。

此后,诸子"皆言性有善有恶"(《论衡·本性》),形成了各种不同的人性论派别,主要有:性善论、性恶论、性无善无不善论、性有善有恶论。这四个派别均在先秦时代就已出现,之后历代形形色色的人性论观点都可视为其变式。

(一)性善论

性善论是我国战国时期儒家代表人物孟子提出来的。孟子主张"人之初,性本善",人的本性天生就是善良的,具有"恻隐、羞恶、辞让、是非"等所谓"四端","扩而充之"便可发展为仁、义、礼、智。孟子认为,人人有善的萌芽,统治者能保持发展它,庶民则不能。"性善说"是孟子"仁政说"的理论基础,对后代影响很大,宋代的张栻、陆九渊,明末清初的陈确、黄宗羲、王夫之都是赞同"性善论"的代表人物。

(二)性恶论

性恶论是我国战国时期儒家代表人物荀子提出来的,荀子主张"人之初,性本恶"。荀子在《荀子·性恶》篇中指出:"人之性恶,其善者伪也",意思是说人的本性天生是恶的,善良只是后天人为的结果,是一种假象。荀子说:"今人之性,饥而欲饱,寒而欲暖,劳而欲休,此人之性情也。"又说"若夫目好色,耳好声,口好味,心好利,骨体肤理好愉逸,是皆生于人之情性者也。"

荀子在"性恶论"的基础上,还提出了"隆礼""重法"礼法结合的思想,认为人通过后天的"礼义法度"等社会属性才能变成善。此后韩非子、李斯等人把荀子"性恶论"推到极端,形成了法家"法治"的理论基础。

(三)性无善无不善论(流水人性)

性无善无不善论是我国战国时期的哲学家告子提出来的。告子主张人性"无善无不善"。

告子从"生之谓性"和"食色性也"(《孟子·告子上》)的见解出发,把人性理解为人人都具有的饮食男女一类的生理方面的共同需求。告子说:"性犹湍水也,决诸东方则东流,决诸西方则西流。人性之无分于善不善也,犹水之无分于东西也。"他的人性论因此也被称为"流水人性"。告子还认为"性,犹杞柳也,义,犹桮棬也"(《孟子·告子上》),认为人性犹如杞柳,可以编成各种不同的器具,即人性不是天生的,而是人为造成,后天教育的结果。

宋代的苏轼、清代的廖燕等都持有相近的观点。近代梁启超的"个性中心论",主张天性自然,无所谓善,也无所谓恶,倡导"尽性主义",把各人的天赋良能发挥到十分圆满,人人可以自立,不必累人。佛家的人性观也相似。《六祖坛经》上说"不思善,不思恶,正与么时,哪个是明上座本来面目"。这里的"善、恶"是由于分别意识产生的,善恶只是世间法,出世法无善无恶。道家的提出人是自然人,自然存在的事物无所谓善恶,分别善恶会导致"圣人不死,大盗不止"。

(四)性有善有恶论

性有善有恶论是战国时世硕等提出来的,"以为人性有善有恶,举人之善性,养而致之则善长;性恶,养而致之则恶长。如此,则性各有阴阳,善恶在所养焉"(《论衡·本性》),即人生来就具有善和恶这两种自然本性,它们有如阴阳二气一样,阴者谓恶,阳者谓善。在世硕之后,相似主张的代表人物还有汉代的董仲舒、扬雄、王充,唐代的韩愈,宋代的司马光等。中国传统的人性假设见表12-1。

表12-1 中国传统的人性假设

理论	性善论(儒家)	性恶论(法家)	性无善无不善论 (流水人性)	性有善有恶论
主要观点	人之初,性本善	人之初,性本恶	性无善无不善	人性有善有恶
主要内涵	恻隐之心 羞恶之心 辞让之心 是非之心	目好色,耳好声,口好味,心好利,骨体肤理好愉逸。	性犹湍水也,决诸东方则东流,决诸西方则西流;人性之无分于善不善也,犹水之无分于东西也。 不思善,不思恶。 圣人不死,大盗不止。	举人之善性,养而致之则善长;性恶,养而致之则恶长。如此,则性各有阴阳,善恶在所养焉。
代表人物	孟子、张栻、陆九渊、黄宗羲、王夫之等	荀子、韩非子、李斯等	告子、苏轼、廖燕、梁启超、慧能、庄子	世硕、董仲舒、扬雄、王充、韩愈、司马光等

二、西方的人性假设理论

西方管理学界对人性假设的论述也十分丰富。美国管理学家麦格雷戈在 1957 年《哈佛管理评论》发表的《企业中的人性面》一文中首先提出 X-Y 理论。美国组织行为学家艾德佳·沙因(E.H.Schein)在 1960 年的《组织心理学》一书中，将西方人性假设理论归结为五种："经济人、社会人、自我实现人、复杂人、文化人"。

(一)"经济人"假设

"经济人"假设应当追溯到 18 世纪的亚当·斯密和李嘉图，亚当·斯密认为每个人都是理性人，都是为了个人私利而活着，对个人利益最大化的追求就像"一只看不见的手"，指挥着人的行为。"经济人"假设和 X 理论起源于享乐主义，认为大多数人天生趋于懒惰，讨厌和逃避工作。人的行为就是为了获得最大的经济利益，工作的目的是为了获得经济报酬。"经济人"假设是泰勒的科学管理的基础。泰勒认为，管理手段应以物质诱饵为主，采用"胡萝卜加大棒"式的管理方式：一方面靠金钱和物质利益的刺激，一方面靠严密的控制、监督和惩罚，追使人为组织目标努力。

(二)"社会人"假设

梅奥的霍桑实验(1924—1932 年)暴露了"经济人"假设的不当之处。梅奥提出"社会人"假设，其主要内容是：社交需要是人类行为的基本激励因素，而人际关系是形成人们身份感的基本因素。人们最重视的是工作中与周围人友好相处，物质利益是相对次要的因素。管理中应强调与人协作，而不是乌合之众的相互竞争。以梅奥为代表形成了人际关系学派，他们认为，管理者不应把自己的注意力局限于完成任务上，而应更多地注意为完成任务而工作的员工的需要上。

(三)"自我实现人"假设

20 世纪 40—50 年代，马斯洛等人最先系统地研究人的需求，认为人的需求是有层次高低之分的，共分五个层次：最低层次的需求是生理需求，就是吃穿住等基本生存需求，往上分别是安全的需求、社会交往的需求、尊重的需求，最高层次的需求是自我实现的需求。麦格雷戈提出的 Y 理论与"自我实现人"假设相似，都认为人期望发挥自己的潜力，表现自己的才能，只要人的潜能充分发挥出来，就会产生最大的成就感和满足感。管理的重点是创造一个有利于人发挥潜能的工作环境，管理者的职能应从监督、指挥变为帮助人们克服自我实现过程中遇到的障碍。

(四)"复杂人"假设

美国组织行为学家艾德佳·沙因等人在总结前人的人性假设理论后认为：人不是单纯

的"经济人",也不是完全的"社会人",而应该是因时、因地、因各种情况采取适当反应的"复杂人"。1970 年,美国管理心理学家约翰•摩尔斯(J.Malse)和杰伊•洛希(J.W.Lorsch)提出了"超 Y 理论",其思想观点和"复杂人"假设相似,它们共同构成权变学派的理论基础。两者的主要内容是:人的需要因自身发展和环境改变而改变,形成错综复杂的动机模式,各不相同。并不存在某种放之四海而皆准的组织模式,适当的组织模式应该根据工作性质和工作人员的特定需要而定。

三、中西方人性假设的比较

中西方人性假设有许多共通之处,比如孟子的"性善论"与西方的"自我实现人"假设、Y 理论相似;我国古代的"性有善有恶论"与西方的"复杂人"假设相似;荀子的"性恶论"与西方的"经济人"假设、X 理论十分接近。中西方人性假设理论的简要比较见表 12-2。

表 12-2　东西方人性假设的比较

中国理论	性善论(儒家)	性恶论(法家)	性无善无不善论 (流水人性)	性有善有恶论
主要观点	人之初,性本善	人之初,性本恶	性无善无不善	人性有善有恶
西方理论	"社会人"假设 (人际关系理论)	"经济人"假设 (X 理论)	"自我实现人"假设 (Y 理论)	"复杂人"假设 (超 Y 理论)
主要观点	社交需要是人的基本需要,物质利益相对次要	人是自私的,以获得最大的经济利益为目的	人都期望实现自我的潜能,能够"自我督导"	人的需要因自身发展和环境改变而错综复杂

第二节　Z 理论

20 世纪 70 年代,美国企业受到日本企业的强烈冲击,大量国际市场被日本企业抢占,日本汽车打入美国市场,同时,美国企业的管理效率也与日本企业拉开差距。面临日本的挑战,美国管理学界展开了大量研究。

【专栏 12-1】日本人的管理方式[①]

美国德克萨斯州一家电视机厂因为经营管理不善而濒临倒闭,老板决定请一名日本人来接管。七年后,在这位日本人的管理下,产品数量和质量都达到了历史最高水平,令美

---

① 李珍. 现代柔性管理艺术[J]. 管理与财富,1998(2):11-11

国人赞叹。日本人靠的是尊重人,这种优秀的文化表现在其所采用的三项措施之中。

第一,接管之初,新任经理把职工召集在一起,不是指责、嘲笑他们的失败,而是请他们喝咖啡,聚会,向每一个职工赠送一台半导体收音机,同时也诚恳地向他们提出一些合理的要求。

第二,日本经理不像美国人那样与工会闹对立,而是主动地选择拜会工会负责人,希望多多关照,力图使美国工人解除心理戒备,在感情上与美国人靠拢。

第三,工厂生产有了起色之后,需要增加劳动力,日本经理不是去招收年轻力壮的新人,而是把以前被该厂解雇的老职工全部召集回来重新任用,以培育工人们的报恩之心。

一、日本式管理和美国式管理的比较

1981年日裔美籍教授威廉·大内出版著作《Z理论——美国企业界怎样迎接日本的挑战》。大内教授选择了日、美两国的一些典型企业进行研究,这些企业都在本国及对方国家中设有子公司或工厂,采取不同类型的管理方式。他比较了日本式管理成分较多的J(Japan)式管理组织和美国式管理成分较多的A(America)式管理组织的区别,见表12-3。

表12-3 日本式管理和美国式管理的比较

日本(J式)管理	美国(A式)管理
长期雇佣制	短期雇佣制
缓慢评定和提升	快速评定和提升
非专业化的职业道路	专业化的职业道路
含蓄的控制	明确的控制
集体决策	个人决策
集体责任制	个人负责制
整体关心	部分关心

二、Z式管理

在分析了A型组织和J型组织之后,大内提出了他所设计的"Z式"管理模式,其特点如下:

(1) 长期雇佣制,给予职业保障。

(2) 上下结合制定决策,鼓励员工参与管理。

(3) 个人负责制,要求基层管理人员不机械执行命令。

(4) 长期评价和稳步提拔。

(5) 全面培训,使员工适应多种工作。

(6) 含蓄的控制机制和正规的检测手段相结合。

(7) 整体关心，包括对职工家庭的关心。

Z 理论认为管理之道在于以情度理，特别强调企业内部的沟通，这些是管理中的文化特性，主要体现在：(1)信任：管理者要对员工表示信任，而信任可以激励员工以真诚的态度对待企业、对待同事，为企业而忠心耿耿地工作。英国政府、工会和资方互不信任，使英国经济瘫痪。日本企业最重要的特征是终身雇用制，这是产生信任、对企业忠诚、对工作奉献的责任感的基础。(2)微妙性：指采用不强加于人的方法指导工作，分析人的个性，精确地了解人并决定谁与谁在一起工作最为恰当，成为组织效率最高的搭档或班组。(3)亲密性：亲密性强调个人感情的作用，提倡在员工之间应建立一种亲密和谐的伙伴关系，为了企业的目标而共同努力。这种亲密性贯穿于人们生活中的互相关心、互相支持和经过教导的无私性。而现代工业社会对人类的最大伤害，莫过于破坏了人与人之间的亲密感情，人们的交往关系日渐疏远。

Z 理论是有关在企业中建立信任、微妙性和人与人之间的亲密性的一种学说。它强烈地反映了日本企业管理中重人际关系的特点，是一种典型的东方式管理方式。企业时刻关心职工的利益，职工也就会关心企业的前途和命运，职工与企业一体化。Z 式管理是一种省钱、省时间、省资源的管理，能产生高效率、高效益，提高竞争力。Z 理论是以总结日本企业管理经验为基础，针对解决美国企业的问题提出的，它是东西方两种管理思想的融合与发展①。

第三节　学习型组织思想

一、学习型组织思想产生的背景

20 世纪 80 年代以来，随着信息革命、知识经济进程的加快，传统的组织模式和管理理念已越来越不适应环境。1970 年名列美国《财富》杂志"500 强"排行榜的大公司，到了 1980 年已有 1/3 销声匿迹。学习型组织理论就是在这样一个大背景下产生的。

彼得·圣吉(Peter Senge)是学习型组织理论的奠基人，他一直致力于研究以系统动力学为基础的更理想的组织。他用了近十年的时间对数千家企业进行研究，于 1990 年提出学习型组织理论。圣吉指出，由于组织分工、负责的方式将组织切割，将问题分解，使现代企业欠缺系统思考的能力，仅仅关注于眼前细枝末节的问题，而忽视了长远的、根本的、结构性的问题，妨碍了组织的学习和成长，并最终导致组织的衰败。圣吉的这一思想与东方特有的整体生态思想一脉相承。

彼得·圣吉，美国管理学家，研究系统动力学整体动态协调的管理理念。1990 年在美

---

① [美] 威廉·大内(Ouchi W.G.). Z 理论[M]. 朱雁斌，译. 北京：机械工业出版社，2013.

国出版代表作《第五项修炼——学习型组织的艺术与实务》，该书于1992年荣获世界企业学会最高荣誉的开拓者奖，圣吉本人也于同年被美国《商业周刊》推崇为当代最杰出的新管理大师之一。2003—2006年间，彼得·圣吉开始接触中国的儒、道、佛思想，与其团队四次拜会参议南怀谨先生(见图12-1)。

《第五项修炼》提供了一套使传统企业转变成学习型企业的方法，企业可以通过学习提升整体运作的"群体智力"和持续的创新能力，成为不断创造未来的组织，从而避免了企业"夭折"和"短寿"。未来真正出色的企业，将是能够设法使各阶层人员全心投入，并有能力不断学习的组织。

图12-1　彼得·圣吉与南怀谨

二、学习型组织的特征

学习型组织是指通过培养弥漫于整个组织的学习气氛，充分发挥员工的创造性思维能力而建立起来的一种有机的、高度柔性的、扁平的、符合人性的、能持续发展的组织。学习型组织有以下八个特征：[①]

1. 组织成员拥有一个共同的愿景

组织的共同愿景是组织中所有员工的共同理想。它能使不同个性的人凝聚在一起，朝着组织共同的目标前进。

2. 组织由多个创造性团队组成

在学习型组织中，团队是最基本的学习单位，组织的所有目标都是直接或间接地通过团队的努力来达到的。团队本身应理解为彼此需要他人配合的一群人。

3. 不断学习——学习型组织的本质特征

圣吉认为，构建学习型组织的核心是在组织内部建立完善的"自学习机制"，因为企业其实是活生生的有机体，是自然的一部分，自然的伟大之处恰好对应着工业时代组织的弊端，表现在如下两点：

(1) 自然界从来不会出现两个完全一样的东西，就像世界上从来不会有两片相同的树叶，传统的模式化的管理体系与管理方法并不适用于所有的组织，而模式化的统一教育的教育体系也未曾考虑差异性。

---

① [美]彼得·圣吉. 第五项修炼：学习型组织的艺术与实务[M]. 郭进隆，译. 上海：上海三联书店，2001.

(2) 人有主动快乐学习的天性。就像孩子学习走路，虽然会摔倒，但乐此不疲，这是人们天生的模仿与学习的本能欲望，但现有的教育体系较少考虑学习的趣味性，更在意的是学习的知识性，这种强迫式的学习方式剥夺了学习的本能乐趣。

圣吉认为，盛行的管理体系和教育体系毁灭人类，这是因为工业时代的内核具有深刻的矛盾，是违背人类管理活动规律的。圣吉的这一思想借鉴了道家的"道法自然""无为而治"思想。道家思想认为，"道"是万事万物的本源与本体，管理者应该顺应人类活动的规律，不要胡作非为，不要妄加干预。

圣吉进而提出：(1)终身学习。今天拥有的经验可能就是明天学习新观念的障碍，学习是学习型组织的本质特征，组织成员均应养成终身学习的习惯，无论是在受教育的时候还是工作时候都应该保持不断学习的姿态，形成组织良好的学习气氛；(2)全员学习。组织中无论是管理者还是基层员工都应该保持学习状态，不断接受新知识；(3)全过程学习。即学习必须贯彻于组织系统运行的整个过程之中。边学习边计划、推行；(4)团队学习。团队是最基本的学习单位，强调组织成员的合作学习和群体智力的开发。

例如，一些大型企业已开始从人力资源部门中分离出培训职能，建立培训中心。海尔建立了海尔大学，诺基亚公司有学习中心，通用电器在纽约克劳顿村有管理学院，爱立信有中国管理学院，摩托罗拉有摩托罗拉大学等。华为正在建立独立的培训中心，有助于企业获取外部知识、在员工间推广和共享知识。

4. "地方为主"的扁平式结构

传统的企业组织通常是金字塔式的，学习型组织的组织结构则是扁平的，即从最上面的决策层到最下面的操作层，中间相隔层次极少。学习型组织废弃了使管理者和工人之间产生距离的纵向结构，同样也废弃了使个人与个人、部门与部门相互争斗的部门分隔，甚至排除了老板，团队成为横向组织的基本结构，如新兴的网络组织、无边界组织和虚拟组织。它尽最大可能将决策权向组织结构的下层移动，让最下层单位拥有充分的自决权，并对产生的结果负责，从而形成"地方为主"的扁平化组织结构。

5. 自主管理

"自主管理"是使组织成员能边工作、边学习，并使工作和学习紧密结合的方法。团队成员在此过程中，能形成共同愿景，以开放求实的心态互相切磋，不断学习新知识，不断进行创新，从而增加组织快速应变、创造未来的能量。

6. 组织的边界将被重新界定

学习型组织边界的界定，建立在组织要素与外部环境要素互动关系的基础上，超越了传统的根据职能或部门划分的"法定"的边界。例如，把销售商的反馈信息作为市场营销决策的固定组成部分，而不是像以前那样只是作为参考。

7. 员工家庭与事业的平衡

学习一方面是为了提高企业组织的竞争力，另一方面是为了实现个人与工作的真正融合，使人们在工作中活出生命的意义。组织努力使员工丰富的家庭生活与充实的工作生活相得益彰。学习型组织对员工承诺支持每个员工充分的自我发展，而员工也承诺以对组织的发展尽心尽力作为回报。个人与组织的界限将变得模糊，工作与家庭之间的冲突也必将大为减少，从而提高员工家庭生活的质量，达到家庭与事业之间的平衡。

8. 领导者的新角色

圣吉提出，迷信"英雄型"领导已经给很多企业带来困难，并使企业为寻找"救世主"付出了惨重代价。变革成功归根到底依靠的是组织集体的创新能力，所以要倡导基于非等级权力型的自主管理与民主管理。

不同于常规组织的领导，在学习型组织中，领导者要发挥三种作用：(1)设计社会建筑：确定组织目的、使命和核心价值观；设计并安排支持学习的新政策、战略和结构；领导并设计有效的学习程序。(2)创造共同的愿景。愿景体现了组织与其雇员所希望的长期结果，必须得到广泛的理解。(3)服务型的领导。为他人和组织的愿景而奉献自己，将权力、观念、信息分给大家，并能够帮助其他人获得成功。

三、如何建立学习型组织

科技的飞速发展，知识老化与更新的速度也大大加快。我们每个人唯有不断地学习，才能在这迅变的时代中生存、发展。学习型组织理论针对传统组织的缺陷，提出"五项修炼"对策：①

1. 第一项修炼：自我超越

这是学习型组织的精神基础。自我超越体现为个人愿意投入工作，专精于专业，其动力来源于个人与愿景之间的紧密联结。自我超越是一项关注个人成长的修炼，此项修炼兼容并蓄了东方和西方的精神传统。圣吉举例说："对于想改变组织，但是又觉得自己人微言轻，成就不了什么大事的人而言，自我超越提供了一个选择——你永远可以努力发展自我，超越自我。"具有自我超越意识的人，能够认知其自身真正的愿望，并为实现此愿望不断扩展其能力。不断"自我超越"的人，能够不断实现他们内心深处最想实现的愿望。

2. 第二项修炼：改善心智模式

心智模式是一种思维定式，是指我们认识事物的方法和习惯。即那些深深固结于人们心中，影响人们认识周围世界，以及采取行动的许多假设、成见和印象。不同的心智模式，

---

① [美]彼得·圣吉. 第五项修炼：学习型组织的艺术与实务[M]. 郭进隆，译. 上海：上海三联书店，2001.

导致不同的行为方式。当我们的心智模式与认知事物发展的情况相符，就能有效地指导行动；反之，就无法实现自己好的构想。组织障碍多来自于个人的旧思维，如固执己见、本位主义，只有透过团队学习，才能改变心智模式，有所创新。圣吉的这一思想与佛家的"正见"思想相似。正见是相对世人认识的颠倒说的，"正见"是正确的见解，是如实见世间真相，使你的认识与宇宙人生真相相符合，离开一切断常邪见，从无明的迷惑中解脱出来。

3. 第三项修炼：建立共同愿景

共同愿景是指一个组织中各个成员发自内心的共同目标，是组织中全体成员的个人愿景的整合。愿景可以凝聚公司上下的意志力，使大家向一致的方向努力。个人也乐于奉献，为组织目标奋斗。

远景规划得再好，如果没有员工的配合，也只是一纸空文。只有当人们致力于实现共同的理想、愿望时，才会产生自觉的创造性的学习。要使远景规划能成为凝聚员工、激发员工创造的力量，就要想尽办法使远景规划变成员工心目中的愿望，成为个人、团队、组织学习和行动的坐标，为学习聚集和提供能量。在建立共同愿景之前，组织要鼓励个人自由地发展个人愿景，由分享个人的愿景进而建立共同的愿景。

4. 第四项修炼：团队学习

团队是一群互相帮助以共同完成一项工作的人。团队可以是正式的团队，也可以不是。团队的智慧总是高于个人的智慧。彼得·圣吉认为，在某种程度上，团队学习是学习型组织的核心，因为工作永远是团队机能的结果。在现代组织中，学习的基本单位是团队而不是个人，因为团队智商大于个人智商，集体思考能帮助找出个人弱点，使个人成长的速度更快，强化团队向心力。

团队学习的关键是要克服个人的心理障碍，使每个人都能真实地谈出自己心中的设想，真正做到一起学习和思考。团队学习同时强调终身学习、全员学习、全过程学习，提倡工作学习化、学习工作化。彼得·圣吉认为，形成"整体配合"是开展团队学习的精髓。

5. 第五项修炼：系统思考

这是建立学习型组织最重要的修炼。圣吉认为环境是开放的、动态变化的，万物在星球当中繁衍生息，不断进化。一个生物系统产生的废物正好是另外一个生物系统的营养，自然界并不产生任何的浪费。与自然界的系统相似，建立学习型组织的关键是系统思考。圣吉认为，在高度现代性的社会中，社会分工和部门分割越来越严重，并伴生着越来越分化的权威专家体系，因此，员工容易出现只见部门利益而忽略公司整体利益的现象。而头痛医头，脚痛医脚几乎是普遍的解决办法。

"系统思考"就是要培养综观全局的思考能力，从整体而不是某一部分去分析问题，避免一叶障目，不见泰山。要能透过现象看出产生问题背后的原因，看清楚问题的本质，而不是就事论事，要能从根本上解决问题而不是暂时缓解问题症状。

圣吉的系统思考的思想符合东方管理思想中的整体生态观。易经是东方管理思想的源头，其整体联系的生态观是东方管理思想的精华。《易经》认为管理环境是动态开放、阴阳并存、持续发展的系统。《易经》强调天、地、人是一个整体，人要与天地合一，人不是孤立的，人与天道、地道相应。《易经》的整体普遍联系的思想体现在八卦、六十四卦中的每一爻的变化都影响着整体，所谓"牵一爻而动全盘"，事物处在普遍联系之中。所以，用东方的整体生态观可以对治西方的工作细分观带来的问题，学习型组织思想正是西方对东方管理思想的借鉴。

本 章 小 结

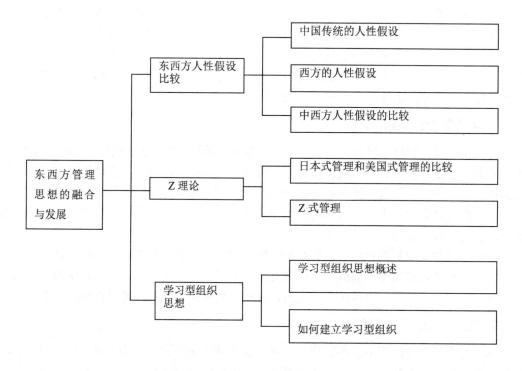

习 题

一、思考题

1. 中西方的人性假设有何不同？为什么会形成这样的差异？
2. 根据 Z 理论，日本企业和美国企业的管理思想主要有哪些不同？
3. Z 理论借鉴了哪些东方传统管理思想？
4. 学习型组织的含义和特征是什么？为什么要建立学习型组织？

5. 学习型组织的思想借鉴了哪些东方传统管理思想？
6. 如何在现代企业管理中更好地融合与发展东西方管理思想？

二、案例分析

1. B 公司的管理模式与企业文化

B 上市公司是一家中外合资股份制公司，2005 年成立。企业抓住世界新能源发展机遇很快从小做大，并于 2010 年成功上市。但由于企业发展过快，原有的管理模式和企业文化建设相对滞后，已不适应上市公司的发展要求，为了寻找合适的管理模式和企业文化，B 企业让创业元老回家歇业但照发工资，大量引进有美资、日资企业工作经验的管理人员成为空降兵，但美资和日资背景的管理模式与企业文化存在相互冲突，下层无所适从。以下是 B 企业的访谈记录：

（1）目前外来管理者比较多，高管团队工龄短，没有超过十年的，难以对公司有清晰地了解和合理的统筹规划。事业层空降的高管对公司实际情况不了解，难以完全掌握公司整体情况，带来的管理模式有的不现实，不适合本公司，把外企东西直接移植后效率并不高。

（2）公司现在的大多数经理层高管来自外资，大部分都是偏向事务性的，对方法和工具的使用上存在不足，意识和行为没有达到统一，不具备"知行合一"。现在管理转型的主要问题是人的能力问题，主要是工作技能。一线管理者只负责执行，对相关决策参与度不够。新的技术路线、工艺工序，只有一个计划难以实现，下层执行时没有足够的资料可依，难以实施。

（3）新老班子管理模式没有整合，企业的管理制度不够健全，有的事情无据可依。外来与原有的没有整合，有些理念难以被接受。公司管理模式没有连续性和长期规划，公司政策、组织架构、人员、领导、流程频繁变动，基层人员无所适从。

（4）各部门之间缺乏沟通交流，信息共享较差，出现责任推诿现象。虽然本部门每天召开部门所有员工开晨会并且每周一会召开例会，但会议内容局限于对当日或者一周的工作安排，仅在公司发生重大事件时才会进行通报。因此本部门员工仅仅了解本部门的工作情况，对其他部门工作情况了解较少。造成各部门员工之间互相不了解，影响工作配合度。销售部的各个经理各管一块，各自负责自己的项目，至少四五个项目同时进行，没有统筹规划，缺乏沟通协调，影响项目之间的配合度，造成原材料供应、交货不及时和存储场地不足等问题。

（5）部门合作没有制度上的规定，公司未召开过全厂工作大会，没有部门联席会议，没有专门来协调的部门，促进各部门之间合作的活动很少。公司集团下属两个工厂需要高度配合完成生产任务，但两厂运营总监各自为政，两厂之间的交流基本靠电子邮件，沟通不畅，容易造成生产上协调困难。

（6）公司没有良好的企业文化，对企业文化没有进行过专门的宣导与组织员工学习，至少对基层没有宣导。企业文化很难传递到一线员工，生产一线员工基本不了解公司理念、公司战略、公司使命、愿景，不清楚公司长期目标、发展规划、发展方向。设备部等一线员工对自己的工作价值不清楚，不了解自身工作与公司发展目标的关系，完全遵从制度安排，机械工作。公司倡导的理念对员工个人基本没有影响。基层生产一线员工的工作动机更多地出自于物质，对企业的发展目标以及提倡的价值观的认知度不足，原因主要是企业的宣贯力度不足。

分析：

(1) 美资和日资的管理模式可能存在哪些方面的冲突？
(2) 请用学习型组织理论分析 B 企业文化存在什么问题？应如何解决？

2. 圣象公司的学习型组织建设①

2008 年 8 月 22 日早上，圣象四川公司高管手机上都收到了总经理朱玲英发来的短信："公司发展到今天，给我的启示是：要用智慧和诚信去规范一切，用团队创新和热爱去创造市场，用专业和标准去赢得利益。不要用我执我见去分裂、去制造内耗，公司每天疲于危机处理。希望大家深思。"作为中国地板行业的第一品牌，圣象集团连续 12 年销量第一。2008 年 6 月 2 日，"中国品牌 500 强"将圣象品牌评估价值 70.85 亿元，这是继 2004 年以来圣象品牌价值第五次荣登中国建材行业榜首，连续创造了品牌价值增长的奇迹。

圣象给人的印象是市场反应快，执行能力强，无论是长线整体营销还是短平快临时促销，都做得干净、利落、漂亮，是一个强有力的竞争对手。尤其是四川市场，圣象每年的销量都名列当地市场前茅。然而，朱玲英近段时间有一种很深的危机感。这种危机感来源于她对团队的思考。"四川公司面临着人才能力的再度提升。我们过去的有功之臣，自满、自负、自傲，我执我见，总是拿过去的标准来面对市场，这种人在阻碍公司的发展。这种阻碍不是有意识的，而是无意识的，这种无意识会毁掉团队，毁掉企业。"

无意识死亡状态代表的不是一个人，而是一群人。这种状况往往发生在曾经创造过成功的企业中，业界称为企业的"十年之痒"。当外部市场已发生变化，这群人仍沉湎于过去的成功经验，故步自封，不能与时俱进，面对已经变化的市场仍然采用低级手段竞争方式。它的危害性在于当事人并没有意识到或不承认，总是抱怨市场的变化，导致的结果就是死亡。"十年以上企业靠什么成长？靠文化，靠标准，靠规范。"朱玲英说，"不破不立。唯有打破原有的，将公司置之死地而后生，让团队脱胎换骨，用新的观念，用与市场相适应的方式去创造市场。市场不相信眼泪，只相信进步。"

2008 年，是圣象发展的重要一年。在西南建立生产基地之后，圣象的产品线更加丰富了。最近，圣象又推出了圣象木门。朱玲英呼吁行业精英、有识之士、优秀经销商加盟，创造圣象的又一个十年辉煌。"圣象目前必须纳入新鲜的血液，引进勇于挑战的人才，引

---

① 王小怡，张晓旭."管理团队无意识、我执我见会毁掉企业"[J].建材与装饰(上旬刊)，2008(9).

入赛马机制。圣象将给足人才发展空间。是骡子是马，拉出来遛遛。市场说了算。"

分析：
(1) 请用学习型组织理论分析朱玲英的观点正确吗？为什么？
(2) 如何解决朱玲英面临的问题？

3. 问责的系统管理[①]

有名保安在一家医院工作了 6 年，已经做到了领班。这年由于当地的气候异常，住院病人激增，医院的医生护士都忙得脚不沾地，这名保安因为平时热心帮忙，因此有时也被护士叫去帮忙跑腿拿药等。有一天这名保安在配药室帮忙时，患者表示："毫无医疗资质的保安凭什么在配药室里帮忙？这显示医院管理混乱。"针对这一事件，医院的管理部门并没有简单地开除保安平息事端，而是展开了严厉地"问责"。

首先问责护理部。发现出现问题的护理部门最近一段时间病人增加 30%，而护士人手并没有增加，造成护士工作量加大，劳累过度，是人员调配的失误。其次是护士长，是否知道有护士找保安帮忙，平常是否允许这种情况发生，为什么不阻止？是护士长监管的失误。最后质问宣传部。宣传部有规定，保安不允许进入配药室，但很多保安与护理人员并不知道这一规定，也不知道如果违反了这一规定会受到什么责罚，没有将医院的规章制度宣贯到位，这属于宣传部的责任。医院愿意为保安提供相关的培训以及在职学习的机会，如果能够通过考试取得执照，可为他提供相关的工作机会。同时医院宣传部门将医院的规章制度进一步宣传，让每个人都明白并遵守。这以后，这名保安工作更加认真，在岗位调整后更加喜欢自己的工作，医院也因为这一事件增加了凝聚力。

分析：
(1) 案例中医院对"保安帮忙配药"事件的处理体现了哪些学习型组织理论？
(2) 你认为医院的处理是否合理？为什么？

三、管理技能训练

班级成员划分两个小组进行辩论，一方模拟美国的 A 型管理方式，另一方模拟日本的 J 型管理方式，辩论两种管理模式的优缺点。

【推荐阅读书目】

南怀瑾. 南怀瑾与彼得·圣吉：关于禅、生命和认知的对话. 北京：东方出版社，2014

让-弗朗索瓦·何维勒 (Jean-Francois Revel)，马修·理查德 (Matthieu Richard). 赖声川 译. 僧侣与哲学家. 上海：华东师范大学出版社，2014

彼得·圣吉(Peter Senge). 第五项修炼：变革篇(上下). 王秋海，译. 北京：中信出版社，2011

---

① 王聪颖.创建学习型组织的五项修炼案例分析[J].人力资源管理, 2013 (12) :179-180

彼得·圣吉(Peter Senge). 第五项修炼：实践篇(上下). 张兴，等，译. 北京：中信出版社，2011

彼得·圣吉(Peter Senge). 第五项修炼：学习型组织的艺术与实践(修订版). 张成林，译. 北京：中信出版社，2009

彼得·圣吉. 第五项修炼. 郭进隆，译. 上海：上海三联书店，1998

威廉·大内(William G.Ouchi). Z理论(珍藏版). 朱雁斌，译. 北京：机械工业出版社，2013

(美)威廉·大内. Z理论——美国企业界怎样迎接日本的挑战. 孙耀君，王祖融，译. 北京：中国社会科学出版社，1984

洪修平. 东方哲学与东方宗教. 南京：江苏人民出版社，2017

成中英. C理论：中国管理哲学. 北京：中国人民大学出版社，2017

蔡一著. 管见录：中国传统文化管理思想探析. 南京：南京大学出版社，2017

苏东水，苏宗伟，赵渤. 中国管理学术思想史. 北京：经济管理出版社，2014

张应杭. 东方管理智慧. 厦门：鹭江出版社，2007

孙耀君. 东西方管理学名著提要. 南昌：江西人民出版社，2007

曾仕强. 中国式管理. 北京：中国社会科学出版社，2005

王德清. 中外管理思想史. 重庆：重庆大学出版社，2005

张文昌、于维英. 东西方管理思想史.2版. 北京：清华大学出版社，2013

苏东水. 东方管理学. 上海：复旦大学出版社，2011

吴照云. 中国管理思想史. 北京：经济管理出版社，2012